समाजवाद का सारथी

(अखिलेश यादव की जीवनगाथा)

समाजवाद का सारथी

(अखिलेश यादव की जीवनगाथा)

डॉ. संजय लाठर

प्रभात
पेपरबैक्स
www.prabhatbooks.com

प्रकाशक

प्रभात पेपरबैक्स

4/19 आसफ अली रोड, नई दिल्ली-110002

फोन : 23289555 • 23289666 • 23289777 ❖ फैक्स : 23253233

इ-मेल : prabhatbooks@gmail.com ❖ वेब ठिकाना : www.prabhatbooks.com

संस्करण

प्रथम, 2017

मूल्य

तीन सौ रुपए

अ.मा.पु.स. 978-93-86300-74-4

मुद्रक

आर-टेक ऑफसेट प्रिंटर्स, दिल्ली

———— ★ ————

SAMAJWAD KA SARATHI (Akhilesh Yadav ki Jeevan Gatha)
by Dr. Sanjay Lathar

Published by **PRABHAT PAPERBACKS**
4/19 Asaf Ali Road, New Delhi-110002

ISBN 978-93-86300-74-4

₹300.00

लेखकीय

'समाजवाद दरिद्रता का बँटवारा नहीं, बल्कि समृद्धि का वितरण है।'

करीब 60-70 साल पहले डॉ. राममनोहर लोहिया ने जब यह कहा था, तब उन्हें यकीन था कि एक दिन ऐसा जरूर आएगा, जब उनके विचारों को लोग समझ पाएँगे। डॉ. लोहिया कहते भी थे—"लोग मेरी बात सुनेंगे। शायद मेरे मरने के बाद; लेकिन किसी दिन सुनेंगे जरूर।" डॉ. लोहिया ने समाज के आखिरी पायदान पर खड़े आदमी को ध्यान में रखकर समाजवाद की यह परिभाषा दी थी। उनके इस कथन को उनकी मृत्यु के करीब पचास साल बाद युवा नेता अखिलेश यादव ने दुनिया की सबसे बड़ी आबादी वाले राज्य में सच साबित करके दिखा दिया। विकासवादी राजनीति के कामयाब समाजवादी मॉडल के जरिए उन्होंने 20 करोड़ की विशाल आबादी वाले सूबे में हाशिए पर खड़े इनसान तक संसाधनों को पहुँचाने के लिए अनवरत कार्य किया। विकासवादी राजनीति की ऐसी मिसाल भारत के किसी भी सूबे ने पेश नहीं की है। ऐसा नहीं है कि देश में किसी राज्य में विकास पर जोर देने और उसे जमीन पर उतारने वाले मुख्यमंत्री नहीं हैं। लेकिन अखिलेश यादव का काम इसलिए बड़ा है, क्योंकि उत्तर प्रदेश से ज्यादा आबादी वाले दुनिया में भारत समेत सिर्फ पाँच देश हैं। इतनी विशाल आबादी वाले राज्य के मुखिया के तौर पर उन्होंने समाजवादी विकास की एक नई परिभाषा गढ़ी। समाजवादी विकास का एक ऐसा एजेंडा पेश किया, जिसमें समाज के हर तबके की तरक्की के लिए कोई-न-कोई योजना है।

अखिलेश यादव की लोकप्रियता का अंदाजा इसी बात से लगाया जा सकता है कि महज 38 साल की उम्र में वे मुख्यमंत्री बन गए, और वह भी पूर्ण बहुमत के साथ। भारत की करीब 18-19 फीसदी आबादी उन्हें अपने हितों का रक्षक मान लेती है। लोहिया की परंपरा के सच्चे नायक नेताजी (माननीय मुलायम सिंह यादवजी को हम लोग इसी नाम से पुकारते हैं) की दिखाई राजनीति की राह पर चलकर अखिलेश यादव

ने समाजवाद की सियासत को नए अंदाज में गढ़ा और मौजूदा दौर में अप्रासंगिक करार दिए गए समाजवाद को पुनर्स्थापित कर दिया। वे समाजवादी राजनीति के भविष्य हैं। अब डॉ. लोहिया और नेताजी की वैचारिक विरासत को आगे बढ़ाने का काम उन्हीं के कंधों पर है। इसीलिए मैं उन्हें समाजवाद का सारथी कहता हूँ। मैं बहुत खुशनसीब हूँ कि मुझे लोहियाजी के सपनों को साकार करने वाले नेताजी और अखिलेश यादव के साथ काम करने का मौका मिला।

अखिलेश यादव का जीवन संघर्षों की लंबी गाथा है। सैफई की धरती पर जन्मे अखिलेश यादव परिस्थितिवश सियासत में आए। नेताजी ने साल 2000 में समाजवाद की कठिन सियासी डगर पर अखिलेश यादव को उतार दिया। उस समय परिस्थितियाँ ऐसी बनीं कि न चाहते हुए भी अखिलेश यादव को नेताजी की बात मानकर राजनीति के मैदान में उतरना पड़ा। टेक्नोक्रेट बनने का सपना देखनेवाले अखिलेश यादव को तब पार्टी से युवाओं को जोड़ने की जिम्मेदारी सौंपी गई। अखिलेश यादव जी-जान से इस जिम्मेदारी को निभाने में जुट गए। लगातार दस साल तक संसद् से लेकर सड़क तक सरकार और सिस्टम से युवाओं की लड़ाई लड़ते रहे। दस सालों के कड़े परिश्रम और लंबे जुझारू संघर्ष की बदौलत वे युवाओं में एक उम्मीद बनकर उभरे। जब युवाओं के बीच अखिलेश यादव नाम की उम्मीद ने अँगड़ाई ली तो सूबे की बागडोर महज 38 साल के युवा नेता अखिलेश यादव के हाथों में सौंप दी। मैं समाजवाद के सितारे अखिलेश यादव के संघर्ष से लेकर सत्ता की बागडोर सँभालने तक की यात्रा का साक्षी रहा हूँ। सीधे-सीधे कहूँ तो सियासत की शुरुआत से लेकर मुख्यमंत्री के रूप में उनको करीब से देखा है। बतौर लेफ्टीनेंट उनके साथ काम किया है। इस दौरान राजनीति से लेकर समाज तक उनकी समाजवादी सोच से लगातार परिचित होता रहा। उन्होंने मुझे 2002 में पार्टी के युवा संगठन की जिम्मेदारी सौंपी। शुरुआती दिनों में ही उनकी सियासत ने यह साफ कर दिया था कि वे ही भारत की राजनीति के भविष्य हैं। भारत की सियासत में उनके समकालीन कई युवा नेता आए। लेकिन उनमें से किसी में भी अखिलेश यादव जैसा करिश्माई नेतृत्व नहीं दिखता। उनके समकालीन कई युवा नेता तो अब नेपथ्य में भी चले गए। लेकिन अखिलेश यादव लगातार समाजवाद की राह पर आगे बढ़ते जा रहे हैं।

अखिलेश यादव को मैंने एक नेता के तौर पर तो देखा ही है; लेकिन मुझे उनके करीब रहकर गरीबों, मजलूमों, वंचितों के प्रति उनके दर्द को भी करीब से देखने का मौका मिला। मैंने उन्हें प्रदेश की 20 करोड़ आबादी को बेहतर बुनियादी सुविधाएँ देने और संसाधनों के समान बँटवारे की दिशा में लगातार काम करते देखा है। अगर मौजूदा राजनीतिक दौर की बात करें तो अखिलेश यादव उन विरले नेताओं में से हैं, जो जनता

के दुःख-दर्द में सीधे शरीक होते हैं। कोई भी दिन ऐसा नहीं जाता, जब वे व्यक्तिगत तौर पर 10-20 लोगों की मदद न करते हों या फिर किसी से मदद न कराते हों। उनकी प्रेरणा से समाजवादी पार्टी में ऐसे नेताओं की एक जमात तैयार हो गई है, जो उनकी इस परंपरा को आगे बढ़ा रही है।

अखिलेश यादव के इस पूरे सफर पर कभी भी अकादमिक दृष्टि से रोशनी नहीं डाली गई। समाजवादी आकाश में चमकते इस सितारे की अभी तक कोई आधिकारिक जीवनी प्रकाशित नहीं हुई है। उनके साथ काम करते हुए मन में एक विचार आया कि क्यों न उनकी जीवनी पर काम किया जाए? अखिलेशजी से जब मैंने यह विचार जाहिर किया तो उन्होंने मेरा हौसला बढ़ाया। राजनीति से पहले पत्रकारिता की पृष्ठभूमि से जुड़ा होने की वजह से मेरे लिए पुस्तक लिखना कोई कठिन काम नहीं था। कुछ लेखक मित्रों से बात हुई तो सबकी सलाह यही थी कि किताब ज्यादा मोटी नहीं होनी चाहिए। मेरे पास अखिलेशजी के बारे में इतनी रोचक और नवीन जानकारियाँ हैं कि उन पर कई ग्रंथ लिखे जा सकते हैं। मेरे लिए यह एक बड़ी चुनौती थी कि कैसे दो सौ पन्नों में इन जानकारियों को समेटा जाए? लिहाजा पाठकों को ध्यान में रखकर मैंने अखिलेशजी के बचपन से लेकर मुख्यमंत्री बनने और उसके बाद उत्तर प्रदेश में कल्याणकारी राज्य की स्थापना की उनकी कोशिशों को करीब 250 पृष्ठों में समेटने की बमुश्किल कोशिश की है। अखिलेशजी पर लेखन आगे भी जारी रहेगा। अखिलेशजी के जीवन के विविध रंग हैं। वे विकास-पुरुष तो हैं ही, एक आदर्श और आज्ञाकारी पुत्र भी हैं। वे उन चंद नेता-पुत्रों में हैं, जिन्होंने अपनी पसंद से जीवनसाथी का चयन किया है। वे अच्छे पिता और जिम्मेदार पति भी हैं। मुख्यमंत्री रहते हुए भी घर के काम में पत्नी का हाथ बँटाते हैं। वे पर्यावरण प्रेमी हैं तो अच्छे खिलाड़ी भी हैं। युवाओं के चहेते हैं तो गरीबों के लिए वे एक आशा हैं। आगे कोशिश होगी कि अखिलेशजी के जीवन के विभिन्न पक्षों और पहलुओं पर विस्तार से लिख सकूँ। इस किताब के ज्यादातर अध्याय ऐसे हैं, जिन पर पूरी की पूरी एक किताब तैयार की जा सकती है। अखिलेश यादवजी की प्रेरणा से इस किताब को लिखने में कई साथियों का अमूल्य सहयोग मिला। समाजवादी पार्टी के वरिष्ठ नेताओं से लेकर उत्तर प्रदेश प्रशासन के तमाम शीर्ष अधिकारियों ने मुझे अखिलेशजी के बारे में बहुमूल्य जानकारियाँ उपलब्ध कराईं। इस उम्मीद के साथ आप सभी का आभार कि आगे भी आप सब का सहयोग मिलता रहेगा।

—डॉ. संजय लाठर

अनुक्रम

अध्याय-1

अखिलेश का जन्म और पारिवारिक पृष्ठभूमि

समाजवादी पार्टी के लिए यह एक ऐतिहासिक जीत थी। उत्तर प्रदेश के विधानसभा चुनाव में उसे पहली बार पूर्ण बहुमत हासिल हुआ था। 15 मार्च, 2012 को उत्तर प्रदेश में लोकतंत्र की जीत का सबसे बड़ा त्योहार मनाया जा रहा था। समाजवाद के सौरमंडल में नए सितारे अखिलेश यादव का उदय हो चुका था। प्रदेश का सबसे युवा मुख्यमंत्री बनकर अखिलेश यादव ने नया इतिहास रच दिया। अखिलेश यादव ने महज 38 साल की उम्र में ही मुख्यमंत्री की कुरसी सँभाल ली। उत्तर प्रदेश की राजधानी लखनऊ में हर तरफ सिर्फ-और-सिर्फ समाजवादी पार्टी के ही कार्यकर्ता दिख रहे थे। यह जीत इस मायने में ऐतिहासिक थी कि समाजवादी पार्टी पहली बार अपने बूते राज्य में सरकार बनाने जा रही थी और अखिलेश यादव इसके निर्विवाद नायक थे। इस जीत के साथ ही अखिलेश यादव एक ऐसे परिपक्व राजनेता के रूप में उभरकर समाने आए, जिन्होंने ठेठ सियासी छवि वाली समाजवादी पार्टी को गाँवों की चौपालों के साथ-साथ शहरों के ड्राइंगरूम तक पहुँचा दिया। सौम्य छवि वाले नेता चुनावी समर से पहले और चुनाव के दौरान एक मजबूत इरादे वाले दृढ राजनेता के तौर पर सामने आए। समाजवाद के इस नए सितारे के आकाश में जगमगाने के पीछे संघर्ष की लंबी कहानी है। इस कहानी की शुरुआत बागियों की धरती इटावा से होती है।

भारत की राजधानी नई दिल्ली से तीन सौ किलोमीटर की दूरी पर बसा है इटावा। यह उत्तर प्रदेश का एक जिला है। इटावा की धरती कई मायने में ऐतिहासिक है। यह धरती 1885 में भारतीय राष्ट्रीय कांग्रेस की स्थापना करने वाले अंग्रेज अफसर ए.ओ. ह्यूम की कर्मभूमि थी तो दूसरी तरफ यही धरती उत्तर प्रदेश से कांग्रेस का सफाया करने वाले समाजवादी नेता मुलायम सिंह यादव की जन्मभूमि और कर्मभूमि दोनों रही है।

आज का इटावा ऐतिहासिक काल में 'इष्टिकापुर' के नाम से जाना जाता था। महाभारत काल में यह श्रीकृष्ण के भाई बलराम के राज्य का हिस्सा था। इटावा की पहचान एक ऐसी जगह के तौर पर भी है, जहाँ पाँच नदियाँ आपस में मिलती हैं। चंबल, पहुज, क्वारी और सिंधु नदियाँ अलग-अलग दिशाओं से बहती हुई आती हैं और इटावा में आकर ये चारों नदियाँ यमुना में मिल जाती हैं। यहाँ यमुना चारों दिशाओं में प्रवाहित होती है। इटावा महर्षि धौक्या और खटखटा बाबा की तपो भूमि भी है। ऐसी मान्यता है कि खटखटा बाबा खड़ाऊँ पहनकर यमुना नदी पार कर जाते थे। यही पर मेहवा में एशिया का पहला ब्लॉक (विकास खंड) स्थापित किया गया था। यहाँ का देशी घी अपनी खुशबू के लिए दुनिया भर में मशहूर रहा है। इटावा जिला मुख्यालय से करीब 12 किलोमीटर की दूरी पर नेताजी मुलायम सिंह यादव का गाँव सैफई है। शुरू से ही सैफई यादव बाहुल्य गाँव रहा है। इसके अलावा इस गाँव में शाक्य, काछी और जाटव जाति के लोग रहते हैं। साथ ही सैफई में ब्राह्मणों और दूसरी जातियों के भी कुछ घर हैं।

दो-दो मुख्यमंत्री देने वाले इस गाँव में विकास की गंगा बहती है। हालाँकि हमेशा से ऐसा नहीं था। आजादी से पहले नेताजी के बाबा इस गाँव में आए थे तो यह गाँव भी भारत के दूसरे गाँवों की तरह ही झोंपड़ियों और कच्चे मकानों का गाँव था। नेताजी के बाबा खड़गजीत सिंह यादव फिरोजाबाद जिले के इटौली से आकर सैफई में बसे थे। इटौली में उनका बड़ा सम्मान था। गाँव की समस्याओं का निबटारा इसी परिवार के दालान में होता था। नेताजी के बाबा गरीब और कमजोरों की हर संभव मदद करते थे। इस वजह से आस-पास के गाँवों में भी उनकी बड़ी इज्जत थी। यह परिवार आजादी के आंदोलन में भी गुप्त रूप से शरीक होता था। खड़गजीत सिंह अंग्रेजों के खिलाफ लोगों को एकजुट करते। खेतिहर किसान खड़गजीत सिंह के दो शौक थे, पहला कुश्ती लड़ना और दूसरा घुड़सवारी। खड़गजीत सिंह घोड़े से चलते थे। इटौली गाँव में इस परिवार की जिंदगी बड़े ही मजे से चल रही थी। लेकिन इस बीच ऐसी घटना घटी, जिसने पूरे परिवार की जिंदगी को छिन्न-भिन्न कर दिया। अब तो सैफई गाँव के कुछ बड़े बुजुर्गों को ही यह किस्सा मालूम है। किस्सा कुछ यूँ है कि खड़गजीत सिंह का घोड़ा एक अंग्रेज अफसर को पसंद आ गया। एक दिन उसने खड़गजीत सिंह से जबरन घोड़ा छिनवा लिया। उन्होंने अंग्रेज अफसर को घोड़ा लौटाने के लिए कहा। लेकिन अफसर ने उनकी बातों पर गौर नहीं किया, उलटे उनके साथ बदसलूकी की और गालियाँ देने लगा। गालियाँ सुनते ही खड़गजीत सिंह का पारा चढ़ गया। स्वाभिमानी युवक ने अंग्रेज अफसर को उठाकर जमीन पर पटक दिया और उसकी जमकर पिटाई कर दी। जब तक सिपाही अपने अफसर की मदद के लिए आते, तब तक खड़गजीत सिंह अपने घोड़े पर सवार होकर भाग निकले। बौखलाए अंग्रेज अफसर ने सिपाहियों

की फौज इकट्ठा की और खड़गजीत सिंह के घर धावा बोल दिया। घर की तलाशी ली गई। खड़गजीत सिंह घर पर नहीं मिले। गुस्साए अंग्रेज अफसर और सिपाहियों ने उनके परिजनों को नुकसान पहुँचाने की कोशिश की। खड़गजीत सिंह के पिता को गिरफ्तार कर लिया। घोड़े को गोली मार दी गई। अंग्रेज अफसर ने घर, खेत और जानवरों को कुर्क करवा दिया। इटौली गाँव का एक खुशहाल परिवार अंग्रेजी हुकूमत से संघर्ष के जुर्म में सड़क पर आ गया। इसके बावजूद परिवार ने हिम्मत नहीं हारी। तकरीबन दो साल तक अंग्रेजों से छिपते-छिपाते बचते-बचाते पूरा परिवार इटावा जिले के सैफई गाँव पहुँचा। खड़गजीत सिंह के पिता के मित्र के घर में इस परिवार को शरण मिली। अब इटौली वापस जाने का कोई मतलब नहीं था। वहाँ सबकुछ तबाह हो चुका था। ऊपर से अंग्रेजी शासन का डर भी था। आखिरकर पिता के मित्र ने अपनी एकलौती बेटी का विवाह खड़गजीत सिंह के साथ कर दिया। इस तरह दोनों परिवारों की मित्रता रिश्तेदारी में बदल गई। वक्त का पहिया अपनी रफ्तार से घूमता रहा। एक बार फिर से परिवार में खुशियाँ लौट आईं। खड़गजीत की पत्नी ने चार बेटों और एक बेटी को जन्म दिया। उन्होंने अपने बेटों के नाम छेदा लाल, बच्ची लाल, सुघर सिंह और बादशाह सिंह रखे।

खड़गजीत सिंह के तीसरे नंबर के बेटे सुघर सिंह के बेटे हैं, नेताजी मुलायम सिंह यादव। सुघर सिंह सीधे-साधे स्वभाव के थे। छल-कपट और प्रपंच से उनका कोई लेना-देना नहीं था। वे ईमानदारी और मेहनत की कमाई में विश्वास रखते थे। एक किसान किसी तरह से खेती करके अपने परिवार का भविष्य सँवार ले, यही उनका मकसद था। सुघर सिंह की पत्नी मूर्ति देवी ने पाँच बेटों और एक बेटी को जन्म दिया। सबसे बड़े बेटे का नाम रतन सिंह रखा गया। उसके बाद नेताजी मुलायम सिंह यादव, अभयराम यादव, कमला देवी, राजपाल सिंह यादव और सबसे छोटे शिवपाल सिंह यादव। सुघर सिंह पढ़े-लिखे नहीं थे। लेकिन उन्हें पढ़ाई-लिखाई की अहमियत पता थी। अपनी हैसियत के मुताबिक सुघर सिंह ने अपने हर बच्चे को तालीम दिलाने की कोशिश की। उन्होंने बच्चों की परवरिश में कोई कमी नहीं रखी। रतन सिंह तो बहुत नहीं पढ़ पाए, लेकिन बाकी चारों बेटों के साथ बेटी को भी सुघर सिंह ने स्कूल भेजा। ऐसा कहा जाता है कि सैफई गाँव में पहली बार किसी परिवार ने अपनी बेटी को पढ़ने के लिए स्कूल भेजा था। बाद में सुघर सिंह की देखा-देखी दूसरे परिवारों ने भी अपनी लड़कियों को स्कूल भेजना शुरू किया।

नेताजी का जन्म 22 नवंबर, 1939 को हुआ था। आज सैफई में शानदार स्कूल हैं, डिग्री कॉलेज हैं। यहाँ तक कि मेडिकल कॉलेज भी है। लेकिन उन दिनों दूर-दूर तक कोई प्राइमरी स्कूल भी नहीं था। गाँव में कच्ची पगडंडियाँ थीं। घरों के नाम पर बहुत सारी झोपड़ियाँ और कच्चे मकान थे। नेताजी जब पाँच साल के हुए तो पिता ने

उन्हें गाँव के प्रधान महेंद्र सिंह के पास पढ़ने के लिए भेज दिया। महेंद्र सिंह गाँव की चौपाल में बच्चों को पढ़ाते थे। नेताजी की शुरुआती पाठशाला सैफई गाँव की चौपाल बना। जब पढ़ने वाले बच्चों की संख्या बढ़ने लगी तो महेंद्र सिंह ने गाँव में ही स्कूल खोलने का फैसला लिया। भारत को आजादी मिलने के साल, यानी 1947 में सैफई गाँव में प्राइमरी स्कूल खुला। गाँव के ही सुजान ठाकुर स्कूल के हेडमास्टर बने। मौखिक परीक्षा में नेताजी ने एक साँस में सौ तक की गिनती सुना दी। साथ ही दो का पहाड़ा और अ से ज्ञ तर्क वर्णमाला सुना दिया। हेडमास्टर साहब बहुत प्रभावित हुए। नेताजी को स्कूल में सीधे तीसरी कक्षा में प्रवेश मिला।

नेताजी को दादा के गुण विरासत में मिले थे। वे बचपन से ही हमेशा दूसरों की मदद के लिए तैयार रहते थे। अगर कोई किसी को बिना वजह परेशान करता तो उसका प्रतिरोध करते थे, बल्कि कई बार भिड़ भी जाते थे। बचपन में उनके चार दोस्त थे। जिनमें एक ब्राह्मण, एक दलित और एक मुसलिम था। जब वे महज चौदह साल के थे, तब उनके विवाह की बात चली। एक रिश्तेदार के दबाव में उनका विवाह तय कर दिया गया था। नेताजी अभी शादी नहीं करना चाहते थे। लेकिन माता-पिता की इच्छा के आगे उन्हें झुकना पड़ा। वे माता-पिता के आज्ञाकारी बेटे थे। माता-पिता की हर बात का मान रखते थे। घर वालों के दबाव में आखिरकार उन्होंने शादी कर ली। शादी के बाद भी उनकी पढ़ाई-लिखाई में कोई बाधा नहीं आई। पढ़ाई-लिखाई के अलावा सुघर सिंह का तंदरुस्ती पर बड़ा जोर होता था। बच्चों का दिमाग तेज हो, इसलिए सुघर सिंह उन्हें गाय का ही दूध पिलाते थे। दरवाजे पर हमेशा दो-चार गायें बँधी होती थीं। पढ़ाई-लिखाई और खेती किसानी के साथ नेताजी अखाड़े में पहलवानी के दाँव-पेंच भी सीख रहे थे। पिता सुघर सिंह खुद अपनी देखरेख में बेटे को कसरत करवाते। अखाड़े में जब नेताजी अपने से बड़े कद-काठी के पहलवानों को चरखा दाँव लगा कुछ ही देरी में चित कर देते तो पिता का सीना चौड़ा हो जाता।

60 के दशक में देश में समाजवाद की लहर थी। डॉक्टर राममनोहर लोहिया समाजवादी आंदोलन के सबसे बड़े नेता थे। उस दौर में देशभर की तरह इटावा में भी समाजवादियों की रैलियाँ होती रहती थीं। सैफई के आस-पास होने वाली ऐसी रैलियों में नेताजी जरूर शामिल होते थे। इन रैलियों में वे समाजवादी सिद्धांतों को सुनते। नेताओं की तकरीरों में समानता की बातें होतीं। समाजवादी विचारधारा उन्हें रमने लगी। धीरे-धीरे उनके दिल में समाजवाद ने जगह बना ली। कुश्ती के साथ-साथ समाजवादी आंदोलन में दिलचस्पी बढ़ने लगी। अब वे समाजवादियों की सभाओं और रैलियों में हिस्सा लेने लगे थे। हालाँकि अभी उनकी उम्र महज 13-14 साल थी, लेकिन उनकी राजनीतिक समझ तेजी से विकसित होने लगी थी।

वाकया 1954 का है। राज्य में उस वक्त कांग्रेस की सरकार थी। सरकार ने सिंचाई के दामों में बढ़ोतरी कर दी थी। बढ़े दाम को लेकर किसानों में गुस्सा था। डॉक्टर लोहिया ने उत्तर प्रदेश की कांग्रेस सरकार के खिलाफ मुहिम छेड़ दी थी। लोहिया के भाषणों से प्रभावित नेताजी नहर रेट आंदोलन की रैलियों में सबसे आगे दिखते। कांग्रेस सरकार ने इस आंदोलन को दबाने के लिए राममनोहर लोहिया और कई बड़े नेताओं को गिरफ्तार कर लिया था। लोहिया की गिरफ्तारी के विरोध में इटावा में बड़ी रैली निकाली गई। 15 साल के नेताजी ने भी इस रैली में बढ़-चढ़कर हिस्सा लिया। विरोध प्रदर्शन के दौरान वे भी गिरफ्तार हुए। जब आंदोलनकारियों को जेल लाया गया तो जेलर ने कम उम्र देखते हुए उन्हें जेल में बंद करने से मना कर दिया। लेकिन नेताजी अड़ गए। आखिर जेलर को हार मान कर नेताजी को भी जेल में रखना पड़ा। वे करीब 28 घंटे जेल में रहे। जब वे जेल से वापस लौटे तो पूरे गाँव ने उन्हें सिर आँखों पर बैठा लिया।

वक्त बीतता गया और नेताजी समाजवाद के रंग में रँगते गए। प्रजा सोशलिस्ट पार्टी के बाद अब डॉ. लोहिया ने संयुक्त सोशलिस्ट पार्टी बना ली थी। नेताजी इस पार्टी के सक्रिय सदस्य बन चुके थे। वे इलाके के गरीबों, किसानों, मजलूमों की आवाज बनने लगे थे। उन दिनों जाति प्रथा का बड़ा जोर था। ब्राह्मण की चारपाई पर पिछड़ी और दलित जातियों के लोग नहीं बैठ सकते थे। लेकिन यह भेदभाव सिर्फ यहीं तक नहीं था। पिछड़ी जातियों के यहाँ दलित जातियों को चारपाई पर बैठने की मनाही थी, यानी हर मजबूत अपने से कमजोर का शोषण कर रहा था। दलित जातियों की दशा आज की तुलना में खराब थी। समाज में छुआछूत का चलन था। जाटव जैसी दलित जातियों के यहाँ पानी पीने भर से समाज से बहिष्कार हो जाया करते थे। लेकिन सामाजिक जीवन में कूद चुके नेताजी इन बुराइयों का खुलकर विरोध करते थे। इसकी वजह से कई बार उनके पिता को यादवों के साथ-साथ दूसरी जातियों की बातें सुननी पड़तीं। गाँव के लोग सुघर सिंह को बेटे पर नियंत्रण रखने की सलाह देते थे। लेकिन इन सबसे बेफिक्र नेताजी छुआछूत और जातिप्रथा के खिलाफ खुलकर बोलते थे। वे सिर्फ इन बुराइयों के खिलाफ बोलते ही नहीं थे, बल्कि खुले तौर पर समानता का व्यवहार करते थे। उनके जीवन का एक किस्सा आज भी सैफई में मशहूर है। 1962 के चुनाव चल रहे थे। नेताजी पर्ची बाँटने के लिए पड़ोस के मुछहरा गाँव गए। पर्ची बाँटने के दौरान वे अपने साथी गंगादयाल जाटव के घर भी पहुँचे। गंगादयाल जाटव करहल इंटर कॉलेज में उनके साथ पढ़ते थे। गंगादयाल ने नेताजी और उनके साथियों को गुड़ खिलाया और पानी पिलाया। इस बीच यह खबर गाँव पहुँच गई कि सुघर यादव के लड़के ने जाटव के घर का पानी पी लिया था। गाँव में हंगामा मच गया। गाँव के मुखिया नेताजी के करीबी दोस्त दर्शन सिंह के बड़े भाई थे। खबर मुखिया तक पहुँची। गाँव के लोगों ने नेताजी

के बहिष्कार का दबाव बनाया। उस घटना को याद करते हुए दर्शन सिंह ने बताया कि जब मुखिया पर नेताजी के खिलाफ फैसला लेने का दबाव बढ़ा तो उन्होंने एक लाइन में फैसला सुना दिया, "मुलायम को छेक (बहिष्कृत करना) दो।" पूरे गाँव में यह खबर फैल गई। नेताजी स्कूल गए थे। जब वे स्कूल से लौटे तो दर्शन सिंह ने उन्हें यह जानकारी दी। वे इस घटना से जरा भी नहीं घबराए। दोनों दोस्तों ने सोचना शुरू किया कि समाज को इसका करारा जवाब कैसे दिया जाए? तब उन्हें एक तरीका सूझा। दोनों गाँव के ही एक किसान के खेत पर पहुँचे। उनसे आलू माँगा। खेत पर ही आलू भुना गया। दोनों दोस्तों ने साथ-साथ आलू खाया और पानी पिया। उसके बाद दोनों गाँव के एक बुजुर्ग महेंद्र सिंह के घर पहुँचे। ये वही महेंद्र सिंह थे, जिन्होंने नेताजी को अक्षर ज्ञान कराया था। दोनों दोस्तों ने उन्हें सारी बात बताई। महेंद्र सिंह पढ़े-लिखे थे। नेताजी की बात उनकी समझ में आ गई। नेताजी और दर्शन सिंह को साथ लेकर वे मुखिया के पास पहुँच गए। वहाँ जाकर दर्शन सिंह ने अपने बड़े भाई से कहा कि उन्होंने गाँव से छेक (बहिष्कृत) दिए गए मुलायम सिंह के साथ आलू खाया और पानी पिया है। अब उन्हें भी छेका जाए। दर्शन सिंह और नेताजी दोनों जिद पर अड़ गए। दोनों को महेंद्र सिंह का भी साथ मिला। आखिरकार मुखिया को अपने फैसले से पीछे हटना पड़ा और नेताजी को गाँव से छेकने (बहिष्कार) का मामला वहीं खत्म हो गया।

इन घटनाओं के बीच सियासत और पढ़ाई के साथ नेताजी की कुश्ती भी जारी थी। मैनपुरी के एक दंगल में जसवंत नगर के विधायक नत्थू सिंह की नजर उन पर पड़ी। अखाड़े में आते ही नेताजी ने अपने से ताकतवर पहलवान को कुछ ही देर में चित कर दिया। नत्थू सिंह उनके मुरीद हो गए। उन्होंने नेताजी को अपना सियासी शार्गिद बना लिया। इधर नेताजी पढ़ाई भी जारी रखे हुए थे। इटावा से बी.ए. करने के बाद बैचलर ऑफ टीचिंग का कोर्स करने के लिए शिकोहाबाद कॉलेज आ गए। कोर्स पूरा करने के बाद 1965 में करहल के जैन इंटर कॉलेज में नौकरी लग गई। पहलवान नेताजी अब मास्टरजी बन गए थे। मास्टरी के साथ-साथ सियासत तो जारी रही, लेकिन दंगल में हिस्सा लेना कम हो गया। अब इलाके में वे मास्टरजी के नाम से मशहूर हो गए थे। मास्टर बनने के बाद नेताजी ने एक काम और किया। वे शिक्षा की अलख जगाने लगे। साइकिल पर गाँव-गाँव घूमकर गरीबों-किसानों को अपने बच्चों को स्कूल भेजने के लिए प्रेरित करने लगे।

इस बीच 1967 के विधानसभा चुनाव आ गए। नेताजी के राजनीतिक गुरु नत्थू सिंह उस वक्त जसवंतनगर विधानसभा से विधायक थे। नत्थू सिंह ने अपने शागिर्द को चुनावी मैदान में उतारने का फैसला लिया। उन्होंने नेताजी को अपनी जगह जसवंतनगर विधानसभा सीट से टिकट देने की सिफारिश की। नत्थू सिंह ने पार्टी के नेताओं से

नेताजी की जोरदार पैरवी की। उन्होंने लोहिया से कहा कि वे पार्टी को एक नौजवान और जुझारू नेता दे रहे हैं। उन्होंने भरोसा दिलाया कि नेताजी को जसवंतनगर सीट से जिताकर विधानसभा भेजेंगे। नत्थू सिंह की जोरदार पैरवी पर नेताजी को जसवंतनगर विधानसभा सीट से टिकट मिल गया। नेताजी अब जसवंतनगर से प्रजा सोशलिस्ट पार्टी के उम्मीदवार थे। नत्थू सिंह खुद करहल विधानसभा सीट से चुनाव लड़े। टिकट मिलने के साथ ही चुनाव प्रचार शुरू हुआ। नेताजी से उम्र में बड़े, लेकिन उनके बचपन के साथी और पड़ोसी दर्शन सिंह उनके साथ चुनाव प्रचार में जाते। दोनों दोस्तों ने साइकिल से चुनाव प्रचार शुरू किया। दर्शन सिंह साइकिल चलाते और नेताजी पीछे बैठते। दोनों साथी गाँव-गाँव जाते और लोगों से मिलते। पहली मीटिंग नंगला सलहदी गाँव के बेटालाल ठाकुर के घर हुई। चुनाव लड़ने के पैसे तो थे नहीं। वहाँ नेताजी ने एक वोट, एक नोट का नारा दिया। वे चंदे में एक रुपया माँगते थे। वे जनता से कहा करते थे कि जीतने के बाद विकास के रूप में सबका पैसा ब्याज समेत लौटाएँगे। उस दौर में इलाके के लोगों ने नेताजी की हर मुमकिन मदद की। हर जाति, हर कौम के लोगों ने उनका साथ दिया। इस बीच पैसे इकट्ठा हुए तो चुनाव प्रचार के लिए एक पुरानी अंबेस्डर कार खरीदी गई।

गाड़ी का इंतजाम तो हो गया, लेकिन कई बार पेट्रोल के लिए पैसे नहीं होते थे। दर्शन सिंह बताते हैं कि चुनाव की चर्चा के लिए नेताजी के घर बैठक चल रही थी। नेताजी के घर सारा गाँव इकट्ठा था। इस बीच पेट्रोल के पैसों की कमी की बात उठ गई। चर्चा चल ही रही थी कि पेट्रोल के पैसों का इंतजाम कैसे हो? अचानक गाँव के ही सोनेलाल काछी उठे और उन्होंने कहा कि हमारे गाँव से पहली बार कोई विधायकी जैसा बड़ा चुनाव लड़ रहा है। हमें नेताजी को पैसे की कमी नहीं होने देनी चाहिए। वह दौर अभाव का था। खेती किसानी और पशुपालन ही लोगों की कमाई का प्रमुख जरिया हुआ करता था। ऐसे में सोनेलाल ने एक उपाय सुझाया। उन्होंने कहा कि हम हफ्ते में एक दिन एक वक्त का खाना नहीं खाएँगे और उससे जो अनाज बचेगा, उसे बेचकर पेट्रोल खरीदा जाएगा। सोनेलाल की इस बात पर पूरे गाँव ने एक सुर से सहमति जताई। इस तरह कार के लिए पेट्रोल का इंतजाम हुआ। सैफई के बुजुर्ग आज भी मानते हैं कि नेताजी और बाद में अखिलेश यादव ने सैफई का जो चहुँमुखी विकास कराया है वह शायद गाँववालों की इसी तरह की तमाम मदद का कर्ज उतारने की कोशिश हो।

दर्शन सिंह और नेताजी कार में चुनाव प्रचार के लिए जाते। कई बार गाँव के कीचड़ भरे रास्तों में कार फँस जाती तो नेताजी और दर्शन सिंह धक्का देकर उसको बाहर निकलवाते। दर्शन सिंह ने बताया कि एक-दो बार नहीं, बल्कि सैकड़ों बार ऐसा हुआ कीचड़ में घुसकर कार निकालनी पड़ी। प्रचार जोर-शोर से चल रहा था। लेकिन

विरोधी के मुकाबले नेताजी के पास चुनाव लड़ने के उतने संसाधन नहीं थे। मुकाबला कांग्रेस के बड़े दिग्गज नेता हेमवंती नंदन बहुगुणा के चेले एडवोकेट लाखन सिंह से था। विरोधी तो नेताजी को मुकाबले में ही नहीं मान रहे थे, लेकिन जब नतीजे आए तो विरोधी चारों खाने चित हो गए। सियासत के अखाड़े की पहली ही लड़ाई में नेताजी ने लाखन सिंह को धूल चटा दी। सिर्फ 28 साल की उम्र में वे राज्य के सबसे कम उम्र के विधायक बने।

नेताजी चुनाव जीतकर विधानसभा पहुँच गए, लेकिन इस बीच समाजवादी आंदोलन को बहुत बड़ा नुकसान हुआ। 12 नवंबर, 1967 को डॉ. लोहिया का निधन हो गया। लोहिया के निधन के बाद संयुक्त सोशलिस्ट पार्टी कमजोर पड़ने लगी। 1969 के विधानसभा चुनाव में नेताजी चुनाव हार गए। अब तक चौधरी चरण सिंह की पार्टी भारतीय लोकदल मजबूत होने लगी थी। चौधरी चरण सिंह पश्चिमी उत्तर प्रदेश में किसानों की प्रमुख आवाज बन चुके थे। नेताजी मुलायम सिंह यादव भी भारतीय लोकदल में शामिल हो गए। जुझारू नेता के शामिल होने से लोकदल को नया बल मिला। नेताजी को चौधरी चरण सिंह नन्हे नेपोलियन के नाम से बुलाते थे। धीरे-धीरे संघर्षों की बदौलत नेताजी अब राजनारायण, देवी लाल, बीजू पटनायक और कर्पूरी ठाकुर जैसे राष्ट्रीय नेताओं की कतार में आने लगे थे। हालाँकि इस दौर में इंदिरा गांधी के उभार के बीच समाजवादी आंदोलन की आग थोड़ी ठंडी पड़ने लगी, लेकिन नेताजी का राजनीतिक संघर्ष जारी था।

राजनीतिक झंझावतों के बीच वह घड़ी आई, जिसका सुघर सिंह के पूरे परिवार को लंबे वक्त से इंतजार था। 1 जुलाई, 1973 की सुबह होने में अभी देर थी। रात के सन्नाटे को झींगुरों की आवाज तोड़ रही थी। इस बीच अचानक सुघर सिंह के घर में कोलाहल हुआ। नेताजी मुलायम सिंह यादव की पत्नी मालती देवी को तेज प्रसव दर्द उठा। सुघर सिंह ने तुरंत गाँव की दाई को बुलावा भेजा। सूरज निकलने में अभी वक्त था। घर में गहमा-गहमी बढ़ गई। मालती देवी बीमार रहा करती थीं। ऐसे में घर में मौजूद महिलाओं और बैठकी में मौजूद पुरुष सदस्यों के चेहरे पर चिंता की लकीरें थीं। अचानक घर के अंदर से बच्चे के रोने की आवाज आई। हँसते हुए दाई बाहर निकली। घर के मुखिया सुघर सिंह से कहा कि बधाई हो, पोता हुआ है। शादी के 16 साल बाद मालती देवी ने बेटे को जन्म दिया। पूरे परिवार में खुशी का माहौल था। अब तक आस-पड़ोस की महिलाएँ भी जुट गई थीं। नन्हे मेहमान के आने की खुशी में घर में गाना-बजाना शुरू हो गया। गुड़ से मुँह मीठा कराया जाने लगा। बेटे के जन्म पर नेताजी भी काफी खुश थे। अब उनके दिल में संतोष था कि आखिरकार उनकी पारिवारिक विरासत को सँभालने वाला कोई आ गया। संघर्षों के साथी नेताजी मुलायम

सिंह यादव का हौंसला बढ़ गया। सुघर सिंह पढ़े-लिखे नहीं थे, लेकिन उन्होंने बेटे को अपनी हैसियत के मुताबिक पढ़ाया। अब नेताजी का सपना अपने बेटे को खूब पढ़ा-लिखाकर एक काबिल इनसान बनाना था। वे खुद सियासत में पूरी तरह से जम गए थे, लेकिन कभी नहीं चाहते थे कि बेटा सियासत में उतरे। हालाँकि हालात ऐसे बनते चले गए कि वंशवाद की राजनीति के धुर विरोधी नेताजी की राजनीतिक विरासत के योग्य उत्तराधिकारी उनके पुत्र अखिलेश यादव ही बने।

जब अखिलेश यादव पैदा हुए थे तो नेताजी मुलायम सिंह यादव समेत किसी ने भी नहीं सोचा था कि यह बच्चा आगे चलकर देश के सबसे बड़े राज्य उत्तर प्रदेश की सियासत का सुलतान बनेगा। हालाँकि जब अखिलेश यादव पैदा हुए तो नेताजी के मित्र दर्शन सिंह ने कहा कि मुलायम सिंह यादव के घर टीपू सुलतान पैदा हुआ है। इतिहास-भूगोल से अपरिचित घर की महिलाओं को यह नाम बहुत ही अजीब लगा। सबने दर्शन सिंह से पूछा कि दद्दा यह टीपू क्या नाम रख दिया? यह टीपू-वीपू कोई नाम है क्या, भला ऐसा नाम भी रखा जाता है। कुछ अच्छा सा नाम रखते। तब दर्शन सिंह ने घर की महिलाओं को बताया कि टीपू सुलतान एक महान् योद्धा थे और मैसूर राज्य के शासक थे। उन्होंने अंग्रेजों से लोहा लिया था। महिलाएँ यह जानकर बहुत खुश हुईं। दरअसल उन दिनों बच्चों के नाम ज्यादातर देवी-देवताओं या फिर महान् हस्तियों के नाम पर रखे जाते थे, यानी जाने-अनजाने अखिलेश यादव के साथ एक शासक के नाम का तमगा लग गया था। सुघर सिंह के घर में एक भविष्य का मुख्यमंत्री पलने लगा।

□

अध्याय 2

टीपू की कहानी

सैफई की सीमाओं से निकलकर नेताजी मुलायम सिंह यादव का दायरा बड़ा हो रहा था। सियासत से लेकर परिवार तक की जिम्मेदारी बढ़ गई थी। नेताजी एक बच्चे के पिता बन चुके थे, जो आगे चलकर उनकी सियासी विरासत सँभालने वाला था, लेकिन उस वक्त इसका अंदाजा किसी को नहीं था, यहाँ तक कि खुद नेताजी को भी नहीं। नेताजी दिनोंदिन सियासत के संघर्षों की ताप में निखर रहे थे। गरीबों-किसानों के लिए समर्पित नेताजी के पास परिवार के लिए कम ही वक्त होता था। उनके संघर्ष का फलक सैफई और इटावा से निकलकर प्रदेश भर के गरीबों-किसानों-मजलूमों तक पहुँच रहा था। दूसरी तरफ टीपू सैफई के महत्त्वपूर्ण हो चुके परिवार में पलने लगे। नेताजी के घर के सामने से ही गाँव की मुख्य सड़क गुजरती थी। यह सड़क कच्ची थी। सड़क के एक तरफ घर थे। जबकि दूसरी तरफ गाँव का तालाब था। तालाब तीन तरफ से खेतों और पेड़ों से घिरा था। सुबह-शाम इसी रास्ते गाँव के मवेशी तालाब की तरफ आते और जाते थे। उनके पीछे अपने-अपने जानवरों को हाँकते पशुपालकों की टोली होती। तालाब के किनारे मौजूद पेड़ों पर सुबह-शाम पक्षियों का कलरव अद्‌भुत माहौल बना देता। आम दिनों में तालाब किनारे बच्चे दौड़ रहे होते। गाँव की महिलाएँ तालाब में कपड़े धोने और पानी भरने आतीं। इस माहौल में उन्हें टीपू की परवरिश शुरू हुई। माँ मालती देवी बीमार रहती थीं। ऐसे में परवरिश का जिम्मा बच्चे की दादी ने सँभाल लिया। दादी ही टीपू की देखभाल करतीं। वे बड़े मन से पोते की मालिश करतीं। नहलातीं-धुलातीं। दूध पिलातीं। सर्दी के मौसम में घर के बाहर धूप में लेकर बैठतीं। टीपू का मुसकराता चेहरा बरबस ही हर किसी को अपनी ओर खींच लेता। बच्चे की मुसकराहट देखकर हर कोई इसे प्यार करना चाहता था, लेकिन टीपू की पूरी दुनिया उनकी दादी में ही बसी थी। टीपू ने जब चलना सीखा तो दादी के आगे-पीछे ही घूमते

रहते। भूख लगती तो दादी से खाना माँगते। नींद आती तो दादी की गोद से चिपककर सो जाते। टीपू थोड़ा बड़े हुए तो कभी दादी की गोद की सवारी कर या फिर दादी का पल्लू थामकर आस-पड़ोस के घरों में भी घूम आते। चाचाओं के साथ खेत-खलिहान भी घूमने चले जाते। वैसे भी संयुक्त परिवार की परंपरा वाले भारत के गाँवों में यह परिपाटी रही है कि बच्चे दादा-दादी की छाँव में ही पलते हैं। बच्चे के पिता से यह अपेक्षा नहीं की जाती थी कि वह अपने माता-पिता के सामने अपने ही बच्चे को प्यार-दुलार करे। यादव परिवार भी इससे अलग नहीं था। हालाँकि नेताजी मुलायम सिंह यादव ज्यादातर प्रदेश में सियासी दौरे पर रहते। जब कभी सैफई आते तो गाँव के लोगों से घिरे रहते। ऐसे में टीपू के साथ वक्त बिताने का मौका कम ही मिलता। लेकिन नेताजी मुलायम सिंह यादव जहाँ भी रहते, बेटे टीपू की पूरी खोज-खबर लेते रहते थे। टीपू भी तोतली जुबान में नेताजी मुलायम सिंह यादव को पापा बुलाने लगे थे, लेकिन नन्हे टीपू को अभी इतनी समझ नहीं आई थी कि उनके पापा घर पर कम क्यों रहते हैं।

घर पर ताऊ रतन सिंह और चाचा अभयराम ही रहते थे। खेती का जिम्मा इन्हीं दोनों पर था। घर के पुरुषों की बात करें तो टीपू का ज्यादातर वक्त इन्हीं दोनों के साथ गुजरता। टीपू चाचा के साथ खेत भी जाते थे। उन्हें गन्ना खूब पसंद था। चाचा जब खेतों की ओर जाने की तैयारी कर रहे हों तो टीपू दौड़कर उनके पास आते। चाचा समझ जाते कि अब टीपू कोई फरमाइश करने वाले हैं। वे टीपू से पूछते कि क्या है, तो टीपू फौरन बोलते, ''चाचा खेत से लौटते वक्त गन्ना ले आना।'' बचपन में टीपू भी दूसरे बच्चे की तरह गाँव-जवार के मेले में जाते। दादी टीपू को मेले के लिए तैयार करती थीं। सिर में सरसों का तेल चिपुड़तीं। आँखों में काजल लगातीं। पोते को नजर न लगे, इसलिए माथे पर बाईं तरफ काजल का छोटा सा टीका लगा देतीं। सँजे-सँवरे टीपू ताऊ-चाचा के कंधे पर सवार हो मेला देखने निकल पड़ते।

टीपू सोने का चम्मच लेकर नहीं पैदा हुए थे। उनका बचपन किसी महलनुमा घर में नहीं बीता। घर पर नौकरों की लंबी-चौड़ी फौज नहीं थी। वे मेहनती किसान सुघर सिंह के परिवार में पैदा हुए थे। पिता नेताजी मुलायम सिंह यादव सियासी शख्सियत के साथ शिक्षक भी थे। ताऊ रिटायर्ड फौजी थे। एक चाचा राजपाल सिंह यादव इटावा में सरकारी भंडारगृह निगम में नौकरी करने लगे थे, जबकि दूसरे चाचा शिवपाल सिंह यादव पढ़ाई के साथ-साथ बड़े भाई के सियासी कामकाज में उनका हाथ बँटाने लगे थे। उस वक्त के ग्रामीण जीवन के पैमाने पर देखें तो परिवार हँसी-खुशी भरे दिन बिता रहा था। नेताजी के सियासी कद की वजह से इस परिवार का इलाके में दबदबा था। टीपू का बचपन गाँव के दूसरे बच्चों जैसा ही बीत रहा था। जो धूल में खेलते थे। चिड़ियों के पीछे भागते थे। गाय-भैंस जिनके लिए हैरानी का सबब नहीं थे। उन्हें भी

दूसरे बच्चों की तरह तालाब में कंकड़ फेंकने में मजा आता था। तालाब में मछलियों को तैरते देखकर वे भी खिलखिला पड़ते थे, यानी टीपू का बचपन ठेठ गँवई माहौल में खेत-खलिहान और खेती किसानी को देखते बीत रहा था। नेताजी प्रदेश स्तर के नेता बन चुके थे। लेकिन सैफई में अभी भी विकास की किरण नहीं पहुँची थी।

उस दौर से तुलना करें तो आज के सैफई में 40 साल पुराने सैफई का कुछ भी नहीं बचा है। अब सैफई गाँव की गलियाँ और सड़कें सीमेंट से बनी हैं। गाँव के ज्यादातर घरों के आगे चार पहिया वाहन खड़े रहते हैं। यहाँ राजधानी लखनऊ को भी मात देने वाले गेस्ट हाउस हैं। दिल्ली के कनाट प्लेस के आर्किटेक्ट की तर्ज पर अपना बाजार है। बेहतरीन स्वास्थ्य सुविधाओं वाला मेडिकल कॉलेज है। ट्रामा सेंटर है। ए.सी. रेस्टोरेंट हैं। लेकिन 70 के दशक में सैफई की कच्ची गलियों में धूल उड़ा करती थी। जिन सड़कों पर आज गाड़ियाँ फर्राटा भरती हैं, वहाँ सिर्फ कभी-कभार अंबेसडर कार धूल उड़ाती दिख जाती थी। ज्यादातर यह अंबेसडर कार नेताजी की होती थी। वरना साइकिल और बैलगाड़ी आसपास के इलाकों में परिवहन के प्रमुख साधन थे। दो-चार कोस तो लोग यूँ ही पैदल चले जाया करते थे। टीपू ने भी बचपन में बैलगाड़ी की सवारी खूब की। चाचा अभय राम बताते हैं कि जब वे बैलगाड़ी लेकर खेत की ओर निकलते तो टीपू भी दौड़कर आ जाते और बैलगाड़ी में बैठने की जिद करते। बैलगाड़ी में बैठने के बाद वे चाचा के हाथ से बैलों का पगहा अपने नन्हे हाथों में ले लेते। छोटे टीपू के हाथ में पूरा पगहा आ भी नहीं पाता, लेकिन एक हाथ से किसी तरह पगहा सँभाले टीपू दूसरे हाथ में चाबुक थामे बैलों को हाँकते हुए खेत ले जाते। हालाँकि इसमें नन्हे टीपू से ज्यादा बैलों की काबिलियत थी, जो एक रास्ते पर चलने में अभ्यस्त हो चुके थे। बैलगाड़ी चलाने में टीपू को खूब मजा आता था। चाचा-ताऊ के साथ टीपू बैलगाड़ी से ही मामा के गाँव भी जाते थे।

1975 के जून महीने की गरमी कुछ ज्यादा ही परेशान करने वाली थी। एक जुलाई को टीपू दो साल के होने वाले थे। दो साल के बच्चे की इतनी समझ तो बन ही जाती है कि रिश्तों की सही-सही पहचान कर सके। माँ बीमार और पिता सियासत में मशरूफ। माँ-पिता दोनों का प्यार टीपू को कम ही मिल पाता, लेकिन दादी, चाचियों, बुआ और चाचाओं के भरपूर प्यार ने टीपू को कभी माँ-पिता के प्यार की कमी महसूस नहीं होने दी। दो साल के टीपू को इतना समझ आने लगा था कि पापा घर कभी-कभी आते हैं, लेकिन इस छोटे से बच्चे को अभी भी यह बात समझ नहीं आई थी कि उसके पापा नेता हैं। 1975 की तपती गरमियों में सियासी पारा भी खूब चढ़ा हुआ था। देश की सियासत में अजीब सी बेचैनी थी। इन्हीं गरमियों में इंदिरा गांधी के लोकसभा चुनाव पर 12 जून को आए इलाहाबाद हाईकोर्ट के फैसले ने सियासी पारा बढ़ा दिया। हाईकोर्ट ने इंदिरा गांधी को 1971 के रायबरेली लोकसभा चुनाव में धांधली का दोषी पाया। अदालत ने

चुनाव रद्द कर दिया और इंदिरा गांधी को छह साल तक चुनाव लड़ने पर पाबंदी लगा दी। हालात विकट हो गए। पहले से ही विरोध का झंडा उठाए विपक्ष इंदिरा के इस्तीफे की माँग करने लगा। इंदिरा गांधी ने इस हालत से निकलने का जो रास्ता तलाश किया वह भारतीय लोकतंत्र के इतिहास का सबसे काला फैसला साबित हुआ। 26 जून, 1975 को देश में आपातकाल की घोषणा कर दी गई। लोकतंत्र कलंकित हो गया। देश भर में विपक्ष, विरोध और असहमति की आवाज के दमन का सिलसिला चल गया। विपक्षी नेताओं की ताबड़तोड़ गिरफ्तारियों का सिलसिला शुरू हो गया। नेता जेलों में ठूँसे जाने लगे। आपातकाल के ऐलान के दूसरे ही दिन नेताजी को भी इटावा में भालेपुरा गाँव से गिरफ्तार कर लिया गया। जब नेताजी की गिरफ्तारी हुई, तब वे भालेपुर गाँव में एक जमीन के विवाद में चल रही पंचायत में हिस्सा ले रहे थे। पुलिस ने पूरे गाँव को घेर लिया। अब तक नेताजी को भी पता चल गया था कि देश भर से नेताओं की गिरफ्तारी हो रही है। नेताजी भी गिरफ्तार हो गए। उन्हें इटावा जेल में रखा गया। गिरफ्तारी की सूचना घर पहुँची। नेताजी सियासी लड़ाई लड़ते हुए पहले भी जेल जा चुके थे। ऐसे में गिरफ्तारी की इस खबर से किसी को ज्यादा हैरानी नहीं हुई। माँ को जब बेटे की गिरफ्तारी की खबर मिली तो माँ का दिल बेटे के लिए चिंतित हो उठा, लेकिन उन्हें बेटे से ज्यादा चिंता पोते टीपू की हुई। टीपू की माँ बीमार रहती थीं। पिता बेटे से कम मिल पाते थे, लेकिन अब तो जेल में हैं। पता नहीं कितने दिन बाद जेल से रिहा होंगे। दादी ने चिंता भरी नजर से टीपू की तरफ देखा। दो साल का बच्चा जिसे जेल और गिरफ्तारी जैसे शब्दों का मतलब ही नहीं पता था, दादी को देखकर मुसकरा दिया। दादी ने टीपू को सीने से लगा लिया। टीपू की मासूम मुसकराट देखकर दादी की सारी चिंता काफूर हो गई थी। अब दादी टीपू की परवरिश पर ज्यादा ध्यान देने लगीं।

नेताजी लगभग 19 महीने इटावा जेल में रहे। इस दौरान छोटे भाई शिवपाल सिंह यादव उन्हें नियमित रूप से जेल में मिलने जाते। उन्हें घर-परिवार के बारे में बताते। इस बातचीत में टीपू की बाल-सुलभ शरारतों का भी जिक्र होता। छोटे भाई से नेताजी इलाके के सियासी हालत की भी चर्चा करते। जेल से लौटते वक्त शिवपाल सिंह यादव समर्थकों के लिए नेताजी के संदेश लाते। 18 जनवरी, 1977 को एक अप्रत्याशित फैसला लेते हुए इंदिरा गांधी ने मार्च में आम चुनाव कराने का ऐलान कर दिया। जेल में बंद नेता रिहा होने लगे। मार्च में छठी लोकसभा के लिए आम चुनाव हुए। देश भर में इंदिरा विरोध की लहर पर सवार होकर केंद्र में जनता पार्टी की सरकार बनी। मोरारजी देसाई देश के पहले गैर कांग्रेसी प्रधानमंत्री बने। सरकार बनने के बाद मोरारजी देसाई ने 10 राज्यों में कांग्रेस की सरकारों को बरखास्त कर दिया। इसमें उत्तर प्रदेश की सरकार भी थी। उत्तर प्रदेश में हुए चुनावों में जनता पार्टी को भारी बहुमत मिला। नेताजी जसवंतनगर

सीट से जीतकर विधानसभा पहुँचे। 23 जून, 1977 को रामनरेश यादव की अगुवाई में प्रदेश में जनता पार्टी की सरकार बनी। नेताजी को इस सरकार में सहकारिता मंत्री का ओहदा मिला। मंत्री बनने से नेताजी की सियासी व्यस्तता और भी बढ़ गई।

दूसरी तरफ दादी-बुआ-चाचियों और चाचाओं की गोद में खेलते-कूदते टीपू बड़े हो चले थे। टीपू अब चार साल के होने वाले थे। उनकी स्कूल जाने की उम्र हो चुकी थी। अनपढ़ सुघर सिंह ने बेटों को अपनी हैसियत के मुताबिक पढ़ाया था। नेताजी खुद देश-दुनिया देख चुके थे। परिवार को पढ़ाई की अहमियत मालूम थी। नेताजी को टीपू की पढ़ाई की चिंता हुई। उस वक्त इटावा का सेंट मेरी पूरे जिले में सबसे अच्छा स्कूल माना जाता था। जिले के संभ्रांत घरों के बच्चे इसी स्कूल में पढ़ते थे। यहाँ पढ़ाई भी अच्छी थी। ऐसे में टीपू का दाखिला इसी स्कूल में कराने का फैसला लिया गया। 1977 की गरमियों में टीपू को इटावा भेज दिया गया। इससे बहुत पहले ही नेताजी इटावा के चौबुर्जी इलाके में किराए पर एक छोटा सा घर ले चुके थे। दो मंजिले घर में एक कमरा निचली मंजिल पर था, इसके पीछे आँगन था और एक छोटा सा किचन था। कमरा बस इतना ही बड़ा था कि उसमें एक तख्त और एक सोफा आ पाता था। एक कमरा ऊपरी मंजिल पर था। टीपू के यहाँ पहुँचने से पहले इस घर में कुल चार लोग रहते थे। एक नेताजी के छोटे भाई राजपाल यादव, दूसरी उनकी पत्नी प्रेमलता यादव, तीसरे नेताजी के सबसे छोटे भाई शिवपाल यादव और चौथी शिवपाल यादव की पत्नी सरला यादव। राजपाल सिंह इटावा में भंडारगृह निगम में नौकरी करते थे। जबकि सबसे छोटे भाई शिवपाल इटावा में रहकर पढ़ाई कर रहे थे और नेताजी के सियासी कामकाज में उनका हाथ बँटाते थे।

टीपू के दाखिले के वक्त नेताजी मंत्री बन चुके थे। उनके पास इतना वक्त नहीं था कि बेटे का दाखिला कराने स्कूल जाते। दाखिले का जिम्मा परिवार के करीबी दोस्त एस.एन. तिवारी को सौंपा गया। एस.एन. तिवारी इटावा में अधिवक्ता थे। शिवपाल सिंह यादव के साथ एस.एन. तिवारी बच्चे टीपू को लेकर स्कूल पहुँचे। उन दिनों दाखिले को लेकर मारामारी नहीं होती थी। दूसरे मुलायम सिंह यादव की इलाके में बड़े नेता के तौर पर प्रतिष्ठा बन चुकी थी। ऐसे में दाखिले में किसी तरह की दिक्कत नहीं थी। क्लास टीचर ने दाखिले की प्रक्रिया शुरू की। छोटे बच्चे का नाम पूछा गया। शिवपाल यादव कुछ बोलते उससे पहले ही नन्हे से बच्चे ने अपना नाम टीपू बताया। शिवपाल यादव और एस.एन. तिवारी की तरफ देखकर स्कूल के शिक्षक ने कहा कि यह तो घर में बुलाने वाला नाम है। बच्चे का स्कूल में क्या नाम लिखा जाएगा? एस.एन. तिवारी ने शिवपाल सिंह की ओर देखा, लेकिन अब तक टीपू का दूसरा नाम रखा ही नहीं गया था तो भला शिवपाल सिंह क्या जवाब देते। अब जबकि टीपू स्कूल में दाखिले के

लिए पहुँचे थे, तब वहीं उनके लिए नाम खोजा जाने लगा। तिवारीजी ने टीपू को कई नाम सुझाए। जिसमें से अखिलेश नाम टीपू को पसंद आ गया। यह यादव परिवार की सादगी की ही मिसाल है कि जो बच्चा 16 साल के इंतजार के बाद पैदा हुआ, उसका पुकारने वाला नाम गाँव के प्रधान ने रखा और स्कूल में लिखा जाने वाला नाम बच्चे ने खुद तय किया। खैर एस.एन. तिवारी ने राजपाल सिंह यादव को टेलीफोन पर बच्चे का नाम अखिलेश रखे जाने की जानकारी दी और सेंट मेरी स्कूल में टीपू का अखिलेश के नाम से दाखिला हो गया।

चाचाओं राजपाल व शिवपाल और चाचियों प्रेमलता व सरला की देख-रेख में टीपू की पढ़ाई चलने लगी। गाँव में अम्मा के लाडले टीपू अब चाची प्रेमलता व सरला के दुलारे थे। टीपू को जब नींद आती तो चाची ही उन्हें सुलाती थीं। चाचियाँ अगर घर के किसी काम में व्यस्त होतीं तो टीपू जिद कर चाचियों को अपने पास बुला लेते। सुबह चाचियाँ ही टीपू को स्कूल के लिए तैयार करतीं। चाचियों को आज भी टीपू की छोटी-छोटी शरारतें याद हैं। स्कूल से लौटते ही टीपू दूसरे बच्चों की तरह बस्ता बिस्तर पर फेंकते। स्कूल ड्रेस भी बिस्तर के एक कोने में फेंकते। मोजे-जूते अलग बिखरे रहते। चाचियाँ ही टीपू की माँ थीं। टीपू भी चाचियों पर माँ जैसा ही अधिकार जमाते थे। चाचियाँ टीपू का सारा सामान समेटतीं। स्कूल से लौटकर खाना खाने के बाद टीपू भागकर पार्क में खेलने पहुँच जाते। आस-पड़ोस में उनके कई दोस्त बन गए। वे साथियों के साथ खूब मस्ती करते। खेल-खेल में लड़ाई भी होती। झगड़ा भी होता, लेकिन टीपू लड़ाई-झगड़ा कम करते थे। हालाँकि दूसरे बच्चों की तरह वे शरारत का कोई भी मौका चूकते नहीं थे। कभी पेड़ पर चढ़ जाते, कभी पार्क में घूम रहे जानवरों के पीछे सारे बच्चों के साथ भागते। पार्क में घूमने वाली गाय और दूसरे जानवरों की सवारी भी कर लेते। उनके दोस्तों को जानवरों से डर लगता, लेकिन टीपू बचपन से ही गाय-भैंसों को देखते आए थे। यादव परिवार के घर का खूँटा कभी भी खाली नहीं रहा। दो-चार गाय और भैंस हमेशा घर के खूँटे से बँधी रहतीं। घर में दूध-दही की कोई कमी नहीं होती थी। जिस बच्चे ने गाय-भैंसों की संगत में बचपन गुजारा हो, भला उसे इनसे डर क्यों लगता। टीपू घर में भी खूब धमा-चौकड़ी करते। दोनों चाचा और चाचियों की टीपू से खूब पटती। नेताजी की व्यस्तता और माँ की बीमारी के बावजूद चाचा और चाचियों के प्यार-दुलार की वजह से टीपू को कभी भी इस बात का एहसास भी नहीं हो पाया। टीपू की सभी शरारतें बाल-सुलभ होती थीं। चाचा राजपाल बताते हैं कि टीपू कभी कोई नुकसान नहीं करते और आमतौर पर लड़ाई-झगड़े से दूर रहते। पिता के सामने तो एकदम शांत हो जाते। सारी शरारतें भूल जाते।

सियासी व्यस्तता में डूबे नेताजी का टीपू से तभी मिलना हो पाता, जब वे इटावा

आते थे, लेकिन जैसे-जैसे टीपू बड़े हो रहे थे, पिता को उनकी आगे की पढ़ाई की चिंता सता रही थी। देखते-ही-देखते तीन साल बीत गए। टीपू अब तीसरी कक्षा पास कर चुके थे। पिता टीपू को इटावा से कहीं बाहर भेजना चाहते थे। किसी बड़े स्कूल में दाखिला कराना चाहते थे। नेताजी के माता-पिता दोनों अनपढ़ थे। उनकी पीढ़ी में अभयराम और फौजी भाई रतन सिंह को छोड़कर सबने बी.ए., एम.ए. किया, लेकिन नेताजी की पीढ़ी में कोई भी अंग्रेजी नहीं पढ़ पाया था। वे टीपू को बेहतरीन शिक्षा दिलाना चाहते थे। अच्छी शिक्षा की चाहत के अलावा उन दिनों इटावा में बन रहे सामाजिक और सियासी हालात भी इसकी एक वजह थे, जिसके चलते नेताजी अपने बेटे को इटावा में नहीं रखना चाहते थे। इटावा चंबल के बीहड़ से सटा हुआ जिला था। उन दिनों बीहड़ में डाकुओं का कुछ ज्यादा ही जोर था। बीहड़ के डाकू जो कि खुद को बागी कहा करते थे, अब सियासी और जातिगत आधार पर खेमों में बँटे हुए थे। पिछड़ी जातियों के डाकुओं का प्रभाव बढ़ रहा था। उन दिनों एक दुष्प्रचार चल रहा था कि इन्हें नेताजी की शह मिल रही है। विरोधी नेता भी उनके बढ़ते हुए कद को पचा नहीं पा रहे थे। इस बीच प्रदेश के सियासी हालात भी बदल चुके थे। आपसी कलह में जनता पार्टी की सरकार जा चुकी थी। प्रदेश में विश्वनाथ प्रताप सिंह की अगुवाई में कांग्रेस की सरकार सत्तारुढ़ हो गई थी। राजा मांडा विश्वनाथ प्रताप सिंह ने सरकार में आते ही दस्यु उन्मूलन का अभियान चला दिया। आरोप लगा कि इस अभियान की आड़ में निर्दोष लोगों को डकैत बताकर एनकाउंटर में मारा जा रहा है। पुलिस पिछड़ी जाति के डाकुओं को ज्यादा निशाना बना रही है। नेताजी ने खुलकर विश्वनाथ प्रताप सिंह के दस्यु उन्मूलन का विरोध किया। नेताजी के इस कदम से विश्वनाथ प्रताप सिंह चिढ़ गए। नेताजी के खिलाफ सरकारी दुष्प्रचार शुरू हो गया। उन्हें डकैतों का हितैषी प्रचारित किया गया। एक तरफ नेताजी विरोधियों के निशाने पर थे, साथ ही दूसरी तरफ उन्हें सरकार से भी खतरा था। ऐसे माहौल में उन्हें बेटे टीपू की सुरक्षा की चिंता सताने लगी। टीपू तीसरी कक्षा में थे। उनका स्कूल जाना बंद करा दिया गया। 1977 से 1980 तक टीपू सैंट मेरी स्कूल में पढ़े। नेताजी नए बने माहौल से टीपू को दूर रखना चाहते थे। ऐसे में टीपू को इटावा से बाहर भेजना ही सबसे बेहतर विकल्प लगा, लेकिन चूँकि किसी भी बड़े स्कूल में दाखिला छठी क्लास से ही होता, ऐसे में टीपू को घर पर ही पढ़ाने के लिए अच्छे ट्यूटर की तलाश शुरू हुई। सियासी व्यस्तता के बीच नेताजी ने कई परिचित शिक्षकों और दूसरे लोगों से अच्छे ट्यूटर का नाम सुझाने को कह दिया था। इस बीच किसी काम के सिलसिले में नेताजी की मुलाकात इटावा के तत्कालीन डी.आई.ओ.एस. से हुई। नेताजी ने उन्हें भी अपनी परेशानी बताई। डी.आई.ओ.एस. ने अंग्रेजी के शिक्षक अवध किशोर वाजपेयी का नाम सुझाया।

अवध किशोर वाजपेयी को घर बुलाया गया। उनकी नेताजी से बातचीत हुई और यह तय हुआ कि वे बड़े स्कूल में दाखिले के लिए टीपू की तैयारी कराएँगे। वाजपेयी ने टीपू की पढ़ाई का पूरा जिम्मा सँभाल लिया। वे नेताजी के चौबुर्जी वाले किराए के मकान में शाम के वक्त टीपू को पढ़ाने लगे। उनके पहुँचने से पहले ही टीपू बस्ता खोलकर चारपाई पर तैयार बैठे मिलते। शिक्षक के आते ही चारपाई के सामने लकड़ी की कुरसी लगा दी जाती और फिर टीपू की पढ़ाई शुरू हो जाती। दो घंटे तक हर विषय पढ़ाया जाता। सारी पढ़ाई अंग्रेजी में कराई जाती थी। यहाँ एक मजेदार बात यह है कि खुद तो नेताजी पूरे सूबे में हिंदी का झंडा उठाए घूम रहे थे और बेटे के लिए उन्होंने अंग्रेजी का ट्यूटर रखा था। नेताजी के मुख्यमंत्रित्व काल में अखिलेश यादव की विदेश में पढ़ाई को लेकर भी खूब आलोचना हुई। ऐसे में सवाल उठे कि नेताजी का अंग्रेजी विरोध सिर्फ दिखावा था। उन्होंने अंग्रेजी विरोध का सिद्धांत अपने बेटे पर लागू नहीं किया। हालाँकि बाद में बेटे अखिलेश यादव ने विरोधियों की गढ़ी इस छवि को तोड़ा। इस पर हम विस्तार से आगे के अध्याय में चर्चा करेंगे। फिलहाल अभी बात करते हैं टीपू की पढ़ाई की। हर रोज दो घंटे पढ़ाने के बाद अवध किशोर वाजपेयी टीपू को होमवर्क देकर जाते। अगले दिन होमवर्क की जाँच होती। अवध किशोर वाजपेयी उन दिनों को याद करते हुए बताते हैं कि टीपू बहुत ही प्रतिभाशाली थे। उन्हें जो भी होमवर्क दिया जाता वे पूरा करके रखते थे। पढ़ाई को लेकर टीपू को शायद ही कभी मार पड़ी हो। कभी-कभार जब टीपू कोई गलती करते और वाजपेयी को गुस्सा आता था तो गुस्से में उनका हाथ टीपू के कान की तरफ बढ़ता। ऐसे में मासूम टीपू के चेहरे पर मुसकराहट आ जाती। इस मुसकराहट को देखकर वे खुद-ब-खुद अपना हाथ पीछे खींच लेते और टीपू पिटाई से बच जाते थे।

घर में इस बात का पूरा ध्यान रखा जाता था कि टीपू की पढ़ाई में कोई बाधा न आने पाए। कई बार जब नेताजी इटावा में होते तो घर पर उनसे मिलने वालों की भीड़ लगी रहती थी। ऐसे में टीपू की पढ़ाई ऊपर वाले कमरे में होती। उस वक्त पूरे दो घंटे दोनों चाचियाँ घर की बालकनी में बैठी रहती थीं। दोनों चाचियाँ भी ध्यान रखती थीं कि टीपू को जो होमवर्क दिया गया है वे पूरा कर रहे हैं या नहीं। घर पर ही बड़े स्कूल में दाखिले के लिए टीपू की तैयारी कराई जा रही थी। टीपू स्कूल नहीं जाते थे, लेकिन सेंट मेरी स्कूल में यह बात हो गई थी कि टीपू स्कूल से पाँचवीं की परीक्षा देगें। नेताजी जब भी इटावा आते तो अवध किशोर वाजपेयी से टीपू की तैयारियों की पूरी जानकारी लेते। इटावा आने पर नेताजी का ज्यादातर समय सियासी मुलाकातों में ही गुजरता था। ऐसे में वाजपेयी से उनकी मुलाकात ज्यादातर सुबह के वक्त ही होती थी, जबकि घर पर कोई भीड़भाड़ नहीं होती थी। लखनऊ से नेताजी इटावा के लिए अकसर रात की

ट्रेन से निकलते और सुबह पाँच बजे इटावा पहुँच जाते। पहला काम होता कि एक आदमी वाजपेयी को लेने भेजा जाता। वाजपेयी झटपट तैयार होकर नेताजी के पास पहुँचते और सुबह की चाय पर अखिलेश की पढ़ाई की पूरी चर्चा होती। यह सिलसिला अखिलेश के बारहवीं पास करने तक चला। नेताजी अपने व्यस्त समय में भी अखिलेश की पढ़ाई पर पूरा ध्यान रखते थे। एक बार नेताजी ने टीपू को जानवरों के पीछे भागते देखकर कहा था कि अगर यह बच्चा इटावा में रह गया तो यह यही करेगा। इसे इटावा से बाहर किसी बड़े स्कूल में भेजना बहुत जरूरी है। टीपू की पढ़ाई को लेकर वे बहुत ज्यादा चिंता करते थे। हालाँकि नन्हे बच्चे की पिता की सियासी गतिविधियों में कोई रुचि नहीं होती थी। पिता के घर रहने पर उनसे मिलने आनेवाली भीड़ इस बच्चे के लिए सिर्फ कौतुहूल का विषय हुआ करती थी। बच्चे को पिता की सियासत में रत्ती भर रुचि न थी, लेकिन पिता के प्रति बहुत ही प्यार और सम्मान था। बचपन में टीपू पिता मुलायम सिंह यादव को पापा कहकर बुलाते थे। जब कभी नेताजी इटावा आते तब भी टीपू ज्यादा वक्त उनके साथ नहीं बिता पाते। नेताजी ज्यादातर अपनी सियासी गतिविधियों में ही मशरूफ होते। हालाँकि वे टीपू को बुलाकर उनका हाल-चाल पूछते। उनकी पढ़ाई के बारे में मालूमात करते। जरूरतों के बारे में पूछते। टीपू को पढ़ाई की, अच्छे संस्कारों की नसीहत देते, समझाते। हर मुलाकात में पिता-पुत्र के बीच कमोबेश यही बातचीत होती थी।

नेताजी अब टीपू की पढ़ाई से जुड़ी सारी चर्चा उनके शिक्षक से ही करते थे। खैर, अब तक उस बड़े स्कूल का नाम नहीं तय हुआ, जहाँ टीपू का दाखिला कराना था। बड़े स्कूल के तलाश की कहानी भी बहुत रोचक है। उन दिनों सिंधिया स्कूल का देश में बड़ा नाम था। यहाँ पढ़ने वाले बच्चे रईस खानदान के होते थे। सिंधिया स्कूल की स्थापना 1897 में हुई थी। माधव राव सिंधिया प्रथम ने इस स्कूल की स्थापना की थी। सिंधिया स्कूल पहाड़ी पर बसे ग्वालियर किले के अंदर ही हरियाली के बीच स्थित था। नेताजी ने अवध किशोर वाजपेजी से चर्चा की कि टीपू का किस स्कूल में दाखिला कराया जाए। बातचीत में सिंधिया स्कूल का नाम आया। नेताजी भी इस स्कूल की ख्याति से परिचित थे। आखिरकार दोनों की बातचीत में टीपू का दाखिला सिंधिया स्कूल में कराने का फैसला लिया गया। यह तय हुआ कि पहले स्कूल देख लिया जाए। निश्चित दिन नेताजी अंबेसडर कार में वाजपेयी के साथ सिंधिया स्कूल के लिए निकले। रास्ते भर ज्यादातर टीपू की पढ़ाई को लेकर ही बातें होती रहीं। नेताजी ने वाजपेयी से पूछा कि क्या टीपू सिंधिया स्कूल के दाखिले की परीक्षा पास कर लेंगे। अपने शिष्य की काबिलियत से आश्वस्त उनके शिक्षक ने नेताजी को भरोसा दिया कि वे चिंता न करें, टीपू बहुत ही आसानी से दाखिले की परीक्षा पास कर लेंगे। खैर सूरज चढ़ते-चढ़ते

दोनों सिंधिया स्कूल के पास तक पहुँच चुके थे। नेताजी की अंबेसडर कार सिंधिया स्कूल की चढ़ाई के पास घाटी में पहुँची ही थी कि अचानक बंद हो गई। जहाँ कार बंद हुई थी, वह पूरी तरह से निर्जन इलाका था। किसी तरह से ड्राइवर ने कार को घाटी से बाहर निकाला। निर्जन इलाके में पेश आई इस मुश्किल ने नेताजी को चिंतित कर दिया। नेताजी ने कहा, ''वाजपेयी जी मेरा एक ही बेटा है। कभी-कभी उसे अकेले भी स्कूल आना पड़ेगा। ऐसी निर्जन जगह में मैं उसे अकेले नहीं आने दे सकता।'' सिंधिया स्कूल से महज कुछ सौ मीटर पहले कार वापस मोड़ ली गई। सिंधिया स्कूल में दाखिला न कराने का फैसला लेकर नेताजी ने फौरन एक चिंता का समाधान तो कर लिया, लेकिन अभी भी सबसे बड़ी चिंता यही थी कि टीपू का दाखिला कहाँ कराया जाए। ऐसे वक्त में अवध किशोर वाजपेयी ने नेताजी को मिलिटरी स्कूल धौलपुर में दाखिला कराने का सुझाव दिया। उन्होंने नेताजी को बताया कि धौलपुर स्कूल में उनके बहनोई शांति स्वरूप मिश्रा अंग्रेजी के शिक्षक हैं, वे अखिलेश यादव का पूरा ध्यान रखेंगे। नेताजी और वाजपेयी दोनों धौलपुर सैनिक स्कूल देखने गए। दोनों मिश्राजी के यहाँ रुके। शांति स्वरूप मिश्रा ने नेताजी को पूरा स्कूल दिखाया।

तय हुआ कि टीपू के लिए यही स्कूल ठीक रहेगा। उस वक्त देश में धौलपुर समेत सिर्फ पाँच ही मिलिटरी स्कूल थे। मिलिटरी स्कूलों में दाखिला बहुत ही कठिन था। आम नागरिकों के बच्चों के लिए तो यह और भी मुश्किल था। नेताजी ने टीपू का दाखिला धौलपुर स्कूल में कराने का मन तो बना लिया था, लेकिन एडिमिशन का मिशन बाकी था। टीपू का दाखिला छठी क्लास में होना था और छठीं कक्षा में सिर्फ दो एडमिशन-एक सैनिक कोटे से और दूसरा सिविलियन के बच्चे का होना था। शांति स्वरूप मिश्रा ने अवध किशोर वाजपेयी को बताया कि अगर यहाँ एडमिशन कराना है तो कम-से-कम साल भर तैयारी करानी पड़ेगी। उन्होंने परीक्षा और परीक्षा में आनेवाले सवालों के पैटर्न के बारे में वाजपेयी को बताया। साथ ही इंटरव्यू में किस तरह से सवाल पूछे जाते हैं, इसकी भी जानकारी दी। खैर वापस लौटकर टीपू की तैयारी शुरू हो गई।

उस वक्त धौलपुर मिलिटरी स्कूल के प्रिंसिपल ओ.पी. भटनागर थे। इटावा का एक पुराना रईस परिवार भी धौलपुर मिलिटरी स्कूल में अपने बच्चे के एडमिशन के लिए प्रयासरत था। प्रिंसिपल साहब इटावा आकर तीन दिन उस रईस के घर में रहकर जा भी चुके थे। यह कहा जाता है कि इस रईस परिवार को जब पता चला कि नेताजी अपने बेटे का एडमिशन धौलपुर मिलिटरी स्कूल में कराना चाहते हैं तो प्रिंसिपल को नेताजी के बारे में खूब उलटी-सीधी बातें बताई गईं। प्रिंसिपल से कहा गया कि नेताजी के डाकुओं से अच्छे संबंध है, वे स्कूल के बच्चों को डाकुओं से उठवा देंगे। शांति स्वरूप मिश्रा के जरिए नेताजी को भी ये सारी बातें पता चलीं। जब अवध किशोर वाजपेयी को यह पता

चला कि स्कूल के प्रिंसिपल उस रईस के घर पर रहकर जा चुके हैं तो एकबारगी वे भी टीपू के एडमिशन को लेकर सशंकित हुए। उन्होंने नेताजी से भी इस पूरे वाकये का जिक्र किया, लेकिन अच्छी बात यह थी कि एडमिशन लिखित परीक्षा और इंटरव्यू के जरिए होना था और टीपू के शिक्षक को पूरा भरोसा था कि टीपू इस परीक्षा को पास कर लेंगे। परीक्षा के पाठ्यक्रम के मुताबिक टीपू की जोरदार तैयारी करायी गई। वह दिन भी आ गया, जब टीपू की परीक्षा होनी थी। अबकी बार वाजपेयी के साथ शिवपाल यादव टीपू को परीक्षा दिलाने धौलपुर स्कूल गए। शांति स्वरूप मिश्रा ने परीक्षा खत्म होते ही वाजपेयी को बता दिया था कि टीपू के पेपर बहुत अच्छे हुए हैं और उनका एडमिशन कोई नहीं रोक सकता। एक हफ्ते बाद ही लिखित परीक्षा के नतीजे आ गए। टीपू को इसमें सबसे ज्यादा अंक मिले। उन्हें इंटरव्यू के लिए बुलाया गया। जिस दिन इंटरव्यू था, उससे एक दिन पहले टीपू अपने चाचा शिवपाल और शिक्षक वाजपेयी के साथ कार से धौलपुर के लिए निकले। घर से निकलने से पहले चाचियों ने टीपू को तिलक लगाया। दही और गुड़ से मुँह मीठा कराया। टीपू ने चाचियों और चाचा राजपाल का पैर छूकर आशीर्वाद लिया। धौलपुर पहुँचने पर तीनों शांति स्वरूप मिश्रा के घर रुके।

अगले दिन टीपू इंटरव्यू के लिए तैयार हुए। यह टीपू के जीवन की बड़ी परीक्षा थी। नन्हे टीपू थोड़े नर्वस दिख रहे थे। शिष्य को नर्वस देखकर गुरु को भी थोड़ी घबराहट हुई, हालाँकि टीपू की काबिलियत को लेकर उन्हें कोई शक नहीं था। लेकिन उनका शिष्य था तो बच्चा ही। कुछ ही मिनट बाद अकेले उस बच्चे का सामना पाँच-पाँच पढ़े-लिखे और फर्राटेदार अंग्रेजी बोलने वालों से होना था। अचानक उन्हें एक उपाय सूझा। टीपू अपने शिक्षक से पूरी तरह से खुले थे। उनकी मौजूदगी में टीपू को कोई घबराहट नहीं होती थी। वाजपेयी स्कूल के प्रिसिंपल भटनागर के पास पहुँचे। उनसे कहा कि उनका शिष्य पहली बार ऐसे किसी इंटरव्यू में शामिल होने वाला है, क्या उन्हें भी बच्चे के साथ इंटरव्यू में बैठने की इजाजत मिल सकती है। इससे बच्चे का उत्साह बना रहेगा। टीपू की लिखित परीक्षा के प्रदर्शन से प्रिंसिपल भटनागर काफी प्रभावित थे। उन्होंने फौरन इसके लिए हामी भर दी। खैर टीपू का इंटरव्यू शुरू हुआ। छोटे से शहर से आए इस लड़के से प्रिंसिपल का पहला सवाल था, ''व्हाट इज हेलमेट (हेलमेट क्या होता है) ?'' टीपू ने बिना झिझके, बिना डरे फौरन जवाब दिया, ''इट्स कवर ऑवर हेड (यह हमारे सिर की रक्षा करता है)।'' जवाब सुनकर प्रिंसिपल भटनागर को हैरानी हुई कि गाँव और छोटे शहर से आया बच्चा हेलमेट का मतलब समझता है। अब टीपू से दूसरा सवाल पूछा गया, ''व्हाट इज योर फादर (आपके पिता क्या करते हैं) ?'' फिर टीपू का सीधा और सपाट जवाब था, ''माय फादर इज नेता (मेरे पिता नेता हैं)।'' इंटरव्यू करीब 15-20 मिनट चला। टीपू से कई सवाल पूछे गए। टीपू ने

इसमें से ज्यादातर सवालों के सही जवाब दिए। सारा इंटरव्यू अंग्रेजी में हुआ। टीपू की काबिलियत से इंटरव्यू बोर्ड में बैठा हर शख्स प्रभावित हुआ। फैसला टीपू के पक्ष में हुआ। 1983 की गरमियों में आए इस नतीजे से टीपू का जीवन पूरी तरह से बदलने वाला था। अब धौलपुर के मिलिटरी स्कूल में टीपू ऐसे लोगों की जमात में शामिल होने वाले थे, जिन्हें सबसे कठिन हालात में भी त्वरित और बेहतरीन फैसला लेना आता है।

□

अध्याय 3

धौलपुर में अखिलेश

अखिलेश यादव की नई यात्रा शुरू हो चुकी थी। गरमियों में 50 डिग्री सेंटीग्रेट तापमान पर उबल जाने वाले रेतीले राजस्थान का धौलपुर अब टीपू का नया ठिकाना था। मिलिटरी स्कूल धौलपुर शहर से करीब 10 किलोमीटर दूर पहाड़ी पर बसा है। दुनिया भर के 10 प्रतिष्ठित मिलिटरी स्कूलों में शुमार धौलपुर स्कूल की स्थापना आजादी के बाद 1962 में हुई। धौलपुर के महाराजा उदयभान सिंह ने स्कूल के लिए करीब 1500 एकड़ शाही जमीन दान में दी। स्कूल का मुख्य भवन कभी शाही पैलेस हुआ करता था। स्कूल कड़े अनुशासन, सख्त दिनचर्या और कड़ी पढ़ाई के लिए मशहूर है। नेताजी मुलायम सिंह यादव चाहते तो बेहतरीन सुविधाओं वाले मेयो या दून स्कूल में बेटे का दाखिला करा सकते थे, लेकिन उन्होंने अखिलेश यादव का दाखिला मिलिटरी स्कूल में कराया। अखिलेश यादव को मिलिटरी स्कूल छोड़ने चाचा शिवपाल सिंह यादव, चाची सरला और अवध किशोर वाजपेयी गए थे। स्कूल में एडमिशन कराकर तीनों लौट आए।

अखिलेश यादव अब जॉर्जियन थे। उन्हें उदयभान हाउस मिला था। मिलिटरी स्कूल में उनका रोल नंबर 1108 था। दुबले-पतले अखिलेश यादव मिलिटरी स्कूल की सख्त दिनचर्या में बहुत जल्दी ही ढल गए। सुबह जल्दी उठना, पीटी के लिए जाना, ग्राउंड में लंबी दौड़ लगाना, एक्सरसाइज करना, लौटकर स्कूल के लिए तैयार होना, उसके बाद ब्रेकफास्ट करना। नाश्ते के बाद मार्च करते हुए हॉस्टल से दो ढाई किलोमीटर स्कूल जाना होता था। स्कूल से दोपहर में लौटकर सीधे मेस में लंच के लिए जाना होता था। एक घंटे का विश्राम, फिर घंटे भर की पढ़ाई, उसके बाद खेल के मैदान में जाना। खेल के मैदान में जाने के लिए फिर करीब 2-2.5 किलोमीटर पैदल चलना होता था। गेम्स से लौटने के बाद स्नान करना और फिर पढ़ने बैठ जाना। इसके बाद तभी उठना होता

था, जब डिनर का वक्त होता। डिनर के बाद एक घंटे टी.वी. देखने की छूट थी। उसके बाद लौटकर फिर से पढ़ना होता था। हर काम के लिए वक्त मुकर्रर था। गलती की कहीं कोई गुंजाइश नहीं। गलती की तो सजा जरूर मिलेगी। अखिलेश यादव को भी मिलिटरी स्कूल का सख्त अनुशासन भाने लगा।

मिलिटरी स्कूल के कड़े अनुशासन में पढ़ रहे अखिलेश का स्वभाव बहुत ही सरल था। अखिलेश ने कभी भी स्कूल में किसी खास सुविधा की माँग नहीं की। वे साधारण लोगों की तरह ही रहते थे। अखिलेश यादव को किताबें पढ़ने का बहुत शौक था। मिलिटरी स्कूल की लाइब्रेरी ने उनकी मुराद पूरी कर दी। वे नियमित तौर पर लाइब्रेरी जाते थे। वहाँ पत्रिकाएँ पढ़ने में भी उनका मन खूब रमता था। उनका सामान्य ज्ञान बहुत अच्छा था। मृदुभाषी अखिलेश यादव ने स्कूल के स्टॉफ को भी जल्द अपना मुरीद बना लिया। सहपाठियों में वे भी लोकप्रिय हो गए। कभी किसी सहपाठी से तू-तड़ाक में बात नहीं करते थे। उनका स्कूल में कभी किसी से झगड़ा नहीं होता था। आठवीं के बाद नवीं में उन्हें विक्रम हाउस मिला। हालाँकि अब विक्रम हाउस का नाम बदलकर शिवाजी हाउस हो गया है।

अखिलेश यादव ने मिलिटरी स्कूल में पढ़ाई के दौरान कभी भी किसी पर रोब नहीं गाँठा। उनके ज्यादातर साथियों और स्कूल के स्टॉफ को यह पता नहीं था कि वे उत्तर प्रदेश के कद्दावर नेता मुलायम सिंह यादव के बेटे हैं। स्कूल के सिर्फ चुनिंदा लोगों को ही यह बात पता थी। पहली बार जब नेताजी बतौर मुख्यमंत्री मिलिटरी स्कूल गए, तब जाकर पूरे स्कूल को इस बात का पता लगा। पिता के सियासी रोब, दाब से दूर विनम्र अखिलेश मिलिटरी स्कूल के हर नियम-कायदे का पालन करते थे। मिलिटरी स्कूल में एक अलिखित परंपरा थी। यह परंपरा सीनियर-जूनियर की थी। छठीं और सातवीं की मेंटर आठवीं क्लास होती थी। जबकि 9वीं, 10वीं और 11वीं क्लास की मेंटर 12वीं क्लास होती थी। जूनियर क्लास को मेंटर क्लास के सीनियर कोई भी काम करने का आदेश दे सकते थे। कई बार सीनियर अपने जूनियरों पर रोब गाँठते थे। जूनियरों की जिम्मेदारी होती थी कि सीनियर जो काम सौंपें, उसे पूरा करें। बतौर जूनियर अखिलेश यादव सीनियरों के आदेश का पूरा पालन करते थे, लेकिन उनके स्वभाव में नहीं था कि जूनियरों पर रोब गाँठें। अखिलेश के सहपाठियों, जूनियर और सीनियर को आज भी उनका विनम्र व्यवहार याद है। स्कूल में उनसे दो साल जूनियर रहे उदयवीर सिंह याद करते हैं, ''जब मेरा दाखिला छठी क्लास में हुआ, तब अखिलेशजी आठवीं क्लास में थे। वे अकसर अपना काम खुद ही करते थे, लेकिन जब स्कूल की अलिखित परंपरा का पालन करना होता, तब जूनियर से बहुत ही विनम्र अंदाज में अनुरोध करते। अखिलेशजी का व्यवहार बहुत ही सौम्य था। वे सीनियर वाला रोब नहीं दिखाते थे।

जूनियरों को अखिलेशजी से बातचीत करने में किसी तरह की हिचक नहीं होती थी। शालीन, सौम्य स्वभाव की वजह से अखिलेशजी स्कूल में बहुत ही लोकप्रिय थे। वे कभी किसी जूनियर को डाँट भी देते थे तो उनके व्यवहार की वजह से कभी भी किसी जूनियर ने बुरा नहीं माना। अपने विनम्र और शालीन व्यवहार की वजह से वे स्कूल में बहुत ही लोकप्रिय थे।''

उनकी लोकप्रियता से जुड़ा एक किस्सा आज भी उनके साथियों को याद है। वाकया तब का है, जब अखिलेश यादव 12वीं क्लास में थे। उदयवीर सिंह पूरा वाकया अकसर हमें सुनाते हैं। उदयवीर तब 10वीं क्लास में थे तब अखिलेशजी 12वीं में थे। 12 क्लास पूरी स्कूल की कमांडिंग क्लास होती थी। आज भी यह परंपरा कायम है। 10वीं और 12वीं के बीच सीनियर-जूनियर के मुद्दे पर तकरार शुरू हुई। सीनियर क्लास का आरोप था कि जूनियर ने उनके आदेश की अनदेखी की, जबकि जूनियर क्लास का आरोप था कि सीनियर ने उससे बदसलूकी की। झगड़ा बढ़ा तो 10वीं और 11वीं क्लास के बच्चे एक साथ हो गए। आखिरकार फैसला हुआ कि 10वीं क्लास के बच्चों को सजा दी जाएगी। मामला तल्ख था। ऐसे में यह तय नहीं हो पा रहा था कि सजा देने की जिम्मेदारी किसे सौंपी जाए। आखिरकार यह फैसला हुआ कि अखिलेश यादव चूँकि पूरे कॉलेज में लोकप्रिय हैं और जूनियर उनका बहुत सम्मान करते हैं तो सजा देने का काम उन्हें ही सौंपा जाए। 10वीं क्लास को जब पता चला कि अखिलेश यादव सजा देनेवाले हैं तो उन्होंने भी विरोध नहीं किया। अखिलेश यादव कभी किसी को डाँटते नहीं थे। कभी किसी जूनियर की पिटाई नहीं की थी। जरूरत पड़ने पर मदद ही करते थे। अखिलेश यादव से सजा पाने के लिए जूनियर तैयार हो गए। अखिलेश यादव भी मामला ठंडा करने के लिए सजा देने को तैयार हो गए। 10वीं और 12वीं के सारे बच्चे इकट्ठा हो गए। अखिलेश यादव सबसे आगे खड़े थे। अब सीनियर ने बारी-बारी से 10वीं के बच्चों को बुलाना शुरू किया। जूनियर अखिलेश यादव के पास आता। वे उससे पूछते कि तुमने गलती की है। उसके बाद धीरे से चपत लगा देते। उदयवीर की बारी आई। अखिलेश यादव ने उनसे भी पूछा कि तुमने गलती की है। उदयवीर ने जवाब दिया, ''मैंने कोई गलती नहीं की है। मुझे सजा क्यों दी जा रही है।'' उदयवीर की इस दलील पर अखिलेश यादव ने उन्हें छोड़ दिया। पीछे खड़े 12वीं के एक साथी को यह बात पसंद नहीं आई। उसने उदयवीर को धक्का दे दिया। ऐसा होना था कि जूनियर भड़क गए। उन्हें 11वीं क्लास का भी साथ मिल गया। मामला बहुत बढ़ गया। जूनियरों का गुस्सा देखकर 12वीं क्लास के सभी बच्चे स्कूल से भाग गए। लेकिन इस पूरे झगड़े के बीच अखिलेश यादव ही इकलौते ऐसे सीनियर थे, जो स्कूल से भागे नहीं। अनुशासन में बच्चे वे अकेले ही स्कूल में बने रहे। शाम को वे स्कूल के लाइब्रेरियन

एस.सी. शर्मा के घर गए। उन्हें पूरी बात बताई। उस दिन उन्होंने डिनर एस.सी. शर्मा के घर ही किया। उसके बाद हॉस्टल आकर सो गए। यह अखिलेश यादव के विनम्र और शालीन व्यवहार का ही नतीजा था कि किसी भी जूनियर ने उनकी तरफ आँख उठाकर देखा भी नहीं। घटना के दौरान प्रिंसिपल बाहर थे। प्रिंसिपल दो दिन बाद लौटे। उन्हें सारी बात बताई गई। प्रिंसिपल ने 11वीं के कुछ छात्रों को सजा दी और 12वीं की पूरी क्लास को फोर्स लीव पर भेज दिया। लेकिन अखिलेश यादव को कोई सजा नहीं मिली। प्रिंसिपल ने उनके व्यवहार की तारीफ की। जब जरूरत पड़ी तो अखिलेश यादव ने आगे बढ़कर क्लास की अगुवाई की और मामले को सुलझाने की कोशिश की। अगर सीनियर ने हाथ न उठाया होता तो वे तकरीबन मामला सुलझा चुके थे।

हालाँकि उदयवीर बताते हैं कि चाहे खेल हो या दूसरी कोई एक्टिविटी, अखिलेश कभी भी अपनी क्लास के खिलाफ नहीं जाते थे। हमेशा अपनी क्लास के साथ एकजुट खड़े रहते थे। क्लासमेट संतोष तिवारी बताते हैं कि अगर पूरी क्लास या क्लास का कोई समूह या फिर कोई बच्चा कोई गलत हरकत करता तो उसे रोकते थे, लेकिन जब सजा मिलने की बारी आती तो वे कभी भी सहपाठियों की शिकायत नहीं करते, बल्कि चुपचाप सबके साथ सजा ग्रहण कर लेते थे। अखिलेश यादव हमेशा इस बात की तारीफ करते हैं कि स्कूल में मिलने वाला पनिशमेंट कैसे छात्रों के व्यक्तित्व में निखार लाता है। अखिलेश के स्कूल के दिनों के साथी संतोष तिवारी बताते हैं कि स्कूल में नियम का उल्लंघन करने पर कोई भी सजा से नहीं बच सकता था। लेकिन अखिलेश यादव कभी भी पनिशमेंट का विरोध नहीं करते थे। एक बार देर रात तक जागते रहने पर अखिलेश यादव और उनके साथियों की पिटाई हुई थी। साथियों को याद है, अखिलेश यादव हमेशा विनम्र और मृदुभाषी थे। पिता मुख्यमंत्री बने, तब भी अखिलेश के व्यवहार में कोई बदलाव नहीं आया। अखिलेश कभी भी स्कूल में किसी तरह की अकड़ नहीं दिखाते थे।

स्कूल में अखिलेश की खेलों में खास रुचि होती थी। वे फुटबॉल, क्रिकेट, बॉस्केटबॉल हर तरह के खेल में पारंगत थे, लेकिन हॉकी में उनकी खास रुचि थी। वे स्कूल की हॉकी टीम में भी थे। संतोष तिवारी याद करते हैं, "अखिलेश खेलों में बढ़-चढ़कर हिस्सा लेते थे। हर खेल में उनकी महारत थी। स्कूल में कोई ऐसा खेल नहीं था, जिसमें वे पारंगत न हों, लेकिन हॉकी उनका सबसे पसंदीदा खेल था।" संतोष भी स्कूल की हॉकी टीम में थे। जूनियर हॉकी में अखिलेश यादव और संतोष ने स्टेट लेवल तक खेला। अखिलेश यादव की कंप्यूटर में हमेशा से रुचि थी। वे जब 12वीं में पढ़ रहे थे, तब पहली बार स्कूल में कंप्यूटर आया। हालाँकि स्कूल में सिर्फ एक ही कंप्यूटर लगा था। उसी पर सभी बच्चों को सीखना पड़ता था। अखिलेश यादव को कंप्यूटर खूब

आकर्षित करता था। वे बहुत जल्द ही कंप्यूटर के बारे में जान-समझ गए थे।

स्कूली दिनों में अखिलेश यादव ने कभी भी नहीं सोचा कि उन्हें सियासत में जाना है। अखिलेश यादव के गुरु रहे अवध बिहारी वाजपेयी बताते हैं, "अखिलेश उनसे बड़े अफसर बनने की बातें किया करते थे। अखिलेश यादव अगर राजनीतिक परिवार से न होते तो वे सेना में जा सकते थे। सेना उन्हें बहुत ही आकर्षित करती थी।" सैनिक स्कूल में उनके साथी रहे संतोष तिवारी भी बताते हैं कि स्कूली दिनों में वे कभी भी सियासत के बारे में न तो सोचते थे और न ही चर्चा करते थे। हम लोग जब पिता का नाम लेकर चिढ़ाते तो वे बस मुसकराकर रह जाते थे। संतोष याद करते हैं, "अखिलेश पढ़ाई में अच्छे थे। इंटर में साइंस उन्हीं स्टूडेंट को मिलती थी, जिनके 10वीं में अच्छे नंबर आते थे। 11वीं में अखिलेश को साइंस स्ट्रीम मिली थी, लेकिन पढ़ाई और खेलों में आगे रहने वाले अखिलेश हमेशा मंच पर जाने से बचते थे। स्कूल में मंच पर जाना पड़ता तो संक्षेप में अपनी बात कहकर उतर आते थे। यह तब था, जबकि उनके पिता सियासी सभाओं में मंच पर चढ़कर दहाड़ते थे तो सभा में तालियों की गड़गड़ाहट गूँजा करती थी। हालाँकि अखिलेश में नेतृत्व के गुण हमेशा से थे।"

छुट्टियों में अखिलेश यादव को स्कूल से लाने और वापस स्कूल पहुँचाने का जिम्मा ज्यादातर शिवपाल सिंह यादव और उनकी पत्नी सरला पर होता था। चाचा-चाची एंबेसडर कार से उन्हें स्कूल छोड़ने जाते और स्कूल से लाने भी जाते। कई बार उनके साथ अवध किशोर वाजपेयी भी होते थे। चाचा राजपाल सिंह यादव और उनकी पत्नी भी कभी-कभी साथ हो लेते थे। ये लोग इटावा से आगरा के रास्ते धौलपुर जाते थे। अखिलेश यादव ने धौलपुर में पढ़ाई के दौरान ही पहली बार ताजमहल देखा था। तब वे सातवीं क्लास में थे। स्कूल में भी उनसे मिलने ज्यादातर शिवपाल सिंह यादव और उनकी पत्नी सरला ही जाते थे। स्कूल के दिनों में अखिलेश माँ मालती देवी को बहुत याद करते थे।

नेताजी हालाँकि बेटे से मिलने नहीं जा पाते थे, लेकिन वे उनकी पढ़ाई का पूरा खयाल रखते थे। इस बात की खास ताकीद दे रखी थी कि छुट्टियों में बेटे की पढ़ाई पर किसी तरह का असर न पड़े। छुट्टियों में अखिलेश यादव का ज्यादातर वक्त इटावा में बीतता। नेताजी ने अखिलेश यादव के इटावा रहने के दौरान उन्हें पढ़ाने की जिम्मेदारी अवध विहारी वाजपेयी को दे रखी थी। 10वीं तक वाजपेयी ने ही छुट्टियों में अखिलेश यादव को पढ़ाया। वे स्कूल से वाजपेयी को पत्र लिखा करते थे। इसमें उनकी पढ़ाई की प्रगति की जानकारी होती थी। वाजपेयी यह जानकारी नेताजी को दिया करते थे। नेताजी स्कूल के शिक्षक शांति स्वरूप मिश्रा से भी बेटे की पढ़ाई का हाल-चाल पूछते रहते थे। उन दिनों फोन का चलन कम ही था। चिट्ठी से ही संपर्क ज्यादा होता था, लेकिन

नेताजी बेटे को चिट्ठी कम ही लिख पाते थे। एक बार नेताजी ने चिट्ठी भेजी थी। यह बस तीन चार लाइनों की चिट्ठी थी। इसमें भी बेटे को पढ़ाई में कोताही न बरतने की नसीहत थी। छुट्टियों में कभी-कभार अखिलेश यादव सैफई जाया करते थे, लेकिन यहाँ भी उनका ध्यान पढ़ाई पर रहता था। नेताजी के दोस्त और अखिलेश यादव को टीपू नाम देने वाले दर्शन सिंह ने बताया, ''टीपू जब गाँव आते थे तो पढ़ते रहते थे। एक बार टीपू पढ़ रहे थे। गाँव के बच्चे उन्हें परेशान कर रहे थे। टीपू ने बच्चों को धमकाया कि मुझे परेशान मत करो। अगर परीक्षा में फेल हो गया तो बहुत पिटाई करूँगा।'' दर्शन सिंह बताते हैं कि जब उन्होंने देखा कि बच्चे टीपू को परेशान कर रहे हैं तो बच्चों को डाँटकर भगाया। इस वाकये को बताते हुए दर्शन सिंह जोर-जोर से हँसने लगते हैं। दर्शन सिंह ने बताया, ''टीपू बचपन में बहुत ही सीधा बच्चा था। बच्चे उसे परेशान करते थे, लेकिन टीपू ने उनकी पिटाई नहीं की। बल्कि धमकाया कि परीक्षा में फेल हुआ तो पिटाई करूँगा। बच्चे परेशान तब कर रहे थे और टीपू महीनों बाद होने वाली परीक्षा में फेल होने पर पिटाई की धमकी दे रहा था।'' दर्शन सिंह खुद पढ़े-लिखे नहीं थे, लेकिन मिलिटरी स्कूल से टीपू गाँव आते थे तो उनकी पढ़ाई के बारे में जरूर पूछते।

धौलपुर में सात सालों की पढ़ाई के दौरान नेताजी एक बार बेटे से मिलने गए थे। मुख्यमंत्री बनने के बाद नेताजी का राजस्थान में कोई कार्यक्रम था। वहीं से उनका धौलपुर स्कूल जाने का कार्यक्रम बना। नेताजी का हेलिकॉप्टर स्कूल में इंडिया लेक के पास हैलीपैड पर उतरा। प्रिंसिपल ने हैलीपैड पर नेताजी की आगवानी की। उनके साथ आगवानी के लिए 12वीं के 10-12 छात्र भी मौजूद थे। इन छात्रों में अखिलेश यादव भी थे। नेताजी ने सभी बच्चों से हाथ मिलाया। इसमें अखिलेश यादव भी शामिल थे। इन पलों को उस वक्त कैमरे में कैद करने वाले एस.सी. शर्मा बताते हैं कि अखिलेश यादव दुबले-पतले और छोटे से थे। सभी बच्चे यूनीफॉर्म में थे। अखिलेश यादव को पिता के स्कूल आने की जानकारी बाद में मिली थी। वे बिना यूनीफॉर्म के ही दौड़कर स्कूल ग्राउंड में पहुँचे और एक राज्य के मुख्यमंत्री की आगवानी करने के लिए दूसरे बच्चों की तरह लाइन में लग गए। स्वेटर पहने अखिलेश यादव उस वक्त की खींची तसवीरों में एकदम अलग से दिखते हैं। हैलीपैड पर धौलपुर के एस.पी. सरकारी अंबेसडर कार के साथ मौजूद थे। उनके साथ प्रशासनिक अमला भी था। हैलीपैड पर स्कूल की मेटाडोर भी खड़ी थी। प्रिंसिपल ने नेताजी से कहा कि उनके पास स्कूल जाने के लिए सिर्फ यही मेटाडोर है। नेताजी सुपरिटेंडेंट ऑफ पुलिस की सरकारी गाड़ी की बजाए मेटाडोर में बैठकर स्कूल की बिल्डिंग तक गए। वे बेटे के हाउस गए। बेटे और दूसरे बच्चों से हाल-चाल पूछा। उसके बाद मेस में स्कूल स्टॉफ और बच्चों के साथ बैठकर चाय-नाश्ता किया। स्कूल के टीचरों से अखिलेश यादव की पढ़ाई के बारे में

पूछा। स्कूल में कुछ वक्त बिताने के बाद नेताजी वापस लौट गए।

मुख्यमंत्री नेताजी 1989 में बतौर पिता धौलपुर स्कूल बेटे से मिलने पहुँचे थे। 23 साल बाद मुख्यमंत्री अखिलेश यादव बतौर एलुमिनी धौलपुर स्कूल छात्रों से मिलने पहुँचे। 2012 में स्कूल के 50 साल पूरा होने पर गोल्डेन जुबली समारोह का आयोजन किया गया। अखिलेश यादव को इसमें बतौर मुख्य अतिथि बुलाया गया। मुख्यमंत्री ने खुशी-खुशी इस न्यौते को मंजूर किया। करीब 22 सालों बाद वे धौलपुर स्कूल पहुँचे थे। स्कूल के जिस ग्राउंड में वे कभी दौड़ लगाया करते थे, उसी में वे हेलिकॉप्टर से उतरे। टीचरों और स्टॉफ से बहुत ही गर्मजोशी से मिले। कई पुराने कर्मचारी और टीचर उनसे मिलकर खुश हुए। स्कूल के दिनों के कई साथी, जूनियर और सीनियर भी उनसे मिलने स्कूल पहुँचे थे। अखिलेश यादव हॉस्टल गए। उन्होंने शिवाजी हाउस में उस कमरे को देखा, जहाँ चार साल बिताए थे। स्कूल पहुँचकर वे पुरानी यादों में खो गए। उन्हें स्कूल में बिताए एक-एक पल याद थे। पुराने दिनों की तरह हॉस्टल छात्रों से उन्होंने स्कूल की यादें साझा कीं। उन्होंने छात्रों से कहा कि आज भी स्कूल उन्हीं दिनों की तरह है। कुछ खास नहीं बदला है। वही पुराने पंखे हैं। मच्छरदानी बाँधने वाले वही पुराने तार हैं। छात्रों को मुख्यमंत्री अखिलेश यादव की बातें अच्छी लगीं। सबसे बड़े सूबे के मुख्यमंत्री उनके बीच जॉर्जियन बन गए थे और उन्हीं की भाषा में बात कर रहे थे।

अखिलेश यादव ने छात्रों को खुद का उदाहरण देकर नसीहत भी दी। उन्होंने कहा कि मकसद तय कर कड़ी मेहनत करने पर ही कामयाबी मिलती है। स्कूल की इसमें अहम भूमिका होती है। उन्होंने मिलिटरी स्कूल के गौरवशाली इतिहास का जिक्र करते हुए जॉर्जियन होने पर फख्र जताया। मिलिटरी स्कूल में मिली तालीम को खुद की ताकत बताया। उन्होंने मकसद को तय कर उसे पाने की तैयारी और मकसद पाने के लिए कड़ी मेहनत के जज्बे को मिलिटरी स्कूल की ही देन बताया। मिलिटरी स्कूल कड़े अनुशासन के लिए जाने जाते हैं। अखिलेश यादव ने छात्रों को पनिशमेंट से न डरने की सलाह दी। उन्होंने स्कूल में मिलने वाले पनिशमेंट को जिंदगी में निखार लानेवाला खूबसूरत औजार बताया। उन्होंने छात्रों से कहा कि मिलिटरी स्कूल ने ही यह सिखाया कि सीमित साधनों में कैसे बेहतर नतीजे दिए जाते हैं। 23 सालों बाद स्कूल पहुँचे अखिलेश कुछ आर्थिक मदद करना चाहते थे, लेकिन दूसरे राज्य का मुख्यमंत्री होने की वजह वे स्कूल को सीधे आर्थिक मदद नहीं दे सकते, लेकिन उन्होंने स्कूल को आर्थिक मदद देने का रास्ता निकाला। स्कूल को 20 लाख रुपए देने का ऐलान किया। यह मदद समाजवादी पार्टी के राज्यसभा सांसदों की निधि से दी गई।

स्कूल में साइंस फेयर का भी आयोजन किया गया था। साइंस फेयर में अखिलेश यादव छात्रों के कौशल से रु-ब-रु हुए। उन्होंने छात्रों की हौसला अफजाई की। एक

जॉर्जियन मुख्यमंत्री के तौर पर वे स्कूल में मौजूद थे। उस दिन स्कूल में कड़े अनुशासन की जगह लोकतंत्र ने ले ली है। छात्र अखिलेश यादव के साथ ज्यादा-से-ज्यादा वक्त बिताना चाहते थे। छात्रों ने अखिलेश यादव से ग्रुप फोटो खिंचाने की गुजारिश की। वे फौरन मान गए। उन्होंने छात्रों के साथ फोटो खिंचवाई। अखिलेश यादव ने पूरी तसल्ली के साथ स्कूल में वक्त बिताया। स्कूल के इस दौरे में अखिलेश यादव अपना प्रिय काम करना नहीं भूले। उन्होंने स्कूल के मेजर गोपी सिंह उद्यान में पौधा लगाकर वृक्षारोपण भी कराया।

अखिलेश यादव को जब भी मौका मिलता है, धौलपुर मिलिटरी स्कूल के बिताए दिनों को याद करते हैं। मुख्यमंत्री बनने के बाद वे जयपुर में एक कार्यक्रम में भी शामिल हुए। अखिलेश यादव ने उस कार्यक्रम में कहा कि उन्होंने जिंदगी का अहम वक्त राजस्थान में गुजारा है। पढ़ाई राजस्थान में की है। पचास डिग्री तापमान में रहे हैं। धौलपुर स्कूल के पथरीले मैदान में फुटबॉल खेला है। आज मुख्यमंत्री के पद पर हूँ, उसमें राजस्थान की पढ़ाई भी एक वजह है। अखिलेश यादव ने कहा कि वे इतनी साइकिल इसलिए चला पाते हैं, क्योंकि पथरीले मैदान में खेले हैं। धौलपुर स्कूल ने उन्हें टफ बनाया।

उत्तर प्रदेश की 22 करोड़ जनता के प्रतिनिधि अखिलेश यादव आज भी मिलिटरी स्कूल के मित्रों के लिए पुराने अखिलेश ही हैं। 2012 में शपथ ग्रहण समारोह में उन्होंने कई मित्रों, जूनियर और सीनियर को बुलाया था। सीनियरों से वे उसी सम्मान से मिले जैसे मिलिटरी स्कूल में मिलते थे। उनके क्लासमेट संतोष तिवारी भिलाई के रहने वाले हैं। वे बताते हैं कि राजनीति में प्रवेश के बाद अखिलेश यादव जब भी भिलाई की तरफ आते हैं तो उन्हें जरूर बताते हैं। मुख्यमंत्री बनने के पहले तक वे मौका मिलने पर साथियों के साथ खूब वक्त बिताते थे। अब तो उन्हें मौका नहीं मिल पाता। संतोष तिवारी बताते हैं कि अपनी शादी का न्यौता देने के लिए उन्होंने अखिलेश यादव को फोन किया। तब अखिलेश यादव सांसद थे। उन्होंने व्यस्तता का हवाला दिया। संतोष ने जोर दिया कि नहीं आना पड़ेगा। तय हुआ कि सभी साथी आगरा में इकट्ठा होंगे और वहाँ से संतोष की शादी में ट्रेन से चलेंगे। व्यस्तता के बावजूद अखिलेश यादव दोस्तों का आग्रह टाल न सके। आगरा से ट्रेन में सवार होकर संतोष की शादी में शामिल होने गए।

अखिलेश यादव को मिलिटरी स्कूल में बिताए दिन आज भी बखूबी याद हैं। उन दिनों के मित्र जब भी अखिलेश यादव से मिलते हैं तो स्कूली दिनों की ही चर्चा होती है। स्कूल की टफ लाइफ को वे हमेशा अपनी कामयाबी की बड़ी वजह बताते हैं। उनके मन में फौज के प्रति बहुत सम्मान है। वे कोशिश करते हैं कि मिलिटरी स्कूल के दिनों के मित्रों से मिलें। उन दिनों का कोई दोस्त जब भी उनसे मिलने का वक्त माँगता है

तो वे व्यस्त दिनचर्या से वक्त निकालकर उससे मिलना नहीं भूलते। मिलिटरी स्कूल में अखिलेश यादव के जूनियर कर्नल रमेश लाकड़ा बताते हैं कि जब भी उनकी सीनियर अखिलेश भैया से मुलाकात होती है तो स्कूल के बिताए दिन ही चर्चा का मुख्य विषय होते हैं। रमेश को अखिलेश भैया की एक बात कभी नहीं भूलती है। रमेश बताते हैं कि जब कभी फौज से जुड़ा शख्स उनके पास किसी दिक्कत को लेकर पहुँचता है तो उनकी पूरी कोशिश होती है कि उसकी समस्या का हल हो। रमेश बताते हैं, ''फौजी अनुशासन में रह चुके अखिलेश भैया इसके कायल हैं। वे फौज के अनुशासन से जुड़ी एक बात कहना नहीं भूलते वे कहते हैं कि दुनिया भर के बिगड़े को फौज में भेज दो, फौज उन्हें सुधार देगी, लेकिन फौज के बिगड़े को पूरी दुनिया नहीं सुधार सकती है।''

नेताजी ने जब अखिलेश यादव को मिलिटरी स्कूल भेजा था, तब उनके मन में कहीं से भी यह खयाल नहीं था कि बेटे को सियासत में उतारना है। लेकिन यह मिलिटरी स्कूल की ट्रेनिंग ही है कि जिसने अखिलेश यादव की सियासत में कामयाबी की राह को आसान बनाया। बेटे को मिलिटरी स्कूल भेजते वक्त नेताजी की यह सोच थी कि बेटा अच्छी तालीम हासिल कर एक बेहतर इनसान बने। मिलिटरी स्कूल की सात सालों की पढ़ाई ने टीपू को इतना जिम्मेदार बना दिया था कि अब नेताजी को उनकी ज्यादा फिक्र करने की जरूरत नहीं थी।

□

अध्याय 4

टीपू सुलतान के शहर में टीपू

अखिलेश यादव को आज भी उनके घरवाले और अजीज दोस्त टीपू कहकर बुलाते हैं। टीपू से याद आता है, टीपू सुलतान का शहर मैसूर और इसी मैसूर शहर से अखिलेश यादव का एक खास रिश्ता रहा है। अखिलेश यादव ने अपनी जिंदगी के चार अहम साल मैसूर में बिताए हैं। उन्होंने श्री जय चामराजेंद्र इंजीनियरिंग कॉलेज (एस.जे.सी.ई.)से इंजीनियरिंग की पढ़ाई की। 1990 में अखिलेश यादव ने एस.जे. सी.ई. कॉलेज के सिविल इंजीनियरिंग कोर्स के पर्यावरण विभाग में दाखिला लिया। हालाँकि मिलिटरी स्कूल धौलपुर से बारहवीं पास करने के बाद उनका दाखिला दिल्ली विश्वविद्यालय के हिंदू कॉलेज में हो गया था, लेकिन उनकी रुचि पर्यावरण विज्ञान में थी। अखिलेश यादव ने दिल्ली विश्वविद्यालय के नामी कॉलेज की बजाय मैसूर से सिविल एनवायरमेंट इंजीनियरिंग में स्नातक को प्राथमिकता दी। पर्यावरण अखिलेश का पसंदीदा विषय था। आगे की पढ़ाई के लिए वे मैसूर पहुँच गए। एस.जे.सी.ई. कॉलेज मैसूर के खूबसूरत इलाके में है। इस कॉलेज की स्थापना 1963 में हुई थी। करीब 120 एकड़ में फैले कॉलेज को बहुत ही खूबसूरती से बनाया गया है।

अखिलेश यादव ने 1990 में एस.जे.सी.इ. कॉलेज में दाखिला लिया। तब तक मैसूर उत्तर भारत के छात्रों का बड़ा ठिकाना बन चुका था। पिता ने भी उन्हें उत्तर प्रदेश से सैकड़ों किलोमीटर दूर मैसूर इसलिए भेज दिया, ताकि बेटा उनकी सियासी छाया से दूर रहे और आम छात्रों की तरह घर से दूर रहने पर जिम्मेदारियों को निभाने की समझ विकसित हो। इससे पहले धौलपुर मिलिटरी स्कूल की सात साल की पढ़ाई ने अखिलेश यादव में अनुशासन कूट-कूटकर भर दिया था। जब अखिलेश यादव ने कॉलेज में दाखिला लिया, तब नेताजी उत्तर प्रदेश के मुख्यमंत्री थे। मजबूत और ताकतवर परिवार से आनेवाले अखिलेश यादव बहुत सुविधा ले सकते थे, लेकिन पिता के रुतबे और ओहदे के विपरीत वे कॉलेज में बहुत ही सादगी से रहते थे। कॉलेज के बाहर भी उनकी

जिंदगी और उनका आचरण सादगी से भरा था। उनकी सादगी की वजह से किसी को यह अंदाजा नहीं था कि वे देश के सबसे बड़े सूबे उत्तर प्रदेश के मुख्यमंत्री के बेटे हैं। जिन प्रोफेसरों ने अखिलेश को पढ़ाया वे आज भी उनकी सादगी के मुरीद हैं। कॉलेज के दिनों के उनके कई साथियों तक को यह मालूम नहीं था कि अखिलेश यादव भारत की सियासत के कद्दावर नेता मुलायम सिंह यादव के बेटे हैं। जहाँ भी अखिलेश यादव को अपने पिता के बारे में बताना होता था, वे उन्हें किसान ही बताते। मैसूर में कॉलेज या कॉलेज के बाहर अखिलेश यादव एक साधारण परिवार से आए हुए छात्र के तौर पर अनुशासन भरी जिंदगी जी रहे थे। वे विनम्र और मिलनसार थे। अपनी पहचान कभी किसी से जाहिर नहीं होने देते थे। उनके कॉलेज के कई दोस्त रईस परिवारों से थे। उनके रहन-सहन में रईसी दिखती थी, लेकिन अखिलेश यादव इन सबसे दूर रहते थे। अखिलेश यादव के रहन-सहन को देखकर दोस्त यही अंदाजा लगाते थे कि वे मध्यवर्गीय परिवार से हैं। वे कभी भी अनाप-शनाप पैसे नहीं खर्च करते थे। उन्हें भी हर महीने दूसरे दोस्तों की तरह घर से बँधे-बँधाए पैसे मिलते थे।

मैसूर में अखिलेश यादव के कई दोस्त बने। इनमें से कई उनकी तरह दूसरे प्रदेशों से मैसूर पढ़ने आए थे। मैसूर में उन दिनों बड़ी संख्या में उत्तर भारत से छात्र पढ़ने जाते थे। ऐसे में बाहरी छात्रों का अलग ही समूह होता था, लेकिन अखिलेश यादव की जितनी दोस्ती उत्तर भारत से गए छात्रों से थी, उतनी ही दोस्ती उनकी स्थानीय छात्रों से भी थी। विनम्र व्यवहार की वजह से वे दोनों ही समूह के छात्रों से घुले-मिले थे। मैसूर के शुरुआती दिनों में वे कॉलेज के हॉस्टल में रहते थे। यह एक प्राइवेट हॉस्टल था, जिसे कॉलेज ने किराए पर लिया हुआ था। उन दिनों अखिलेश यादव और एक-दो दोस्तों के पास बाइक हुआ करती थी। नया कॉलेज था। नए दोस्त थे। मैसूर खूबसूरत और शांत शहर था। ऐसे में दोस्त खूब मस्ती करते थे। अखिलेश यादव और उनके दोस्तों को बाइकिंग का शौक था। वीकेंड पर दोस्त बाइकिंग पर निकल जाते थे। दूसरे साल अखिलेश यादव और उनके चार दोस्त एक पी.जी. में रहने चले गए, लेकिन पी.जी. में रहना पसंद नहीं आया। इसके बाद सभी दोस्तों ने मिलकर मैसूर के विजयनगर इलाके में किराए पर रहने के लिए मकान ले लिया। बाहरी इलाके में होने की वजह से यहाँ किराया सस्ता था। अखिलेश यादव और उनके दोस्त बिना किसी तामझाम के रहते थे। अखिलेश यादव के रूममेट नवीन कुमार बताते हैं कि शुरुआती दिनों में उन लोगों ने बेड भी नहीं खरीदा था। जमीन पर गद्दा बिछाकर सभी दोस्त सोते थे। खाना भी खुद बनाते थे। घर का सारा काम भी खुद से ही करते थे। बाद में जब इसकी वजह से पढ़ाई में बाधा पड़ने लगी तो अखिलेश यादव ने लखनऊ से एक कुक बुलवा लिया।

अखिलेश यादव के रूममेट रहे नवीन कुमार और राजू टी.आर. बताते हैं,

''अखिलेश की दिनचर्या बहुत ही अनुशासित थी। वे रात में भले ही देर से सोएँ, लेकिन सुबह साढ़े चार बजे उठ जाते थे। सुबह उठकर एक्सरसाइज करते थे। इसके बाद नहा-धोकर कॉलेज के लिए निकल जाते। पहली क्लास सुबह साढ़े सात बजे से होती थी। ज्यादातर साथी पहली क्लास मिस कर जाते थे, लेकिन अखिलेश कभी भी क्लास मिस नहीं करते थे, बल्कि साथ रहने वालों को भी जबरन उठाकर क्लास के लिए ले जाते।''

कॉलेज के शुरुआती दो सालों में उनके पास यामाहा की आर.एक्स. 100 मोटरसाइकिल हुआ करती थी। छुट्टी के दिन वे दो-तीन दोस्तों के साथ मैसूर की सड़कों पर बाइक लेकर निकल जाते और घूमते। मैसूर की शांत सड़कों पर घूमना उन्हें खूब भाता था। पहले दो साल उनके पास यही बाइक रही। बाद के सालों में उनके पास एक जिप्सी आ गई थी। छुट्टियों में वे दोस्तों के साथ जिप्सी से मैसूर के आस-पास के पर्यटन स्थलों पर घूमने चले जाते थे। मैसूर से दो-चार घंटे की दूरी पर कई सारे पर्यटन स्थल हैं। सारे दोस्त खासकर ऊटी और मदिकेरी घूमने जाया करते थे, कभी-कभी मैसूर में चामुंडी पहाड़ी पर बने चामुंडेश्वरी मंदिर भी जाते। चामुंडेश्वरी दुर्गा देवी का मंदिर है। मैसूर में चामुंडी पहाड़ी पर इस मंदिर का निर्माण 12वीं शताब्दी में किया गया था। मंदिर देवी दुर्गा की महिषासुर पर विजय का प्रतीक है। यह कॉलेज से करीब 20 किलोमीटर की दूरी पर है।

मैसूर के ही रहने वाले किरन हेगड़े भी कॉलेज के दिनों में अखिलेश के करीबी दोस्तों में शुमार थे। किरन को आज भी कॉलेज के मस्ती भरे दिन याद हैं। वे बताते हैं कि कॉलेज में अखिलेश के पास जिप्सी हुआ करती थी। सभी दोस्त जिप्सी में खूब घूमा करते थे। किरन हेगड़े को कॉलेज के दिनों में दोस्तों को लेकर अखिलेश यादव की दरियादिली आज भी याद है। वे बताते हैं, ''अखिलेश का दिल बहुत बड़ा है। कॉलेज में एक-से-एक रईस घरों के लड़के पढ़ा करते थे। वे रईसी ठाठ-बाट भी दिखाते थे। लेकिन अखिलेश इन सबसे कोसो दूर थे। जब कभी दोस्तों को बाइक या जिप्सी की जरूरत होती थी तो अखिलेश बेहिचक गाड़ी दे दिया करते थे। साथ ही यह भी ध्यान रखते थे कि गाड़ी में पेट्रोल हो, ताकि गाड़ी माँगने वाले दोस्त को पेट्रोल न भराना पड़े।'' दो बार तो खुद किरन हेगड़े के साथ ऐसा हुआ था। यह अखिलेश यादव के बड़प्पन का ही सबूत है। किरन को एक होली पर की गई मस्ती भी बखूबी याद है। किरन बताते हैं कि यह वाकया थर्ड ईयर का है। तब अखिलेश के पास जिप्सी हुआ करती थी। होली के दिन सभी दोस्तों ने खूब रंग खेला, उसके बाद जिप्सी में सवार होकर मैसूर घूमने निकल पड़े। दक्षिण भारत में होली ज्यादा नहीं खेली जाती। ऐसे में लोग कौतूहल से दोस्तों की इस टोली को देख रहे थे। अखिलेश यादव और उनकी टोली अपने कॉलेज से निकलकर मैसूर के मेडिकल कॉलेज गई। वहाँ भी जमकर होली खेली गई। उसके

बाद सभी दोस्त जिप्सी में सवार होकर मैसूर में रहने वाले परिचितों के यहाँ गए। रास्ते में अखिलेश यादव और उनके दोस्त रास्ते में मिलते लोगों से पूछते, ''क्या आप हमारे साथ होली खेलेंगे।'' जवाब हाँ में मिलने पर सभी दोस्त उस व्यक्ति को रंगों से जमकर सराबोर करते। किरन बताते हैं कि ऐसी होली उसके बाद से फिर कभी नहीं खेली। किरन हेगड़े और कई सारे दूसरे दक्षिण भारतीय दोस्तों को अखिलेश यादव से उत्तर भारत के कई त्योहार, रहन-सहन और भाषा सीखने को मिली तो अखिलेश यादव को भी इन दोस्तों से दक्षिण भारत की परंपराओं के बारे में जानने-समझने को मिला।

कॉलेज के दिनों में एकाध बुरे अनुभव भी हुए, लेकिन इन अनुभवों से सीख लेकर अखिलेश यादव हमेशा सकारात्मकता के साथ आगे बढ़े। इंजीनियरिंग के पहले साल की परीक्षा में पूरे बैच की किसी-न-किसी सब्जेक्ट में सप्ली लग गई। अखिलेश को इससे बहुत झटका लगा। उन्होंने तय किया कि अब कभी भी किसी भी सेमेस्टर में सप्ली नहीं लगने देंगे। उसके बाद उन्होंने कड़ी मेहनत शुरू कर दी। वे अकेले नहीं पढ़ते। साथियों को भी इसमें शामिल करते थे। पहले साल अखिलेश यादव की जिस सब्जेक्ट में सप्ली लगी थी दोबारा हुई परीक्षा में उन्हें उस विषय में रिकॉर्ड नंबर मिला। दोस्तों को याद है कि तीसरे और चौथे साल अखिलेश यादव ने बहुत ज्यादा मेहनत की थी। मुख्यमंत्री बनने के बाद अखिलेश यादव जब कॉलेज गए थे तो उन्होंने भाषण में इसका जिक्र भी किया था और छात्रों को नसीहत दी थी कि उन्हें नाकामयाबी से सबक लेकर उसे कामयाबी में बदल देना चाहिए।

मैसूर के ही स्थानीय निवासी अशरफ से भी उनकी अच्छी दोस्ती थी। अशरफ उनके साथ ही इंजीनियरिंग कॉलेज में पढ़ते थे। अखिलेश यादव कभी-कभी दोस्त मोहम्मद अशरफ के घर कंबाइन्ड स्टडी के लिए जाते थे। वे अशरफ के परिवार से इस कदर घुल-मिल गए थे कि परिवार को उनकी फेवरेट डिश तक पता थी। अखिलेश यादव जब अशरफ के घर जाते तो कई बार उनकी पसंद का खाना बनता। अशरफ की माँ कांग्रेस की स्थानीय नेता थीं। जब कभी अशरफ के घर मेहमान आया करते थे तो दोनों दोस्त नीचे गैराज में जाकर पढ़ाई करते थे। अखिलेश यादव दोस्तों के दोस्त इसीलिए माने जाते हैं कि मुख्यमंत्री बनने के बाद भी वे स्कूल और कॉलेज के दोस्तों को नहीं भूले। साल 2001 में सांसद बनने के बाद वे अपने दोस्त मोहम्मद अशरफ के निकाह में शरीक होने मैसूर गए थे। अशरफ अभी दुबई में काम करते हैं। यह अखिलेश यादव के मिलनसार स्वभाव का ही नतीजा है कि महज एक दशक में वे उत्तर प्रदेश के सबसे बड़े हीरो बनकर उभरे हैं।

हालाँकि कॉलेज के दिनों में अखिलेश यादव कभी भी सियासत में सक्रिय नहीं रहे और न ही दोस्तों के बीच सियासी बातें होती थीं। मैसूर में पढ़ाई के दौरान पहले

दिन से लेकर आखिरी दिन तक उनके रूम पार्टनर रहे नवीन याद करते हैं कि एक बार कॉलेज के स्टूडेंट काउंसिल के चुनाव में अखिलेश यादव के साथ हम सभी दोस्त सक्रिय हुए थे। लेकिन न तो अखिलेश यादव और न ही उनके साथ रहने वाला कोई दोस्त इस चुनाव में खड़ा हुआ था। हाँ यह जरूर था कि दोस्तों की टीम ने किसी अन्य दोस्त को जमकर सपोर्ट किया था। नवीन याद करते हैं कि दोस्तों की बातचीत में सियासत कभी भी मुद्दा नहीं हुआ करती थी। मुख्यमंत्री बनने के बाद नवीन जब अखिलेश यादव से मिले, तब भी दोनों के बीच कॉलेज के दिनों की ही बातें हुईं। किरन रेड्डी का भी कुछ ऐसा ही अनुभव रहा है। कम्युनिकेशन की फील्ड में काम कर रहे किरन रेड्डी जब अखिलेश यादव से मुख्यमंत्री बनने के बाद पहली बार मिले तो कॉलेज के दिनों, दोस्तों और दोस्तों के साथ बिताए पलों की ही बातें हुईं। किरन बताते हैं कि अखिलेश यादव ने उनसे पूछा, ''किरन आजकल क्या चल रहा है।'' किरन ने जवाब दिया, ''अमेरिका के कुछ प्रोजेक्ट कर रहा हूँ।'' गाँव और गरीबों की चिंता करने वाले अखिलेश यादव ने दोस्त से कहा, ''कुछ अपने देश के लिए भी करोगे या फिर विदेश के लिए ही प्रोजेक्ट करते रहोगे।'' अखिलेश यादव ने उन्हें उत्तर प्रदेश के ग्रामीण इलाकों में प्रोजेक्ट चलाने की सलाह दी। साथ ही मदद का पूरा भरोसा दिया। दोस्त की इस सोच से किरन बहुत प्रभावित हुए।

मैसूर से अखिलेश यादव को खास लगाव हो गया था। उन्हें यहाँ का खाना भी खूब पसंद था। कालिदास मार्ग पर मौजूद इंद्रास स्वीट ऐंड स्पाइस उनका पसंदीदा रेस्तराँ था। इंद्रास स्वीट ऐंड स्पाइस के मालिक पुनीत कुमार अग्रवाल भी मूलरूप से उत्तर प्रदेश के अलीगढ़ के रहने वाले हैं। अखिलेश यादव के रूममेट रहे नवीन कुमार याद करते हैं कि पहले ही दिन स्वीट ऐंड स्पाइस से जो नाता बना वह कॉलेज की पढ़ाई के आखिरी तक बना रहा। कॉलेज के पहले ही दिन अखिलेश यादव और नवीन ने इस रेस्तराँ में खाना खाया था। उसके बाद से ही अखिलेश यादव और उनके दोस्त यहाँ अकसर जाते थे। रेस्तराँ हॉस्टल और उनके पीजी के करीब ही था। इस दुकान के मालिक से भी अखिलेश यादव के अच्छे रिश्ते बन गए थे। दूसरी खाने की दुकान पर जहाँ वे जाया करते थे वह थी टॉप स्टाफ और चामुंडी टी स्टाल। थेगु मेस का साउथ इंडियन मसालेदार खाना रसम और चावल अखिलेश यादव का पसंदीदा भोजन था। हालाँकि उत्तर भारत में इस खाने के बारे में लोग कम ही जानते हैं। अखिलेश यादव पूरी तरह से शाकाहारी खाना पसंद करते थे और आज भी वे शाकाहारी खाना पसंद करते हैं। नवीन बताते हैं कि अखिलेश यादव में किसी तरह का कोई ऐब नहीं था। सिगरेट, पान-सुपारी से वे एकदम दूर रहते थे और साथियों को भी नशे आदि बुराइयों से दूर रहने की नसीहत दिया करते थे।

अखिलेश यादव का खेल प्रेम किसी से छुपा नहीं है। धौलपुर मिलिटरी स्कूल में वे हर खेल में पारंगत हो गए थे। वे स्कूल की हॉकी टीम में भी थे। लेकिन मैसूर में वे दोस्तों के साथ क्रिकेट, फुटबॉल और बॉस्केटबॉल खेला करते थे। कॉलेज के वक्त के एक साथी ने उन दिनों की यादें साझा करते हुए बताया कि इम्तिहान के दिनों को छोड़कर शाम के वक्त हफ्ते में कम-से-कम तीन दिन क्रिकेट खेला करते थे। कभी कॉलेज के मैदान पर तो कभी जहाँ रहते थे उस मोहल्ले में क्रिकेट खेलते थे। अखिलेश यादव खेल में खास दिलचस्पी लेते थे। सबने मिलकर कॉलेज की एक टीम भी बनाई थी। अखिलेश की टेढ़ी नाक का राज इसी कॉलेज से जुड़ा है। कॉलेज के मैदान में फुटबॉल खेलते वक्त अखिलेश की नाक में चोट लग गई। जब अखिलेश को डॉक्टर के पास ले जाया गया तो पता चला कि उनकी नाक की हड्डी टूट गई। चोट में तो टाँके लगा दिए गए। लेकिन उस वक्त डॉक्टर ने सर्जरी की मनाही की। ऐसे में नाक की हड्डी का ऑपरेशन नहीं कराया गया। हड्डी टूटने से नाक टेढ़ी हो गई। बाद के दिनों में नेताजी ने उन्हें एक डॉक्टर को दिखाया। उस डॉक्टर ने अखिलेश यादव से पूछा, "शादी हो गई।" जब अखिलेश यादव ने हाँ कहा तो डॉक्टर ने कहा, "रहने दो, अब नाक ठीक कराने की जरूरत नहीं है। ऐसे ही रहने दो।" आज भी अखिलेश यादव की नाक वैसी ही है।

कॉलेज में आज भी कई प्रोफेसर छात्रों को अखिलेश यादव का उदाहरण देते हैं। प्रोफेसर छात्रों को बताते हैं कि शक्तिशाली सियासी परिवार से होने के बावजूद अखिलेश यादव ने कॉलेज में कभी किसी पर रोब नहीं गाँठा। कभी भी धौंस नहीं जमाई, बल्कि कॉलेज के अनुशासन और कॉलेज की गरिमा का पूरा खयाल रखा। कॉलेज के दिनों में अखिलेश यादव सियासत से दूर ही रहे। हालाँकि जब उन्होंने सियासी पारी शुरू की और समाजवादी पार्टी के युवा संगठनों के प्रभारी बने तो सियासत को लेकर उनकी सोच बदली। यह तो सभी जानते हैं कि देश और दुनिया को बदलने की क्षमता युवाओं में है, लेकिन अखिलेश ने छात्र संगठनों के जरिए इन युवाओं को नई ऊर्जा दी। अखिलेश यादव हमेशा से नियम, कायदे और कानून का पालन करने वाले छात्र रहे हैं। वे कभी भी कॉलेज के अनुशासन से इतर नहीं जाते थे। जब कॉलेज में जूनियर छात्रों की रैगिंग की बात आती तो इसका वे विरोध करते थे। अखिलेश ने कई बार जूनियर छात्रों को सीनियर्स की रैगिंग से बचाया है। उन दिनों कॉलेजों में रैगिंग खूब होती थी, लेकिन अखिलेश यादव के लिए रैगिंग का मतलब जूनियर छात्रों से अच्छे रिश्ते से था। उनकी नजर में रैगिंग का मतलब जूनियर छात्रों की मदद करना था। कभी-कभार अखिलेश जरूर जूनियर छात्रों से मौज लेते थे, लेकिन कभी भी जूनियर छात्रों के प्रति उनका व्यवहार खराब नहीं रहा। यही वजह थी कि कॉलेज में जूनियर छात्र अखिलेश यादव

के प्रति बेहद सम्मान का भाव रखते थे। अखिलेश यादव को बचपन से देखने वाले परिजन, ग्रामीण और नेता सब यही कहते हैं कि उनके स्वभाव में तनिक भी बदलाव नहीं आया। वे आज भी उतने ही विनम्र, लोगों का सम्मान करने वाले अनुशासन प्रिय हैं।

उस दौर में मैसूर से छपने वाले अंग्रेजी और कन्नड़ के अखबारों में उत्तर प्रदेश की खबरें नहीं होती थीं। इलेक्ट्रॉनिक मीडिया भी नहीं था। हालाँकि 1990 में अयोध्या विवाद अंग्रेजी और कन्नड़ अखबारों में भी छाया रहा। कॉलेज कैंपस में भी इस पर खूब चर्चा होती थी। कॉलेज के कुछ स्टाफ जिसमें प्रोफेसर भी शामिल थे, अकसर यह कहते थे कि उत्तर प्रदेश में हिंदुओं के साथ अत्याचार हुआ, तो कुछ कहते कि अयोध्या में विवाद नहीं होना चाहिए था। उत्तर प्रदेश में राजनीति और प्रशासनिक उथल-पुथल का दौर चल रहा था। लेकिन इस मुश्किल घड़ी में भी अखिलेश यादव ने किसी को अहसास तक नहीं होने दिया कि उनके पिता उत्तर प्रदेश के मुख्यमंत्री हैं। अखिलेश आम छात्रों की तरह अपनी पढ़ाई में जुटे रहते थे। हालाँकि अयोध्या विवाद के बाद उन्हें सुरक्षा मुहैया कराई गई थी। इसके बाद भी उन्होंने किसी को भी मालूम नहीं होने दिया कि उत्तर प्रदेश की सरकार के मुखिया से उनके क्या ताल्लुकात हैं। अनजान बने रहने का उन्हें फायदा भी हुआ। उन्होंने किसी को भी यह महसूस नहीं होने दिया कि उत्तर प्रदेश की घटना से वे परेशान हैं। अशांति के उन दिनों में भी उनके व्यवहार से ऐसा नहीं लगता कि वे परेशान हैं, लेकिन अयोध्या विवाद से अखिलेश यादव काफी विचलित थे। वे हमेशा से ही सामाजिक और धार्मिक समरसता के पक्षधर रहे हैं। बचपन से ही उनमें गरीबों, वंचितों और अल्पसंख्यकों के सतत विकास को लेकर सोच रही है। यह मुख्यमंत्री के तौर पर उनके कार्यों में भी दिखती है।

पी.जी. में साथ रहे अनिल प्रधान को अखिलेश के साथ बिताए दिन आज भी बखूबी याद हैं। अनिल बताते हैं, "अखिलेश फिल्मों के शौकीन थे और अमिताभ बच्चन के जबरदस्त फैन थे। नवीन कुमार, राजू टी.आर., किरन हेगड़े, अखिलेश यादव हम सभी अकसर हिंदी फिल्में देखा करते थे। कभी-कभी हॉलीवुड और कन्नड़ फिल्में भी देखते थे। अखिलेश यादव को गाने सुनने का बहुत शौक था। मोहम्मद रफी के गाने उन्हें ज्यादा पसंद थे। साथ ही डॉ. राजकुमार के मशहूर गानों को भी खूब सुनते थे। मैसूर में चार साल रहने के दौरान दोस्तों और कॉलेज स्टाफ की मदद से कन्नड़ भाषा भी सीख ली थी। वे कन्नड़ अच्छी तरह से समझने लगे थे। कॉलेज से बाहर कई बार अखिलेश यादव कन्नड़ के आम बोलचाल के शब्दों का इस्तेमाल करते थे। उन्होंने शहर में टेक्निकल कॉलेज के सालाना उत्सव में कन्नड़ में एक छोटा भाषण भी दिया था।"

14 जून, 2013 का दिन श्री जय चमाराजेंद्र कॉलेज ऑफ इंजीनियरिंग और अखिलेश यादव दोनों के लिए बड़ा दिन था। कॉलेज में खूब चहल-पहल थी। कॉलेज

में जश्न का माहौल था। कॉलेज के कर्मचारी, प्रोफेसर और छात्र खुश नजर आ रहे थे। कॉलेज के गोल्डन जुबली जलसे में उत्तर प्रदेश के सबसे युवा मुख्यमंत्री अखिलेश यादव शिरकत करने वाले थे। अखिलेश यादव एक छात्र की हैसियत से कॉलेज में आने वाले थे। कॉलेज पहुँचने पर उनका भव्य स्वागत हुआ। श्री जय चमाराजेंद्र कॉलेज ऑफ इंजीनियरिंग के एलुमिनी में एक बड़ा नाम अखिलेश यादव का शुमार हो चुका था। जब वे कॉलेज छात्रों के बीच पहुँचे तो वहाँ गजब का उत्साह था। उन्होंने छात्रों और शिक्षकों की मौजूदगी में बड़ी विनम्रता के साथ कॉलेज में बिताए दिनों को याद किया। 1994 में पढ़ाई पूरी करने के बाद पहली बार वे कॉलेज आए थे। छात्रों के बीच अखिलेश यादव देश के सबसे बड़े सूबे के मुख्यमंत्री के तौर पर मौजूद थे, लेकिन बातचीत के दौरान उन्होंने याद किया कि कैसे पढ़ाई के दिनों में सियासत के बारे में एकदम नहीं सोचते थे। अखिलेश यादव अपनी पत्नी डिंपल यादव, बच्चे अदिति, टीना और अर्जुन के साथ मैसूर पहुँचे थे। मैं भी इस दौरे में उनके साथ था। मुझे आज भी याद है कि कैसे कॉलेज के शिक्षकों को अखिलेश की सादगी और उनका अनुशासन सब याद था। कॉलेज के प्रिंसिपल डॉक्टर बी.जी. संगमेश्वर ने अखिलेश यादव के सादगी भरे रहन-सहन की खुलकर तारीफ की। अखिलेश यादव को अपने बीच देखकर पूरा कॉलेज भाव विभोर था। वाइस-प्रिंसिपल डॉक्टर सैयद शकीब-उर-रहमान ने अखिलेश के आदर्श और अनुशासन के बारे में छात्रों को बताया और उनसे सीख लेने की सलाह दी। उन्होंने यह भी कहा कि उनके कॉलेज के यशस्वी छात्र अखिलेश यादव एक दिन देश के प्रधानमंत्री बनेंगे।

कॉलेज के एक-दूसरे प्रोफेसर धनंजय ने बताया कि कैसे कॉलेज के प्रोफेसर और छात्रों को इस बात का पता चला कि अखिलेश यादव भारत के दिग्गज नेता मुलायम सिंह यादव के बेटे हैं। अखिलेश यादव की पढ़ाई के दौरान ही नेताजी मैसूर गए थे। प्रोफेसर धनंजय ने उनसे मिलने का वक्त माँगा। नेताजी खुद अखिलेश यादव के साथ कॉलेज आए और आधे घंटे छात्रों और प्रोफेसरों के बीच बिताया। जब नेताजी कॉलेज आए तो सभी हैरान रह गए। क्योंकि तभी कॉलेज में सबको इस बात का पता चला कि नेताजी अखिलेश यादव के पिता हैं। अखिलेश यादव ने पहले भी कभी लोगों को यह पता नहीं चलने दिया था कि वे एक दिग्गज सियासी शख्सियत के बेटे हैं। नेताजी के इस दौरे के बाद कॉलेज के छात्र, शिक्षक, कर्मचारी सब जान गए कि अखिलेश यादव बहुत बड़ी सियासी शख्सियत के बेटे हैं, लेकिन इसके बाद भी अखिलेश यादव के व्यवहार में किसी तरह का बदलाव नहीं आया।

हालाँकि इंजीनियरिंग के पहले साल के बाद नवीन और अशरफ जैसे कुछ करीबी मित्रों को पता चल गया था कि अखिलेश यादव के पिता भारत के कद्दावर राजनीतिज्ञ

मुलायम सिंह यादव हैं, लेकिन कॉलेज में ज्यादातर लोगों को नेताजी के मैसूर दौरे के बाद ही इसका पता चला। नवीन कुमार याद करते हैं कि नेताजी बैंगलोर किसी मीटिंग में आए थे। वे अखिलेश यादव से मिलने मैसूर चले आए। वे मैसूर में एक होटल में ठहरे थे। उस वक्त छुट्टियाँ चल रही थीं, लेकिन अखिलेश यादव मैसूर में ही थे। दोस्तों के साथ अखिलेश यादव होटल में नेताजी से मिलने गए। होटल से नेताजी सबको साथ लेकर अशरफ के घर गए। अखिलेश यादव ने अशरफ के घरवालों से वादा किया था कि पिताजी जब कभी मैसूर आएँगे तो वे उन्हें अशरफ के घर जरूर लाएँगे। दरअसल अखिलेश यादव के मैसूर में रहने के दौरान नेताजी अशरफ के घर फोन कर उनके घर वालों से अखिलेश यादव का हाल-चाल लिया करते थे। अशरफ के घरवालों से मिलने के बाद नेताजी उस जगह भी गए, जहाँ अखिलेश यादव दोस्तों के साथ रहते थे। नवीन याद करते हैं कि उन लोगों के पास नेताजी को बैठाने के लिए सोफा तक नहीं था। वे आम छात्रों की तरह ही रहते थे। नेताजी की इस यात्रा की खबर अखबारों में छपी।

एस.जे.सी.ई. कॉलेज में कॉलेज के जाने-माने छात्रों की एक सूची लगी है। इसमें अखिलेश यादव का नाम है। उत्तर प्रदेश से दूसरा नाम मंजूनाथ का है। मंजूनाथ इंडियन ऑयल कॉरपोरेशन में अफसर थे, उन्होंने भ्रष्टाचार के खिलाफ जंग छेड़ी थी और अपराधियों का शिकार बन गए। पूर्व क्रिकेटर व तेज गेंदबाज जवागल श्रीनाथ का नाम भी इस लिस्ट में शामिल है। मैसूर में चार सालों की पढ़ाई के दौरान अखिलेश यादव ने दक्षिण भारत को जाना-समझा। कई दोस्त बनाए और कॉलेज में एक अलग छाप छोड़ी। कॉलेज के आखिरी साल में ही उन्होंने यह तय कर लिया था कि उन्हें आगे की पढ़ाई एनवॉयरमेंट साइंस में ही करनी है। चार सालों के खुशनुमा सफर के बाद अखिलेश यादव अब आगे के सफर की तैयारी में थे। इस बार उनका ठिकाना भारत से बाहर बनने वाला था, लेकिन यह ठिकाना कौन सा देश होगा, यह अभी तय नहीं था।

□

अध्याय 5

विदेश में शिक्षा

मैसूर से बी.टेक. की पढ़ाई पूरी करने के बाद अखिलेश यादव ने आगे की पढ़ाई के लिए विदेश जाने का फैसला किया। यह तो तय था कि उन्हें एनवॉयरमेंट इंजीनियरिंग में ही आगे की पढ़ाई करनी थी और पोस्ट ग्रेजुएशन के लिए विदेश जाना था। लेकिन यह तय नहीं था कि दुनिया की किस यूनिवर्सिटी में दाखिला लेना है। कई विकल्पों पर विचार शुरू हुआ। खुद अखिलेश यादव ने लंदन से लेकर ऑस्ट्रेलिया तक की यूनिवर्सिटीज की जानकारी ली। काफी सोच-विचार के बाद उन्होंने ऑस्ट्रेलिया जाने का फैसला किया। फैसला हो चुका था। अब उन्होंने खुद ही दाखिले की सारी प्रक्रिया की जानकारी जुटाई। इन सबके बाद आखिरकार ऑस्ट्रेलिया जाने की तैयारी शुरू हुई। वे पहली बार विदेश जा रहे थे। वहाँ उन्हें दो साल रहना था। वैसे तो वे दस साल की उम्र से ही घर से बाहर रहे, लेकिन पहली बार देश से बाहर जा रहे थे। इस सफर को लेकर वे बेहद रोमांचित थे। इस रोमांच के साथ नई जगह को लेकर थोड़ी सी हिचक भी थी। मन में कई सवाल भी थे। जैसे—वहाँ कैसे लोग होंगे? खान-पान कैसा होगा? यूनिवर्सिटी का माहौल कैसा होगा? अखिलेश यादव ने खुद ही इन सवालों का जवाब तलाशने का फैसला किया। उन्होंने ऑस्ट्रेलिया के बारे में ज्यादा-से-ज्यादा जानकारी जुटानी शुरू की। वहाँ के लोगों के रहन-सहन, खान-पान, माहौल, काम करने के स्टाइल के बारे में खूब पढ़ा। साथ ही यूनिवर्सिटी के लेवल, वहाँ की पढ़ाई, फैकल्टी, पढ़ने वाले छात्रों, जिस कोर्स में दाखिला लेना था, उसके बारे में भी ढेर सारी जानकारी हासिल की। तय दिन पर वे विदेशी धरती के लिए उड़ चले। अखिलेश यादव ऑस्ट्रेलिया अकेले नहीं जा रहे थे, उनके साथ ढेर सारी जानकारियाँ थीं, जो आगे चलकर बहुत काम आने वाली थीं। प्लेन में बैठे-बैठे वे बस यही सोच रहे थे कि जल्द-से-जल्द ऑस्ट्रेलिया पहुँच जाएँ। खैर इंतजार

खत्म हुआ। कई घंटे के सफर के बाद प्लेन के कैप्टन के ऐलान से उनकी तंद्रा टूटी। पायलट प्लेन के कुछ ही मिनट में सिडनी के इंटरनेशनल एयरपोर्ट पर लैंड करने की जानकारी दे रहा था।

अखिलेश यादव सिडनी एयरपोर्ट के बाहर निकले। बाहर का नजारा शानदार था। साफ-सुथरी आठ लेन की सड़क। फर्राटा भरती तेज रफ्तार गाड़ियाँ। हवाई अड्डे के बाहर चमचमाती शानदार इमारतें। यह एक नई दुनिया थी। इसे देखकर वे हैरान रह गए। जितना उन्होंने पढ़ा था, शुरुआत में ही ऑस्ट्रेलिया उन्हें उससे बेहतर लगा। वे अब भारत से हजारों किलोमीटर दूर सिडनी शहर में थे। एकदम नई जगह। उमंग से भरपूर अखिलेश यादव के सामने दो साल एक अलग देश में जिंदगी बिताने की चुनौती थी। उन्होंने यूनिवर्सिटी ऑफ सिडनी में पर्यावरण इंजीनियरिंग के एम.टेक. पाठ्यक्रम में दाखिला लिया और पढ़ाई में जुट गए।

यूनिवर्सिटी ऑफ सिडनी का कैम्पस बेहद खूबसूरत है। इसकी खूबसूरती दुनिया की किसी भी यूनिवर्सिटी को चुनौती देती है। यह दुनिया की टॉप टेन खूबसूरत यूनिवर्सिटीज में शुमार है। साथ ही इसका कैंपस बहुत ही शांत है। यूनिवर्सिटी ऑफ सिडनी की इमारतें प्राचीन, मध्य और आधुनिक यूरोपीयन शैली का बेजोड़ संगम हैं। इन्हें देखकर कोई भी मोहित हुए बिना नहीं रह सकता। रात में सोडियम लाइट की रोशनी में यूनिवर्सिटी की इमारत और भी भव्य नजर आती है। यहाँ के माहौल से अखिलेश यादव बहुत ज्यादा प्रभावित हुए। यूनिवर्सिटी अपनी स्थापना के समय से ही कई मायने में ख़ास है। इसकी स्थापना सन् 1850 में हुई थी। यह ऑस्ट्रेलिया की पहली यूनिवर्सिटी है। दुनिया भर की यूनिवर्सिटीज में इसका अहम स्थान है। यहाँ से कई मशहूर छात्र पढ़कर निकले हैं। इसके विश्व प्रसिद्ध स्टूडेंट में ऑस्ट्रेलिया के पूर्व प्रधानमंत्री ऑफ व्हाइटलैम, दुनिया भर में मशहूर डॉ. विक्टर चांग, कानूनविद माइकल कर्बी, लेखक क्लाइव जेम्स, ऑपेरा सिंगर डैम जोआन जैसी हस्तियाँ शामिल हैं। अखिलेश यादव भी इस यूनिवर्सिटी के अहम पूर्व छात्र हैं। जब उन्होंने यहाँ दाखिला लिया था, तब उन्हें भी नहीं एहसास था कि वे एक दिन भारत के सबसे ज्यादा आबादी वाले सूबे के मुख्यमंत्री बनेंगे। अखिलेश यादव इस यूनिवर्सिटी के पुराने छात्रों में चमकते हुए हीरे की तरह हैं। जब वे ऑस्ट्रेलिया पढ़ने गए थे, तब भारतीय स्टूडेंट की पहली पसंद लंदन और अमेरिका हुआ करता था, लेकिन इन दिनों ऑस्ट्रेलिया तेजी से भारतीय छात्रों का ठिकाना बनता जा रहा है। अगर बात पढ़ाई-लिखाई, रहन-सहन और रोजगार की करें तो सिडनी दुनिया के टॉप 50 शहरों में दूसरे नंबर पर है। न्यूयॉर्क और पेरिस का नंबर भी इसके बाद आता है।

खैर दाखिले के बाद पढ़ाई-लिखाई का सिलसिला शुरू हुआ। अखिलेश यादव

ने खुद को ऑस्ट्रेलिया के माहौल में ढाला और लगन से पढ़ाई में लग गए। वे हमेशा से ही मेधावी छात्र रहे थे। देखते-देखते ही वे क्लास के लोकप्रिय स्टूडेंट में शामिल हो गए। हालाँकि ऑस्ट्रेलिया में उन्हें वतन की बहुत याद आती थी। ऑस्ट्रेलिया जाकर उन्हें एहसास हुआ कि अपने लोग और अपना वतन किसी के लिए भी कितनी अहमियत रखता है। शुरुआती दिनों में उन्हें स्कूल, कॉलेज के दोस्त भी खूब याद आते थे। धीरे-धीरे जब उनका संपर्क यूनिवर्सिटी में पढ़ने वाले दूसरे भारतीय छात्रों से हुआ तो मन लगने लगा। अखिलेश यादव धारा प्रवाह अंग्रेजी बोलते हैं, लेकिन ऑस्ट्रेलिया में भी भारतीय छात्रों, खासकर उत्तर भारत के साथियों से वे हिंदी में ही बातें करते थे। दाखिला लेने के साथ ही उन्होंने तय कर लिया था कि यूनिवर्सिटी में उन्हें अपनी जगह बनानी है। उनमें हमेशा से लीडर के गुण रहे ही हैं। अपनी इसी काबिलियत के बूते उन्होंने यूनिवर्सिटी में पढ़ने वाले दूसरे भारतीय छात्रों को साथ लेकर एक क्रिकेट टीम बना ली। टीम को 'इंडियन स्टूडेंट्स इलेवन' का नाम दिया। इस टीम की यूनिवर्सिटी में बड़ी धूम थी। अखिलेश यादव और उनके भारतीय दोस्तों ने कई लोकल मैचों में हिस्सा लिया और वहाँ की टीमों को धूल भी चटाई। हालाँकि पढ़ाई के बाद उन्हें क्रिकेट खेलने के लिए ज्यादा वक्त नहीं मिल पाता था लेकिन जब भी छुट्टी होती थी तो टीम इकट्ठा हो जाती। ज्यादातर मैच रविवार को होते थे। हफ्ते के बाकी दिनों में वे पूरी तरह अपनी किताबों में उलझे रहते।

अखिलेश यादव शुरुआत में तो यूनिवर्सिटी के हॉस्टल में रहे। उन्होंने अपने कमरे में देश की आन-बान और शान के प्रतीक तिरंगे झंडे को लगा रखा था। हॉस्टल में कई देशों के स्टूडेंट रहते थे, लेकिन उन्हें हॉस्टल का माहौल रास नहीं आया। करीब तीन महीने बाद उन्होंने हॉस्टल छोड़ दिया और यूनिवर्सिटी के पास ही डेनट्रे ड्राइव में पेइंग गेस्ट बनकर रहने लगे। यह बात 1995 की है। वे आस्ट्रेलियाई और फिजी इंडियन दंपति डेविड व रश्मि के पेइंग गेस्ट बने थे। इस बीच उनकी मुलाकात लखनऊ के ही रहने वाले चंद्रशेखर से हुई। चंद्रशेखर भी पड़ोस में बतौर पेइंग गेस्ट रहते थे। लखनऊ का होने की वजह से उनकी चंद्रशेखर से अच्छी दोस्ती हो गई। चंद्रशेखर को वे प्यार से चंदू कहकर बुलाते थे। अखिलेश यादव के साथ दिल्ली के दीपक रहते थे।

सिडनी में भी अखिलेश यादव इतनी सादगी से रहते थे कि चंद्रशेखर और दीपक को भी पता नहीं चला कि वे भारत के तत्कालीन रक्षामंत्री मुलायम सिंह यादवजी के बेटे हैं। उन्होंने सिडनी में भी अपनी पहचान छिपा रखी थी। रहन-सहन और आचार-व्यवहार से भी उन्होंने दोस्तों को भनक नहीं लगने दिया कि धरतीपुत्र मुलायम सिंह यादव उनके पिता हैं। उनके दोस्त आज भी उनके सादगी भरे इस व्यवहार को भूल नहीं पाए हैं। छात्र जीवन में वे जहाँ भी रहे अपनी पहचान छिपाते रहे और आम छात्रों

की तरह ही रहे। आमतौर पर ऐसे नेता पुत्र कम ही देखने को मिलते हैं, जो अपने पिता की हैसियत का फायदा न उठाते हैं। वरना अकसर देखने में आता है कि नेता पुत्र अपने पिता से ज्यादा रोब गाँठते हैं। इस मामले में अखिलेश यादव एकदम आदर्श बेटे हैं। पूरी पढ़ाई के दौरान उन्होंने कभी भी पिता की हैसियत और रुतबे का रत्ती भर भी फायदा नहीं उठाया। पिता को भी इस बात के लिए बेटे पर फख्र है।

सिडनी में पहली बार जब उनके मकान मालिक को पता चला कि उनके पेइंग गेस्ट अखिलेश यादव भारत के रसूखदार सियासी खानदान से ताल्लुक रखते हैं तो उन्हें भी यकीन नहीं हुआ। किस्सा कुछ यूँ है कि अखिलेश यादव की पढ़ाई के दिनों में सुपरस्टार अमिताभ बच्चन किसी कार्यक्रम के सिलसिले में ऑस्ट्रेलिया में थे। यह तो जगजाहिर है कि बच्चन परिवार से उनके घरेलू ताल्लुकात हैं। वे अमिताभ बच्चन से मिलने जाने के लिए तैयार हो रहे थे। मकान मालकिन रश्मि ने उनसे पूछा कि कहाँ जा रहे हैं तो उन्होंने जवाब दिया कि अमिताभ अंकल से मिलने जा रहा हूँ। रश्मि ने सोचा कि उनके पेइंग गेस्ट किसी परिचित से मिलने जा रहे होंगे। अखिलेश यादव चले गए। अगले दिन सिडनी के लोकल न्यूज पेपर में अमिताभ बच्चन के साथ उनकी तसवीर छपी थी। दुनिया भर में मशहूर अभिनेता के साथ अपने पेइंग गेस्ट अखिलेश यादव की तसवीर देखकर रश्मि ने चुहल की, "अच्छा तुम ऐक्टर के साथ तसवीर खिंचाने गए थे, लेकिन यह बताओ कि तुम्हारी लॉटरी कैसे लग गई। तुम कैसे अमिताभ बच्चन के करीब पहुँच पाए।" अखिलेश यादव के सादगी भरे जीवन को देखकर डेविड और रश्मि ने सपने में भी नहीं सोचा था कि अमिताभ बच्चन जैसे महानायक से उनके घरेलू रिश्ते हैं। मकान मालकिन के सवाल पर अखिलेश यादव हलके से मुसकरा उठे। उन्होंने कहा, "आंटी अमिताभ अंकल से हमारे पारिवारिक रिश्ते हैं। वे मेरे पिता के मित्र हैं। मकान मालकिन को यकीन ही नहीं हो रहा था। तब अखिलेश यादव ने उन्हें बताया कि भारत के रक्षामंत्री मुलायम सिंह यादवजी मेरे पिता हैं।" अखिलेश यादव के बहुत भरोसा दिलाने के बाद वे इस सच्चाई को स्वीकार कर पाईं। इसकी वजह थी अखिलेश यादव का सहज और सरल तरीके से रहना।

ऑस्ट्रेलिया में वे ज्यादातर सफर ट्रेन और मेट्रो से ही करते थे। वे वहाँ तकनीकी की तेज तरक्की से बहुत प्रभावित रहा करते थे। मेट्रो का सफर उन्हें बहुत भाता था। हालाँकि तब तक भारत में कोलकाता में मेट्रो सेवा शुरू हो गई थी। लेकिन अखिलेश यादव तब यही सोचा करते थे कि काश उनके देश के हर बड़े शहर में मेट्रो सेवा हो। नई तकनीकी देखकर उसका भविष्य भाँप लेना यह अखिलेश यादव की सबसे बड़ी खासियत है। ऑस्ट्रेलिया में उन दिनों मोबाइल फोन खूब चलन में थे। हालाँकि भारत में भी 1995 में मोबाइल फोन आ चुके थे। लेकिन महँगे होने की वजह से ये अभी

ज्यादा चलन में नहीं थे। टेकसेवी अखिलेश यादव ने तभी भाँप लिया था कि आने वाला युग मोबाइल का है। बहुत जल्द ही देश में मोबाइल क्रांति होगी। वे दोस्तों से बातचीत में अकसर कहा करते थे कि बहुत ही जल्द भारत में मोबाइल कॉमन और लोकप्रिय हो जाएगा।

अखिलेश यादव हमेशा से ही दूर की सोच रखने वाले रहे हैं। आस-पास की चीजों को देखकर वे खुद ही विश्लेषण किया करते हैं। अच्छी बातों को हमेशा ग्रहण करने के लिए तैयार रहते हैं। दूरंदेशी होने के साथ ही वे संवेदनशील व्यक्तित्व के मालिक भी हैं। दोस्तों और परिचितों के मुश्किल दिनों में वे बेहतर हमदर्द भी बनकर सामने आते हैं। ऑस्ट्रेलिया का ही एक वाकया है—उनके भारतीय दोस्त चंदू के मकान मालिक सैम का एक्सीडेंट हो गया। चंद्रशेखर को पता चला तो वे फौरन अस्पताल जाने के लिए निकले। उस वक्त जोर की बारिश हो रही थी। चंदू ने अस्पताल जाने के लिए परिचित की गाड़ी माँगी। उस वक्त चंदू घबराए हुए थे। हालाँकि अखिलेश यादव उनके साथ थे। उन्होंने दोस्त को तसल्ली दी और साथ जाने का फैसला किया। गाड़ी भी खुद ही चलाकर हॉस्पिटल ले गए। काफी देर तक अस्पताल में मौजूद रहे। ये उनके संवेदनशील व्यक्तित्व का छोटा सा पहलू है। वे जहाँ भी रहते हैं लोगों से बहुत ही आसानी से घुल-मिल जाते हैं और उनके सुख-दुख में हर मुमकिन मदद के लिए तैयार रहते हैं।

सिडनी में रहने के दौरान उनका मकान मालिक के बच्चों से भी खास लगाव हो गया था। मकान मालिक के बच्चों के जन्मदिन पर वे मिल-जुलकर केक तो काटते ही थे, साथ ही बच्चों को गिफ्ट भी देते थे। बच्चे भी उनसे बहुत हिले-मिले थे। वे सिडनी में भी सुबह उठ जाते थे। उनके मकान मालिक के तीन बच्चे थे। बच्चों के साथ सुबह सॉकर खेलते थे। वे पेइंग गेस्ट की तरह नहीं बल्कि परिवार की तरह ही रहते थे। वहाँ उन्हें खाने को लेकर भी कोई दिक्कत नहीं होती थी। मकान मालिक के घर अकसर भारतीय खाना बनता था। कई बार तो अखिलेश यादव खुद भी किचन में हाथ बँटाने पहुँच जाते। वे आलू-मटर की रसेदार सब्जी इतनी अच्छी बनाते कि उनके मकान मालिक तारीफ किए बिना नहीं रहते। बच्चे भी इस भारतीय खाने को मजे लेकर खाते। खाली वक्त में वे संगीत सुनते थे। कभी-कभार सिडनी के बाजारों की सैर पर निकल जाते। वे बाजार जाते, घूमते-टहलते और जरूरी शॉपिंग कर लौट आते थे। उन्हें फिजूल की शॉपिंग का शौक कभी नहीं रहा। कई बार दो-तीन दिन की छुट्टियाँ होने पर वे सिडनी के आस-पास के पर्यटन स्थलों की सैर पर भी निकल जाते थे। ऑस्ट्रेलिया में ब्लू माउंटेन, स्नो माउंटेन और ब्लू होल उनके पसंदीदा पर्यटन स्थल हैं।

संवेदनशील व्यक्तित्व के धनी अखिलेश यादव ऑस्ट्रेलिया पर्यावरण की पढ़ाई करने गए थे। वहाँ उन्होंने सिर्फ पर्यावरण इंजीनियरिंग की पढ़ाई ही नहीं की बल्कि पर्यावरण से भी बहुत कुछ सीखा। क्रीक नहर के किनारे करीने से लगे पेड़-पौधे और उनमें खिले फूलों को देखकर वे बहुत खुश होते और भारत के लिए भी उसी तरह की परिकल्पना करते। पर्यावरण को लेकर अगर अखिलेश यादव के कामों को देखें तो उसमें इसकी झलक देखने को मिलती है।

अखिलेश यादव ऑस्ट्रेलिया में नए सपने बुन रहे थे। पर्यावरण विज्ञान की फील्ड में कॅरियर बनाने की दिशा में लगातार कड़ी मेहनत कर रहे थे। उनकी जिंदगी शांत और संयत थी। लेकिन दूसरी तरफ भारत में उनके पिता के सियासी कॅरियर में जबरदस्त हलचल थी। 1996 में 11वीं लोकसभा के चुनावों में मुलायम सिंह यादव मैनपुरी से चुनाव जीतकर संसद् पहुँचे। 161 सीटें जीतकर भारतीय जनता पार्टी इस चुनाव में सबसे बड़ी पार्टी बनकर उभरी। कांग्रेस को सिर्फ 140 सीटें मिली थीं। सबसे बड़ी पार्टी की वजह से अटल बिहारी वाजपेयी देश के प्रधानमंत्री बने। लेकिन उनकी सरकार सिर्फ 13 दिन ही चल पाई। बहुमत साबित करने से पहले ही उन्होंने इस्तीफा दे दिया। इन सियासी घटनाओं के बीच जनता दल के 46, समाजवादी पार्टी के 17, तेलुगु देशम पार्टी के 16, द्रविण मुनेत्र कणगम के 17, तमिल मनीला कांग्रेस के 20, असम गण परिषद् के 5, अन्य छोटी पार्टियों के 19 और वाम मोर्चा के 52 सांसदों को मिलाकर 192 सांसदों वाला संयुक्त मोर्चा बन गया। कांग्रेस के सामने भी इस मोर्चे को समर्थन देने के अलावा कोई चारा नहीं था। इस मोर्चे में सबसे पहले दिग्गज वाम नेता ज्योति बसु को प्रधानमंत्री बनाने का प्रस्ताव आया। ज्योति बाबू उस वक्त पश्चिम बंगाल के मुख्यमंत्री थे। वे वाम राजनीति के कद्दावर नेता थे। लेकिन वामपंथी पोलित ब्यूरो के विरोध की वजह से उनका नाम पीछे रह गया। इसके बाद दो नाम तेजी से उभरे। ये दोनों ही डॉ. राममनोहर लोहिया के शिष्य थे, पहले लालू प्रसाद यादव और दूसरे मुलायम सिंह यादव। लेकिन लालू प्रसाद का नाम जितनी तेजी से उभरा उतनी ही तेजी से हाशिए पर चला गया। वजह थी चारा घोटाले में लालू प्रसाद का नाम। नेताजी पर कोई आरोप नहीं था। सांप्रदायिक ताकतों का उन्होंने डटकर मुकाबला भी किया था, इस वजह से भी उनकी लोकप्रियता जबरदस्त थी। नेताजी के साथ एक और अच्छी बात ये थी कि वाम नेता हरकिशन सिंह सुरजीत उनका नाम आगे बढ़ा रहे थे। हरकिशन सिंह सुरजीत का कद बहुत बड़ा था। तीसरे मोर्चे की तो छोड़िए, धुर विरोधी भारतीय जनता पार्टी और कांग्रेस में भी उनका बहुत सम्मान था। वाम मोर्चा भी नेताजी के नाम पर सहमत था। लेकिन नेताजी के प्रधानमंत्री बनने की राह में दो सजातीय नेता आ गए, पहले लालू प्रसाद यादव और

दूसरे शरद यादव। दोनों ने नेताजी को प्रधानमंत्री बनाने का विरोध किया। बाद के दिनों में खुद नेताजी ने इसका खुलासा किया था। 'द टेलीग्राफ' अखबार में उनके हवाले से खबर छपी—"मुझे चार नेताओं ने प्रधानमंत्री नहीं बनने दिया, वे हैं लालू प्रसाद यादव, शरद यादव, चंद्र बाबू नायडू और वी.पी. सिंह।" खैर इन नेताओं के विरोध की वजह से नेताजी प्रधानमंत्री पद की रेस से पूरी तरह से बाहर हो गए। ऐसे में लॉटरी कर्नाटक के किसान नेता एच.डी. देवगौड़ा की लग गई। कांग्रेस के समर्थन से देवेगौड़ा देश के प्रधानमंत्री बन गए। वे करीब 10 महीने तक इस पद पर बने रहे। सीताराम केसरी तब कांग्रेस के अध्यक्ष हुआ करते थे। कांग्रेस पार्टी ने 21 अप्रैल, 1997 को देवेगौड़ा सरकार से समर्थन वापस ले लिया। नेताजी के पास प्रधानमंत्री बनने का दूसरा सुनहरा मौका था। हरकिशन सिंह सुरजीत ने एक बार फिर से नेताजी का समर्थन किया। उस समय 13 दलों के संयुक्त मोर्चा में कुल 189 सांसद थे। इनमें से 110 नेताजी के समर्थन में थे, खुद देवेगौड़ा भी खुलकर नेताजी का नाम ले रहे थे। इस बीच हरकिशन सिंह सुरजीत को रूस जाना पड़ गया और एक बार फिर से लालू प्रसाद-शरद यादव की वजह से नेताजी दोबारा प्रधानमंत्री बनने से चूक गए।

इन सियासी भूचालों से वाकिफ अखिलेश यादव बस अपनी पढ़ाई और प्यार में रमे थे। उन दिनों ऑस्ट्रेलिया में उनका प्यार खूब परवान चढ़ रहा था। आगे के अध्याय में हम उनके प्यार और शादी के बारे में विस्तार से जानेंगे। लेकिन यहाँ ये जिक्र करना मौजूं है कि अखिलेश यादव जब ऑस्ट्रेलिया गए तब तक वे डिंपलजी के प्रेम में पूरी तरह से रम गए थे। यह ऐसा प्रेम था जिसमें दोनों प्रेमी हजारों किलोमीटर दूर थे। फोन और पत्र दो प्रेमियों के मिलन का एकमात्र जरिया था। अखिलेश यादव ऑस्ट्रेलिया में रहते हुए नियमित तौर पर डिंपलजी को खत लिखा करते थे। उनकी प्रेम भरी पाती शेरो-शायरी से भरपूर होती। इनमें दिल की बातें होतीं। ऑस्ट्रेलिया का जिक्र होता। पढ़ाई की चर्चा होती। दोस्तों के बारे में जानकारी होती। अखिलेश यादव प्रेम का संदेश डिंपलजी तक पहुँचाने के लिए गुलाबी रंग के लवलेटर का सहारा लेते थे। पत्र लखनऊ में एक कॉमन फ्रेंड के यहाँ पहुँचता था। इसके अलावा कॉमन फ्रेंड के घर पर फोन से भी दोनों के बीच बातें हुआ करती थीं। तय वक्त पर डिंपलजी कॉमन फ्रेंड के घर पहुँच जाती थीं और ऑस्ट्रेलिया से अखिलेश यादव फोन करते। फोन पर ही दोनों युवा प्रेमी एक-दूसरे से दिल का हाल बताते। जब इनकी बात चल रही होती तो दोनों यही सोचते कि काश ये बातें कभी खत्म ही न हो। अखिलेश यादव और डिंपलजी के सिर्फ एक-दो कॉमन फ्रेंड्स को ही उनके प्यार का पता था। इन दोनों के प्यार की सबसे बड़ी खासियत यह थी कि इन्होंने अपने प्यार को जमाने की नजर से छिपाकर रखा था। दोनों अपने प्यार का ढिंढोरा नहीं पीटते थे। यहाँ तक कि

ऑस्ट्रेलिया में साथ रहने वाले दोस्तों को भी अखिलेश यादव की प्रेम कहानी के बारे में कोई भनक नहीं थी। दरअसल वे प्रेम को तमाशा बनाने के सख्त खिलाफ थे। प्यार में डूबे अखिलेश यादव ऑस्ट्रेलिया में अपने भविष्य के सपने बुन रहे थे। वे इस बात से अनजान थे कि उनकी जिंदगी भी आनेवाले दिनों में उन्हीं राजनीतिक झंझावतों से गुजरने वाली है, जिनसे दिल्ली में उनके पिता जूझ रहे थे।

□

अध्याय 6

प्रेम का संघर्ष

बात नवें दशक की शुरुआत की है। नेताजी मुलायम सिंह यादव की पहचान देश के सबसे बड़े समाजवादी नेता के तौर पर हो चुकी थी। नेताजी का सियासत में जबरदस्त रसूख बन चुका था। वे गरीब–गुरबा और कमजोर वर्ग के मसीहा के तौर पर स्थापित हो चुके थे। यही वह दौर था जब अखिलेश यादव मैसूर से इंजीनियरिंग की पढ़ाई पूरी कर लखनऊ लौटे। पढ़ाई के दौरान वे जहाँ भी रहे, अपनी पहचान छिपाते रहे। इसकी वजह थी उनकी सादगी। जमीन से जुड़ाव। अखिलेश यादव नहीं चाहते थे कि उनकी पढ़ाई के बीच पिता का सियासी रसूख बाधा बने। नेताजी भी बेटे को सादगी और सरलता की व्यावहारिक शिक्षा देने के पक्ष में रहा करते थे। लेकिन अब स्कूल–कॉलेज की पढ़ाई खत्म हो चुकी थी। अखिलेश यादव अब एक परिपक्व युवा थे। उन्हें पहचान छिपाने की ऐसी कोई जरूरत नहीं थी। लखनऊ में रहकर वे आगे की पढ़ाई के बारे में सोच रहे थे। यह तो तय था कि आगे पर्यावरण विज्ञान में ही पोस्ट ग्रेजुएशन की डिग्री लेनी है। लेकिन पढ़ाई के लिए कहाँ जाना है, यह अभी तय नहीं हुआ था। वे इस बात से बेखबर थे कि चंद दिनों में उनकी जिंदगी में बहुत बड़ा खुशनुमा बदलाव आनेवाला था। सियासत में कोई खास रुचि थी नहीं, तो लखनऊ में खाली वक्त दोस्तों के साथ बिताते। एक दिन ऐसे ही लखनऊ कैंट इलाके में एक दोस्त के घर गए। वहाँ दोस्त जुटे थे। दोस्त के घर अखिलेश यादव की मुलाकात एक सौम्य और शांत लड़की से हुई। दोनों की ये पहली मुलाकात थी। दोनों ने पहली बार एक–दूसरे को देखा था। पहली ही नजर में दोनों ने आँखों–ही–आँखों में एक–दूसरे के लिए अपनापन सा महसूस किया। लड़की के पिता सेना में अफसर थे। मिलिटरी स्कूल से पढ़े अखिलेश यादव का सादगी भरा व्यवहार लड़की को भा गया था। अखिलेश यादव को भी लड़की की सौम्यता बहुत पसंद आई। कॉमन फ्रेंड के घर दोनों की पहली मुलाकात दोस्ती में बदल गई। अखिलेश यादव की ये पहली लड़की दोस्त ही डिंपलजी थीं।

डिंपलजी उस वक्त लखनऊ में ही पढ़ रही थीं। मुलाकात दोस्ती में बदली। मुलाकातों का सिलसिला दोस्ती की डोरी को मजबूत करने लगा। दोनों की परिवारिक पृष्ठभूमि अलग-अलग थी। अखिलेश यादव उत्तर प्रदेश के ताकतवर सियासी घराने से थे, जबकि डिंपलजी के परिवार का सियासत से कोई लेना-देना नहीं था। उनके घर का माहौल पूरी तरह से आर्मी के अफसरी अंदाज में रचा-बसा था। हालाँकि दोनों में कुछ ऐसी भी बातें थीं, जो एक-दूसरे को जोड़ती थीं। मिलिटरी स्कूल में पढ़े अखिलेश यादव का रहन-सहन डिंपलजी के फौजी परिवार से मेल खाता था। मिलिटरी स्कूल के अनुशासन ने उनके व्यक्तित्व में अलग ही छाप छोड़ी थी। उसके साथ नेताजी के जमीन से जुड़े संस्कार भी थे। इन संस्कारों ने डिंपलजी के मन पर गहरी छाप छोड़ी। अखिलेश यादव किसी राजनेता के बेटे हैं ऐसा आभास भी नहीं होता था।

कहावत है कि जोड़ियाँ तो ऊपरवाला बनाता है। अखिलेश यादव और डिंपलजी को देखकर यह कहावत पूरी तरह से सही चरितार्थ होती है। मीठे मुसकान के धनी अखिलेश यादव और बेहद सौम्य और शांत स्वभाव की डिंपलजी। पहले दोनों दोस्त बने। फिर दोस्ती प्यार में बदली और प्यार जिंदगी के सफर का सबब बन गया। डिंपल और अखिलेश एक-दूसरे के हमसाया और हमसफर बन गए। इस प्रेम की सुखद परिणति के पीछे प्रेम का लंबा संघर्ष है। यह प्रेम-कहानी किसी पटकथा से कम नहीं है। अखिलेश यादव और डिंपलजी छह साल तक प्रेम संबंध में रहे। लंबी डेटिंग के बाद दोनों शादी के बंधन में बँधे। हालाँकि पहली ही मुलाकात में दोनों के बीच अच्छी केमिस्ट्री बन गई। पहली मुलाकात में अच्छी दोस्ती होने के बाद दोनों में नियमित बातचीत होने लगी। फिर बातचीत मुलाकातों में बदल गई। इन मुलाकातों में दोस्ती प्यार में बदल गई। अखिलेश यादव के लिए लखनऊ में अपने प्यार की खबर जमाने से छिपाकर रखना बहुत ही मुश्किल था। लखनऊ में वे नेताजी के बेटे थे। ऐसे में दोनों छिपकर एक-दूसरे से मिलते थे। कभी लखनऊ के मोहम्मद बाग क्लब में तो कभी कैंट के सूर्या क्लब में, दोनों इजहार ए मोहब्बत करते। इस बीच आगे की पढ़ाई के लिए अखिलेश यादव सिडनी चले गए। सिडनी जाने के बाद भी वे लगातार डिंपलजी से संपर्क में रहते थे। ऑस्ट्रेलिया से डिंपलजी को प्रेम भरी पाती लिखते। ग्रीटिंग कार्ड्स भेजते थे। यह सिलसिला अखिलेश यादव की मास्टर्स डिग्री पूरी होने तक चला। इन प्यार भरे खतों में मोहब्बत के अल्फाज तो होते ही, सिडनी के यार दोस्तों की बातें होतीं, पढ़ाई-लिखाई की बातें होतीं, घर परिवार की बातें होतीं। हजारों मील दूर दो प्रेमियों के लिए ये प्यार भरी पाती एक-दूसरे से जुड़े रहने का सहारा थीं। अखिलेश यादव ने अब तक अपने प्यार की भनक किसी को लगने नहीं दी थी। यहाँ तक कि परिवार के किसी सदस्य को भी उनके प्यार के बारे में कुछ भी पता नहीं था। आजकल के प्रेमी जोड़ों को देखिए।

बात-बात में तकरार। प्यार करेंगे तो जमाने में ढिढोरा पीटेंगे। लेकिन अखिलेश यादव ने हर रिश्ते की तरह प्यार की मर्यादा का भी पूरा खयाल रखा। वे नहीं चाहते थे कि उनकी प्यार अंजाम तक पहुँचने से पहले जमाने की चर्चा का सबब बने। खैर जब वे सिडनी से लौटे तो परिवार में उन पर शादी का दबाव बनने लगा। इस बीच इस प्यार में एक सियासी एंगल भी जुड़ गया था। दोनों की लव स्टोरी चल ही रही थी कि उत्तराखंड को अलग राज्य बनाने की माँग जोर पर पहुँच गई। समाजवादी पार्टी अलग राज्य के पक्ष में नहीं थी। ऐसे में अलग राज्य की माँग करने वाले समाजवादी पार्टी के विरोध में थे।

इस बीच एक दिन नेताजी ने दोपहर में अखिलेश यादव को अपने कमरे में बुलाया। उन्होंने अपने प्यारे बेटे टीपू से कहा, ''घरवाले चाहते हैं कि तुम्हारी शादी कर दी जाए। मेरा भी यही मानना है। अब तुम बताओ तुम्हारा क्या इरादा है?'' अखिलेश यादव असमंजस में पड़ गए। उनकी समझ में नहीं आ रहा था कि पिता को अपने प्रेम संबंध के बारे में कैसे बताएँ। थोड़ी देर सोचने के बाद उन्होंने पिता को जवाब दिया, ''आप जैसा चाहें।'' उसी वक्त अखिलेश यादव ने फैसला कर लिया कि जिस प्रेम संबंध को अब तक उन्होंने परिवार से छिपा रखा है, उसे बताना पड़ेगा। लेकिन दिक्कत यह थी कि घरवालों को बताया कैसे जाया। काफी देर तक सोच-विचार के बाद अखिलेश यादव को एक आइडिया आया। वे भागकर दादी मूरती देवी के पास गए। दादी उस वक्त बीमार थीं। वे लखनऊ में ही नेताजी के साथ रह रही थीं। उनकी भी इच्छा थी कि पोते टीपू के सिर पर सेहरा बँधा देखें। टीपू का दादी से बचपन से ही गहरा जुड़ाव था। उन्होंने बेझिझक दादी को अपनी प्रेम कहानी कह सुनाई। ये सुनकर कि पोते ने बहू पसंद कर रखी है। दादी खुश से चहक उठीं। उन्होंने टीपू को सीने से लगा लिया। अखिलेश यादव अब भी उनके लिए वही टीपू थे जो सैफई के कच्चे-पक्के रास्तों पर उनके आगे-पीछे घूमते रहते थे। दादी अपने टीपू को हजारों दुआएँ देने लगीं। पोते की पसंद पर दादी की मुहर लग चुकी थी। अब घर में किसी तरह के विरोध का कोई सवाल ही नहीं था। अखिलेश यादव की लव स्टोरी को घर की सबसे बुजुर्ग की रजामंदी हासिल हो गई थी। दादी की मंजूरी मिलने के बाद उन्हें जबरदस्त ताकत मिली। उनका दादी से जबरदस्त लगाव था। माँ की बीमारी की वजह से उनका पालन-पोषण दादी ने किया था। दादी अपने टीपू से बहुत ही ज्यादा स्नेह और वात्सल्य रखती थीं। अखिलेश यादव का भी दादी के प्रति मातृ प्रेम भाव था। वे अपनी बात बड़ी सहजता से दादी से कह जाते थे। दादी के जरिए वे अपनी बात परिवार को बता चुके थे। घर में सबको इस बात की खुशी थी कि उनके टीपू ने अपनी जीवन-संगिनी तय कर ली है। सब बेटे की निगाहों से डिंपलजी को बहू के तौर पर देखने लगे। इस बीच नेताजी तक भी यह बात पहुँच गई।

हालाँकि इस दौरान बिहार के कद्दावर यादव नेता लालू प्रसाद ने अखिलेश यादव

से अपनी बेटी के रिश्ते की बात चलाई। नेताजी जी तक यह संदेश पहुँच चुका था कि लालू प्रसाद उनके परिवार से रिश्ता जोड़ना चाहते हैं। तब तक नेताजी को बेटे के प्रेम संबंधों के बारे में कोई जानकारी नहीं थी। वे भी लालू प्रसाद के प्रस्ताव पर गंभीरता से सोच रहे थे। बल्कि कुछ लोग यह भी बताते हैं कि नेताजी इस रिश्ते को लेकर सकारात्मक थे। सियासत के जानकार इस रिश्ते में देश की राजनीति में बड़ा बदलाव देख रहे थे। दो सूबों के दो रसूखदार सियासी परिवारों का यह रिश्ता देश की सियासत में बड़ा बदलाव लानेवाला था। खैर राजनीतिक पंडित चाहे जो कयास लगाएँ। लेकिन अखिलेश यादव के प्रगाढ़ प्रेम की वजह से लालू प्रसाद का प्रस्ताव दोनों परिवारों की रिश्तेदारी में न बदल सका। सैफई के इस परिवार में रिश्तेदारी का लालू यादव का सपना करीब 15 साल बाद पूरा हुआ जब उनकी बेटी राजलक्ष्मी की शादी नेताजी के बड़े भाई के पोते तेज प्रताप यादव से हुई। खैर वापस अखिलेश यादव और डिंपलजी के किस्से पर लौटते हैं। इस बीच नेताजी को भी अखिलेश यादव और डिंपलजी के प्रेम संबंधों का पता चल गया। नेताजी चिंतित हो उठे। उनकी चिंता इस बात पर नहीं थी कि लालू प्रसाद क्या सोचेंगे? बल्कि उन दिनों उत्तराखंड का आंदोलन चरम पर था। नेताजी को चिंता सताने लगी कि उत्तराखंड की बहू लाने पर उनके विरोधी अखिलेश यादव की जान के दुश्मन न बन जाएँ। नेताजी शादी के खिलाफ नहीं थे। पर हर पिता अपनी संतान के लिए चिंतित रहता है। वही चिंता नेताजी को भी थी। इस बीच लालू प्रसाद को भी यह खबर भिजवा दी गई कि अखिलेश यादव ने अपने लिए लड़की पसंद कर रखी है।

जब ये सारा वाकया चल रहा था उस वक्त नेताजी केंद्र सरकार में रक्षामंत्री थे। इस बीच एक दिन अखिलेश यादव और नेताजी बैठे थे। पिता-पुत्र काफी देर से इधर-उधर की बात कर रहे थे। इस बीच सामने रखी फोन की घंटी बजी। फोन अखिलेश यादव ने उठाया। उन्होंने हैलो बोला। दूसरी तरफ से आने वाली आवाज सुनने के बाद उन्होंने कहा, "नमस्ते अंकल, मैं अखिलेश बोल रहा हूँ। हाँ पिताजी हैं। लीजिए उन्हीं से बात कीजिए।" उन्होंने रिसीवर पिताजी की तरफ बढ़ाया और बोले, "आपके लिए बरेली से फोन है। कर्नल अंकल आपसे बात करना चाहते हैं।" नेताजी ने हाथ बढ़ाकर अखिलेश यादव के हाथ से फोन ले लिया। नेताजी दूसरी तरफ फोन पर मौजूद कर्नल साहब से बात करने लगे। नेताजी ने पूछा, "कर्नल साहब आप कैसे हैं। बच्चे कैसे हैं। औपचारिक हाल-चाल के बाद नेताजी दूसरी तरफ से आ रही आवाज सुनते रहे। आखिर में वे बोले, "कर्नल साहब आप कल सपरिवार लखनऊ चले आइए। आपसे मुलाकात हो जाएगी। बच्चों का भी घूमना हो जाएगा। रात की किसी भी ट्रेन से चले आइए। मैं चारबाग स्टेशन पर गाड़ी भेजवा दूँगा। आप जरा भी चिंता मत कीजिए। हमारे अतिथि बनकर रहेंगे तो हमें बहुत खुशी होगी। अच्छा नमस्कार।" इतना कहकर नेताजी ने फोन

का रिसीवर रख दिया। वे अखिलेश की तरफ मुखातिब हुए और बोले कि कल सुबह कर्नल साहब सपरिवार लखनऊ आ रहे हैं। उनके स्वागत में कोई भी कमी नहीं होनी चाहिए। वे हमारे मेहमान बनकर रहेंगे।

ये कर्नल साहब और कोई नहीं डिंपल के पिता एस.सी. रावत थे। नेताजी के रक्षा मंत्री होने की वजह से कर्नल रावत उनके संपर्क में आ गए थे। जब नेताजी का कर्नल रावत से रिश्ता बना तब तक दोनों अखिलेश यादव और डिंपलजी के प्रेम संबंधों से अनजान थे। लेकिन दोनों में गहरे रिश्ते बन गए थे। लेकिन अब हालात बदल चुके थे। अब तक दोनों परिवारों को अखिलेश यादव और डिंपलजी के रिश्तों का पता चल गया था। लेकिन रिश्तों की मर्यादा भी बनाए रखनी थी। नेताजी तय कर चुके थे कि अखिलेश यादव और डिंपलजी की शादी होगी। लेकिन बात कैसे शुरू हो यह वक्त की बात रह गई थी। खैर अगले दिन कर्नल एस.सी. रावत, उनकी पत्नी और बच्चों का लखनऊ में गर्मजोशी से स्वागत हुआ। नेताजी ने अखिलेश यादव को कर्नल रावत को रिसीव करने स्टेशन भेजा था। जब सभी लोग घर पहुँचे तो नेताजी स्वयं दरवाजे पर इंतजार कर रहे थे। उन्होंने कर्नल साहब को बाँहों में भर लिया। दोपहर के खाने पर सभी लोग जुटे। बातचीत का दौर शुरू हुआ। नेताजी ने कर्नल साहब से हाल-चाल पूछा। नेताजी का अपनत्व पाकर कर्नल रावत ने नेताजी के सामने बेटी की शादी की चिंता बताई। यह अच्छा मौका था, नेताजी कर्नल रावत की इज्जत रखना चाहते थे। नेताजी ने बड़प्पन दिखाते हुए कहा, ''आप बेटी की शादी और मैं बेटे की शादी के लिए चिंतित हूँ। आपकी इजाजत हो तो क्यों न हम दोनों समधी बन जाएँ।'' यह बात कहते हुए नेताजी इतने भावुक हुए कि एक-दूसरे के हाथ खुद-ब-खुद जुड़ गए। दोनों तरफ से रजामंदी हुई। नेताजी ने कहा कि मुझे टीपू की शादी में कुछ नहीं चाहिए। मैं और टीपू दोनों दहेज के खिलाफ हैं। आप लड़की को बस एक साड़ी देकर विदा कर दीजिएगा। नेताजी ने कर्नल साहब को अपनी शपथ के बारे में बताया। दरअसल डॉ. लोहिया ने नेताजी को शपथ दिलाई थी कि वे अंतरजातीय विवाह को बढ़ावा देंगे और शादी में दहेज का विरोध करेंगे। डॉ. राममनोहर लोहिया ने जब नेताजी को ये शपथ दिलाई थी तब नेताजी की शादी हो चुकी थी। उन्होंने उसी वक्त तय कर लिया था कि बच्चों की शादी करते समय जाति और दहेज की परंपरा तोड़कर समाज के सामने डॉ. लोहिया की नीतियों और सिद्धांतों का आदर्श पेश करेंगे। चौधरी चरण सिंह भी अंतरजातीय विवाह के समर्थक थे। नेताजी ने डॉ. लोहिया और चौधरी चरण सिंह के आदर्शों का पूरा मान रखा और बेटे अखिलेश यादव की शादी में एक पैसा भी दहेज नहीं लिया।

नेताजी की बात सुनकर कर्नल साहब भावुक हो गए। नेताजी और कर्नल साहब ने रिश्ते की बात पक्की कर ली। नेताजी ने उसी वक्त निजी सचिव जगजीवन राम को

बुलाया और बताया कि अखिलेश और डिंपल की शादी तय कर दी है। उन्होंने जगजीवन राम को फौरन फोन कर शिवपाल सिंह यादव को पत्नी और बच्चों को लेकर घर आने को कहा। सैफई से लोगों को लखनऊ पहुँचने में वक्त लगता, इसलिए वहाँ से किसी को नहीं बुलाया गया। उसी दिन शाम को एक छोटा सा कार्यक्रम आयोजित किया गया, जिसमें अखिलेश यादव और डिंपलजी ने एक-दूसरे को अँगूठी पहनाई। परिवार से बाहर इस कार्यक्रम के बारे में किसी को कोई भनक नहीं लगी। उसी दिन कर्नल रावत सपरिवार बरेली लौट गए। नेताजी ने उन्हें एक दिन और रुकने को कहा, लेकिन कर्नल साहब ने यह कहकर रुकने से मना कर दिया कि बेटी की ससुराल में रुकना सही नहीं होगा। दोनों ने तय किया कि अगले तीन-चार महीने में अखिलेश-डिंपल की शादी कर देंगे। कर्नल साहब और उनकी धर्मपत्नी बच्चों को लेकर आए तो थे लखनऊ घूमने, लेकिन अब बेटी की सगाई कर लौट रहे थे। मीडिया को इसकी भनक तक नहीं लगी। हालाँकि कुछ दिन बाद खबर छन-छनकर बाहर आने लगी। पत्रकारों ने बरेली और लखनऊ से खबर की सत्यता जाँचने की कोशिश की। एक पत्रकार ने सीधे नेताजी को फोन कर अखिलेश की सगाई की खबर की पुष्टि करने की कोशिश की। लेकिन नेताजी ने न तो खबर की पुष्टि की और न ही खंडन किया। उलटा उन्होंने सवाल पूछ लिया कि क्या वह अपने बेटे की शादी कहीं तय नहीं कर सकते हैं ? हालाँकि नेताजी ने बाद में बेटे की शादी तय होने के संकेत दे दिए थे। यह खबर हवा की तेजी से फैल गई। अखबारों के पन्ने अखिलेश यादव-डिंपलजी की सगाई की खबर से रँग गए। लखनऊ और दिल्ली से फोटोग्राफर डिंपलजी की फोटो खींचने बरेली पहुँच चुके थे। कर्नल साहब का परिवार अचानक सुर्खियों में आ गया। हालाँकि अखबारों में लगातार खबर छपने से कर्नल साहब का परिवार थोड़ा परेशान हो गया। इस परिवार को सुर्खियों में रहने की कोई आदत नहीं थी। खैर सगाई के महीने भर बाद नेताजी परिवार के कुछ सदस्यों के साथ कर्नल साहब के घर बरेली गए। वहाँ पूरे परिवार का भव्य स्वागत हुआ। नेताजी पहली बार समधी के घर आए थे। दोनों परिवारों ने बैठकर शादी की तारीख तय कर दी। इसी के साथ यह भी तय किया गया कि विवाह का कार्यक्रम सैफई में होगा। हालाँकि कर्नल साहब चाहते थे कि शादी का कार्यक्रम बरेली में हो। लेकिन विवाह समारोह में देश-विदेश के तमाम वी.वी.आई.पी. लोगों के आने और उनकी सुरक्षा के तामझाम के मद्देनजर अंततः उन्होंने भी सैफई में ही शादी के लिए हामी भर दी। दोनों पक्ष शादी की तैयारियों में जुट गए। लंबे प्रेम संबंध के बाद 24 नवंबर, 1999 को अखिलेश यादव और डिंपलजी शादी के पवित्र बंधन में बँध गए। उस वक्त अखिलेश यादव 25 साल के थे और डिंपलजी 21 साल की। दोनों ने एक-दूसरे के गले में वरमाला डाली। अग्नि को साक्षी मानकर सात फेरे लिये। अखिलेशजी ने डिंपलजी की माँग में सिंदूर और गले

में मंगल-सूत्र पहना दिया। दोनों जन्म-जन्मांतर के लिए एक-दूसरे के हो गए। अमूमन विवाह समारोह शाम को होता है, लेकिन यह शादी दिन में हुई। शादी का कार्यक्रम सुबह 8 बजे से शुरू हो गया था। इसकी एक वजह यह बताई जाती है कि 50 हजार से भी ज्यादा वी.वी.आई.पी. को इस समारोह में शामिल होना था। मेहमानों की भीड़ को देखते हुए यह फैसला लिया गया था। उस दिन सैफई में भारी भीड़ थी। मेहमान बारी-बारी से आकर वर-वधू को आशीर्वाद दे रहे थे।

शादी समारोह में पूरा परिवार और करीबी दोस्त मौजूद थे। सैफई में देश के जाने-माने उद्योगपति, राजनीतिक हस्तियाँ, फिल्मी सितारों और वी.वी.आई.पी. का मेला लगा था। अखिलेशजी की जिंदगी में पहला बड़ा मोड़ आया था। वे थोड़े घबराए हुए थे। पहली बार उनका सामना कैमरे और सियासत की चकाचौंध से हुआ था। पुणे में जन्मी कर्नल एस.सी. रावत की बेटी डिंपल गुलाबी रंग के लिबास में खूब जच रही थीं। डिंपलजी के चेहरे पर भी थोड़ी सी घबराहट थी। इस शादी के खास मेहमान थे देश के तीन पूर्व और एक तत्कालीन प्रधानमंत्री। जिस समारोह में देश के तीन पूर्व और एक वर्तमान प्रधानमंत्री पहुँच जाए, उसमें चार चाँद तो लगना ही था। तत्कालीन प्रधानमंत्री अटल बिहारी वाजपेयी, पूर्व प्रधानमंत्री नरसिम्हा राव, पूर्व प्रधानमंत्री वी.पी. सिंह और पूर्व प्रधानमंत्री चंद्रशेखर शादी समारोह में मौजूद थे। साथ ही इस शादी के पाँच साल बाद देश के प्रधानमंत्री का दायित्व सँभालने वाले मनमोहन सिंह भी समारोह में मौजूद थे। अटलजी प्रधानमंत्री थे। लेकिन शादी में वे बिल्कुल आम इनसान की तरह माहौल में घुल-मिल गए। उन्होंने नवदंपति को आशीर्वाद दिया। बेनी प्रसाद वर्मा, पूर्व मुख्यमंत्री कल्याण सिंह, पूर्व उप प्रधानमंत्री देवी लाल, कॉमरेड हरकिशन सिंह सुरजीत, पूर्व लोकसभा अध्यक्ष पी.ए. संगमा, कांग्रेस के बड़े नेता और ग्वालियर राजघराने के राजा माधव राव सिंधिया, बी.जे.पी. के कद्दावर नेता प्रमोद महाजन जैसी हस्तियाँ इस शादी में शामिल थीं। राजनीतिक हस्तियों में सबसे युवा मेहमान के तौर पर वरुण गांधी भी महफिल में चार चाँद लगाने पहुँचे थे। नेताजी मेहमानों को सँभालते नजर आ रहे थे। बेटे के सिर पर सेहरा सजा देखकर नेताजी का सीना खुशी से चौड़ा हो गया। धूम-धड़ाके के बीच सैफई गाँव में शादी संपन्न हो गई। शादी के तीन दिन बाद रिसेप्शन की बारी आई। लखनऊ में सहारा शहर में रिसेप्शन का आयोजन हुआ। 27 नवंबर, 1999 को हुए रिसेप्शन में महानायक अमिताभ बच्चन अपनी पत्नी जया बच्चन के साथ पहुँचे। महानायक भी इस मौके पर झूमते नजर आए। उन्होंने स्टेज पर खुद माइक सँभाल लिया। समारोह में मौजूद हर शख्स सदी के महानायक से एक बार हाथ मिलाना चाहता था।

अखिलेश यादव बेहद ही संवेदनशील और पारिवारिक मूल्यों वाले व्यक्ति हैं। पत्नी और बच्चों से गजब का प्रेम और स्नेह रखते हैं। व्यस्त दिनचर्या से जब भी वक्त मिलता है, परिवार के साथ बिताते हैं। बच्चों से उनके दोस्ताना रिश्ते हैं। कई बार बच्चों के हठ के आगे उन्हें झुकना पड़ता है। एक बार बेटी के स्कूल से किसी कार्यक्रम में शामिल होने का बुलावा आया। बड़ी बेटी ने कहा कि पापा आपको मेरे स्कूल चलना पड़ेगा। उन्होंने बेटी से वादा किया कि वह जरूर स्कूल आएँगे। लेकिन बेटी ने पिता के सामने एक कड़ी शर्त रख दी। उसने कहा कि पापा आपको आना तो पड़ेगा लेकिन आप स्कूल में कुरता-पायजामा पहनकर मत आना। नहीं तो मेरे दोस्त मुझे चिढ़ाएँगे। किसी के पापा आपकी तरह कपड़ा पहनकर नहीं आते। बेटी की शर्त पर अखिलेश यादव मुसकराने लगे। बेटी की बात मानकर वे टी शर्ट-जींस में स्कूल गए। खेल के अलावा शायद ही लोगों ने अखिलेश यादव को ऐसी ड्रेस में देखा हो, लेकिन बेटी की जिद के आगे पिता को झुकना पड़ा। ये बच्चों के प्रति उनका अगाध प्रेम है। पत्नी डिंपल यादव परिवार और बच्चों का खूब ध्यान रखती हैं। परिवार में उनकी छवि सौम्य और आज्ञाकारी बहू की है। घर में बड़ों का स्नेह और छोटों का सम्मान उन्हें हासिल है। वे घर में रिश्तों को पूरा मान देती हैं। सबके प्रति अपनी जिम्मेदारी निबाहती हैं। साथ ही राजनीतिक जीवन में होने की वजह से लोकहित के मसले पर भी खूब सक्रिय रहती हैं। खासकर बच्चों, लड़कियों और महिलाओं से जुड़े मामलों में काफी दिलचस्पी लेती हैं। वक्त-वक्त पर वे खुद भी अखिलेश यादव को सुझाव देती हैं। अखिलेश यादव के मुख्यमंत्री बनने के बाद राज्य में महिला और बाल कल्याण से जुड़ी कुछ योजनाएँ बड़े जोर-शोर से शुरू हुईं। इसमें डिंपल यादव की सक्रिय भूमिका रही है। इसकी झलक उनके संसद् में दिए अपने पहले और सबसे लंबे भाषण में भी देखने को मिली थी। महिलाओं को आर्थिक रूप से आत्मनिर्भर बनाने के लिए अखिलेश सरकार ने राज्य में महिला कल्याण के लिए हर जिले में 'आशा ज्योति' केंद्र खोलने की योजना शुरू की। डिंपल यादव का ही सुझाव था कि हर गाँव से कुपोषित बच्चों की एक सूची तैयार कर उनके स्वास्थ्य सुधार को प्राथमिकता दी जाए।

डिंपल यादव धारा प्रवाह अंग्रेजी बोलती हैं। लेकिन सिर पर पल्लू और चेहरे पर भोली सी मुसकान यह बताती है कि उन्हें पारिवारिक मर्यादाओं का बेहद लिहाज है। उनके हौंसले चट्टान की तरह मजबूत हैं। वे महिला अधिकारों की हिमायती हैं। पारिवारिक फिल्मों की आदर्श बहू सी नजर आने वाली डिंपल यादव न सिर्फ पारिवारिक मूल्यों और आदर्श में बँधे रहना जानती हैं, बल्कि विचारों के शालीन इजहार में भी यकीन करती हैं। अखिलेश यादव के सियासी सफर में डिंपल यादव की सोच और उनकी परिकल्पना की झलक भी दिखती है। वे उनकी असली ताकत हैं या यूँ कहें कि

ड्राइविंग फोर्स हैं। वे एक सियासतदाँ की पत्नी के साथ ही आदर्श माँ भी हैं। अखिलेश यादव-डिंपलजी के तीन बच्चे हैं—अदिति, अर्जुन और टीना। अर्जुन और टीना जुड़वा हैं। तीनों बच्चों के पालन-पोषण की व्यस्तता को उन्होंने कभी पति के सियासी सफर में बाधा नहीं बनने दिया।

हालाँकि अखिलेश यादव खुद भी परिवार का पूरा खयाल रखते हैं। मुख्यमंत्री बनने के बाद भी व्यस्तता के बीच वे पारिवारिक मूल्यों को नहीं भूले। वे समय निकालकर परिवार के साथ वक्त बिताते हैं। पिता से राजनीतिक चर्चा होती है तो बच्चों को भी पूरा वक्त देने की कोशिश करते हैं। मौका मिलने पर बच्चों के साथ खेलते हैं। उनके साथ वक्त बिताते हैं। वे नेताजी की ही तरह बच्चों की पढ़ाई का पूरा ध्यान रखते हैं। उनकी डायरी चेक करते हैं। स्कूल में चल रही गतिविधियों के बारे में पूछते हैं और कभी-कभी तो होमवर्क करने में बच्चों की मदद भी करते हैं।

बतौर मुख्यमंत्री अखिलेश यादव पूरे प्रदेश की सेवा करते हैं। बेटे के तौर पर पिता के प्रति फर्ज निभाते हैं। पार्टी अध्यक्ष के तौर पर कार्यकर्ताओं की चिंता करते हैं। पिता के तौर पर बच्चों का ध्यान रखते हैं। पति के तौर पर पत्नी डिंपल की जिम्मेदारियाँ निबाहते हैं। जिम्मेदारियों के निर्वहन में वे हमेशा ध्यान रखते हैं कि किसी तरह की कोई चूक न होने पाए। इस मायने में उनका व्यक्तित्व एक मुकम्मल व्यक्तित्व है।

□

अध्याय 7

राजनीति में प्रवेश

यह 1999 की सर्दियों का मौसम था। दिसंबर की कड़ाके की ठंड से देहरादून ठिठुर रहा था। पहाड़ की हड्डियाँ तक को सिहरा देने वाली गलन में भी बड़ी संख्या में प्रेमी और नवविवाहित जोड़े देहरादून में मौजूद थे। उन दिनों देहरादून नवविवाहित जोड़ों के हनीमून की पसंदीदा पर्यटन स्थल था। इन सर्दियों में पहाड़ों की ठंड प्यार के रिश्तों की गरमाहट और बढ़ा देती है। ऐसे ही रुमानी माहौल में एक नवविवाहित जोड़ा देहरादून के एक पॉश मार्केट में एक-दूसरे के हाथों में हाथ डाले घूम रहा था। युवक के चेहरे पर हमेशा की तरह मौजूद रहने वाली चिरपरिचित मुसकराहट थी। लड़की सादगी और सौम्यता की प्रतिमूर्ति थी। यह जोड़ा भविष्य के सपने बुन रहा था। वे इस बात से अनजान थे कि भविष्य में उत्तराखंड की राजधानी बनने जा रहे देहरादून में घूम रहे इस जोड़े की तकदीर का फैसला उत्तर प्रदेश की राजधानी लखनऊ में तय हो रहा था, या कहें कि तय हो चुका था। अचानक मितभाषी और हमेशा मुसकराते रहने वाले खुशमिजाज युवक के मोबाइल की घंटी बजी। फोन पर दूसरी तरफ भारतीय राजनीति के धुरंधर और कद्दावर नेता मुलायम सिंह यादव थे। उन्होंने एक लाइन में युवक को उसकी तकदीर का फैसला सुना दिया। धरतीपुत्र मुलायम सिंह यादव का फरमान था, ''घर लौट आओ। तुम्हें कन्नौज से लोकसभा का उपचुनाव लड़ना है।'' नेताजी ने जिस युवक को फोन पर फरमान दिया वह खुद अखिलेश यादव थे।

अचानक से आए इस फोन से अखिलेश यादव एकबारगी अचकचा गए। उन्हें समझ में नहीं आया कि अचानक यह क्या हो गया? पिछले महीने ही वे अपनी दोस्त डिंपल से शादी के बंधन में बँधे थे। अभी कॅरियर को लेकर कुछ तय नहीं किया था। आगे क्या करना है, इस पर अभी कुछ सोचा ही नहीं था। हालाँकि पर्यावरण में इंजीनियरिंग की डिग्री हासिल करने वाले अखिलेश यादव इस बात को लेकर एकदम मुतमईन थे कि

उन्हें समाज की बेहतरी के लिए, समाज में बदलाव के लिए कुछ करना है। बदलाव की यह राह सियासत से निकलेगी या किसी और जरिए से, यह अभी तय नहीं था। फिलहाल अखिलेश यादव उस वक्त कम-से-कम सियासत के बारे में तो नहीं ही सोच रहे थे। पिता, परिवार और पार्टी से भी ऐसा कोई संकेत नहीं था। बल्कि अखिलेश यादव और डिंपल देहरादून से लौटकर हनीमून के लिए कहीं बाहर जाने की योजना बना रहे थे। डिंपल को लेकर अखिलेश यादव लंदन या सिडनी जाना चाहते थे। लेकिन इस सबके बीच पिता का फरमान अचानक आया था। अखिलेश यादव को पहले तो कुछ समझ में नहीं आया। लेकिन पिता का आदेश था और अखिलेश यादव ने आज तक कभी भी पिता की कोई बात टाली नहीं थी। उनके लिए पिता का हर आदेश अकाट्य है। लोग यूँ ही अखिलेश यादव को आदर्श बेटा नहीं कहते हैं। घरवाले और अखिलेश यादव के टीचर बताते हैं कि वे बचपन से ही ऐसे थे। वे हमेशा से पिता के आज्ञाकारी बेटे रहे हैं। नेताजी भले ही सियासी मशरूफियत की वजह से बेटे को ज्यादा वक्त न दे पाए हों, लेकिन पिता-बेटे में आदर, सम्मान और मोहब्बत का जबरदस्त रिश्ता है।

पिता के फरमान का पालन करते हुए अखिलेश यादव देहरादून से सैफई के लिए रवाना हो गए। दिसंबर की उस शाम आए एक फोन कॉल ने उनकी जिंदगी की दिशा तय कर दी। बेटे ने पिता का फैसला माना और नवविवाहिता पत्नी ने पति का साथ दिया। बेटे की तकदीर का फैसला नेताजी ने पार्टी के आला नेताओं से मंथन करने के बाद सुनाया था, लेकिन नेताजी और पार्टी पर फैसला लेने का भारी दबाव कन्नौज की उस जनता का था, जो चाहती थी कि उनके संसदीय क्षेत्र की अगुवाई नेताजी के परिवार से ही कोई करे। 1999 के लोकसभा चुनाव में नेताजी संभल और कन्नौज दो लोकसभा सीटों से चुनाव लड़े थे। चुनाव के दौरान नेताजी ने कहा था कि जिस संसदीय क्षेत्र से उनको कम वोट मिलेंगे, चुनाव जीतने के बाद वे वहाँ की सीट छोड़ देंगे। कन्नौज में उनकी जीत का अंतर संभल से कम था। लिहाजा उन्होंने कन्नौज सीट छोड़ने का फैसला कर लिया। नेताजी के सीट छोड़ने के बाद कन्नौज की सीट के कई दावेदार दिखने लगे। उपचुनाव में पार्टी के बिखरने का खतरा हो गया। टिकट न मिलने की दशा में कुछ दावेदारों के भितरघात की भी आशंका थी। पार्टी में मंथन चल ही रहा था कि कन्नौज से किसे उम्मीदवार बनाया जाए, जिसके नाम पर सभी कार्यकर्ता एकजुट रहें। अभी यह चर्चा शुरू ही हुई थी कि कन्नौज में एक-दूसरी ही हवा चल पड़ी। कन्नौज की जनता ने नेताजी के सामने माँग रख दी कि वे परिवार के किसी सदस्य को चुनावी दंगल में उतारें, यह फैसला पार्टी और कन्नौज दोनों के हित में होगा। अगर नेताजी परिवार से इतर किसी और को मौका देते हैं तो यह सीट समाजवादी पार्टी के खाते में आनी मुश्किल है। इन सबके बीच सीधे-सीधे अखिलेश को उम्मीदवार बनाने की माँग उठने लगी। वंशवाद

की राजनीति के धुर विरोधी लोहिया के चेले नेताजी के लिए यह मुश्किल घड़ी थी। वे कशमकश में थे। दरअसल वे बेटे को राजनीति में लाना नहीं चाहते थे। नेताजी के करीबी सहयोगी उनसे कई बार बेटे को राजनीति में लाने के लिए कह चुके थे। लेकिन नेताजी हमेशा उन्हें यह कहकर चुप करा देते कि अखिलेश यादव को राजनीति में नहीं आना चाहिए। उसे कुछ और काम करना चाहिए। लेकिन अब सुझाव पार्टी नेताओं का नहीं था, बल्कि दबाव उस जनता का था जो नेताओं और पार्टियों को बनाती बिगाड़ती है। जब कन्नौज के कार्यकर्ताओं का दबाव बहुत बढ़ गया तब समाजवादी पार्टी को अखिलेश यादव को उम्मीदवार बनाने का फैसला लेना पड़ा। लोकतंत्र की सबसे बड़ी ताकत जनता के इस फैसले को नेताजी को भी मंजूर करना पड़ा।

खैर, फैसला हो चुका था। कन्नौज सीट से अखिलेश यादव समाजवादी पार्टी के उम्मीदवार बन गए थे। अखिलेश यादव की उम्मीदवारी का ऐलान होते ही नेताजी और समाजवादी पार्टी पर चौतरफा हमले शुरू हो गए। यह कहा जाने लगा कि लोहिया के शिष्य नेताजी ने बेटे को उम्मीदवार बनाने के लिए समाजवाद की विचारधारा को ताक पर रख दिया। लोहिया राजनीति में वंशवाद के घोर विरोधी थे। अब लोहिया के उसी चेले ने अपके युवा बेटे को कन्नौज से उम्मीदवार बना दिया। लोहिया के विचारों के विपरीत नेताजी ने वंशवाद को बढ़ावा दिया। मजे की बात यह थी कि जिस कन्नौज लोकसभा सीट से अखिलेश यादव को उम्मीदवार बनाने पर नेताजी पर सवाल उठ रहे थे, उसी संसदीय सीट से जीतकर सन् 1967 में डॉ. राममनोहर लोहिया संसद् पहुँचे थे। लोहिया के बाद उनके शिष्य नेताजी ने भी 1999 में कन्नौज लोकसभा सीट से जीत दर्ज की। कन्नौज समाजवादियों का पुराना गढ़ रहा है और कन्नौज में समाजवाद का परचम लहराने वाले समाजवादियों ने ही अखिलेश यादव को उम्मीदवार बनाने की माँग की थी। यानी अखिलेश यादव दूसरे नेतापुत्रों की तरह ऊपर से थोपे गए उम्मीदवार नहीं थे, बल्कि उन्हें उम्मीदवार बनाने की माँग जनता के बीच से आई थी। लेकिन उनकी उम्मीदवारी का ऐलान होते ही विपक्ष और मीडिया को एक मौका मिल गया था।

अखिलेश यादव की उम्मीदवारी का ऐलान होते ही कन्नौज संसदीय क्षेत्र मीडिया की नजरों में हाईप्रोफाइल सीट बन गई थी। उप चुनाव के बावजूद कन्नौज में देसी-विदेशी मीडिया की आदमरफ्त शुरू हो गई थी। इधर समाजवादी पार्टी में अखिलेश यादव का नामांकन दाखिल कराने की तैयारी हो रही थी। लेकिन समस्या यह थी कि अखिलेश यादव का पर्चा दाखिल कराने साथ कौन जाएगा। विपक्ष के साथ-साथ मीडिया को भी समाजवादी पार्टी और नेताजी से उनकी वंशवादी राजनीति पर जवाब चाहिए था। हालाँकि पार्टी के आला नेताओं को इसका इल्म था कि जब अखिलेश यादव को उम्मीदवार बनाया जाएगा तो ऐसे सवाल जरूर उठेंगे। लेकिन जैसा कि पहले जिक्र

किया जा चुका है कि कन्नौज में परिवार के किसी सदस्य को उम्मीदवार बनाने के अलावा नेताजी के पास दूसरा विकल्प नहीं था। किसी दूसरे नाम पर पार्टी कार्यकर्ता राजी ही नहीं थे। आखिरकार काफी सोच-विचार के बाद पार्टी के आला नेताओं की बैठक में यह तय हुआ कि अखिलेश का नामांकन कराने छोटे लोहिया यानी जनेश्वर मिश्र खुद जाएँगे। जनेश्वर मिश्र हमेशा से अखिलेश यादव को बहुत पसंद करते थे। खुद जनेश्वर मिश्र चाहते थे कि अखिलेश यादव जैसे पढ़े-लिखे युवाओं को राजनीति में आना चाहिए। अखिलेश यादव के स्कूली दिनों में ही जनेश्वर मिश्र ने उन्हें राजनीति में आने के लिए प्रेरित किया था। यह किस्सा कुछ यूँ है कि स्कूल की छुट्टियों में अखिलेश यादव घर आए थे। एक दिन जनेश्वर मिश्र घर आए। नेताजी ने जनेश्वर मिश्र से बेटे को मिलवाया। पिता के दूसरे दोस्तों की तरह अखिलेश यादव ने जनेश्वर मिश्र का पैर छूकर प्रणाम किया। जनेश्वरजी ने अखिलेश यादव की पीठ पर प्यार से एक धौल जमाते हुए पूछा कि राजनीति में आओगे। तब छात्र अखिलेश यादव सियासत का ककहरा भी नहीं जानते थे। बिना कोई जवाब दिए वे जनेश्वरजी का चेहरा देखने लगे। तब छोटे लोहिया ने कहा, ''तुम राजनीति में आना। राजनीति अच्छी चीज है और इसे अच्छे लोगों की जरूरत है।'' बात आई और गई हो गई।

किस्मत का खेल देखिए, वही जनेश्वर मिश्र जिन्होंने कभी 12-15 साल के अखिलेश यादव को सियासत में आने की सलाह दी थी, खुद युवा अखिलेश की सियासी पारी की शुरुआत कराने जा रहे थे। मुलायम सिंह ने हर बार की तरह एक बार फिर अखिलेश यादव को सबसे बेहतरीन हाथों में सौंपा था। तय दिन पर जनेश्वर मिश्र के साथ अखिलेश यादव कन्नौज कलेक्ट्रेट नामांकन के लिए पहुँचे। वे नई क्वालिस गाड़ी में जनेश्वरजी के साथ बैठे थे। कलेक्ट्रेट परिसर के बाहर समाजवादी पार्टी के कार्यकर्ताओं का हुजूम था। हर तरफ सिर्फ समाजवादी पार्टी के झंडे दिख रहे थे। जनवरी की ठंड में भी कन्नौज का सियासी पारा पूरी तरह से तप रहा था। अखिलेश यादव का नामांकन मीडिया के लिए भी बड़ा मौका था। वंशवाद जैसे चुभते सवाल तैयार थे। सियासत में अखिलेश यादव का यह पहला कदम था। उनके मन में मिले-जुले भाव थे। ये भाव ऐसे थे जिन्हें समझ पाना मुश्किल था। ये कुछ-कुछ उत्साह और बेचैनी के मिले जुले भाव थे। चेहरे पर हमेशा रहने वाली मुसकान आज गायब थी। इस माहौल को हलका करने के लिए जनेश्वर मिश्र ने अखिलेश यादव से कहा कि तुम नए नेता हो और तुम्हारी गाड़ी भी नई दिखाई दे रही है। जनेश्वरजी की इस बात पर अखिलेश यादव के चेहरे पर उनकी चिर-परिचित मुस्कान तैर गई।

खैर भारी भीड़ के बीच अखिलेश यादव ने कन्नौज सीट से परचा दाखिल किया। परचा दाखिल कराने के बाद जनेश्वर मिश्र के साथ वे बाहर निकले। मीडिया कई

दिनों से इसी वक्त के इंतजार में था। उसे अपने सवालों के जवाब चाहिए थे। सामने अखिलेश यादव और छोटे लोहिया कहे जाने वाले जनेश्वर मिश्र थे। देश-विदेश का मीडिया इस वक्त कन्नौज में मौजूद थे। मीडियाकर्मियों ने जनेश्वर मिश्र और अखिलेश यादव को घेर लिया। तरह-तरह के सवाल उछलने लगे। सबका लब्बोलुआब एक ही था कि समाजवादी हमेशा से परिवारवाद के खिलाफ लड़ते रहे हैं और अब वही परिवारवाद को बढ़ावा दे रहे हैं। अखिलेश यादव राजनीति में नए थे। उनकी समझ में ही नहीं आया कि इसका क्या जवाब दें। जनेश्वरजी ने धैर्य से मीडिया के सवालों को सुना। उन्होंने चिर-परिचित और धीर-गंभीर आवाज में इस सवाल का सटीक जवाब दिया। उन्होंने कहा, ''यह सत्ता का परिवारवाद नहीं है यह संघर्ष का परिवारवाद है।'' समाजवादी पार्टी पर परिवारवाद और वंशवाद के आरोपों पर जनेश्वर मिश्र का यह क्लासिक जवाब था। उन्होंने समाजवादी पार्टी और नेताजी पर उठ रहे सवालों का सिर्फ एक लाइन में सटीक जवाब दे दिया था। उसके बाद जब कभी भी समाजवादी पार्टी पर परिवारवाद को लेकर आरोप उठे, अखिलेश यादव समेत पूरी पार्टी का यही जवाब होता है। सियासत में उतरने के बाद अखिलेश यादव ने जनेश्वरजी की बात को अक्षरशः सही साबित करके दिखाया। आगे के अध्यायों में हम विस्तार से चर्चा करेंगे कि कैसे अखिलेश यादव ने सियासत के संघर्ष की राह में खुद को खरा समाजवादी और लोहियावादी साबित करके दिखाया।

खैर नामांकन दाखिल होने के साथ अखिलेश की सियासी पारी की औपचारिक शुरुआत हो गई। 27 साल के युवा अखिलेश यादव ने फैशनेबल कपड़े उतार डाले। खादी ऐसी उनके शरीर पर चढ़ी कि एकाध मौकों को छोड़ दें तो अब वे शायद ही सार्वजनिक समारोह में कभी बिना खादी के दिखते हों। खादी का कुरता-पायजामा, उसके ऊपर काली जैकेट और पैर में चमड़े के काले जूते। ये अखिलेश यादव की पावर ड्रेसिंग का ट्रेड मार्क है। वे हमेशा आठ सूत के खादी के कपड़े ही पहनते हैं। ये शुद्ध खादी होती है। अब तो ज्यादातर युवा समाजवादी पहनावे में हू-ब-हू अपने नेता के नक्शे कदम पर चलते हैं। खैर फिर से वापस आपको साल 2000 के कन्नौज ले चलते हैं। अखिलेश यादव ने जब अपने नए रूप के साथ साल 2000 में सूबे की सियासत में पहला कदम रखा, यहाँ उस वक्त के सियासी हालात के बारे में जानना भी मौजूँ होगा। अगर यह कहें कि सूबे की सियासत में उस वक्त संक्रमण काल चल रहा था, तो गलत नहीं होगा। राज्य में बी.जे.पी. की सरकार थी। कल्याण सिंह को हटाकर अनजान से बी.जे.पी. नेता रामप्रकाश गुप्ता प्रदेश के मुख्यमंत्री बना दिए गए थे। 1998 में कांग्रेस से टूटकर बनी पार्टी लोकतांत्रिक कांग्रेस बी.जे.पी. सरकार की सहयोगी पार्टी थी। अब समाजवादी पार्टी के नेता नरेश अग्रवाल तब लोकतांत्रिक कांग्रेस के नेता हुआ करते थे।

देश भर में हिंदू हृदय सम्राट के तौर पर मशहूर कल्याण सिंह की बी.जे.पी. से विदाई हो चुकी थी। कल्याण सिंह ने राष्ट्रीय क्रांति पार्टी के नाम से नया दल बना लिया था। उनके साथी और साधु से नेता बने साक्षी महाराज ने उपचुनाव से कुछ वक्त पहले ही कल्याण सिंह का साथ छोड़ दिया था। साक्षी महाराज अब मुलायम सिंह के साथ खड़े थे। कल्याण सिंह की तरह साक्षी महाराज भी लोध जाति से आते हैं। सियासत के इस संक्रमण काल में भी विपक्ष ने अखिलेश यादव को रोकने के लिए पूरी ताकत लगा दी। बी.एस.पी. ने कद्दावर नेता अकबर अहमद डंपी को उम्मीदवार बनाया। बी.जे.पी. ने सहयोगी पार्टी लोकतांत्रिक कांग्रेस की प्रतिमा चतुर्वेदी को समर्थन दिया। कल्याण सिंह ने लोध उम्मीदवार को उतारा था।

सियासत के युवा खिलाड़ी अखिलेश यादव ने चुनाव प्रचार शुरू किया। समाजवादी परिवार में जनमे अखिलेश यादव समाजवाद और लोहिया के विचारों से अच्छी तरह से परिचित थे। लेकिन ये जनेश्वर मिश्र ही थे जिन्होंने अखिलेश यादव को चुनावी सियासत के बारे में सिखाया और समझाया। स्कूल के दिनों से ही अखिलेश यादव कम बोलते थे। उत्तर प्रदेश के ताकतवर सियासी परिवार से होने के बावजूद उनमें किसी तरह का गुमान नहीं था। उनके चेहरे पर हर वक्त चिरपरिचित मुसकराहट रहती थी। जनेश्वर मिश्र ने उन्हें समझाया कि कैसे अपने इन गुणों की बदौलत उन्हें जनता का भरोसा जीतना है। जनेश्वरजी ने उन्हें बताया कि कैसे छोटे-छोटे भाषण देने हैं। बड़ी-बड़ी सभाओं की बजाय छोटी-छोटी सभाओं को संबोधित करना है। इस मार्गदर्शन का असर अखिलेश यादव के चुनाव प्रचार में दिखा।

कन्नौज अखिलेश यादव के गृह जनपद इटावा से सटी लोकसभा सीट थी। उन्होंने सैफई रहकर ही कन्नौज का चुनाव लड़ा। वे हर सुबह प्रचार के लिए निकल जाते। उनके साथ समर्थकों की लंबी-चौड़ी फौज नहीं होती थी। कुछ स्थानीय लोगों के अलावा उनके साथ ज्यादातर युवा होते। मृदुभाषी अखिलेश यादव चुनाव प्रचार में लंबे-लंबे भाषण नहीं देते थे न ही वे बड़ी-बड़ी सभाएँ करते थे। वे दिन भर कई छोटी-छोटी नुक्कड़ सभाएँ संबोधित करते। हद से हद कुछ लाइनों में लोगों से संवाद करते और खुद को वोट देने की अपील करते। उनका सारा प्रचार सीधे जनता से संवाद पर चल रहा था। वे गाँव-गाँव घूम रहे थे। कस्बों में जा रहे थे। वे लोगों के घर जाते। उनसे हाल-चाल पूछते। युवाओं से हाथ मिलाते। बड़े बुजुर्गों का आशीर्वाद लेते। किसी भी घर से कुछ भी माँगकर खा लेते। लोगों से स्थानीय बोली में बात करते। 27 साल के अखिलेश की ये चुनावी रणनीति काम कर रही थी। लोगों को अखिलेश यादव अपने बीच का ही लड़का लगता था। और हाँ, अखिलेश यादव लोहिया को नहीं भूलते। हर छोटी-बड़ी सभा में लोहिया का जिक्र जरूर करते। लेकिन इसके बावजूद कन्नौज का

चुनाव उनके और समाजवादी पार्टी दोनों के लिए मुश्किल चुनाव था। समाजवादियों के लिए इस सीट पर जीत प्रतिष्ठा का सवाल था। खुद नेताजी भी चुनाव प्रचार में उतर गए। नेताजी बड़ी-बड़ी सभाओं को संबोधित करते। इन सभाओं में वे अपने साथ अखिलेश यादव को भी ले जाते। नेताजी सभा में भाषण देते। भाषण के आखिर में वे जनता से अखिलेश यादव का परिचय कराते और समाजवादी पार्टी के लिए वोट माँगते। नेताजी अपने ऊपर लग रहे वंशवाद की राजनीति का भी करारा जवाब देते। वे कहते कि अगर मैंने मुख्यमंत्री रहते हुए अपने बेटे को मुख्यमंत्री बना दिया होता तब तो वंशवादी राजनीति का आरोप ठीक होता। लेकिन मैंने अपने बेटे को पायलट से सीधे प्रधानमंत्री नहीं बना दिया। बल्कि उसे मैंने संघर्षों की राह पर उतार दिया है। नेताजी खुद राजनीति के मझे हुए खिलाड़ी थे। वे जनता की नब्ज को समझते थे। कन्नौज वैसे भी समाजवादियों का पुराना गढ़ था।

नेताजी और समाजवादी पार्टी को निशाने पर रखे हुए विपक्ष ने भी कन्नौज में पूरी ताकत झोंक रखी थी। विरोधी उम्मीदवारों में बहुजन समाज पार्टी के अकबर अहमद डंपी सबसे आगे चल रहे थे। डंपी बाहुबली नेता थे। मायावती ने इस उप चुनाव को नाक का सवाल बना लिया था। बहुजन समाज पार्टी की तत्कालीन राष्ट्रीय उपाध्यक्ष मायावती किसी भी कीमत पर सियासी दुश्मन के बेटे को संसद् की चौखट लाँघने नहीं देना चाहती थीं। उन्हें भरोसा था कि डंपी ये काम आसानी से कर देंगे। बी.जे.पी. ने पिछले लोकसभा चुनाव की तरह इस बार भी कन्नौज सीट लोकतांत्रिक कांग्रेस को दे दी थी। लोकतांत्रिक कांग्रेस ने प्रतिमा चतुर्वेदी को मैदान में उतारा था। कन्नौज में लोकतांत्रिक कांग्रेस का कोई संगठन नहीं था। ऐसे में इसका सीधा फायदा बी.एस.पी. को होता दिख रहा था। कल्याण सिंह ने भी अखिलेश यादव की राह कठिन करने की पुरजोर कोशिश की। उन्होंने उस वक्त की अपनी पार्टी राष्ट्रीय क्रांति पार्टी से शैतान सिंह शाक्य को उम्मीदवार बनाया। कल्याण सिंह दो जातियों लोध और शाक्य के वोटों के सहारे अखिलेश यादव की राह मुश्किल करने में लगे थे। यह चुनाव 1999 के चुनाव से ज्यादा मुश्किल था। कन्नौज में अखिलेश यादव की राह आसान नहीं थी। सारी पार्टियाँ यहाँ अखिलेश यादव को नहीं बल्कि नेताजी के बेटे को हराने उतरी थीं। बी.एस.पी. के अकबर अहमद डंपी के मुकाबले बाकी विपक्ष ने कमजोर उम्मीदवार उतारे थे। उस वक्त सियासी विश्लेषकों का यही मत था कि विपक्ष ने मुलायम सिंह यादव के बेटे की राह रोकने के लिए पूरी तरह से कमर कस ली थी। बी.एस.पी. के अलावा बाकी विपक्ष ने जिस तरह से कमजोर उम्मीदवार उतारे थे उससे यह लगता है कि अखिलेश यादव को हराने के लिए अंदरखाने विपक्ष ने हाथ मिला लिये थे।

लेकिन विरोधियों की तमाम सियासी चालों के बीच कन्नौज की जनता में अखिलेश

यादव की लोकप्रियता बढ़ रही थी। अखिलेश यादव की सरलता से लोगों का भरोसा उन पर बढ़ रहा था। दूसरी तरफ युवाओं में भी उनकी लोकप्रियता बढ़ रही थी। अखिलेश यादव के रूप में युवाओं को नया नेता मिल गया था। पूरे सूबे के समाजवादी युवा नेता उनके प्रचार में आने लगे थे। 17 फरवरी, 2000 को सभी उम्मीदवारों की किस्मत ई.वी.एम. मशीनों में कैद हो गई थी। लेकिन मतदान की तारीख आते-आते सभी को यह अंदाजा हो गया था कि जीत की बाजी अखिलेश यादव के हाथ ही लगेगी। मीडिया रिपोर्ट्स में भी अखिलेश यादव की जीत के अनुमान लगाए जा रहे थे। आखिरकार 25 फरवरी को अखिलेश यादव की किस्मत का फैसला आ गया। वे अपनी जिंदगी का पहला चुनाव जीत गए। अखिलेश यादव को 3,06,054 वोट मिले, जबकि उनके निकटतम प्रतिद्वंद्वी अकबर अहमद डंपी को 2,47,329 वोट मिले। अखिलेश यादव 58,726 वोटों के अंतर से चुनाव जीत गए। हालाँकि 1999 में नेताजी इससे ज्यादा वोटों से पिछला चुनाव जीते थे। उन्हें 80 हजार वोट से जीत हासिल हुई थी। लेकिन पिछला चुनाव इतना मुश्किल नहीं था। भले ही आम चुनाव में नेताजी की जीत का अंतर ज्यादा था, लेकिन उप चुनाव में जीत का अंतर कम होने के बावजूद अखिलेश यादव को पिता से ज्यादा वोट मिले थे। खैर किसी पिता के लिए इससे बढ़कर खुशी क्या होगी कि उसका बेटा उससे भी आगे निकले।

संसदीय राजनीति के साथ अखिलेश यादव की सियासी पारी शुरू हो चुकी थी। उनका राजनीति में प्रवेश सही वक्त पर हुआ था। नेताजी की अगुवाई में समाजवादी पार्टी में एक से एक दिग्गज समाजवादी नेता थे। युवा सांसद अखिलेश यादव को दिल्ली में समाजवादी पार्टी के इन दिग्गजों का साथ मिला। राजनीति के युवा खिलाड़ी अखिलेश यादव नई सोच के नेता थे। इस युवा सोच को अब समाजवाद के धुरंधर नेताओं का साथ मिला। ऐसा नहीं था कि अखिलेश यादव समाजवाद से परिचित नहीं थे। उनका लालन-पालन और शिक्षा-दीक्षा जिस परिवेश में हुई उसमें वे समाजवाद और सियासत दोनों बचपन से देखते और समझते आए थे। यह अलग बात है कि वे सियासत में रुचि नहीं दिखाते थे। देश-विदेश में पढ़ाई से उनकी समझ और भी बड़ी और व्यापक बनी थी। एक और बात थी कि अखिलेश यादव हर वक्त नया सीखने को तत्पर थे। उन्होंने लोहिया को पढ़ा था। लेकिन सियासत के वास्तविक धरातल पर सियासी गुर उन्हें छोटे लोहिया यानी जनेश्वर मिश्र ने बताए। दिल्ली में उन्हें जनेश्वर मिश्र से मार्गदर्शन मिला। जनेश्वर मिश्र के साथ वे घंटों बातचीत करते। उनके सियासी अनुभवों को सुनते। धीरे-धीरे जनेश्वर मिश्र और दूसरे समाजवादी नेताओं की सोहबत में वे पूरी तरह से सियासत में रम गए। पार्टी के सम्मेलनों और बैठकों में शिरकत करने लगे। सम्मेलनों और बैठकों में वे आम कार्यकर्ताओं की तरह शामिल होते। हालाँकि

अब तक वे युवाओं के लोकप्रिय नेता बन चुके थे। उनके आगे-पीछे युवाओं का हुजूम रहता। लेकिन लोकप्रियता बढ़ने के साथ ही उनकी विनम्रता में कोई कमी नहीं आई। उनके सांसद बनने के बाद इलाहाबाद के झूंसी में आयोजित समाजवादी युवा प्रशिक्षण शिविर का एक वाकया याद आता है। कन्नौज उपचुनाव के साथ ही अखिलेश यादव ने समाजवादी पार्टी की तरफ बड़ी संख्या में युवाओं की आकर्षित किया था। उनके व्यक्तित्व और विनम्रता ने पहले ही दिन से युवाओं को अपना मुरीद बना लिया। झूंसी में हुए प्रशिक्षण शिविर में भी उनकी लोकप्रियता देखने को मिल रही थी। प्रशिक्षण शिविर का आयोजन उनके सांसद बनने के सात महीने बाद 8 से 12 सितंबर को हुआ। इतने कम वक्त में ही बड़ी संख्या में युवा उनसे जुड़ गए थे। प्रदेश के युवाओं को अखिलेश यादव में भविष्य का नेता दिखने लगा था। सम्मेलन स्थल में वे युवाओं से घिरे रहते थे। प्रशिक्षण शिविर के प्रवेश द्वार पर समाजवादी पार्टी के बड़े नेताओं के साथ उनके भी पोस्टर लगे थे। अब तक वे पार्टी में किसी पद पर नहीं थे। जब झूंसी में शिविर की शुरुआत हुई तो कुछ नेताओं ने उन्हें मंच पर बुलाया। लेकिन उन्होंने बहुत ही विनम्रता से मंच पर बैठने से मना कर दिया। पूरे शिविर के दौरान वे समाजवादी पार्टी के युवा कार्यकर्ताओं के साथ नीचे ही बैठते रहे। पूरे प्रशिक्षण शिविर के दौरान उन्होंने वरिष्ठ नेताओं की बातों को गौर से सुना। उनकी इस प्रतिबद्धता ने नेताओं और कार्यकर्ताओं दोनों को खासा प्रभावित किया।

अखिलेश यादव अब युवाओं की बदौलत पार्टी में युवा आंदोलन को धार देने में लग गए। ये आगे की लड़ाई की बड़ी तैयारी थी। आंदोलन, धरना-प्रदर्शन ये समाजवादियों की विशेषता रही है। नेताजी इन्हीं जुझारू प्रवृतियों की वजह से धरतीपुत्र कहलाए। नेताजी संभवतः देश के एकमात्र नेता हैं जिन्हें जनता ने प्यार से इस विशेषण से नवाजा। अब अखिलेश यादव पर समाजवाद के संघर्ष को आगे बढ़ाने की जिम्मेदारी थी। जिस तरह से युवा अखिलेश यादव के पीछे लामबंद हो रहे थे, उससे भविष्य की इबारत साफ पढ़ी जा सकती थी। युवा सांसद अखिलेश यादव अब संघर्ष के मैदान में उतर चुके थे। प्रदेश में बी.जे.पी. की सरकार थी। समाजवादी पार्टी ने बी.जे.पी. की जनविरोधी नीतियों के खिलाफ पूरे राज्य में आंदोलन छेड़ दिया। 4 अक्तूबर, 2001 से जेल भरो आंदोलन का सिलसिला शुरू हुआ। आंदोलन 21 अक्तूबर तक चला। इस आंदोलन को ऐतिहासिक सफलता मिली। अखिलेश यादव में पार्टी और सूबे का भविष्य देख रहे लाखों युवाओं ने गिरफ्तारी दी। पूरे सूबे में 65 लाख से अधिक समाजवादी पार्टी कार्यकर्ताओं ने गिरफ्तारी दी। पार्टी के राष्ट्रीय अध्यक्ष नेताजी मुलायम सिंह यादव समेत सभी वरिष्ठ नेता, सांसद, विधायक गिरफ्तार हुए। हालात ये हो गए कि प्रदेश के जेलों में जगह की कमी पड़ गई। सरकार के हाथ-पाँव फूल गए। अखिलेश यादव ने

हजारों कार्यकर्ताओं के साथ कन्नौज में गिरफ्तारी दी। समाजवादी पार्टी आंदोलन और संघर्षों की पार्टी रही है। ऐसे आंदोलनों से पार्टी को नई ऊर्जा मिलती है।

अखिलेश यादव अब समाजवादी पार्टी के युवा संगठनों की बैठक में हिस्सा लेने लगे थे। युवा साथियों को आंदोलन और संघर्ष के लिए प्रेरित करने लगे थे। 2001 के शुरुआत में ही लखनऊ में समाजवादी पार्टी के युवा संगठनों की बड़ी बैठक हुई। झूंसी सम्मेलन में कार्यकर्ताओं के बीच बैठने वाले अखिलेश यादव ने इस बार मंच सँभाला। उन्होंने पार्टी के युवा और छात्र संगठनों से प्रदेश की भाजपा सरकार के खिलाफ आंदोलन छेड़ने का आह्वान किया। फैसला हुआ कि मार्च में बड़े पैमाने पर युवा संगठन प्रदेश की सरकार के खिलाफ सड़क पर उतरेंगे। अखिलेश यादव ने युवाओं के दर्द को समझा। उस वक्त प्रदेश और केंद्र दोनों जगह बी.जे.पी. की सरकार थी। अटल बिहारी वाजपेयी से युवाओं का मोहभंग हो रहा था। बी.जे.पी. ने हर साल युवाओं को एक करोड़ नौकरियाँ देने का ऐलान किया था। लेकिन यह सिर्फ ऐलान बनकर ही रह गया था। युवा बेरोजगार था। युवा निराश था। युवा नाराज था। अखिलेश यादव ने इन मुद्दों को जोर-शोर से उठाना शुरू किया। उत्तर प्रदेश में भी बी.जे.पी. हर दिन बीतने के साथ कमजोर हो रही थी। कल्याण सिंह को बाहर का रास्ता दिखाने के बाद भी बी.जे.पी. में भितरघात के सियासी खेल चल रहे थे। केंद्रीय नेतृत्व ने रामप्रकाश गुप्ता को हटाकर राजनाथ सिंह को उत्तर प्रदेश की कमान सौंप दी थी। राजनाथ सिंह को अटल बिहारी वाजपेयी का पूरा आशीर्वाद था। लेकिन सूबे में राजनाथ सिंह ऐसे मुख्यमंत्री के तौर पर मशहूर हो रहे थे जो घोषणाएँ तो बहुत करते हैं, लेकिन उन्हें अमली जामा नहीं पहनाते। इन्हीं वजहों से वे 'घोषणानाथ' के तौर पर मशहूर हो रहे थे।

ऐसे हालात में अब राज्य के युवाओं को एकमात्र उम्मीद अखिलेश यादव में दिखाई पड़ रही थी। समाजवादी पार्टी का शीर्ष नेतृत्व भी इस जबरदस्त एहसास से दो-चार हो रहा था। अखिलेश यादव हालाँकि युवाओं के आंदोलन, सम्मेलन और बैठकों में अहम भूमिका में होते थे, लेकिन उन्हें औपचारिक तौर पर कोई जिम्मेदारी नहीं सौंपी गई थी। इसकी सबसे बड़ी वजह खुद नेताजी थे। पहली बात तो नेताजी इस आरोप से बचना चाहते थे कि वे बेटे को सियासत में बढ़ा रहे हैं। दूसरे वे चाहते थे कि पार्टी के लिए संघर्षों में पहले अखिलेश यादव खुद को साबित करें उसके बाद उन्हें जिम्मेदारी दी जाए। अखिलेश यादव भी समर्पित कार्यकर्ता की तरह समाजवादी पार्टी की नीतियों और आंदोलनों को आगे बढ़ाने में पुरजोर तरीके से जुटे थे। अखिलेश यादव जहाँ भी जाते उन्हें सुनने के लिए दूरदराज के इलाकों से युवा जुट जाते। 2001 के जून की तपते महीने में गोंडा में समाजवादी पार्टी का युवा सम्मेलन हुआ। इसमें बड़ी संख्या में युवा समाजवादी कार्यकर्ता जुटे। सम्मेलन में युवाओं की भीड़ देखकर अखिलेश यादव ने

ऐलान कर दिया कि इतनी बड़ी तादाद में युवाओं का सम्मेलन में हिस्सा लेना इसका सबूत है कि उत्तर प्रदेश में बदलाव की आँधी समाजवादी पार्टी के पक्ष में है।

उत्तर प्रदेश में चुनावों ने दस्तक दे दी थी। 2002 में विधानसभा के चुनाव होने थे। युवाओं में जिस तेजी से अखिलेश यादव की लोकप्रियता बढ़ रही थी ऐसे में उन्हें प्रचार का प्रमुख चेहरा बनाने की चर्चा शुरू हो गई। दिल्ली में पार्टी के आला नेताओं की एक बैठक में अखिलेश यादव को 'समाजवादी क्रांति रथ' की कमान देने के सुझाव आए। हालाँकि नेताजी और रामगोपाल यादव इसे लेकर थोड़ा हिचक रहे थे। लेकिन पार्टी के ज्यादातर नेता इसे लेकर एकमत थे। आखिरकार अखिलेश यादव को समाजवादी क्रांति रथ की कमान देने का फैसला हुआ। पहली बार अखिलेश यादव समाजवाद के सारथी की भूमिका में आ गए। उन्हें सारथी बनाने का फैसला सटीक साबित हुआ। अखिलेश यादव जहाँ-जहाँ क्रांति रथ लेकर जाते उनका जोरदार स्वागत होता। उनकी सभाओं में युवाओं की बड़ी भीड़ उमड़ रही थी। आगे के अध्याय में हम अखिलेश यादव के समाजवादी क्रांति रथ यात्रा के बारे में विस्तार से बताएँगे। लेकिन अभी यहाँ सिर्फ यह बताना जरूरी है कि समाजवाद के नए सारथी को युवाओं ने हाथोहाथ लिया और 2002 के विधानसभा चुनावों में समाजवादी पार्टी राज्य में सबसे बड़ी पार्टी बनकर उभरी। हालाँकि समाजवादी पार्टी बहुमत से बहुत दूर थी। पार्टी ने सरकार बनाने की कोशिशें शुरू कीं, लेकिन राज्य में अवसरवादी गठजोड़ की जीत हुई। सबसे बड़ी पार्टी को सरकार बनाने के लिए नहीं बुलाया गया। राज्य में खूब सियासी चालें चली गईं। आखिरकार बी.एस.पी. और बी.जे.पी. ने मिलकर सरकार बनाई। मायावती उत्तर प्रदेश की मुख्यमंत्री बन गईं। हालाँकि सरकार बनने के साथ ही यह तय हो गया था कि यह अवसरवादी गठजोड़ ज्यादा दिनों तक टिकेगा नहीं और हुआ भी वही। खैर इस गठजोड़ ने भले ही समाजवादी पार्टी को सत्ता से दूर कर दिया। लेकिन उत्तर प्रदेश में समाजवादी पार्टी की जीत में अखिलेश यादव की भूमिका ने पार्टी में एक बड़े बदलाव की पटकथा लिख दी।

□

अध्याय 8

युवा राजनीति और बदलाव

अखिलेश यादव समाजवादी राजनीति में बदलाव का एक झोंका बनकर आए थे। उनसे आकर्षित होकर बड़ी संख्या में युवा समाजवादी पार्टी से जुड़ रहे थे। जनसंघर्ष के मोरचों पर अखिलेश यादव ने युवाओं की अगुवाई का सराहनीय मुजाहिरा सियासी दिग्गजों के सामने पेश किया था। उन्होंने संसद् से लेकर सड़क पर संघर्ष में संगठन की बेहतरीन अगुवाई की थी। फौजी स्कूल की तालीम का असर उनकी समाजवादी सियासत में नजर आता था। हर संघर्ष में वे अग्रिम मोरचे पर डटे रहकर बेहतरीन सेनापति की तरह टीम की अगुवाई करते। सेनापति की तरह संगठन की ताकत का बेहतरीन इस्तेमाल करते। पार्टी के वरिष्ठ नेताओं को यह लगने लगा था कि अखिलेश को अब बड़ी जिम्मेदारी दी जाए। 2002 के अगस्त महीने की 3-4 तारीख को भोपाल में समाजवादी पार्टी का राष्ट्रीय अधिवेशन था। अधिवेशन में उन्हें पार्टी के चारों युवा संगठनों का राष्ट्रीय प्रभारी चुना गया। साथ ही युवा आंदोलनों का भी प्रभारी बनाया गया। यह भारतीय राजनीति में आंदोलनों के प्रभारी बनाने के चुनिंदा मामलों में एक है। इस फैसले के जरिए उन्हें युवा कार्यकर्ताओं के बूते सड़क पर संघर्ष की जिम्मेदारी औपचारिक तौर पर दे दी गई। हालाँकि कन्नौज उपचुनाव से युवाओं को जोड़ने का अखिलेश यादव सिलसिला जारी था।

अखिलेश यादव को नई जिम्मेदारी देने की जानकारी मीडिया को देने का फैसला हुआ तो नेताजी ने एक बार फिर से जनेश्वर मिश्र को यह जिम्मेदारी सौंपी। 4 अगस्त को भोपाल राष्ट्रीय अधिवेशन का आखिरी दिन था। शाम के वक्त अधिवेशन की अहम गतिविधियों, फैसलों और प्रस्ताव की जानकारी देने के लिए जनेश्वरजी खबरनवीसों से मुखातिब थे। इस संवाददाता सम्मेलन में मौजूद ज्यादातर पत्रकार मध्य प्रदेश के ताल्लुक रखते थे। उन्हें उत्तर प्रदेश की सियासत की जमीनी हकीकत और युवा सांसद अखिलेश

यादव के संघर्षों का अंदाजा शायद उस हद तक नहीं था। ऐसे में अखिलेश यादव की नियुक्ति पर कुछ सवाल उठे उससे पहले ही जनेश्वरजी ने कहा कि अखिलेश यादव को सत्ता के सिंहासन पर नहीं बैठाया गया है बल्कि युवाओं और आम लोगों की तकलीफों के मुद्दों को लेकर जन संघर्षों के मैदान में भेजा गया है। यह भारत के सबसे बड़े सूबे की सियासत में एक बड़े पीढ़ीगत बदलाव का बहुत बड़ा फैसला था। समाजवादी पार्टी में वरिष्ठ और दिग्गज समाजवादी नेताओं की भरमार थी। लेकिन पार्टी को ऐसे युवा नेता की जरूरत थी जो युवाओं की समाजवादी धारा को एक दिशा दे सके। अखिलेश यादव की नियुक्ति एक सोचा-समझा फैसला था और इतिहास गवाह बना कि वक्त ने इस फैसले को सही साबित किया।

समाजवादी पार्टी में यह बदलाव बिना किसी धूम-धड़ाके के हुआ। इसे मीडिया में ज्यादा सुर्खियाँ नहीं मिली। लेकिन अखिलेश यादव के राजनीति में प्रवेश के साथ ही दिनोदिन युवा होती समाजवादी पार्टी के लिए इस बदलाव के क्या मायने थे यह 11 अगस्त को लखनऊ में दिखा। पार्टी के युवा संगठनों और युवा आंदोलनों के प्रभारी बनाए जाने के बाद अखिलेश 11 अगस्त, 2002 को पहली बार दिल्ली से लखनऊ आ रहे थे। शताब्दी एक्सप्रेस से वे लखनऊ के लिए रवाना हुए। ट्रेन दोपहर में लखनऊ पहुँचनी थी। लेकिन सुबह से ही चारबाग रेलवे स्टेशन पर समाजवादी पार्टी के उत्साही कार्यकर्ता जुटने लगे थे। दिन बीतने के साथ ही स्टेशन के बाहर और परिसर में भीड़ बढ़ती जा रही थी। जब मैं साथियों के साथ स्टेशन के लिए निकला तो सड़क पर युवा समाजवादी कार्यकर्ताओं का रेला था। ऐसा लग रहा था जैसे लखनऊ का हर रास्ता चारबाग स्टेशन की तरफ ही जा रहा है। स्टेशन परिसर के बाहर और अंदर तिल रखने की जगह नहीं थी। ट्रेन पहुँचने का वक्त करीब आने के साथ ही कार्यकर्ताओं का उत्साह गगनभेदी नारों में दिख रहा था। अखिलेश जिंदाबाद और समाजवादी पार्टी जिंदाबाद के नारे लग रहे थे। दोपहर करीब एक बजे शताब्दी एक्सप्रेस लखनऊ पहुँची। अखिलेश यादव को देखते ही कार्यकर्ताओं का उत्साह दोगुना-चौगुना बढ़ गया। बाहर पार्टी के झंडे और बैनरों से सजा एक खुला ट्रक खड़ा था। अखिलेश यादव ट्रक पर सवार हुए और उनका जुलूस विक्रमादित्य मार्ग स्थित पार्टी के दफ्तर की तरफ निकल पड़ा। जगह-जगह स्वागत के लिए कार्यकर्ता घंटों से इंतजार में खड़े थे। अखिलेश यादव ने किसी भी कार्यकर्ता को निराश नहीं किया। दर्जनों जगह स्वागत हुए। हालत यह हो गई कि चारबाग स्टेशन से पार्टी दफ्तर की 5-6 किलोमीटर की दूरी तय करने में चार घंटे लग गए। पार्टी कार्यालय पहुँचने पर अखिलेश यादव ने कार्यकर्ताओं को संबोधित किया। इस संबोधन में उनका जोर युवाओं पर रहा। उन्होंने नौजवानों से बेरोजगारी के खिलाफ एकजुट होने का आह्वान किया। उन्होंने कहा कि हमारे देश में 80-90 फीसदी

नौजवान पढ़ाई–लिखाई के बाद भी बेरोजगार हो रहे हैं। देश की नीतियों से नौजवानों का कोई भला नहीं हो रहा है। युवा नेता अखिलेश यादव ने युवाओं से देश को बरबाद होने से बचाने के लिए समाजवादी पार्टी से जुड़ने की अपील की। उन्होंने युवाओं को यह भी याद दिलाया कि समाजवादी पार्टी ने नारा दिया है, "नौजवानों को रोजगार दो या बेरोजगारी भत्ता दो।"

जिम्मेदारी मिलने के बाद पहले ही भाषण में अखिलेश यादव ने जिस तरह युवाओं की प्रमुख समस्याओं पर जोर दिया। उससे यह तय हो गया कि समाजवादी पार्टी की आगे की राजनीति किस दिशा में जानेवाली है। अखिलेश यादव युवाओं की आशा के नए केंद्र बन चुके थे। उनकी सियासी पहल की झलक भोपाल अधिवेशन में उनके संबोधन में भी मिल चुकी थी। उन्होंने कहा था कि देश की तरुणाई को सांप्रदायिक माहौल से बाहर निकलकर बुनियादी सवालों से लड़ना होगा। इस बुनियादी लड़ाई को देश की संसद् और सड़क पर समाजवादी पार्टी को ही लड़ना पड़ेगा।

अखिलेश को युवा आंदोलनों और युवा संगठनों का प्रभारी बनाने से पहले इस पर पार्टी में चर्चा हुई। ज्यादातर लोगों के सुझाव यही थे कि उन्हें किसी युवा संगठन का अध्यक्ष बनाया जाए। लेकिन जनेश्वरजी ने सुझाव दिया कि पार्टी के किसी युवा संगठन का अध्यक्ष बनाने की बजाए अखिलेश यादव को युवा संगठनों और युवा आंदोलनों का प्रभारी बनाया जाए। कन्नौज उपचुनाव से अखिलेश यादव के साथ युवाओं की फौज जुड़नी शुरू हुई थी। जनेश्वरजी राजनीति में इसी युवा शक्ति को दिशा देने के लिए अखिलेश यादव को युवा संगठनों का प्रभारी बनाने के पक्ष में थे। युवाओं में अखिलेश यादव की लोकप्रियता को देखते हुए उनका यह मानना था कि इससे युवकों को समाजवादी आंदोलन से जोड़ने में बहुत मदद मिलेगी। हुआ भी यही। जिम्मेदारी मिलते ही अखिलेश यादव फौरन काम में जुट गए। सबसे पहले उन्होंने समाजवादी पार्टी के चारों युवा संगठनों को गति देने के लिए कई बदलाव किए। मुझे छात्र सभा के राष्ट्रीय अध्यक्ष की जिम्मेदारी सौंपी। जब यह जिम्मेदारी मुझे मिली तब मैं हरियाणा छात्र सभा का प्रदेश अध्यक्ष था। उससे पहले युवजन सभा का राष्ट्रीय सचिव भी रह चुका था। दीपक यादव को लोहिया वाहिनी का राष्ट्रीय अध्यक्ष बनाया गया, जबकि कमाल अख्तर के पास पहले से ही युवजन सभा के राष्ट्रीय अध्यक्ष की जिम्मेदारी थी।

अखिलेश यादव ने जिम्मेदारी मिलते ही पार्टी के चारों युवा संगठनों को गति दे दी। उनके जिम्मेदारी सँभालने के बाद से ही युवा संगठनों का हर महीने कोई–न–कोई बड़ा आंदोलन या सम्मेलन जरूर हुआ। उन्होंने प्रदेश भर के युवाओं से जनसंपर्क के लिए ताबड़तोड़ दौरे और रैलियाँ करनी शुरू कर दीं। वे जहाँ भी जाते उनका अभूतपूर्व स्वागत होता। छात्रसंघ के कार्यक्रमों में अखिलेश बुलाए जाने लगे। 22 सितंबर को

कुशीनगर में बुद्ध स्नातकोत्तर महाविद्यालय के छात्रसंघ समारोह में उन्हें मुख्य अतिथि बनाया गया। उन्हें सुनने के लिए कॉलेज के छात्रों के अलावा भी बाहरी युवाओं की बहुत बड़ी भीड़ जुटी। हर दिन के साथ उनकी अगुवाई में समाजवादी पार्टी में युवाओं की फौज बढ़ती जा रही थी। साथ जुड़ती युवा शक्ति को अखिलेश यादव ने आंदोलनों की राह दिखाई। उन्होंने युवा आंदोलनों की रूपरेखा बनानी शुरू कर दी। साथ ही पार्टी के मुख्य आंदोलनों में भी युवा संगठनों की बड़ी भागीदारी सुनिश्चित करनी शुरू कर दी।

2002 के चुनावों में उत्तर प्रदेश में बी.एस.पी. और बी.जे.पी. के अवसरवादी गठबंधन की सरकार बन चुकी थी। सरकार बनने के बाद से ही प्रदेश में अराजकता और भ्रष्टाचार का बोलबाला था। किसान से लेकर जवान तक हर कोई सरकार से त्रस्त था। पूरे प्रदेश में गन्ना किसानों का दमन और शोषण हो रहा था। गन्ने का दाम माँगने पर किसानों को लाठियों से पीटा जा रहा था। प्रदेश में जगह-जगह गन्ना किसानों के प्रदर्शन हो रहे थे। बस्ती जिले के मुंडेरवा में ऐसे ही एक प्रदर्शन के दौरान पुलिस की फायरिंग में तीन किसानों की मौत हो गई। समाजवादी पार्टी ने इस मुद्दे को संसद् से लेकर सड़क तक जोर-शोर से उठाया। 13 दिसंबर को बस्ती की ओर कूच कर रहे समाजवादी पार्टी के नेताओं को बाराबंकी में गिरफ्तार कर लिया गया। नेताओं की गिरफ्तारी की खबर मिलते ही अखिलेश यादव ने फौरन युवा संगठनों को सक्रिय कर दिया। कुछ ही देर में राजधानी लखनऊ की सड़क पर अखिलेश यादव की अगुवाई में हजारों कार्यकर्ता निकल गए। विधान भवन के सामने विशाल धरना प्रदर्शन किया गया। प्रदेश की दमनकारी सरकार की नीतियों के विरोध में कार्यकर्ताओं ने गिरफ्तारी दी। चारों संगठनों के साथ अखिलेश यादव के सड़क पर नए संघर्ष की शुरुआत हो चुकी थी।

अखिलेश यादव के प्रभारी बनने के बाद पहली बार 25 दिसंबर को पार्टी के चारों युवा संगठनों-समाजवादी युवजन सभा, लोहिया वाहिनी, समाजवादी छात्र सभा और मुलायम सिंह यूथ ब्रिगेड की बैठक हुई। इसमें पार्टी अध्यक्ष नेताजी ने युवाओं में संघर्ष की भावना घटने पर चिंता जताई। दरअसल नेताजी की इस चिंता की वाजिब वजह भी थी। प्रदेश ही नहीं पूरे देश में युवाओं में भटकाव था। युवा राजनीति तो उससे भी ज्यादा दिशाहीन हो चुकी थी। 1977 के बाद से देश में कोई बड़ा युवा आंदोलन नहीं हुआ था। अखिलेश यादव को युवा संगठनों और युवा आंदोलनों का प्रभारी बनाकर समाजवादी पार्टी युवाओं के शक्ति पुंज को एक धारा देना चाहती थी। बैठक में समाजवादी पार्टी के युवा संगठनों के छोटे-छोटे आंदोलनों की रूपरेखा तैयार की गई। तय हुआ कि समाजवादी पार्टी के चारों युवा संगठन 6 जनवरी, 2003 को उत्तर प्रदेश की तत्कालीन बी.एस.पी., बी.जे.पी. सरकार के खिलाफ जिला मुख्यालयों पर धरना प्रदर्शन करेंगे।

6 जनवरी की सुबह से ही जिला मुख्यालयों पर समाजवादी पार्टी के युवा संगठनों

के प्रभारी जुटने लगे। यह विरोध प्रदर्शन ब.स.पा. और भा.ज.पा. की जनविरोधी सरकार के खिलाफ था। शिक्षा के निजीकरण का विरोध, उच्च शिक्षा की बढ़ी फीस वापस लेने और बेरोजगारी भत्ता देने की माँग को लेकर समाजवादी युवा संघर्ष के लिए सड़क पर था। सूबे की सरकार के दमनचक्र के साथ शीतलहर और ठंड भी समाजवादी कार्यकर्ताओं की राह में बाधा के तौर पर खड़ी थी। लेकिन अखिलेश यादव की अगुवाई में जोश से भरे युवा समाजवादी इन बाधाओं को दरकिनार कर सूबे की सरकार के खिलाफ बिगुल फूँकने के लिए तैयार था। जिला मुख्यालयों में जगह-जगह जोरदार प्रदर्शन हुए। कहीं रेल रोके गए। कहीं सड़क पर जाम लगा। कहीं विरोध प्रदर्शन हुए और रैलियाँ निकाली गईं। राजधानी लखनऊ में इस आंदोलन की अगुवाई करने के लिए अखिलेश यादव खुद सड़क पर थे। अखिलेश की अगुवाई में हजारों कार्यकर्ताओं ने विधान भवन की तरफ कूच किया। पुलिस ने रास्ते में जगह-जगह बैरिकेडिंग कर रखी थी। लेकिन नौजवानों के आगे ये बैरिकेडिंग तिनकों की तरह उड़ गए। विधान भवन के सामने पहुँच कर युवा नेता के साथ कार्यकर्ताओं ने गिरफ्तारी दी। यह आंदोलन जबरदस्त कामयाब रहा। युवाओं में समाजवादी पार्टी की बढ़ती लोकप्रियता देखकर सूबे की सरकार भी घबरा गई।

अखिलेश यादव की कोशिशों से समाजवादी पार्टी से बड़ी संख्या में युवा जुड़ रहे थे। अखिलेश यादव इस युवा शक्ति को जाया नहीं होने देना चाहते थे। इन युवा कार्यकर्ताओं को पार्टी की नीतियों, सिद्धांतों और कार्यक्रमों से परिचित कराने के लिए झाँसी में 1 और 2 फरवरी, 2003 को प्रथम समाजवादी युवा राज्य सम्मेलन का आयोजन किया गया। सम्मेलन बहुत ही कामयाब रहा। इस सम्मेलन ने यह तय कर दिया कि आगे आनेवाले सालों में समाजवादी पार्टी में युवाओं की भूमिका कितनी अहम होने जा रही है। इस सम्मेलन में युवाओं को संबोधित करते हुए पार्टी अध्यक्ष नेताजी मुलायम सिंह यादव ने कहा था, "मुझे चिंता थी कि समाजवादी पार्टी कहीं बूढ़ी पार्टी बनकर न रह जाए। जिस दल में नौजवान आगे नहीं आए वे दल समाप्त हो गए। इसलिए समाजवादी पार्टी और साथ ही देश की राजनीति में नौजवानों की भूमिका तेजी से बढ़नी चाहिए।"

इसी युवा सम्मेलन में प्रदेश और केंद्र की सरकारों की जनविरोधी नीतियों के खिलाफ 21 फरवरी को लखनऊ में नौजवानों के विशाल प्रदर्शन का फैसला लिया गया। पूरे दो दिन के सम्मेलन में नौजवानों को अन्याय, फाँसीवाद, गैरबराबरी, सांप्रदायिकता, पूँजीवाद के खिलाफ संघर्ष की समाजवादी सीख दी गई। साथ ही इस बात पर जोर दिया गया कि संघर्ष कहीं भी हिंसक न होने पाए। इस सम्मेलन में नौजवानों को डॉ. लोहिया के लोकप्रिय नारे 'मारेंगे नहीं लेकिन मानेंगे भी नहीं' की याद भी दिलाई गई। झाँसी के किले के नजदीक बने कार्यक्रम स्थल लोहियानगर से अखिलेश की अगुवाई

में नौजवानों ने संघर्ष का बिगुल बजा दिया था। समाजवादी विचारों से लैस युवाओं की एक फौज देश और सरकार में बदलाव के लिए तैयार थी।

झाँसी में तय हो गया कि समाजवादी युवाओं का यह सम्मेलन पार्टी के सफर में एक मील का पत्थर साबित होने जा रहा है। समाजवादी विचारों से लैस नौजवानों के लिए 21 फरवरी परीक्षा का दिन था। इस दिन लखनऊ में प्रदर्शन की जबरदस्त तैयारी थी। झाँसी में इस आंदोलन पर फैसला लेते वक्त ही यह तय किया गया था कि 21 फरवरी को समाजवादी पार्टी के युवा कार्यकर्ता अहिंसक तरीके से रैली निकालेंगे और जुल्म एवं ज्यादती के खिलाफ विधायकों और सांसदों के इस्तीफे की माँग करेंगे। लेकिन समाजवादी पार्टी के युवा संगठनों की व्यापक तैयारी से मायावती सरकार घबरा गई। आंदोलन को फाँसीवादी तरीके से कुचल देने का फैसला लिया गया। दो-तीन दिन पहले से ही समाजवादी पार्टी के कार्यकर्ताओं की धर-पकड़ शुरू हो गई। कार्यकर्ताओं के घरों पर छापे मारे जाने लगे। जो कार्यकर्ता जिस हालत में मिलता पुलिस उसे उठा लेती थी। सरकारी दमन के बावजूद युवा कार्यकर्ताओं के उत्साह में कोई कमी नहीं आई। प्रदेश के कोने-कोने से हजारों कार्यकर्ता लखनऊ की ओर कूच कर गए। मायावती सरकार ने जगह-जगह कार्यकर्ताओं के जत्थे को रोक दिया।

मायावती पूरी तरह से युवा समाजवादियों के आंदोलन को कुचल देने पर आमादा थी। प्रदर्शन पर पाबंदी लगा दी गई। मायावती के दमनचक्र के बावजूद बड़ी संख्या में युवा कार्यकर्ता लखनऊ पहुँच गए। लखनऊ में जबरदस्त गहमागहमी थी। 21 फरवरी की सुबह से ही पुलिस ने समाजवादी पार्टी के दफ्तर को घेर लिया। कार्यकर्ता दफ्तर से निकल ही रहे थे कि पुलिस और रैपिड एक्शन फोर्स के जवानों ने हमला बोल दिया। कार्यकर्ताओं की बर्बर तरीके से पिटाई की गई। सड़क पर गिरा-गिराकर और दौड़ा-दौड़ाकर पीटा गया। आँसू गैस के गोले छोड़े गए। पुलिसिया काररवाई में सैकड़ों कार्यकर्ता घायल हो गए। हर तरफ हाहाकार मचा था। हालात बिगड़ते देख प्रदेश कार्यालय में मौजूद वरिष्ठ नेताओं ने कार्यकर्ताओं को वापस अंदर बुला लिया। पार्टी दफ्तर में उस वक्त नेताजी मुलायम सिंह यादव, जनेश्वर मिश्र समेत तमाम बड़े नेता मौजूद थे। अखिलेश यादव भी अब तक दफ्तर में ही मौजूद थे। कार्यकर्ताओं के दफ्तर में घुसने के बाद भी पुलिसिया तांडव नहीं थमा। समाजवादी पार्टी के दफ्तर के अंदर आँसू गैस के गोले दागे गए। कई गोले उस मंच के पास आकर गिरे जहाँ नेताजी की अगुवाई में पार्टी के वरिष्ठ समाजवादी नेता मौजूद थे। पुलिसकर्मियों ने दफ्तर के अंदर पत्थर फेंके। यहाँ तक कि फायरिंग भी की गई। पुलिस उत्पीड़न और दमन का ऐसा मामला भारत के सियासी इतिहास में पहले कभी देखने को नहीं मिला था। ऐसा उत्पीड़न तो अंग्रेजों के राज में भी नहीं देखने को मिला था। पुलिसिया उत्पीड़न के बीच पार्टी

के नेता कार्यकर्ताओं से लगातार संयम बरतने की अपील कर रहे थे। पूरा पार्टी दफ्तर आँसू गैस से भरा पड़ा था। क्या कार्यकर्ता, क्या नेता सभी का हाल बेहाल था। आँखें बुरी तरह से जल रही थीं। लेकिन मायावती के आदेश पर पुलिस अत्याचार की हर हद लाँघने को तैयार थी। पार्टी कार्यालय के बाहर पुलिस का तांडव जारी था। पुलिस ने सड़क पर जो भी मिला उसे नहीं छोड़ा। दफ्तर के बाहर खड़ी गाड़ियों को भी नहीं बख्शा गया, उनमें भी तोड़फोड़ की गई। अखिलेश यादव के ड्राइवर पर भी पुलिस ने लाठियाँ बरसाईं। दफ्तर के बाहर और अंदर कार्यकर्ता बुरी तरह से बेहाल थे। चर्चा हो रही थी कि अब क्या किया जाए। इस पर जनेश्वर मिश्र ने एक सुझाव दिया। उन्होंने कहा कि अखिलेश यादव की अगुवाई में युवा कार्यकर्ता पार्टी दफ्तर से बाहर निकलेंगे। कार्यकर्ता सामने सीने पर इस तरह से दोनों हाथ रखे रहेंगे जैसे कि उनके हाथ बँधे हैं। यह विरोध का अनूठा तरीका था। पार्टी दफ्तर में युवा कार्यकर्ता जुलूस निकालने की तैयारी करने लगे। अंदर हलचल होते देख पुलिस भी चौकन्नी हो गई। पुलिस को लगा कि समाजवादी कार्यकर्ता दो-दो हाथ करने के लिए बाहर आ रहे हैं। पुलिस एक बार फिर तांडव दिखाने के लिए पूरी तरह से तैयार थी। लेकिन जब अखिलेश यादव की अगुवाई में जनेश्वर मिश्र के सुझाव के मुताबिक युवा समाजवादी कार्यकर्ताओं का जुलूस दफ्तर से बाहर निकला तो पुलिस भौचक्की रह गई। आखिरकार पुलिस ने अखिलेश यादव समेत सभी कार्यकर्ताओं को गिरफ्तार कर लिया।

समाजवादी पार्टी के युवा आंदोलनों से मायावती डर गई। अब मायावती ने दमन और उत्पीड़न का दूसरा तरीका निकाला। 13/14 अप्रैल की रात नेताजी और समाजवादी पार्टी के दूसरे नेताओं के खिलाफ ताबड़तोड़ मुकदमे दर्ज किए गए। एक ही रात में उत्तर प्रदेश के 40-45 जिलों में 140 के आस-पास मुकदमे दर्ज किए गए। लखनऊ से बाकायदे जिलों को प्रोफॉर्मा बनाकर भेजे गए, जिसके मुताबिक मुकदमे दर्ज हुए। यह समाजवादी कार्यकर्ताओं और नेताओं के उत्पीड़न का नया तरीका था। मायावती के इस तानाशाही रवैये का जमकर विरोध हुआ। पार्टी ने इसके खिलाफ हल्ला बोल जनजागरण रैली का ऐलान किया। 19 अप्रैल से साइकिल रैली के साथ हल्ला बोल जनजागरण रैली की शुरुआत हुई। राजधानी लखनऊ समेत पूरे प्रदेश भर में समाजवादी पार्टी कार्यकर्ताओं ने साइकिल रैलियाँ निकालीं। धरना प्रदर्शन किया। लखनऊ में 23 अप्रैल को साइकिल रैली की अगुवाई खुद नेताजी ने की। साइकिल रैली का अभूतपूर्व स्वागत किया गया। चिलचिलाती धूप में भी हजारों कार्यकर्ता साइकिल पर सवार होकर लखनऊ की सड़कों पर निकल पड़े थे। साइकिल रैली को जबरदस्त जनसमर्थन मिला। 12 मई को रैली के आखिरी दिन खुद युवा समाजवादी नेता अखिलेश यादव ने लखनऊ की सड़कों पर साइकिल चलाकर मायावती के दमन और भ्रष्टाचार पर करारा हमला किया।

जनसंघर्षों के मैदान में उतरे अखिलेश यादव को देखकर पुराने समाजवादियों को युवा मुलायम सिंह यादव याद आ जाते। पिता के नक्शेकदम पर चलते हुए अखिलेश यादव दिनोदिन समाजवादी आंदोलन को धार देते जा रहे थे। अखिलेश यादव सियासी अखाड़े में लगातार अपनी स्थिति मजबूत करते जा रहे थे। वे पारिवारिक जिम्मेदारियों को निभाने में भी कोई कोताही नहीं बरतते थे। सार्वजनिक जिंदगी की जिम्मेदारियों के बीच भी वे परिवार के लिए वक्त निकाल लेते थे। अखिलेश यादव जब सैफई में होते तो माँ का भी पूरा खयाल रखते। उनका माँ से बहुत लगाव था। पढ़ाई के लिए सैफई छोड़ने के बाद उनका सिर्फ छुट्टियों में ही माँ से मिलना हो पाता था। लेकिन जब भी वे सैफई में होते बीमार माँ का पूरा खयाल रखते। 2003 की मई का महीना निजी तौर पर अखिलेश यादव के लिए काफी दुखद रहा। माँ मालती देवी की हालत बिगड़ती जा रही थी। 24 मई को सुबह उनकी हालत कुछ ज्यादा ही खराब हो गई। अखिलेश यादव उस दिन सैफई में ही थे। सुबह करीब 10 बजे हृदयगति रुक जाने से मालती देवी का निधन हो गया। नेताजी लखनऊ में थे। पत्नी के निधन की सूचना मिलते ही वे फौरन सैफई के लिए रवाना हो गए। उसी दिन दोपहर बाद सैफई में मालती देवी का अंतिम संस्कार हुआ। परिवार के लिए मालती देवी सौभाग्य बनकर आई थीं। गाँव के बड़े बुजुर्ग बताते हैं कि नेताजी की माँ हमेशा कहा करती थीं कि बहू आने के बाद से उनके परिवार ने बहुत तरक्की की। मालती देवी के निधन से पूरा सैफई गमगीन था। लेकिन माँ का निधन अखिलेश यादव के लिए निजी तौर पर अपूरणीय क्षति थी।

दुःख की घड़ी से उबरकर अखिलेश फिर से संघर्षों के मैदान में उतर पड़े। 2 अगस्त को लखनऊ में पार्टी के युवा संगठनों का प्रदेश स्तरीय सम्मेलन हुआ। इस सम्मेलन में 25 अगस्त को प्रदेश भर के जिला मुख्यालयों पर फिर से जोरदार प्रदर्शन का फैसला लिया गया। अखिलेश यादव इस प्रदर्शन को कामयाब बनाने के लिए जुटे हुए थे। दूसरी तरफ प्रदेश भारी उथल-पुथल के दौर से गुजर रहा था। सूबे की सत्ता पर काबिज बी.एस.पी. और बी.जे.पी. के बीच खटास संबंध टूटने की हद तक बढ़ चुका था। मायावती की कार्यप्रणाली से बी.एस.पी. के ज्यादातर विधायक पार्टी में घुटन महसूस कर रहे थे। राजनीति के माहिर खिलाड़ी नेताजी ने इस मौके का भरपूर फायदा उठाया। 403 सदस्यों वाली उत्तर प्रदेश विधानसभा में समाजवादी पार्टी अब भी सबसे बड़ी पार्टी थी। मायावती को अंदेशा हो गया कि अब उनकी सरकार नहीं बचेगी। सरकार जाते देख मायावती ने 25 अगस्त, 2003 को गवर्नर विष्णुकांत शास्त्री से विधानसभा भंग करने की सिफारिश कर दी। मायावती के इस्तीफा देने के अगले ही दिन नेताजी ने सरकार बनाने का दावा पेश कर दिया। बी.एस.पी. के बागियों, कांग्रेस और निर्दलीय विधायकों के समर्थन से नेताजी सरकार बनाने में कामयाब रहे। 29 अगस्त, 2003 को

उन्होंने सत्ता की बागडोर सँभाल ली। राज्य में सत्ता परिवर्तन से जनता ने राहत की साँस ली। शपथ ग्रहण समारोह में देश भर से दिग्गज नेता जुटे। मायावती की सरकार की तानाशाही के खिलाफ साल भर जबरदस्त आंदोलन चलाने वाले अखिलेश यादव शपथ ग्रहण समारोह में दिग्गज समाजवादी नेता और केंद्र की तत्कालीन सरकार में रक्षा मंत्री जार्ज फर्नांडीस के साथ बैठे थे। सत्ता की बागडोर सँभालते ही नेताजी ने समाजवादी नीतियों का कार्यान्वय शुरू कर दिया। छात्रों, किसानों और गरीबों के लिए नई सौगातों का ऐलान किया। नेताजी ने मुख्यमंत्री बनते ही पहला बड़ा तोहफा युवाओं और छात्रों को दिया। उन्होंने कॉलेजों और विश्वविद्यालयों की बढ़ी फीस वापस लेने और 15 अक्तूबर तक छात्रसंघ चुनाव कराने की घोषणा की। अखिलेश यादव इन्हीं मुद्दों को लेकर समाजवादी युवाओं के साथ साल भर से संघर्ष कर रहे थे। यह अखिलेश यादव के संघर्षों की जीत थी। यह उन युवाओं की जीत थी जिन्होंने साल भर तक अखिलेश यादव की अगुवाई में प्रदेश की सड़कों पर संघर्ष की मशाल जलाए रखी। पुलिस की लाठियाँ खाईं। आँसू गैस के गोले सहे। लेकिन संघर्ष की राह से विचलित नहीं हुए।

युवाओं के मुद्दों को लेकर अखिलेश यादव के जज्बे को इसी से समझा जा सकता है कि सूबे की सियासत में भारी उथल-पुथल चल रही थी। समाजवादी पार्टी सत्ता के करीब पहुँचती दिख रही थी। लेकिन अखिलेश इस सियासी उलटफेर से दूर 25 अगस्त को प्रदेश भर में प्रस्तावित युवा संगठनों के प्रदर्शन को कामयाब बनाने में जुटे थे। मायावती की विदाई की बेला में 25 अगस्त को सभी जिला मुख्यालयों पर समाजवादी पार्टी के युवा कार्यकर्ताओं का जोरदार प्रदर्शन हुआ। लखनऊ में बड़ी संख्या में नौजवान विश्वविद्यालय के छात्रसंघ भवन के प्रांगण में इकट्ठा हुए। यहाँ से अखिलेश यादव की अगुवाई में हजारों नौजवानों का रेला जिला कचहरी की तरफ निकला। अखिलेश यादव ने युवाओं से कहा कि इतिहास गवाह रहा है कि देश और दुनिया के बदलाव में नौजवान हमेशा ही अगली कतारों में रहे हैं। नौजवान जब-जब सड़कों पर उतरे हैं तो सरकारें हिल गई हैं और व्यवस्थाएँ बदली हैं। आज उत्तर प्रदेश में भी मायावती की सरकार युवा शक्ति के आगे बौनी साबित हुई है। जनविरोधी नीतियों के कारण उसे सत्ता से हटना पड़ा है। उन्होंने नौजवानों को भरोसा दिया कि समाजवादी पार्टी की सरकार बनने पर विश्वविद्यालयों की बढ़ी फीस वापस होगी और छात्रसंघों की बहाली की जाएगी। नेताजी ने मुख्यमंत्री पद की शपथ लेते ही सबसे पहले युवाओं की इन्हीं माँगों पर फैसला लिया। बढ़ी हुई फीस वापस ले ली गई और राज्य में छात्रसंघ बहाल करने का फैसला लिया गया।

सूबे में समाजवादी पार्टी की सरकार बन चुकी थी। अब अखिलेश यादव के सामने नई चुनौती थी। 2004 में लोकसभा चुनाव होने थे। अखिलेश यादव राष्ट्रीय स्तर

पर समाजवादी पार्टी की बड़ी भूमिका के मिशन में लग गए। इस दौरान वे लगातार विश्वविद्यालयों और महाविद्यालयों के छात्रसंघ के कार्यक्रमों में शिरकत करते रहे। बेरोजगारी के मुद्दे पर लगातार केंद्र सरकार को घेरे में रखते। 2004 के लोकसभा चुनावों में अखिलेश यादव समाजवादी पार्टी के स्टार प्रचारक रहे। उनकी अगुवाई में युवाओं ने समाजवादी पार्टी के चुनाव प्रचार में बढ़-चढ़कर हिस्सा लिया। प्रदेश में समाजवादियों की सरकार थी। सत्ता में आते ही नेताजी के लिये गए हितकारी फैसलों और युवाओं की भागीदारी का असर चुनाव नतीजों में देखने को मिला। उत्तर प्रदेश की 80 लोकसभा सीटों में से समाजवादी पार्टी को 39 सीटों पर जीत मिली। समाजवादी पार्टी लोकसभा में पाँचवाँ सबसे बड़ा दल बना।

सूबे में समाजवादी पार्टी की सरकार बन गई थी। लोकसभा में समाजवादी पार्टी पाँचवाँ सबसे बड़ा दल था। लेकिन अखिलेश यादव अब भी संघर्ष की राह पर थे। अखिलेश यादव को युवा संगठनों का प्रभारी बनाए जाते वक्त जनेश्वर मिश्र ने कहा भी था कि अखिलेश यादव को सत्ता के सिंहासन पर नहीं बैठाया गया है बल्कि युवाओं और आम लोगों की तकलीफों के मुद्दों को लेकर जन संघर्षों के मैदान में भेजा गया है। अखिलेश जनसंघर्षों की उसी राह पर चलकर युवाओं, गरीबों और किसानों की आवाज बन गए थे। लोकसभा में समाजवादी पार्टी की बड़ी हिस्सेदारी और राज्य में सरकार, आमतौर पर ऐसे वक्त में नेता सत्ता के वशीभूत हो जाते हैं। लेकिन अखिलेश यादव समाजवादी पार्टी में संघर्ष की अलख जगाए हुए थे। यही वह वक्त था जब उत्तर प्रदेश की सरहद से बाहर निकलकर उन्होंने दिल्ली, मध्य प्रदेश, राजस्थान आदि राज्यों के विश्वविद्यालयों में छात्रों को समाजवादी राजनीति से जोड़ना शुरू किया। हम अखिलेशजी के साथ विश्वविद्यालयों में जाते। वहाँ के छात्रों को जोड़ते। इस दौरान हम कई ऐसे विश्वविद्यालयों में भी गए जहाँ समाजवादी पार्टी का कोई अस्तित्व नहीं था। लेकिन अखिलेशजी के मार्गदर्शन में हमने वहाँ चुनाव लड़े और अच्छी मौजूदगी दर्ज कराई। यहाँ तक कि वामपंथ के गढ़ कहे जाने वाले जे.एन.यू. के समाजवादी छात्रों को समाजवादी छात्र सभा का मंच मुहैया कराया। इन सबके बीच अखिलेश यादव लगातार उत्तर प्रदेश के युवाओं के बीच जाते रहे। समाजवादी युवाओं के बीच लगातार उनकी मौजूदगी बनी हुई थी।

समाजवादी सरकार तमाम कठिनाइयों के बीच प्रदेश को विकास की राह पर आगे ले जा रही थी। केंद्र में सत्तारुढ़ यू.पी.ए. सरकार से उत्तर प्रदेश को कोई मदद नहीं मिल रही थी। 2004 में कई राज्यों को विशेष पैकेज दिए गए, लेकिन यू.पी.ए. सरकार ने उत्तर प्रदेश की अनदेखी की। अखिलेश यादव की अगुवाई में प्रदेश के युवाओं ने इसके खिलाफ पुरजोर आवाज उठाई। 2005 के आखिर में समाजवादी पार्टी के शीर्ष नेताओं

के फोन टैप कराए जाने का मामला सामने आया। इस खबर से समाजवादी पार्टी के कार्यकर्ताओं में गुस्से की लहर दौड़ पड़ी। 31 दिसंबर को लखनऊ के हजरतगंज चौराहे पर समाजवादी पार्टी के कार्यकर्ताओं ने अखिलेश यादव की अगुवाई में दो घंटे तक विरोध प्रदर्शन किया। इस दौरान अखिलेश यादव ने यू.पी.ए. सरकार की जनविरोधी नीतियों के खिलाफ संघर्ष का ऐलान कर दिया। 29 जनवरी, 2006 को लखनऊ में गोमती नदी के किनारे युवा समाजवादी संगठनों का ऐतिहासिक सम्मेलन हुआ। अखिलेश यादव की अगुवाई में सम्मेलन में लाखों युवा कार्यकर्ताओं का हुजूम था। यह अब तक पार्टी के इतिहास में युवा संगठनों की सबसे बड़ी रैली मानी गई। भीड़ देखकर जनेश्वरजी ने कहा कि लोकनायक जयप्रकाश नारायण की आवाज पर पटना के गांधी मैदान में जुटी युवाओं की भीड़ के बाद यह दूसरा मौका है जब इतनी बड़ी तादाद में युवा किसी सियासी जलसे में शिरकत कर रहे हैं। यह सम्मेलन ऐसे वक्त किया गया था जब पार्टी चौतरफा चुनौतियों से घिरी हुई थी। समाजवादी पार्टी उत्तर प्रदेश को विकास की राह पर ले जाने वाली आदर्श सरकार देने की दिशा में काम कर रही थी, जबकि केंद्र की सरकार इस राह में रोड़े अटकाने के लिए लगातार साजिश कर रही थी। इस ऐतिहासिक रैली में अखिलेश यादव ने ऐलान किया कि पार्टी के खिलाफ चल रही साजिशों का मुकाबला करने की जिम्मेदारी नौजवान अपने कंधों पर लेते हैं और हर चुनौती का मुकाबला करने का संकल्प भी लेते हैं। सम्मेलन में मौजूद लाखों नौजवानों ने हाथ उठाकर इस संकल्प का पुरजोर समर्थन किया। युवाओं ने गाँव-गाँव गली-गली जाकर जनता को इन साजिशों से रू-ब-रू कराने का फैसला लिया। सम्मेलन में लाखों नौजवानों की भीड़ देखकर खुद पार्टी अध्यक्ष नेताजी भी अभिभूत थे। उन्होंने युवा संगठनों को शाबाशी दी कि सिर्फ चार दिन में इतनी भीड़ जुटाकर युवा संगठनों ने अपनी संघर्ष और संगठन क्षमता जाहिर कर दी है।

केंद्र सरकार के असहयोग के बावजूद नेताजी की कुशल अगुवाई में प्रदेश के संसाधनों के बूते उत्तर प्रदेश विकास की राह पर कुलाँचे भरने लगा। समाजवादी पार्टी की सरकार में प्रदेश की विकास दर 1.1 फीसदी से बढ़कर 6.5 फीसदी पहुँच गई थी। अखिलेश यादव बिना सरकार में कोई दखल दिए पार्टी में युवाओं की ताकत को लगातार मजबूत करते जा रहे थे। इस दौरान उन्होंने सोनभद्र के ओबरा, चित्रकूट, सहारनपुर और लखनऊ, झाँसी, फैजाबाद में समाजवादी पार्टी के युवा संगठनों के प्रशिक्षण शिविरों का आयोजन कर नौजवानों को ट्रेंड किया। अखिलेश यादव ऐसे प्रशिक्षण शिविरों का मकसद पार्टी में ईमानदार और साहसी युवाओं की फौज खड़ी करना मानते थे। झाँसी में 8 दिसंबर, 2006 को समाजवादी युवा प्रशिक्षण शिविर लगाया गया। फैजाबाद में 29 दिसंबर, 2006 को समाजवादी पार्टी के युवा प्रशिक्षण शिविर का आयोजन हुआ।

इस बीच उत्तर प्रदेश में विधानसभा चुनावों का ऐलान हुआ। समाजवादी पार्टी ने पूरे दमखम से चुनाव में हिस्सा लिया। लेकिन नतीजे उम्मीद से परे रहे। समाजवादी पार्टी को हार का मुँह देखना पड़ा। सूबे में एक बार फिर से मायावती की सरकार बनी। दरअसल केंद्र की सरकार साल भर पहले से ही उत्तर प्रदेश सरकार को अस्थिर करने की हरमुमकिन कोशिश कर रही थी, लेकिन उसे नाकामी हाथ लगी। चुनावों की घोषणा के बाद केंद्र सरकार ने समाजवादी पार्टी को हराने के लिए हर हथकंडे का इस्तेमाल किया और अपने साजिशी मंसूबे में कामयाब रही। 17 जून, 2007 को नई दिल्ली में हुई पार्टी की राष्ट्रीय कार्यसमिति की बैठक में हार के लिए चुनाव आयोग की भूमिका की कड़ी निंदा की गई।

समाजवादी पार्टी की सबसे बड़ी ताकत इसके युवा और जोशीले कार्यकर्ता थे। मायावती को सबसे ज्यादा खतरा इन्हीं युवा कार्यकर्ताओं से महसूस होता था। सत्ता सँभालने के साथ मायावती ने सबसे पहले इन्हीं पर हमला किया। बसपा सरकार ने छात्रसंघ चुनावों पर रोक लगा दी। छात्रसंघ चुनावों पर रोक ने प्रदेश भर के युवाओं को गुस्से से भर दिया। युवा इसके विरोध में आवाज उठाने लगे। धीरे-धीरे यह मुद्‌दा प्रदेश व्यापी आंदोलन की शक्ल अख्तियार करने लगा था। आग में घी का काम बहुजन समाज पार्टी सरकार के उच्च शिक्षा मंत्री राकेशधर त्रिपाठी ने किया। 8 जनवरी, 2008 को लखनऊ में जयनारायण स्नाकोत्तर महाविद्यालय का स्थापना दिवस समारोह मनाया जा रहा था। कार्यक्रम में मौजूद उच्च शिक्षा मंत्री को छात्रसंघ की बहाली का ज्ञापन सौंपने की माँग को लेकर विवाद शुरू हुआ। छात्रों ने उच्च शिक्षा मंत्री को काले झंडे दिखाए। मायावती के मंत्री को विरोध रास नहीं आया। मंत्री के इशारे पर पुलिस ने विरोध कर रहे छात्रों को पीट-पीटकर लहूलुहान कर दिया। इस पिटाई में 19 कार्यकर्ता घायल हुए। इन्हें अस्पताल में भरती कराया गया। इस बीच रात करीब 11 बजे अखिलेश यादव को सूचना मिली कि पुलिस घायल कार्यकर्ताओं को लेकर जेल जा रही है। उस वक्त कड़ाके की ठंड पड़ रही थी। इसकी परवाह न करते हुए तीन साथियों के साथ वे फौरन एस.एस.पी. दफ्तर पहुँचे और सड़क पर ही खुले आसमान के नीचे कड़ाके की ठंड में धरने पर बैठ गए। अखिलेश यादव के धरने पर बैठते ही यह खबर आग की तरह फैल गई। कुछ ही देर में सैकड़ों कार्यकर्ता और वरिष्ठ नेता अखिलेश यादव का साथ देने के लिए एस.एस.पी. कार्यालय पर मौजूद थे। सैकड़ों की भीड़ जुटती देख पुलिस बौखला गई। पुलिस ने वरिष्ठ नेताओं के साथ बदसलूकी की।

मायावती सरकार के पुलिसिया जुल्म की वजह से अब छात्रसंघ बहाली का यह आंदोलन बड़ा हो चुका था। सुबह से ही पार्टी के विक्रमादित्य मार्ग दफ्तर पर युवा कार्यकर्ता जुटने शुरू हो गए। देखते-ही-देखते पार्टी कार्यालय पर हजारों युवा जमा हो

गए। कार्यकर्ताओं में भारी गुस्सा था। नेताजी ने कार्यकर्ताओं से हक की लड़ाई शांति के साथ लड़ने की अपील की। सुबह साढ़े ग्यारह बजे अखिलेश यादव की अगुवाई में युवाओं का रेला विधान भवन की ओर चल निकला। पुलिस ने जुलूस को बीच रास्ते में ही रोकने की कोशिश की। जनवरी की ठंड सितम ढा रही थी। इस ठंड में कार्यकर्ताओं पर पानी की बौछार की गई। आँसू गैस के गोले दागे गए। लेकिन पुलिस की ये जानी पहचानी तरकीब समाजवादी युवाओं का जोश ठंडा नहीं कर पाई। पुलिस ने जहाँ रोका था वहीं पर अखिलेश यादव की अगुवाई में कार्यकर्ता धरने पर बैठ गए। करीब चार घंटे तक पुलिस और युवा समाजवादी कार्यकर्ताओं के बीच रस्साकशी होती रही। शाम करीब चार बजे पुलिस ने अखिलेश यादव के साथ पार्टी के कई वरिष्ठ और युवा नेताओं को गिरफ्तार कर लिया।

प्रदेश भर में बसपा सरकार का बर्बर दमन शुरू हो चुका था। 9 जनवरी को पूरे प्रदेश में ब.स.पा. सरकार के खिलाफ प्रदर्शन हो रहे थे। इटावा के सैफई में चौधरी चरण सिंह महाविद्यालय के छात्र विरोध प्रदर्शन कर रहे थे। सब कुछ शांतिपूर्वक चल रहा था। इस बीच पुलिस ने छात्रों पर गोलियाँ चला दीं। पुलिस फायरिंग में एक छात्र मुकेश यादव की मौत हो गई, जबकि कई छात्र घायल हो गए। युवा कार्यकर्ता की मौत ने आंदोलन को और भड़का दिया। नेताजी समेत कई वरिष्ठ नेता मुकेश यादव के अंतिम संस्कार में शामिल हुए। नेताजी ने मुकेश के परिवार को हरसंभव मदद देने का भरोसा दिया। दूसरी तरफ तानाशाह ब.स.पा. सरकार ने प्रदेश भर में दमन चक्र चला दिया। पुलिस की लाठियों और गोलियों के दम पर छात्रों के आंदोलन को दबाने की कोशिश की जाने लगी। ब.स.पा. सरकार के जुल्मों के विरोध में जगह-जगह प्रदर्शन होने लगे। उत्तर प्रदेश के अलावा दूसरे राज्यों में भी बसपा सरकार को हटाने की माँग होने लगी। अखिलेश यादव लखनऊ से ही पूरे देश भर में समाजवादी युवाओं के प्रदर्शन की अगुवाई करते हुए दिशा-निर्देश दे रहे थे। युवजन सभा ने 15 जनवरी को दिल्ली में लूट दिवस मनाने का फैसला किया। 15 जनवरी को दिल्ली के जंतर-मंतर पर बड़ी संख्या में युवा समाजवादी कार्यकर्ता इकट्ठा थे। हम सभी मंच पर बैठे थे। इस बीच एक खबर आई कि पार्टी अध्यक्ष नेताजी को लखनऊ में नजरबंद कर लिया गया है। युवा कार्यकर्ता गुस्से से भर गए। दोपहर के करीब एक बजे थे। मंच पर युवा नेताओं के भाषण चल रहे थे। अचानक मंच के सामने कार्यकर्ताओं के बीच से आग की लपटें उठने लगीं। एक युवा कार्यकर्ता ने मुलायम सिंह को नजरबंद किए जाने की खबर सुनकर खुद को आग लगा ली। अफरा-तफरी मच गई। कार्यकर्ताओं और मौके पर मौजूद पुलिसकर्मियों ने आग बुझाने की कोशिश की तब तक युवक बुरी तरह से झुलसकर जमीन पर गिर पड़ा था। हम लोग उसे लेकर पास के ही राममनोहर लोहिया

अस्पताल भागे। वहाँ युवक का इलाज शुरू हुआ। यह युवक उत्तर प्रदेश के सुलतानपुर जिले के भलौरी गाँव का रहने वाला रणविजय सिंह यादव था। हम लोग इस युवा कार्यकर्ता को 'हीरो' के नाम से जानते थे। रणविजय को हीरो नाम अखिलेश यादव ने दिया था। रणविजय जब अखिलेश यादव के संपर्क में आया तब वह बॉलीवुड जाकर वहाँ कॅरियर बनाना चाहता था। अदाकारी को लेकर उसमें गजब का जुनून था। हीरो बेरोजगार था। उसका जुनून देखकर अखिलेश यादव ने उसे समाजवादी विचारों को समझने के लिए जनेश्वरजी के पास भेज दिया। जनेश्वरजी के पास रहकर रणविजय ने समाजवाद का पाठ कुछ इस कदर सीखा कि बॉलीवुड का जुनून उसके सिर से उतर गया और समाजवादी विचारधारा उसके रोम-रोम में समा गई। अखिलेश यादव को ज्यों ही हीरो के आत्मदाह की खबर लगी उन्होंने फौरन हम लोगों को फोन किया और हीरो को बेहतरीन इलाज मुहैया कराने का निर्देश दिया। उन्होंने अस्पताल के डॉक्टरों से भी बातचीत की। अखिलेश यादव ने हम लोगों से कहा कि कितना भी पैसा लग जाए, पैसे की चिंता मत करना, लेकिन हीरो के इलाज में कोई कोताही नहीं होनी चाहिए। लेकिन कोई इलाज काम नहीं आया। बुरी तरह से झुलस चुका हीरो समाजवाद की राह पर चलकर शहीद हो गया। एक-एक कार्यकर्ताओं की परेशानियों को हमेशा दूर करने की कोशिश करने वाले अखिलेश के लिए यह बड़ा सदमा था। हीरो का पार्थिव शरीर लेकर हम सड़क मार्ग से लखनऊ के लिए निकले। उधर लखनऊ में अखिलेश यादव बेचैन थे। बार-बार फोन कर जानकारी लेते कि हम कहाँ पहुँचे हैं। हीरो के परिवार को लेकर वे बहुत चिंतित थे। हम लोग हीरो का पार्थिव शरीर लेकर 17 जनवरी की रात 9 बजे लखनऊ पहुँचे। पार्टी कार्यालय पर बहुत ही गमगीन माहौल था। हीरो का पार्थिव शरीर पार्टी कार्यालय में रखा गया। अखिलेश यादव समेत वरिष्ठ नेताओं ने हीरो को श्रद्धांजलि दी। उसके बाद हीरो का पार्थिव शरीर लेकर खुद अखिलेश यादव हमारे साथ रात 10 बजे हीरो के गाँव के लिए निकले। रात में ही हम लोग हीरो के गाँव पहुँच गए। सर्दी की उस काली रात में हीरो के अंतिम संस्कार तक अखिलेश यादव जागते रहे। अखिलेश को इतना व्यथित और गमगीन हमने कभी नहीं देखा था। उन्होंने हीरो के परिवार को हरसंभव मदद का भरोसा दिया और उसे पूरा भी किया। यह अखिलेश यादव के मानवीय पक्ष का ऐसा चेहरा है जिसे कम ही लोग जानते हैं।

दो युवा कार्यकर्ताओं की शहादत के बाद पार्टी ने फौरन विरोध प्रदर्शन स्थगित कर दिया। लेकिन जेल में अब भी बड़ी संख्या में समाजवादी पार्टी के युवा नेता बंद थे। समाजवादी पार्टी के नेताओं पर फरजी मुकदमे लादे जा रहे थे। इटावा में पुलिस फायरिंग में मारे गए मुकेश यादव के हत्यारों पर अब तक कोई कारवाई नहीं हुई थी। प्रदेश भर में नौजवानों पर हो रहे जुल्म के विरोध और छात्रसंघ की बहाली की माँग को लेकर

21 फरवरी को प्रदेशव्यापी प्रदर्शन का फैसला हुआ। एक बार फिर से समाजवादी पार्टी के कार्यकर्ताओं ने प्रदेश भर में जोरदार प्रदर्शन किया। अखिलेश यादव ने लखनऊ में विरोध प्रदर्शन की सीधे कमान सँभाली। यहाँ पुलिसिया काररवाई में कई कार्यकर्ता घायल हुए। विरोध प्रदर्शनों की आग तेज हो रही थी तो उत्तर प्रदेश की मायावती सरकार का दमनचक्र भी उसी अनुपात में बढ़ रहा था। लेकिन अखिलेश यादव ने हार नहीं मानी। आखिरकार मायावती सरकार को कुछ मुद्दों पर झुकना पड़ा। सूबे की मायावती सरकार ने फौरन विरोध प्रदर्शनों को खत्म करने के लिए छात्रसंघों की बहाली का आदेश दिया। लेकिन समाजवादी पार्टी कार्यकर्ता इससे संतुष्ट नहीं थे। उन्हें इसमें मायावती की चाल नजर आ रही थी। समाजवादी पार्टी के युवा कार्यकर्ताओं का विरोध प्रदर्शन बढ़ता जा रहा था। इस दौरान युवा संगठनों ने छोटे-बड़े कई आंदोलन किए।

युवा संगठनों के प्रभारी अखिलेश यादव का दायरा भी अब बड़ा हो रहा था। युवा संगठनों के अलावा भी पार्टी के दूसरे आंदोलनों से लेकर रैलियों तक में उनकी भूमिका बढ़ने लगी। पार्टी ने अब उन पर सरकार विरोधी आंदोलनों की रूपरेखा तय करने की अहम जिम्मेदारी डाली। अखिलेश यादव ने आंदोलनों से लेकर विधानसभा तक में समाजवादी पार्टी के विरोध की भूमिका तय की। यह अखिलेश यादव का ही विचार था कि विधानसभा में विरोध स्वरूप समाजवादी पार्टी के बिधायकों ने काले गुब्बारे उड़ाए। यह अनूठा विरोध प्रदर्शन था, जिसमें नएपन की छौंक थी। ये अखिलेश यादव ही थे जिन्होंने विधानसभा चुनावों में हार के बाद समाजवादी पार्टी में फिर से जोश भर दिया था। युवा संगठनों के प्रभारी अखिलेश यादव अब पूरी पार्टी का चेहरा बनते जा रहे थे।

पार्टी में बढ़ती भूमिका के बीच अखिलेश यादव ने युवा संगठनों को सक्रिय कर रखा था। दूसरी तरफ मायावती ने छात्रसंघों की बहाली का ऐलान कर दिया था, लेकिन मायवती सरकार की मंशा ऐसा कुछ करने की नहीं थी। 4 सितंबर को युवा संगठनों के कार्यकारिणी की बैठक में छात्रसंघ चुनावों को लेकर आंदोलन शुरू करने का फैसला लिया गया। इसके तहत छात्र जागरूकता सप्ताह मनाने और आखिर में महाविद्यालयों में धरना प्रदर्शन का फैसला हुआ था। इस योजना के तहत 15 से 22 सितंबर को पूरे प्रदेश में छात्र जागरूकता सप्ताह मनाया गया। 22 सितंबर को लखनऊ के के.के.सी. महाविद्यालय में धरना प्रदर्शन के बाद हजारों छात्रों का जुलूस राजभवन पहुँचा और महामहिम राज्यपाल को ज्ञापन सौंपा। छात्रों ने चेतावनी दी कि अगर ब.स.पा. सरकार ने छात्रसंघ चुनावों की तारीख नहीं घोषित की तो इससे बड़ा विरोध प्रदर्शन किया जाएगा।

इस बीच समाजवादी पार्टी के युवा संगठनों के सम्मेलन भी होते रहे। 14 मार्च, 2009 को लखनऊ में हुए सम्मेलन में मायावती के खिलाफ आंदोलन तेज करने का फैसला लिया गया। इन आंदोलनों में करीब 2000 नौजवान जेलों में गए। कुछ

कार्यकर्ताओं को साल–साल भर जेल में बिताने पड़े। इस बीच लोकसभा के चुनाव हुए। समाजवादी पार्टी ने जोर–शोर से चुनाव लड़ा। हालाँकि इन चुनावों में पार्टी को पिछले लोकसभा चुनाव के 39 सीटों के मुकाबले सिर्फ 23 सीटें ही मिलीं। इसकी वजह रणनीति में कुछ कमी मानी गई। हालाँकि 23 सीटें पाने के बावजूद समाजवादी पार्टी लोकसभा में तीसरी सबसे बड़ी पार्टी बनकर सामने आई। अखिलेश यादव ने इस चुनाव में कन्नौज और फिरोजाबाद दो सीटों से चुनाव लड़ा। उन्हें दोनों सीटों पर जीत मिली। इन चुनावों को राज्य में बहुजन समाज पार्टी की हार के तौर पर देखा गया। पार्टी में अखिलेश यादव की बढ़ती भूमिका को देखते हुए अब उन्हें बड़ा दायित्व देने का फैसला कर लिया गया था। हालाँकि अब यह बस वक्त की बात थी कि अखिलेश की नई भूमिका क्या होगी और कब से होगी।

□

अध्याय 9

संसद् में युवा अखिलेश

अखिलेश यादव जब साल 2000 में उपचुनाव जीतकर 13वीं लोकसभा में सांसद बने उस दौर में भारतीय राजनीति एक नई करवट ले रही थी। यह वह वक्त था जब आजाद हिंदुस्तान की सियासत में तीसरी पीढ़ी के नेताओं की एंट्री हो रही थी। इनमें से कुछ बड़े राजनेताओं के पुत्र-पुत्रियाँ थे। कुछ राजा-रजवाड़े खानदान से ताल्लुक रखने वाले युवा थे। सियासत में तीसरी पीढ़ी के ऐसे नेताओं की एक लंबी फेहरिस्त थी। राहुल गांधी, उमर अब्दुल्ला, ज्योतिरादित्य सिंधिया, सचिन पायलट, जतिन प्रसाद, संदीप दीक्षित, मिलिंद देवड़ा, पंकजा मुंडे, दीपेंद्र हुड्डा आदि नाम इस सूची में शामिल थे। इनमें से कुछ की सियासी एंट्री हो चुकी थी और कुछ आनेवाले सालों में सियासी मैदान में उतरने वाले थे। ये सभी भारतीय सियासत की दूसरी पीढ़ी के नेताओं की संतान हैं। इनमें से ज्यादातर की शिक्षा-दीक्षा महँगे स्कूलों में हुई है। कुछ तो विदेश में ही पले बढ़े हैं। इन सबके बीच धरतीपुत्र मुलायम सिंह यादव के बेटे अखिलेश यादव ने भी सियासत में एंट्री ली। लेकिन वे इन सबसे जुदा हैं। उनकी पढ़ाई-लिखाई महँगे कॉन्वेंट स्कूल में नहीं हुई। वे कड़े सैनिक अनुशासन वाले मिलिटरी स्कूल से पढ़कर निकले हैं। मिलिटरी स्कूल में कोई बच्चा खास नहीं होता है। सभी एक समान होते हैं। दूसरे अखिलेश यादव की परवरिश आम बच्चों जैसे ही हुई। यहाँ तक कि उनके साथ पढ़ने वाले ज्यादातर बच्चों को भी पता नहीं होता था कि वे समाजवादी सियासत के कद्दावर नेता मुलायम सिंह यादव के बेटे हैं। इंजीनियरिंग कॉलेज की पढ़ाई के दौरान भी यही हुआ। इन तमाम खूबियों की वजह से उस वक्त अखिलेश यादव का नाम सियासत के तमाम युवा चेहरों के बीच सबसे जुदा था। बचपन से ही उन्होंने गरीबों और किसानों की मुश्किलों और मुसीबतों को बहुत करीब से देखा। उन्हें गरीबों, समाज के कमजोर तबकों और अल्पसंख्यकों के लिए संघर्ष करने की क्षमता विरासत में मिली है। पिता

की तरह वे भी गरीबों और किसानों के हक की आवाज बुलंद करने वाले नेता हैं।

13वीं लोकसभा में अखिलेश यादव युवा सांसदों में शुमार थे। वे पहली बार 1999 में पिता मुलायम सिंह के फरमान पर सियासत के मैदान में उतरे। 1999 में कन्नौज लोकसभा सीट से उपचुनाव लड़े। फरवरी 2000 में सांसद चुन लिये गए। कन्नौज लोकसभा सीट नेताजी ने खाली की थी। यह सीट सोशल जस्टिस की लड़ाई के लिहाज से ऐतिहासिक रही है। डॉ. राममनोहर लोहिया 1967 में इसी सीट से चुनकर संसद् पहुँचे थे। बाद में नेताजी इस सीट से लड़े और विजयी रहे। साल 2000 में समाजवाद के युवा नायक अखिलेश यादव कन्नौज की लड़ाई जीतकर लोकसभा पहुँचे। अखिलेश यादव की संसदीय पारी जब शुरू हुई तब लोकसभा बड़े-बड़े सियासी दिग्गजों का अखाड़ा थी। उस वक्त लोकसभा में अटल बिहारी वाजपेयी, सोनिया गांधी, सुषमा स्वराज, मुलायम सिंह यादव, लाल कृष्ण आडवाणी, मुरली मनोहर जोशी, नीतीश कुमार, रामविलास पासवान, राजेश पायलट, चंद्रशेखर, जॉर्ज फर्नांडिस, यशवंत सिन्हा जैसे दिग्गज नेता थे। ऐसे सदन का सदस्य होना बड़ी उपलब्धि थी। नेताजी समाजवादी पार्टी संसदीय दल के नेता थे। पिता की देख-रेख में अखिलेश की सियासी शिक्षा-दीक्षा शुरू हुआ। पिता को देखकर अखिलेश यादव संसदीय राजनीति को आत्मसात करने की कोशिश करते। लेकिन समाजवादी राजनीति की सच्ची तालीम सही मायनों में उन्हें दिग्गज समाजवादी नेता जनेश्वर मिश्र उर्फ छोटे लोहिया से मिली।

जनेश्वर मिश्र का समाजवादी सियासत में ही नहीं, बल्कि भारतीय राजनीति में बहुत सम्मान था। बड़े-बड़े कद्दावर और दिग्गज नेता उनकी सियासत का लोहा मानते थे। हालाँकि अखिलेश यादव को समाजवादी सियासत विरासत में मिली है। बचपन में ही उन्होंने पिता को गरीबों और कमजोरों की लड़ाई लड़ते देखा है। यह समाजवादी सोच का ही नतीजा है कि गरीबों के लिए कुछ करने का जुनून उनके दिल में गहरे तौर पर बसा हुआ है। लेकिन ये जनेश्वर मिश्र ही थे जिन्होंने उनकी समाजवादी सोच को धार दी। छोटे लोहिया ने उन्हें डॉ. लोहिया के विचारों को पूरी तरह से अपने भीतर उतार लेने की सलाह दी। युवा समाजवादी अखिलेश यादव वैसे भी डॉ. राममनोहर लोहिया के विचारों से खासे मुतमईन थे। डॉ. लोहिया जिस सोशल जस्टिस की लड़ाई लड़े, उसे वे मुकाम तक पहुँचाना चाहते हैं। उन्होंने जनेश्वरजी की सलाह पर समाजवाद के पुरोधा के किताबों का अध्ययन किया। उनके लेखों को पढ़कर मनन किया। उनके उठाए मुद्दों की गहराई में गए। संसदीय राजनीति में डॉ. लोहिया के योगदान के बारे में जाना। डॉ. लोहिया के बारे सिर्फ समाजवादियों के नजरिए का ही अध्ययन नहीं किया, बल्कि विरोधियों की नजर से भी डॉ. लोहिया को अच्छी तरह से जाना समझा। इस दौरान उन्हें जब भी, जहाँ भी, कोई संशय होता, फौरन जनेश्वरजी के पास पहुँच जाते

थे। जनेश्वरजी भी ऐसा शिष्य पाकर बहुत ही खुश रहा करते थे। उनके पास सियासी अनुभवों की लंबी थाती थी। वे अखिलेश यादव को बड़े गौर से सुनते थे। उसके बाद अपने अनुभवों के पिटारे से उनका संशय दूर करते। उस दौर के समाजवादी नेताओं और सांसदों की बात करें तो अखिलेश यादव का सबसे ज्यादा वक्त जनेश्वरजी के साथ बीतता था। वे हमेशा खुले तौर पर यह स्वीकार करते हैं, "सियासत का क ख ग मैंने जनेश्वरजी से सीखा। उन्होंने बहुत कुछ ऐसा सिखाया जो आज भी बहुत काम आता है। सही मायनों में समाजवाद की परिभाषा जनेश्वरजी ने ही समझाई। वे जब तक जीवित रहे, राजनीतिक मार्गदर्शन करते रहे।" अखिलेश यादव पहली बार क्रांति रथ लेकर उत्तर प्रदेश के दौरे पर निकले तो जनेश्वरजी ने ही हरी झंडी दिखाई थी।

इन सबके बीच 13वीं लोकसभा में युवा सांसद अखिलेश यादव राष्ट्रीय राजनीतिक दलों की मौजूदगी में एक उम्मीद के तौर पर उभर रहे थे। वे संसदीय राजनीति के ऐसे युवा चेहरे के तौर पर सामने आए जो गरीबों, अल्पसंख्यकों और वंचितों के हक और हुकूक की बात करता है। वे संसद् में सोशल जस्टिस के सबसे युवा पैरोकार बने। उन्होंने बतौर सांसद लोकसभा में हर वे मुद्दे उठाए जो गरीबों, किसानों, वंचितों से जुड़ा हो। संसदीय राजनीति में वे कामगारों और दबे-कुचले समाज के समग्र विकास के लिए सतत रूप से सक्रिय रहे। 13वीं लोकसभा सदस्य के तौर पर वे खाद्य, रसद और सार्वजनिक वितरण समिति के सदस्य रहे। 2000 से 2001 तक आचार नीति समिति के सदस्य रहे। साल 2000 से 2004 तक विज्ञान और प्रौद्योगिकी, पर्यावरण और वन समिति के सदस्य रहे। पर्यावरण उनका पसंदीदा विषय है। पर्यावरण और वन समिति में सदस्य के तौर पर उन्होंने कई अहम सुझाव दिए। पर्यावरण पर उनकी बातों को समिति के वरिष्ठ सदस्य भी गौर से सुनते और उनके सुझावों की तारीफ करते। अखिलेश यादव ने पीने के पानी की स्वच्छता का मुद्दा भी संसद् में प्रमुखता से उठाया।

मशहूर पर्यावरणविद् सुनीता नारायणन की अगुवाई वाले सेंटर फॉर साइंस ऐंड एनवॉयरमेंट की साल 2004 की रिपोर्ट में कोल्ड ड्रिंक्स में कीटनाशक मिले होने का खुलासा हुआ। संसद् में खूब हल्ला हंगामा के बाद इस मुद्दे पर ज्वाइंट कमेटी बनी। कमेटी ने सी.ई.सी. के रिपोर्ट की पुष्टि की। 13वीं लोकसभा में बनी इस कमेटी में अखिलेश यादव भी मेंबर थे। इसमें दोनों सदनों से कुल मिलाकर 15 सदस्य थे। शरद यादव इसके अध्यक्ष थे। कमेटी ने इस मामले पर 184 पेजों की विस्तृत रिपोर्ट तैयार की। इसमें अखिलेश यादव की बड़ी अहम भूमिका थी। उन्होंने आँकड़ों और उदाहरणों के साथ इस समस्या के निपटने के उपाय सुझाए। हालाँकि हैरानी की बात यह रही कि मनमोहन सिंह की अगुवाई वाली यू.पी.ए. सरकार ने इस रिपोर्ट पर कोई काररवाई नहीं की।

साल 2004 में अखिलेश यादव कन्नौज लोकसभा सीट से 14वीं लोकसभा के लिए चुने गए। अब तक वे परिपक्व राजनेता के तौर पर सामने आ चुके थे। 14वीं लोकसभा में वे प्राक्कलन समिति, नगर विकास समिति, सांसदों, राजनैतिक दलों के कार्यालयों और लोकसभा सचिवालय के अफसरों के लिए कंप्यूटर व्यवस्था संबंधी समिति, विज्ञान और प्रौद्योगिकी समिति के सदस्य रहे। इस लोकसभा में भी वे पर्यावरण और वन समिति में शामिल होना नहीं भूले। साल 2009 में वे तीसरी बार लोकसभा के लिए चुने गए। इस कार्यकाल में वे एक बार फिर पर्यावरण एवं वन समिति के सदस्य रहे। इसके अलावा विज्ञान और प्रौद्योगिकी, 2जी स्पेक्ट्रम घोटाला संयुक्त संसदीय समिति के भी सदस्य रहे। अखिलेश यादव कई कमेटियों के साथ विदेश यात्राओं पर भी गए। वे पहले भी देश-विदेश घूमे थे। कई बार ऐसा हुआ कि कमेटी में ऐसे सीनियर सांसद होते जो पहली बार विदेश जा रहे होते। अखिलेश यादव कमेटी में पूरी तल्लीनता से काम तो करते ही थे। सुझाव भी देते थे। लेकिन विदेश दौरे में जरूरत पड़ने पर सदन के सीनियर सदस्यों की मदद करने से भी पीछे नहीं हटते। कई बार कद्दावर शख्सियत के बेटे से मदद लेने में सीनियर सदस्य हिचकते, लेकिन युवा सांसद की विनम्रता उनकी हिचक खत्म कर देती थी।

अखिलेश यादव 13वीं, 14वीं और 15वीं लोकसभा के सदस्य के तौर पर करीब 12 साल तक लोकसभा में रहे। इस दौरान उन्होंने लोक कल्याण और भ्रष्टाचार के खिलाफ आवाज बुलंद की। लोकसभा में सैकड़ों सवाल पूछे। जनहित और राष्ट्रहित के मसलों पर अपनी बेबाक राय रखी। कन्नौज के सांसद के तौर पर स्थानीय लोगों के दुःख और तकलीफ से जुड़े मुद्दे उठाए। लोकसभा में उन्होंने शिक्षा, स्वास्थ्य, गरीबी, खेती, विदेश नीति, राष्ट्रीय सुरक्षा, मुसलमानों के हक, आरक्षण जैसे बुनियादी मुद्दों पर अपनी राय तो रखी ही, तात्कालिक महत्त्व के कई सवालों पर रचनात्मक सुझाव भी रखे। उन्होंने न सिर्फ विभिन्न समस्याओं पर विचार रखे, बल्कि समस्याओं के स्थायी समाधान के सुझाव भी दिए। लोकसभा में दिए गए उनके भाषणों में डॉ. राममनोहर लोहिया और जयप्रकाश नारायण जैसे समाजवादी चिंतकों के दर्शन की झलक मिलती है। उन्होंने संसद् में समाजवादी पार्टी का प्रतिनिधित्व करते हुए जो विचार रखे वह समाजवादी परंपरा को सुदृढ एवं दूरगामी बनाते हैं।

संसद् में अखिलेश यादव पूरी तैयारी से बोलते थे। जिस विषय पर बोलना होता काफी होमवर्क करते थे। एक बार वे हाईवे प्रोजेक्ट पर बोल रहे थे। इस बीच संबंधित मंत्री ने उन्हें टोक दिया। लेकिन उनके जवाब के बाद मंत्री जी शांत हो गए। वे चुपचाप अपनी सीट पर बैठ गए। अंग्रेजी में पढ़े-लिखे अखिलेश यादव ने लोकसभा में हमेशा बेहतरीन हिंदी में ही भाषण दिया। उनके हिंदी प्रेम पर, यह कहकर कि उनकी पढ़ाई-

लिखाई अंग्रेजी में हुई है, सवाल उठाने वालों को शायद ही मालूम होगा कि स्कूल के वक्त से ही वे हिंदी में दस्तखत करते रहे हैं। कॉलेज की पढ़ाई के दौरान उन्हें इसका खामियाजा भी भुगतना पड़ा। मैसूर इंजीनियरिंग कॉलेज में एक शिक्षक को उनका हिंदी में दस्तखत करना नहीं पसंद था। वे अकसर मना भी करते थे। लेकिन अखिलेश यादव नहीं माने। उसका खामियाजा यह उठाना पड़ा कि उस टीचर ने अपने विषय में उन्हें कम अंक दिए थे, लेकिन यह उनकी दृढ इच्छाशक्ति है कि ऐसी छोटी-मोटी बाधाओं के सामने कभी नहीं झुके।

अखिलेश यादव सिर्फ युवा पीढ़ी ही नहीं बल्कि राजनीति में आने वाले युवाओं के लिए भी आदर्श हैं। बुरी आदतों से वे कोसों दूर रहते हैं। जो उन्हें पसंद नहीं है, कोई भी उनसे जबरदस्ती नहीं करा सकता। कोई भी उन्हें उनके इरादों से हिला नहीं सकता। उन्होंने सियासत में ऊँचे दरजे का मानदंड स्थापित किया है। 13वीं लोकसभा की ही बात है। कुछ युवा सांसद शाम को पार्टी कर रहे थे। उसमें अखिलेश यादव को भी बुलाया गया था। पार्टी चल रही थी। इस बीच ड्रिंक का भी दौर शुरू हो गया। कई युवा सांसदों के हाथ में गिलास थी। लेकिन अखिलेशजी इन सबसे दूर बस जश्न का आनंद ले रहे थे। युवा सांसद उन पर भी ड्रिंक लेने का दबाव बनाने लगे। लेकिन उन्होंने बड़ी ही विनम्रता से मना कर दिया। इस पर दूसरी पार्टी के युवा सांसदों ने चुटकी भी ली कि तुम ड्रिंक नहीं लेते इसीलिए तुम्हारी पार्टी राष्ट्रीय पार्टी नहीं बन पाती। अखिलेश यादव इस चुटकी को हँसकर टाल गए, लेकिन उन्होंने ड्रिंक को हाथ भी नहीं लगाया।

अखिलेश यादव के आदर्श व्यक्तित्व से समाजवादी पार्टी के युवा सांसदों ने बहुत कुछ सीखा। धर्मेंद्र यादव, अक्षय यादव, तेज प्रताप यादव ने संसदीय राजनीति में वक्त-वक्त पर उनका मार्गदर्शन प्राप्त किया और आज भी वे जरूरत पड़ने इन युवा नेताओं को रास्ता दिखाते और सुझाते हैं। 16वीं लोकसभा में मैनपुरी से सांसद तेज प्रताप यादव बताते हैं कि आज भी राजनीतिक मसलों पर वे चाचा अखिलेश यादव से सलाह-मशविरा करते हैं। व्यस्तता होने के बावजूद अखिलेश यादव हमेशा पार्टी के युवा सांसदों के मार्गदर्शन के लिए आसानी से उपलब्ध रहते हैं। दिग्गज समाजवादी नेता चंद्रशेखर के बेटे नीरज शेखर ने उनकी संसदीय राजनीति को करीब से देखा है। जिक्र छिड़ने पर नीरज शेखर अकसर उनकी संसदीय राजनीति के बारे में चर्चा करते हैं। 2016 के मई महीने की एक सुबह नीरज शेखर ने अखिलेश यादव की संसदीय राजनीति से जुड़ी कई सुनी अनसुनी कहानियाँ बताईं।

नीरज शेखर जब 2008 में संसद् पहुँचे तब अखिलेश यादव लोकसभा में थे। तब से लेकर 2012 तक उन्हें संसदीय राजनीति में अखिलेश यादव को करीब से काम करते देखने का मौका मिला। नीरज शेखर बताते हैं, ''संसद् ही नहीं संसद् के बाहर

भी अखिलेशजी की राजनैतिक सोच समकालीन दूसरे युवा नेताओं से बिल्कुल जुदा है। इसकी वजह उनकी शिक्षा और संस्कार हैं। वे डॉ. लोहिया, नेताजी, जनेश्वरजी और पिताजी (चंद्रशेखर) की सामाजिक सोच से प्रभावित हैं। हम अकसर संसद् के सेंट्रल हॉल में साथ वक्त बिताते थे। बतौर सांसद वे हमेशा यह कहते थे कि उत्तर प्रदेश और देश के लिए कुछ अलग करना है। वे सियासत के तय पैटर्न से एकदम अलग सोचते हैं। नौजवानों और बच्चों के प्रति उनकी विकासवादी सोच का नतीजा लैपटॉप योजना है। इस योजना को लागू करने से पहले वे अकसर कहा करते थे कि शिक्षा प्राप्त कर रहे नौजवानों और बच्चों के लिए कुछ ऐसा करना है जैसा दुनिया में किसी ने न किया हो। ऐसा वही व्यक्ति कर सकता है जो दूर की सोचता हो। उनका मानना है देश के भविष्य को सही हुनर से लैस करने से ही हमारा कल सुधरेगा।'' हकीकत की जमीन पर देखा जाए तो अखिलेश यादव की सोच सही साबित हो रही है। लैपटॉप योजना के नतीजे आने लगे हैं और इस योजना का लाभ उठाने वाले बच्चे अब प्रदेश को आगे ले जाने में भूमिका निभाने की हालत में आ गए हैं। लैपटॉप योजना एक ऐतिहासिक काम है। इससे रोजगार के क्षेत्र में राज्य के युवाओं को मदद मिलनी शुरू हो गई है।

मैंने भी अखिलेशजी की राजनीति को करीब से देखा है। हम सब पूरी पार्टी के लोग उनकी एक खूबी से बहुत अच्छे से परिचित हैं। उनकी खासियत यह है कि वे लोगों से खूब मिलते हैं। कभी किसी को मना नहीं करते। उनकी समस्या सुनते हैं और उसका समाधान करने की कोशिश करते हैं। जब वे सांसद थे तब भी और मुख्यमंत्री बनने के बाद भी लोगों से मिलने का सिलसिला जारी है। नीरज शेखर इसका जिक्र छिड़ने पर चंद्रशेखरजी को याद करने लगे। उन्होंने बताया, ''पिताजी कहते थे कि जनप्रतिनिधि को जनता से जरूर मिलना चाहिए और उनकी समस्याओं के निराकरण की कोशिश करनी चाहिए। लोग अपने नेता के पास बड़ी उम्मीद लेकर आते हैं।'' हम सबने देखा भी है कि अखिलेश यादव लोगों के दिल से जुड़ते हैं। कार्यकर्ताओं तक को नाम से जानते हैं और उनसे व्यक्तिगत रिश्ता रखते हैं। इस खूबी की वजह से ही कार्यकर्ता भी अखिलेश यादव से दिल से जुड़ता है। इन खूबियों से तो हम सभी परिचित हैं। लेकिन नीरज शेखर ने एक वाकया सुनाया जो यह बताने के लिए काफी है कि अखिलेश यादव कार्यकर्ताओं के दिल में किस हद तक बसते हैं। यह वाकया तब का है जब वे सांसद थे। एक ही गाड़ी से अखिलेश यादव और नीरज शेखर बलिया से लखनऊ के लिए निकले। बलिया से निकलने में देर हो गई। रात में सफर कर लखनऊ पहुँचना था। नीरज शेखर को हैरानी तब हुई जब लखनऊ तक रास्ते में कई जगह देर रात तक कार्यकर्ता अपने युवा नेता का इंतजार कर रहे थे। रात दो-दो बजे तक कार्यकर्ता इंतजार करते मिले। अखिलेश यादव ने भी कार्यकर्ताओं को निराश नहीं किया।

कार्यकर्ताओं में लोकप्रिय अखिलेश यादव संसदीय राजनीति के दिनों में अपने लोकसभा क्षेत्र की जनता का पूरा खयाल रखते थे। उनके स्कूली दिनों के मित्र रमेश लाकड़ा को दिल्ली में पोस्टिंग के दौरान इसे करीब से देखने का मौका मिला। रमेश लाकड़ा फौज में कर्नल के पद पर हैं। वे बताते हैं, ''सुबह-शाम अखिलेश सर के आवास पर फरियादियों की लाइन लगी होती थी। वे सबकी फरियाद सुनते और परेशानियों को दूर करने की कोशिश करते। कई बार हाल ये हो जाता था कि दोस्त इंतजार करते रहते थे। लेकिन देर रात तक फरियादियों का ताँता लगा रहता था। सियासत में आने के बाद वे पूरी तरह से समाज को समर्पित हो गए। जब कभी हम उनसे कहा करते थे कि अपने लिए भी वक्त निकालिए तो उनका जवाब होता था कि कन्नौज से कोई शख्स अगर दिल्ली तक आया है तो बहुत उम्मीद लेकर आया होगा। उसकी उम्मीद टूटनी नहीं चाहिए।'' रमेश लाकड़ा बताते हैं कि अखिलेश यादव के यहाँ आनेवाले फरियादियों में जो सबसे मजेदार बात उन्होंने देखी वह यह थी कि सेना से जुड़े लोग भी उनके यहाँ खूब फरियाद लेकर आते थे। आम तौर पर सेना से जुड़े लोग किसी नेता के पास फरियाद लेकर नहीं जाते। लेकिन मिलिटरी स्कूल की पृष्ठभूमि की वजह से सेना से जुड़े लोगों को लगता है कि अखिलेश यादव उनकी परेशानी को बेहतर तरीके से समझते हैं।

संसद् में भी अखिलेश यादव दूसरे युवा नेताओं की तुलना में खूब लोकप्रिय रहे। लाइब्रेरी से लेकर कैंटीन तक में काम करने वाले कर्मचारी उन्हें अपनी परेशानी बिना झिझक सुनाते थे। वे परेशानियों को दूर भी करते थे। उनकी संसद् के कर्मचारियों में लोकप्रियता का एक किस्सा नीरज शेखर सुनाते हैं, ''वाकया उस दिन का है जब यू.पी.ए. सरकार के दूसरे कार्यकाल में तीन युवा नेताओं ने मंत्री पद की शपथ ली। उन्होंने अखिलेशजी, धर्मेंद्र यादव और मुझे लंच का न्यौता दिया। तीनों युवा मंत्री और हम तीनों लोग संसद् की ऊपर की कैंटीन में पहुँचे। बीस मिनट तक वहाँ बैठे इंतजार करते रहे। वेटर को बुलाया भी। लेकिन व्यस्त वेटर्स ने तीन-तीन युवा मंत्रियों की तरफ ध्यान ही नहीं दिया। अब अखिलेशजी मंद-मंद मुसकराने लगे। उन्होंने कहा कि चलिए मैं आप लोगों को लंच कराता हूँ। वे हम सबको लेकर सेंट्रल हॉल में पहुँचे। उनका इशारा पाते ही कैंटीन का स्टाफ भागकर हमारी टेबल पर आ गया। उसने बड़े प्यार से हम लोगों को लंच कराया। यह उनकी लोकप्रियता का एक छोटा सा किस्सा भर है। लेकिन यह बताता है कि अखिलेश यादव को सभी इसलिए प्यार और सम्मान देते हैं क्योंकि वे लोगों से व्यक्तिगत तौर पर जुड़ते हैं। यही समाजवादियों का गुण होता है।''

यह तो अखिलेश यादव की संसदीय राजनीति की छोटी सी बानगी भर है। यहाँ हम उनके संसद् में उठाए कुछेक सवाल और भाषणों का जिक्र करेंगे। हालाँकि उन्होंने समाज के व्यापक हित में सैकड़ों सवाल किए। लेकिन सिर्फ तीन या चार सवालों का

जिक्र ही उनकी व्यापक चिंता को दिखा देता है। इन सवालों से पता चलता है कि समाज के मुद्दे लोकसभा में उनके सवालों का विषय हुआ करते थे। इसमें मायावती सरकार की दमनकारी नीतियों के खिलाफ लोकसभा में अखिलेश यादव का ऐतिहासिक भाषण भी है। इस भाषण के जरिए उन्होंने मायावती सरकार की बर्बर नीतियों से पूरे देश को अवगत कराया था।

अखिलेश यादव के संसद् में उठाए गए कुछ सवाल

कन्नौज और औरैया में नवोदय विद्यालय के संदर्भ में सवाल

20 अगस्त, 2001

देश के सभी नवोदय विद्यालयों का संचालन और नियंत्रण केंद्र सरकार कर रही है। मेरे संसदीय क्षेत्र कन्नौज और उत्तर प्रदेश के औरैया में एक नवोदय विद्यालय का विगत वर्षों से निर्माण हो रहा है। स्कूल निर्माण की गति इतनी धीमी है कि उस क्षेत्र के हजारों छात्र-छात्राओं और अभिभावकों में घोर निराशा व्याप्त है। अत: केंद्र सरकार और संबंधित मंत्रीजी का ध्यान आकर्षित करते हुए सरकार से यह माँग करता हूँ कि जिला औरैया में आधे-अधूरे निर्मित नवोदय विद्यालय का निर्माण कार्य शीघ्र पूरा कर अन्य आवश्यक साधन उपलब्ध कराएँ। जिससे जल्द-से-जल्द पढ़ाई शुरू की जा सके।

कन्नौज में पुल के निर्माण के संदर्भ में सवाल

29 अगस्त, 2001

कन्नौज को काली नदी विभाजित करती है। नदी की वजह से संसदीय क्षेत्र भी दो भागों में बँट गया है। पुल न होने के कारण क्षेत्र की जनता को काफी कठिनाइयों का सामना करना पड़ता है। पुल के अभाव में 35 किलोमीटर से भी अधिक की दूरी तय कर लोग अपने गंतव्य जाते हैं। इसमें समय भी काफी बर्बाद होता है। मैं केंद्र सरकार से माँग करता हूँ कि काली नदी पर शीघ्र एक पुल का निर्माण करने के लिए उत्तर प्रदेश सरकार को आवश्यक धन उपलब्ध कराएँ। जिससे क्षेत्र की जनता को वर्षों से हो रही आवागमन की इस विकट समस्या का समाधान मिल सके।

जी.टी. रोड पर जाम के संदर्भ में सवाल

15 जुलाई, 2009

दिल्ली से सीधा रास्ता जीटी रोड है। इस मार्ग में कई जिले जैसे—अलीगढ़, एटा,

कन्नौज, मैनपुरी आदि पड़ते हैं। वर्तमान जी.टी. रोड पर ट्रैफिक का इतना ज्यादा दबाव रहता है जिसकी कल्पना भी नहीं की जा सकती। दस किलोमीटर की दूरी तय करने में 2 घंटे से अधिक समय लगता है। समय चाहे सुबह का हो या दोपहर का, शाम का हो या मध्यरात्रि का। कोई भी वक्त हो। इस मार्ग में यात्रियों से भरी बस के जाम में फँसने पर महिलाओं, बच्चों और बूढ़ों की बदतर स्थिति देखते ही बनती है। अत: मैं सरकार से माँग करता हूँ कि व्यापक लोकहित के इस महत्त्वपूर्ण विषय पर ध्यान देते हुए दिल्ली से कानपुर तक के जी.टी. रोड को 6 लेन का बनाने का प्रस्ताव मंजूर कर निर्माण कार्य शुरू कराएँ।

समाजवादी पार्टी के नेताओं को सदन की काररवाई में शामिल नहीं होने देने से रोकने के मसले पर अखिलेश यादव का ऐतिहासिक भाषण

14 मार्च, 2011

अखिलेश यादव : अध्यक्ष महोदया, मैं 7 मार्च, 2011 की तारीख से अपनी बात शुरू करता हूँ। समाजवादी पार्टी का आंदोलन पहले से घोषित था। 7 मार्च, 2011 को जब हम लोग घर से निकलकर सदन की कार्यवाही में शामिल होने जा रहे थे तो देखा कि सब जगह बैरीकेडिंग हो गई थी, कहीं से निकल नहीं सकते थे और दिल्ली नहीं पहुँच सकते थे। जब हमने आपको पत्र लिखा तो आपके हस्तक्षेप द्वारा हमें निकलने का मौका मिला। उसके बाद हमारे बहुत से साथी कन्नौज में आंदोलन करते हुए गिरफ्तार हो गए थे और उन्हें जेल में भेज दिया गया था। 9 मार्च, 2011 की तारीख को मैंने खुद कार्यक्रम बनाया और यह समझा कि मैं लखनऊ जाऊँगा, वहाँ से कन्नौज पहुँचकर अपने कार्यकर्ताओं से मिलूँगा। मैं इंडियन एयरलाइंस की फ्लाइट पकड़ कर लखनऊ एयरपोर्ट पहुँचा तो क्या देखता हूँ कि बहुत सारे पुलिस अधिकारी और कई दूसरे अधिकारी जिन्हें मैं पहचान नहीं सकता था, वहाँ आकर मेरे पास खड़े हो गए। उन्होंने मुझसे कहा कि आपको हमारे साथ चलना है। मैंने कहा कि कहाँ चलना है, तो उन्होंने कहा कि बस, आपको चलना है। उसके बाद वे एयरपोर्ट पर उस जगह ले गए जहाँ सी.आई.एस.एफ. या सेंट्रल फोर्सेज रहती हैं, उनके अलावा उत्तर प्रदेश की पुलिस और उसके अधिकारी वहाँ थे। वे मुझे धक्का मारते हुए लेकर गए। एक सीनियर अधिकारी बृजलाल जो प्रदेश के पुलिस महानिदेशक (का ूून व्यवस्था) हैं तथा एडिशनल एस.पी. श्री बी.पी. अशोक और दूसरे डी.के. ठाकुर जो बड़े अधिकारी हैं, लखनऊ में उन्हीं के कहने से कानून चलता है, उन्हीं के कहने से झूठे मुकदमे दरज हो रहे हैं। वे सब लोग मुझे लेकर गए। मेरे दोनों हाथ पकड़ लिये और दो अधिकारी पीछे से मुझे धक्का-

मुक्की करते हुए ले जा रहे थे। जब मैं एयरपोर्ट से बाहर आया तो मैंने देखा कि वहाँ पर मेरी सुरक्षा में तैनात जो सिपाही थे, उनमें से एक भी नहीं है। मुझे मालूम पड़ा कि जो सिपाही मेरी सुरक्षा में तैनात थे, साढ़े सात बजे सुबह ही पुलिस उन्हें भी उठाकर ले गई और उनके मोबाइल फोन भी उनसे छीन लिये। उन्हें लखनऊ कैंट के थाने में रखा गया। जब मैं एयरपोर्ट से बाहर आया तो मैंने चाहा कि मैं प्रेस वालों से बात कर लूँ। लेकिन जितनी गलत भाषा का इस्तेमाल उन अधिकारियों को करना था, वह किया और मेरे साथ धक्का-मुक्का की। वे मुझे धक्का मारते हुए दोनों हाथ पकड़ कर ले जा रहे थे और मैं बोल नहीं सकता था। लेकिन फिर भी मुश्किल से दो-चार शब्द मैं प्रेस वालों से बोल पाया। उपरोक्त सारी घटनाएँ टी.वी. पर पूरे देश के लोगों ने देखी। उसके बाद उन्हीं अधिकारियों ने मुझे उठाकर, मेरे दोनों हाथ पकड़े थे और पीछे से भी पकड़ा हुआ था, मेरे पैर उठाकर एक एम्बेसडर कार में ठूँस दिया। जैसे ही मैं गाड़ी के अंदर गया कि ड्राइवर ने गाड़ी चलाना शुरू कर दिया। मुझे नहीं पता था कि पहले से ही उस गाड़ी में एक और पुलिस वाला बैठा था। अभी गाड़ी चलनी ही शुरू हुई थी और दरवाजे भी बंद नहीं हुए थे कि दूसरा पुलिस वाला भी अंदर घुस गया। मैंने मुश्किल से जगह दी तो मुझे खींचकर दोनों अधिकारियों ने अपने बीच में बिठा दिया। लगभग 90-100 किलोमीटर प्रति घंटे की रफ्तार से गाड़ी चली। रास्ते में कई मोड़ आए जहाँ गाड़ी पलटते-पलटते बची। मैंने बार-बार पूछा कि मुझे कहाँ लेकर जा रहे हो, लेकिन किसी ने कोई जवाब नहीं दिया। सड़क पर आते वक्त भी गाड़ी पलटते-पलटते बची। जब जेल का मैंने दरवाजा देखा, जो जिले की नई बड़ी जेल लखनऊ से बाहर 14-15 किलोमीटर दूर बनी है, वहाँ ले जाकर मुझे जेल में बंदकर दिया। यह घटना मेरे साथ तो हुई ही है, इसके साथ ही हमारी मोहनलाल गंज की सांसद माननीया सुशीला सरोजजी के साथ भी 7 तारीख को घटना हुई। इन पर भी लाठी चलाई गई, इनकी चेन पुलिस के लोगों ने छीन ली। इनके हाथ में लाठी लगी है। सांसद और भी हैं उन्हें भी इसी तरह से अपमान का सामना करना पड़ा है। हमारा आंदोलन बहुत शांतिपूर्ण ढंग से चल रहा था। मैं तो लखनऊ में, आंदोलन में शामिल भी होने नहीं जा रहा था, लेकिन जिस तरह से हमारे छात्र-संगठन से जुड़े नौजवानों को मारा गया। वह बहुत ही शर्मनाक घटना है। उनकी माँग शांतिपूर्ण थी जिस पर लाठी चली, अनेक लोगों के हाथ-पैर में फ्रैक्चर हैं, माननीय आनंद भदौरिया का पैर टूटा है, सुनील कुमारजी का हाथ भी टूटा है। आनंद भदौरियाजी के कान का परदा भी फटा हुआ है। इसी तरह से छात्र नेता पंकज की आँख चली गई होती। इसी तरह से राजेश नाम के नौजवान को पुलिस ने बहुत मारा है तथा जो गालियाँ उन्हें दी गईं, वह मैं सदन में बयान नहीं कर सकता हूँ। मेरे पास एक तसवीर है जिसमें डी.जी. (कानून व्यवस्था) बृज लाल के इशारे पर डी.आई.जी. डी.के. ठाकुर

ने गरदन पर पैर रखकर उसे मारा है।

अध्यक्ष महोदया: ठीक है, आप इसे पटल पर रख दीजिए।

श्री अखिलेश यादव : उसकी जान जा सकती थी तथा इस तरह की गालियाँ दी गईं, जिनकी मैं कल्पना नहीं कर सकता हूँ। हम लोगों का नाम लेकर गालियाँ दी गई हैं। इन अधिकारियों ने कहीं-न-कहीं सम्मान गिराया है। मैं लोकसभा का सदस्य हूँ, उसके बाद भी अपमानजनक भाषा का इस्तेमाल किया गया, अश्लील गालियाँ दी गईं। मैं इतना मर्माहत एवं भावुक हो गया हूँ कि मैं ठीक से सभी बातें यहाँ कह भी नहीं सकता हूँ। मैं आपको एक पत्र देना चाहता हूँ और इस पत्र के द्वारा मैं विशेषाधिकार हनन की सूचना आपको दे रहा हूँ। मैं आपसे अनुरोध करता हूँ कि इस पूरे मामले को लोकसभा की विशेषाधिकार समिति को सौंप दिया जाए, जिससे संसद् सदस्य के सम्मान के साथ खिलवाड़ करने वाले अधिकारियों को दंडित किया जा सके और संसद् सदस्य के सम्मान की गरिमा को बरकरार रखा जा सके। मेरा आपसे निवेदन है कि इस पूरे केस को विशेषाधिकार समिति को सौंप दिया जाए।

□

अध्याय 10

संघर्ष से सत्ता तक

वर्ष 2009 के आम चुनाव में समाजवादी पार्टी 23 सीटें जीतकर लोकसभा में तीसरी बड़ी पार्टी बन गई थी। लेकिन नतीजे पार्टी की उम्मीदों के मुताबिक नहीं रहे। लोकसभा चुनाव के नतीजों के लिहाज से उत्तर प्रदेश को राहुल गांधी की उपलब्धि माना गया। 2004 के लोकसभा चुनावों में उत्तर प्रदेश में सिर्फ 10 सीटों पर सिमट जाने वाली कांग्रेस को 2009 में 21 लोकसभा सीटों पर जीत मिली। कांग्रेस की जीत का श्रेय राहुल गांधी को दिया जा रहा था जो सिर्फ पाँच साल पहले सक्रिय राजनीति में उतरे थे। जीत के बाद कांग्रेस ने जोर-शोर से यह मुद्दा उछालना शुरू कर दिया कि उत्तर प्रदेश का युवा अब अपना भविष्य कांग्रेस में देखता है। मीडिया का एक धड़ा राहुल गांधी को करिश्माई नेता साबित करने में जुट गया। समाजवादी पार्टी और खासकर अखिलेश यादव के लिए यह सहज स्थिति नहीं थी। राहुल गांधी से चार साल पहले राजनीति में एंट्री करने वाले अखिलेश यादव ने कड़े संघर्ष से युवाओं की एक फौज तैयार की थी। उन्होंने 2000 से 2009 के बीच सड़क पर उतरकर सैकड़ों आंदोलन चलाए थे। युवाओं को जुझारू और क्रांतिकारी तेवर दिया था। युवाओं का उनमें भरोसा बना रहे, ऐसे में यह जरूरी हो गया था कि उनकी समाजवादी पार्टी में बड़ी भूमिका हो।

लोकसभा चुनाव के बाद समाजवादी पार्टी की समीक्षा बैठक में उम्मीद के मुताबिक सीट न मिलने पर चर्चा शुरू हुई। इस बैठक में रामगोपाल यादव ने समाजवादी पार्टी के दिग्गज नेताओं से एक सवाल पूछा कि क्या बैठक में मौजूद नेता हाना मोंटाना को जानते हैं? किसी समाजवादी दिग्गज के पास इसका जवाब नहीं था। सवाल का जवाब उन्होंने खुद ही दिया। उन्होंने कहा, "अखिलेश या उनके बच्चों से पूछिए। वे आपको बता देंगे।" दरअसल हाना मोंटाना दोहरी जिंदगी जीने वाली एक लोकप्रिय अमेरिकी गर्ल कैरेक्टर है जिसकी युवाओं में खूब दीवागनी थी। रामगोपाल यादव इस सवाल और

फिर इसके जवाब के जरिए यह जताने की कोशिश कर रहे थे कि वक्त बदल रहा है। समाजवादी पार्टी को भी तेजी से बदलते वक्त के मुताबिक बदलना होगा। पार्टी नेतृत्व में अब पीढ़ी का बदलाव होना चाहिए। अगुवाई युवा पीढ़ी के हाथ में आनी चाहिए।

समाजवादी पार्टी में इस सुझाव पर गंभीर विचार मंथन शुरू हुआ। रामगोपाल यादव ने नेतृत्व बदलाव का यह सुझाव यूँ ही नहीं उछाला था। भारत की पूरी सियासत उस वक्त संक्रमण के दौर से गुजर रही थी। ज्यादातर पार्टियों में नेतृत्व बदलाव वक्त की जरूरत बन गई थी। युवा अब ऊब रहा था। उसे घिसी-पिटी बात करने वाले नेताओं की जगह अपनी भाषा बोलने और समझने वाले युवा नेता चाहिए थे। जो सोशल साइटों की भाषा समझते हों। जिनके लिए अंग्रेजी अछूत न हो। जो उनकी बेरोजगारी को मुद्दा बनाने के साथ ही रोजगार के लिए मजबूत राह बना सके। राजस्थान के धौलपुर मिलिटरी स्कूल से पढ़ाई करने से लेकर सिडनी में पर्यावरण इंजीनियरिंग तक की डिग्री हासिल करने वाले अखिलेश यादव में ये माद्दा और काबिलियत थी। हालाँकि नेताजी कुछ हिचक रहे थे। उनकी हिचक स्वाभाविक थी। वे नहीं चाहते थे कि उन पर बेटे को आगे बढ़ाने का आरोप मढ़ा जाए। यह एक पिता की हिचक थी। लेकिन 2000 में सियासत में एंट्री मारने वाले अखिलेश यादव के संघर्षों की लंबी फेहरिस्त थी। 2002 में पार्टी युवा संगठनों के प्रभारी बनने के बाद शायद ही कोई ऐसा महीना बीता हो जिसमें अखिलेश यादव ने कोई धरना प्रदर्शन, आंदोलन या फिर युवाओं का सम्मेलन न किया हो। पिछले 9 साल में समाजवादी पार्टी के ज्यादातर आंदोलन उनकी अगुवाई में कामयाबी के साथ हुए। समाजवादी पार्टी के जिस आंदोलन की कमान युवा संगठनों के हाथ में नहीं होती थी उसमें भी युवाओं की बड़ी भागीदारी होती थी। सरकार और विपक्ष दोनों भूमिका में पार्टी का युवा संगठन और युवा कार्यकर्ता लगातार सक्रिय रहा। लेकिन अब वक्त आ गया था कि पार्टी में पीढ़ीगत बदलाव भी हो। ये सिर्फ समाजवादी पार्टी की जरूरत नहीं थी बल्कि हर दल और हर संगठन इसी प्रक्रिया से गुजर रहा था। जो जितनी जल्दी बदलाव करता। कामयाबी उसी के हाथ लगनी थी। अच्छी बात यह थी कि समाजवादी पार्टी में इस पर वक्त से मंथन शुरू हो गया। नेताजी खुद भी चाहते थे कि पार्टी में युवाओं का प्रतिनिधित्व बढ़े। खैर एक पिता की हिचक पर युवा नेता का सड़क पर संघर्ष भारी पड़ा। जब यह फैसला हो गया कि अखिलेश यादव ही अब उत्तर प्रदेश में समाजवादी पार्टी की कमान सँभालेंगे तो नेताजी ने एक बार फिर से उन्हें जनेश्वर मिश्र के पास भेजा।

नई जिम्मेदारी मिलने के पहले अखिलेश यादव जनेश्वर मिश्र के पास पहुँचे। जनेश्वर मिश्र ने 35 साल के इस युवा नेता को समझाया, ''संभव है पार्टी के कुछ वरिष्ठ उन्हें आसानी से नेता स्वीकार नहीं करें। वे विरोध करें। उनकी राह मुश्किल

करें। लेकिन उन्हें इन हालातों से घबराना नहीं होगा, बल्कि अपना काम करते रहना होगा। हो सकता है कि वे नेता अखिलेश जिंदाबाद न कहें, लेकिन इससे फर्क नहीं पड़ता। जब मुझे इस बात का यकीन हो जाएगा कि आपने खुद को बतौर नेता स्थापित कर लिया है तो मैं अखिलेश जिंदाबाद के नारे लगाऊँगा।'' जनेश्वरजी ने उन्हें याद दिलाया कि आप डॉ. राममनोहर लोहिया की सीट से प्रतिनिधित्व करते हैं। आप पूरी तरह से लोहिया के विचारों और राजनीति को अपने भीतर उतार लीजिए। छोटे लोहिया जनेश्वर मिश्र ने सीख के साथ अखिलेश यादव के कंधों पर बड़ी जिम्मेदारी सौंप दी थी। अब उन्हें पार्टी नेताओं, कार्यकर्ताओं और जनता के साथ जनेश्वरजी की नजरों में भी खुद की नेतृत्व क्षमता को साबित करना था। नेताजी के विश्वस्त सहयोगी जनेश्वरजी खुद लोहिया के शिष्य रहे। लोहिया को उन्होंने अपने भीतर जिया। नेताजी भी मानते थे कि समाजवाद की सबसे बेहतर समझ जनेश्वरजी को थी। जब नेताजी बड़े नेता बनने की तरफ बढ़ रहे थे तो जनेश्वरजी ने उनसे भी यही बात कही कि जिस दिन वे अपनी नेतृत्व क्षमता साबित करेंगे उस दिन मंच से मुलायम सिंह जिंदाबाद के नारे लगाएँगे। जनेश्वरजी ने अपना यह वादा तब निभाया जबकि नेताजी सियासत के सबसे मुश्किल दौर से गुजर रहे थे। उत्तर प्रदेश में कांग्रेस की सरकार थी और वी.पी. सिंह मुख्यमंत्री थे। उन्होंने डकैतों के खिलाफ अभियान छेड़ रखा था। इस अभियान में कई बेगुनाह मारे जा रहे थे। नेताजी ने जब इसके खिलाफ आवाज उठाई तो वी.पी. सिंह ने बहुत ही चालाकी से उन्हें डकैतों का सरपरस्त घोषित कर दिया था। लेकिन इन हालातों में भी नेताजी डरे नहीं और लोहिया के सिद्धांतों पर टिके रहकर वी.पी. सिंह के खिलाफ आवाज उठाते रहे। नेताजी की जिंदगी पर खतरा पैदा हो गया था। लेकिन वे संघर्ष को धार देते रहे। तब इलाहाबाद की एक सभा में जनेश्वरजी ने मंच से सावर्जनिक रूप से नेताजी की नेतृत्व क्षमता की तारीफ की थी। अब अखिलेश यादव के सामने भी वहीं चुनौती थी कि उन्हें उस शख्स से शाबाशी मिले जिसने सबसे पहले उन्हें राजनीति में आने की सलाह दी थी और सियासत में एंट्री से लेकर आंदोलनों के जरिए संगठन को धार देने के हर कदम पर उनका मार्गदर्शन किया और जिस शख्स से उन्होंने समाजवादी सियासत के बहुत सारे गुर सीखे थे।

4 जून, 2009 को समाजवादी पार्टी ने अखिलेश यादव को उत्तर प्रदेश की कमान सौंप दी। अखिलेश उत्तर प्रदेश में पार्टी के नए प्रदेश अध्यक्ष बने। उस वक्त शिवपाल सिंह यादव उत्तर प्रदेश समाजवादी पार्टी के अध्यक्ष थे। कमान सँभालने के साथ ही अखिलेश यादव पार्टी को चुस्त–दुरुस्त करने में जुट गए। लेकिन उनकी राह आसान नहीं थी। आने वाले कुछ महीने उनके लिए मुश्किल बीतने वाले थे। हालाँकि सियासत में अच्छे और बुरे दिन आते रहते हैं। लेकिन अखिलेश यादव को इसका अंदाजा नहीं था

कि मुश्किल दिन जल्द ही आने वाले हैं। अध्यक्ष नियुक्त किए जाने के अगले ही दिन युवा नेता दिल्ली से लखनऊ पहुँचे। उनके स्वागत में जुटी कार्यकर्ताओं की भीड़ एक बार फिर से 11 सितंबर, 2002 की याद दिला रही थी, जब वे युवा संगठनों और युवा आंदोलनों के प्रभारी नियुक्त होने के बाद लखनऊ पहुँचे थे। पार्टी दफ्तर में कार्यकर्ताओं को संबोधित करते हुए उन्होंने कहा कि चुनाव के दौरान समाजवादी पार्टी पर चौतरफा हमला हुआ। फिर भी जनता ने दूसरों दलों की बनिस्पत समाजवादियों पर ही भरोसा जताया। अब जनता के इस भरोसे को कायम रखना समाजवादियों की जिम्मेदारी है।

अध्यक्ष पद सँभालने के साथ ही अखिलेश यादव ने मायावती सरकार के खिलाफ जंग छेड़ दिया। उन्होंने दौरे और आंदोलन की रूपरेखा बनानी शुरू कर दी। 14 जून को बाराबंकी, फैजाबाद और गोंडा जिलों का दौरा किया। दौरे की शुरुआत में उन्होंने कार्यकर्ताओं को भरोसा दिलाया कि लोकसभा चुनाव में जो भी खामियाँ रहीं उन्हें दूर कर संगठन को और मजबूत बनाया जाएगा और यह जिम्मेदारी युवाओं के कंधों पर होगी। उन्होंने मायाराज के खिलाफ संघर्ष छेड़ दिया, लेकिन साथ है यह भी कहा कि कांग्रेस की अगुवाई वाली केंद्र की यू.पी.ए. सरकार को छह महीने का मौका देंगे। अगर इस दौरान महँगाई कम नहीं हो पाई और केंद्र की जनविरोधी नीतियाँ बरकरार रहीं तो समाजवादी पार्टी केंद्र सरकार के खिलाफ भी हल्ला बोल शुरू करेगी। समाजवादी पार्टी ने पत्थर की मूर्तियों पर मायावती सरकार की फिजूलखर्ची के खिलाफ आंदोलन की रूपरेखा तैयार की। अखिलेश यादव ने मायावती की पत्थर की मूर्तियों के खिलाफ 3 जुलाई को शोक दिवस मनाने का ऐलान किया। उत्तर प्रदेश की मुख्यमंत्री मायावती इससे इतना घबरा गईं कि उन्होंने 25/26 जून की रात के अँधेरे में ही लखनऊ में अपनी मूर्तियों का अनावरण कर डाला। समाजवादी पार्टी ने भी मायावती के इस कदम का कड़ा जवाब देते हुए 26 जून को शोक दिवस मनाया और मायावती की मूर्तियों पर काली पट्टियाँ बाँध दीं। भारत के सियासी इतिहास में यह पहला वाकया है जब किसी सियासी हस्ती ने अपनी ही पत्थर की मूर्तियाँ बनवाईं और उनका अनावरण भी किया हो। प्रदेश में जनता तबाह थी, लेकिन मायावती पत्थर की मूर्तियों और स्मारकों पर हजारों करोड़ रुपए फूँक रही थीं। ऐसा लगता है कि मायावती आज भी राजे-महाराजाओं के युग में जीती हैं। उन्हें चापलूसी बहुत ही पसंद है। लेकिन यह शब्द ऐसा था, जिसे अखिलेश यादव जरा भी पसंद नहीं करते थे। जब वे समाजवादी पार्टी के अध्यक्ष बने तो जनेश्वरजी ने उन्हें एक और सलाह दी थी कि अब आप प्रदेश में पार्टी के अध्यक्ष हो गए तो अध्यक्ष पद की गरिमा बनाए रखने के लिए आप नेताओं के पैर नहीं छुएँगे। अखिलेश यादव ने अध्यक्ष पद सँभालते ही इस परंपरा पर अंकुश लगाया। डॉ. लोहिया मानते थे कि राजनीति में लोग ज्यादातर चापलूसी की वजह से ऐसा करते हैं।

अखिलेश यादव अपनी टीम में युवा और अनुभव दोनों का संतुलन बनाकर रखना चाहते थे। उन्होंने 2002 से पार्टी के लिए संघर्ष कर रहे युवा संगठनों के नेताओं को आगे बढ़ाकर जिम्मेदारी सौंपनी शुरू की। यह दौर टैलेंट हंट का था। हर टी.वी. चैनल अपने-अपने तरीके से टैलेंट हंट में लगा था। कोई सिंगर तलाश रहा था तो कोई कॉमेडियन की खोज कर रहा था। कोई टी.वी. चैनलों के कलाकारों में बेहतरीन डांसर की तलाश में लगा था। इसी वक्त राहुल गांधी टी.वी. चैनलों का टैलेंट हंट राजनीति में उठा लाए। वे प्रदेश भर में इंटरव्यू के जरिए राजनीति में टैलेंट हंट कर रहे थे। अखिलेश से जब इस टैलेंट हंट की बाबत सवाल पूछे गए तो उनका जवाब था कि राजनीति में युवाओं को जरूर आगे आना चाहिए। लेकिन असली टैलेंट तो छात्रसंघ चुनावों से आते हैं जो लोग टैलेंट हंट कर रहे हैं, छात्रसंघ चुनावों पर उनका रुख साफ नहीं है। अखिलेश यादव अगर राहुल गांधी के टैलेंट हंट पर सवाल उठा रहे थे तो यह गलत नहीं था। समाजवादी पार्टी ही एकमात्र ऐसा दल था जिसने छात्रसंघ बहाली को लेकर संघर्ष किया और 2003 में नेताजी के मुख्यमंत्री बनने पर छात्रसंघ को बहाल भी कराया था। उस वक्त समाजवादी पार्टी का ज्यादातर युवा टैलेंट इन्हीं छात्रसंघ चुनावों और युवा संगठनों की सियासत से निकलकर आया था। समाजवादी पार्टी ने युवाओं के संघर्षों में शामिल होकर उन्हें अपने साथ जोड़ा था। राहुल गांधी जहाँ टैलेंट शो चला रहे थे तो समाजवादी पार्टी में ऐसे टैलेंट की भरमार थी। इसमें छात्रसंघ से निकला टैलेंट तो था ही, साथ ही युवा शिक्षक थे। प्रोफेशनल्स थे। लेकिन ये सब इंटरव्यू के जरिए सियासत में नहीं आए थे। बल्कि अपने-अपने पेशे से निकलकर समाजवादी पार्टी के युवा संगठनों के संघर्षों की राह पर चलकर सियासत में आए थे।

खैर, राहुल गांधी जब टैलेंट हंट में लगे थे तब अखिलेश यादव मायावती सरकार के खिलाफ संघर्षों को और धार दे रहे थे। समाजवादी पार्टी ने उनकी अगुवाई में मायावती सरकार के खिलाफ निर्णायक लड़ाई छेड़ने का ऐलान किया। नेताजी ने 11 से 16 सितंबर तक पाँच दिनों के आंदोलन का अह्वान किया। आंदोलन भ्रष्टाचार, महँगाई, बाढ़, सूखा, बिजली संकट, खजाने की लूट, बिगड़ती कानून व्यवस्था और किसानों की जमीन के जबरिया अधिग्रहण के खिलाफ था। पूरे सूबे में अखिलेश यादव की अगुवाई में समाजवादी पार्टी कार्यकर्ताओं ने इस आंदोलन में बढ़-चढ़कर हिस्सा लिया। मायावती ने एक बार फिर समाजवादियों के आंदोलन को कुचलने की तैयारी की। लेकिन पिछले 9 सालों में अखिलेश यादव की अगुवाई में सैकड़ों आंदोलनों में शामिल हो चुका समाजवादी पार्टी का युवा कार्यकर्ता मायावती के बर्बर तरीकों से नहीं डरा। कार्यकर्ताओं को पीटा गया। जेल भेजा गया। फरजी मुकदमे दर्ज किए गए। लेकिन तमाम सरकारी दमन के बावजूद प्रदेश भर में करीब 10 लाख समाजवादी कार्यकर्ताओं

ने इस आंदोलन में हिस्सा लिया। आंदोलन के दौरान वाराणसी में पुलिस लाठीचार्ज में घायल कार्यकर्ताओं का हाल-चाल पूछने अखिलेश खुद गए।

इस बीच उपचुनाव आ गए। 15वीं लोकसभा के लिए अखिलेश यादव ने फिरोजाबाद और कन्नौज दोनों सीटों से जीत दर्ज की थी। संवैधानिक व्यवस्था की वजह से उन्हें एक सीट छोड़नी थी। उन्होंने फिरोजाबाद सीट से इस्तीफा दे दिया। उनके इस्तीफा देने के बाद फिरोजाबाद के हालात भी वैसे ही हो गए जैसे 1999 में कन्नौज के थे। आखिरकर समाजवादी पार्टी को यहाँ से डिंपल यादव को उम्मीदवार बनाना पड़ा। 1999 में अखिलेश यादव के सियासत में आने के बाद डिंपलजी ने परिवार की जिम्मेदारियों को बखूबी सँभाल लिया था। लेकिन हालात की वजह से आखिरकर पति की राजनीति में एंट्री के 10 साल बाद उन्हें भी सियासत में उतरना पड़ा। डिंपलजी के प्रत्याशी घोषित होते ही सभी दल मिलकर उन्हें हराने की साजिश में जुट गए। कांग्रेस ने यहाँ से राजबब्बर को उम्मीदवार बना दिया। राजबब्बर समाजवादी पार्टी से होकर ही कांग्रेस में आए थे। बी.जे.पी. और बी.एस.पी. ने कमजोर प्रत्याशी उतारकर चुनाव को सीधी टक्कर का बना दिया। डिंपलजी को जबरदस्त समर्थन मिल रहा था। 2000 में सारे दलों ने कन्नौज में नेताजी के बेटे को हराने के लिए परदे के पीछे हाथ मिला लिये थे। उसी तरह करीब नौ साल बाद फिरोजाबाद में अखिलेश यादव की पत्नी को हराने के लिए विपक्ष एकजुट हो गया। बी.जे.पी. नेता प्रचार की बजाय अपने वोटों को कांग्रेस प्रत्याशी के समर्थन में ट्रांसफर कराने में जुट गए। समाजवादी पार्टी की हमेशा से कोशिश रही है कि सेक्युलर ताकतों को मजबूत किया जाए। इसी सोच के चलते लोकसभा चुनाव में समाजवादी पार्टी ने अमेठी में राहुल गांधी और रायबरेली में सोनिया गांधी के खिलाफ उम्मीदवार नहीं उतारे थे। लेकिन लोकसभा चुनाव में कामयाबी से उत्साहित कांग्रेस इन बातों को भूल गई थी। आखिरकार विपक्ष की साजिशों के चलते डिंपलजी को उपचुनाव में हार मिली। यह हार पार्टी और अखिलेश यादव के लिए बड़ा झटका थी। अखिलेश यादव ने डिंपलजी की हार को सदमे से बढ़कर बताया। अभी उन्हें प्रदेश में समाजवादी पार्टी की कमान सँभाले सिर्फ चार ही महीने हुए थे कि डिंपलजी को चुनाव में हार को मुँह देखना पड़ा। उत्तर प्रदेश में एक बार फिर राहुल गांधी को जीत नसीब हुई। लोकसभा में उम्मीद से ज्यादा सीटें मिलने के बाद कांग्रेस उत्तर प्रदेश में सरकार बनाने का सपना देखने लगी थी। राहुल गांधी को कांग्रेस उत्तर प्रदेश में मुख्यमंत्री पद का संभावित दावेदार मानने लगी थी। उपचुनाव में डिंपलजी की हार के बाद कांग्रेस के हौंसले और भी बुलंद हो गए। राहुल गांधी को युवाओं का भविष्य बताया जाने लगा। ये कांग्रेसियों की अखिलेश यादव को खुली चुनौती थी। उन्होंने इस चुनौती को स्वीकार कर लिया और कहा कि हमने किसी को चुनौती नहीं दी, लेकिन

अगर कोई हमें चुनौती देता है तो उसे स्वीकार करते हैं। एक जीत से उत्साहित कांग्रेस को उन्होंने याद दिलाया कि लोकसभा के साथ उत्तर प्रदेश में 11 विधानसभा सीटों के लिए चुनाव हुए और कांग्रेस के खाते में सिर्फ एक सीट गई। बल्कि उसके दो केंद्रीय मंत्रियों ने संसद् पहुँचने के बाद जिस विधानसभा क्षेत्र से इस्तीफा दिया था वहाँ भी कांग्रेस जीत नहीं सकी। कांग्रेस की फिरोजाबाद में जीत कोई तुक्का नहीं थी बल्कि ये सभी विपक्षी दलों की मिली–जुली साजिश थी। वरना इसकी कोई वजह नहीं थी कि जो कांग्रेस लोकसभा चुनाव में फिरोजाबाद में कुछ हजार वोटों तक सिमट गई थी वह पैराशूट उम्मीदवार उतारकर तीन लाख वोट झटक ले जाए। सियासी पंडितों का मानना है कि फिरोजाबाद में बी.जे.पी. ने अपने वोट कांग्रेस को ट्रांसफर कराए।

फिरोजाबाद की हार अखिलेश यादव के लिए सदमे से बढ़कर थी। यह हार पार्टी कार्यकर्ताओं को निराश कर सकती थी। लेकिन हमेशा से ही ऐसे नाजुक मौकों पर सड़क पर संघर्ष समाजवादी पार्टी की ताकत रही है। विपरीत हालातों में भी आंदोलन और संघर्ष को गति देना समाजवादियों का पुराना इतिहास रहा है। केंद्र की सरकार बने छह महीने बीत गए थे। लेकिन 100 दिनों में महँगाई कम करने का मनमोहन सिंह का दावा फुस्स हो चुका था। समाजवादी पार्टी ने अब राज्य सरकार के साथ केंद्र की जनविरोधी नीतियों के खिलाफ आंदोलन छेड़ दिया। 19 जनवरी को पूरी ताकत से समाजवादी पार्टी सड़क पर उतर पड़ी। तमाम सुरक्षा इंतजामों को धता बताते हुए नेताजी खुद लखनऊ के हजरतगंज में जाकर धरने पर बैठ गए। प्रदेश भर में हजारों कार्यकर्ताओं को गिरफ्तार कर लिया गया। समाजवादी पार्टी के दिग्गज नेताओं ने अलग–अलग जगहों पर आंदोलन की अगुवाई की। नेताजी ने लखनऊ में मोरचा सँभाला तो इलाहाबाद में जनेश्वरजी ने आंदोलन की अगुवाई की। अखिलेश यादव खुद कानपुर में मैदान में उतरे। एक अनुमान के मुताबिक ठंड के बावजूद पूरे प्रदेश में समाजवादी पार्टी के 50 लाख कार्यकर्ताओं ने इस विरोध प्रदर्शन में हिस्सा लिया।

अखिलेश यादव की अगुवाई में समाजवादी पार्टी पूरी तरह से संघर्ष के मूड में आ चुकी थी। पार्टी कार्यकर्ताओं में जोश भरा था। अब उन्होंने पार्टी को पूरी तरह से सड़क पर उतार दिया। राज्य और केंद्र के खिलाफ पार्टी ने 8 से 23 मार्च तक जनजागरण अभियान चलाने का फैसला लिया। पार्टी के चुनाव चिह्न साइकिल पर सवार होकर अखिलेश यादव केंद्र और राज्य सरकार के जुल्म और ज्यादतियों के विरोध में निकल पड़े। इस दौरान उन्होंने अमेठी सहित कई जिलों में साइकिल चलाई। फिरोजाबाद उपचुनाव में कांग्रेस ने जिस तरह से डिंपलजी के खिलाफ उम्मीदवार उतारा था। अब अखिलेश यादव ने फैसला कर लिया था कि अमेठी और रायबरेली में कांग्रेस की राह मुश्किल कर देनी है। खैर 23 अप्रैल को लोहिया जन्मशताब्दी के मौके पर साइकिल

यात्रा का समापन किया गया। आखिरी दिन अखिलेश यादव ने लखनऊ कानपुर रोड स्थित लोहिया विधि संस्थान से लेकर लोहिया पार्क तक करीब 20 किलोमीटर साइकिल चलाई। इस दौरान उन्होंने खुद भी कार्यकर्ताओं की तरह आम साइकिल की सवारी की। जनजागरण अभियान को खूब कामयाबी मिली। कांग्रेस के गढ़ अमेठी में 14 मार्च की साइकिल रैली के दौरान उन्होंने इसकी वजह भी बताई थी। उन्होंने कहा कि साइकिल से जनजागरण इसलिए कर रहे हैं क्योंकि कांग्रेस सरकार दिन प्रतिदिन पेट्रोल और डीजल के दाम बढ़ाती जा रही है। साइकिल रैली से पेट्रोल और डीजल की बचत होगी। केंद्र की कांग्रेस और राज्य की मायावती सरकार का भ्रष्टाचार जिस अंदाज में बढ़ रहा था, उससे भी ज्यादा आक्रामक अंदाज में इस भ्रष्टाचार के खिलाफ समाजवादी जनजागरण कर रहे थे। इस बीच महँगाई पर कांग्रेस सरकार के खिलाफ माहौल बनने लगा था। समाजवादी पार्टी समेत 13 दलों ने 27 अप्रैल, 2010 को महँगाई के खिलाफ भारत बंद का आह्वान किया। नेताजी कई नेताओं के साथ संसद् परिसर में धरने पर बैठे तो उत्तर प्रदेश में अखिलेश यादव की अगुवाई में जबरदस्त बंद का आयोजन किया गया।

युवा नेता की अगुवाई में तमाम मुश्किलों से पार पाते हुए पार्टी अब एक बार फिर से जोश में आ गई थी। यह युवाओं पर अखिलेश यादव का जादुई असर ही था कि जनजागरण रैली में हजारों की संख्या में युवाओं और महिलाओं ने हिस्सेदारी की। 40-42 डिग्री तापमान और चिलचिलाती धूप में भी कार्यकर्ताओं ने कई किलोमीटर साइकिल चलाकर पार्टी का संदेश गाँव-गाँव पहुँचाया। जनवरी और मार्च के कामयाब आंदोलनों ने यह साबित कर दिया कि सूबे के अवाम की चिंता सिर्फ समाजवादी पार्टी को है। समाजवादी पार्टी को जिस तरह अवाम का समर्थन मिला उससे यह साबित हुआ कि अवाम को सिर्फ समाजवादी पार्टी पर भरोसा है। देश-प्रदेश भ्रष्टाचार से कराह रहा था। महँगाई से जनता त्राहि-त्राहि कर रही थी। बिजली कटौती चरम पर थी। छात्रों की सुध लेने वाला कोई नहीं था। फीस दिनोदिन महँगी होती जा रही थी। लेकिन इनसे बेपरवाह मायावती सरकारी खजाने को पत्थरों और स्मारकों पर लुटा रही थीं। नेताजी ने 2007 में राज्य के खजाने में 24 हजार करोड़ का सरप्लस छोड़ा था। लेकिन मायावती ने तीन सालों में राज्य के खजाने को न सिर्फ खाली कर दिया, बल्कि 52 हजार करोड़ रुपए के कर्ज का बोझ लाद दिया। ये हालात तब थे जबकि राज्य में विकास के काम ठप पड़े थे। समाजवादी पार्टी ने सूबे को इन हालातों से निकालने के मकसद से लड़ाई को और धार देने का फैसला लिया।

समाजवादी पार्टी ने महँगाई और भ्रष्टाचार के खिलाफ निर्णायक लड़ाई छेड़ने का ऐलान कर दिया। 5 जुलाई को भारत बंद का आह्वान किया गया। पूरे प्रदेश में लाखों कार्यकर्ता सड़क पर उतर गए। महँगाई के खिलाफ आंदोलन को अवाम का भी भरपूर

समर्थन मिला। युवा यह कहते हुए सड़कों पर उतरा, ''महँगाई जो रोक न पाए वह सरकार निकम्मी है। भ्रष्टाचार जो रोक न पाए वह सरकार बदलनी है।'' महँगाई के खिलाफ इस देशव्यापी आंदोलन से कांग्रेस और बहुजन समाज पार्टी ने दूरी बनाए रखी। बल्कि बहुजन समाज पार्टी आंदोलन को दबाने में दमन पर उतर आई। प्रदेश भर में हजारों कार्यकर्ताओं को गिरफ्तार कर लिया गया। प्रदर्शनकारियों पर लाठियाँ बरसाई गईं। प्रदेश सरकार की दमनकारी बंदिशों के बावजूद समाजवादी पार्टी कार्यकर्ता और जनता सड़क पर उतरे। लखनऊ में आंदोलन की अगुवाई प्रदेश अध्यक्ष अखिलेश यादव खुद कर रहे थे। यहाँ सपा कार्यकर्ताओं को रोकने के लिए पुलिस ने सुबह से समाजवादी पार्टी कार्यालय को पुलिस छावनी बना रखा था। लेकिन युवा नेता की अगुवाई में पुलिस सुरक्षा को धता बताते हुए कार्यकर्ताओं का हुजूम राजभवन की तरफ निकला। राजभवन के पास कार्यकर्ताओं को रोकने के लिए पुलिस ने बर्बर लाठीचार्ज किया। सबसे हैरानी की बात यह रही कि पुलिस ने कार्यकर्ताओं को रोकने के लिए सीवर के गंदे पानी का इस्तेमाल किया। वाटर कैनन से सीवर के बदबूदार और गंदे पानी की बौछार की गई। इस हरकत से प्रदेश सरकार ने जता दिया कि उसे महँगाई से पिसती जनता की कोई चिंता नहीं है, बल्कि उनकी आवाज उठाने वाले समाजवादियों के आंदोलन को दबाने के लिए वह किसी भी हद तक जा सकती है। लाठीचार्ज और गंदे पानी की बौछार के बाद अखिलेश यादव और शिवपाल यादव समेत हजारों कार्यकर्ताओं को गिरफ्तार कर लिया गया।

समाजवादी पार्टी हमेशा से छात्रों की हितैषी पार्टी के तौर पर जानी जाती है। भारत की सियासत में इस पार्टी ने छात्रों की जितनी लड़ाई लड़ी उतनी तो छात्र राजनीति से निकली पार्टियों ने भी नहीं लड़ी है। अखिलेश यादव की अगुवाई में समाजवादी पार्टी ने महँगाई, भ्रष्टाचार, अराजकता के खिलाफ लड़ाई के साथ छात्रों से जुड़े मुद्दों को भी उठाना जारी रखा। 30 अगस्त से पूरे प्रदेश में छात्र जागरूकता सप्ताह मनाया गया। समाजवादी पार्टी नेताओं और कार्यकर्ताओं ने छात्रों के बीच जाकर महँगी पढ़ाई, बेरोजगारी, कैंपस की दिक्कतों, सियासत में छात्रों की उपेक्षा पर गोष्ठियाँ आयोजित की। छात्रों को समाजवादी पार्टी की नीतियों से अवगत कराया। छात्रों से जुड़े मुद्दों को लेकर उन्हें जागरूक किया। समाज और देश के सुलगते मुद्दों पर निबंध प्रतियोगिताएँ आयोजित की गईं। छात्रों से संकल्प पत्र भरवाए गए। अखिलेश यादव ने छात्र जागरूकता सप्ताह से एक खास कार्यक्रम भी जोड़ा। वृक्षारोपण कराया। आखिरी दिन वे खुद लखनऊ में छात्रों के बीच मौजूद थे। उन्होंने नौजवानों से वादा किया कि समाजवादी पार्टी की सरकार बनने पर छात्रसंघों के ताले खुलेंगे।

मायावती के शासन में मंत्रियों का भ्रष्टाचार चरम पर पहुँच गया। जनता त्रस्त

और पस्त थी। मायावती के मंत्री लूट-खसोट में व्यस्त थे। खुद मायावती अपनी पत्थर की मूर्तियाँ बनाने में मस्त थीं। अखिलेश यादव की अगुवाई में समाजवादी पार्टी ने मायावती के भ्रष्ट मंत्रियों के खिलाफ जबरदस्त अभियान छेड़ दिया। उत्तर प्रदेश के लोकायुक्त के पास मंत्रियों की शिकायतें की गईं। उनके खिलाफ पक्के सबूत सौंपे गए। सड़क से लेकर विधानसभा तक भ्रष्टाचार के मामले जोर-शोर से उठाए गए। भ्रष्टाचार में आकंठ डूबी मायावती अपने मंत्रियों को बचाने की नाकाम कोशिश करती रहीं। भ्रष्टाचार के खिलाफ अखिलेश यादव की अगुवाई में समाजवादियों के आंदोलन से जब जबरदस्त दबाव बनने लगा तो मजबूरी में मायावती को अपने कई मंत्रियों को हटाना पड़ा। भ्रष्टाचार के आरोपों में घिरे मायावती के मंत्रियों की लंबी फेहरिस्त थी। रघुनाथ प्रसाद, राजेश त्रिपाठी, आनंद सेन यादव, यमुना निषाद, के.के. गौतम, अशोक दोहरे, अवध पाल सिहं, रंगनाथ मिश्रा, बादशाह सिंह, रतनलाल अहिरवार, राकेश धर त्रिपाठी, हरिओम उपाध्याय, राजपाल त्यागी, अवधेश वर्मा, यशपाल सिंह, अकबर हुसैन ऐसे कई मंत्री रहे जिन्हें समाजवादियों के आंदोलन की वजह से या तो बर्खास्त किया गया या फिर उनसे इस्तीफा माँग लिया गया। मायावती सरकार का कोई ऐसा महकमा और कोई ऐसा मंत्रालय नहीं बचा जिस पर भ्रष्टाचार के दाग न लगे हों। मायावती के
६ शासनकाल में एन.आर.एच.एम. का खूनी घोटाला हुआ। अनंत कुमार मिश्रा और बाबू सिंह कुशवाहा मायावती के दो करीबी मंत्री इस पूरे घोटाले के घेरे में रहे। उत्तर प्रदेश की जनता की सेहत सुधारने के लिए जो 5000 करोड़ रुपए मिले थे, मंत्रियों और अफसरों की मिलीभगत से लूट लिये गए। इस घोटाले को खूनी घोटाला इसलिए भी कहा जाता है क्योंकि इसमें दो सी.एम.ओ. और एक डिप्टी सी.एम.ओ. समेत सात लोगों की हत्या हुई। परिवार कल्याण के दो सी.एम.ओ. को दिनदहाड़े लखनऊ में गोलियों से भून डाला गया। डिप्टी सी.एम.ओ. की जेल में हत्या कर दी गई। अखिलेश यादव की अगुवाई में समाजवादी पार्टी ने इस मसले को सड़क से लेकर विधानसभा तक में जोर-शोर से उठाया। बाद में पूरे मामले की सी.बी.आई. जाँच हुई। घोटाले के आरोपियों को जेल जाना पड़ा।

मायावती के मंत्री सिर्फ भ्रष्टाचार में ही नहीं लिप्त थे। बल्कि मंत्री और विधायक हत्या और बलात्कार जैसे जघन्य अपराधों को भी अंजाम दे रहे थे। औरैया में मायावती के विधायक शेखर तिवारी ने लोक निर्माण विभाग (पी.डब्ल्यू.डी.) के इंजीनियर मनोज कुमार गुप्ता की पीट-पीटकर हत्या कर दी। इंजीनियर की हत्या चंदा वसूली के लिए की गई। विधायक ने इंजीनियर से पार्टी फंड के लिए 10 लाख रुपए चंदा माँगा। चंदा न देने पर विधायक और उनके गुंडे आधी रात को इंजीनियर के घर में घुस गए। इंजीनियर की पत्नी को बाथरूम में बंद कर दिया और पति को पीट-पीटकर अधमरा

कर दिया। बिजली के झटके दिए। बाद में उसे मरणासन्न हालात में थाने पहुँचा दिया। पुलिस ने पहले तो मामले को दबाने की कोशिश की। लेकिन समाजवादी पार्टी के दबाव में आखिरकार विधायक की गिरफ्तारी हुई। बाद में कोर्ट ने विधायक को सजा सुनाई।

खुद को दलितों का मसीहा बताने वाली मायावती के शासनकाल में दलित और गरीबों की बहू-बेटियाँ तक सुरक्षित नहीं थीं। मायावती के विधायक ही उनकी अस्मत लूटने में लगे थे। बांदा से बसपा विधायक पुरुषोत्तम नरेश द्विवेदी ने अति पिछड़ा समाज की लड़की को बलात्कार का शिकार बनाया। जब लड़की ने विधायक के खिलाफ आवाज उठाई तो उसे चोरी के आरोप में जेल भिजवा दिया। प्रदेश सरकार ने लड़की पर लगे चोरी के आरोपों को सही ठहराया। बाद में जब समाजवादी पार्टी का दबाव बना तो मजबूरन मायावती को इस मामले में दखल देना पड़ा और पीड़ित को रिहा कराने का आदेश देना पड़ा। विधायक को जेल भेजा गया। फतेहपुर, सुलतानपुर, इटावा के बी.एस. पी. विधायक की शिकार लड़की, मायावती के शासनकाल में ऐसे मामलों की लंबी फेहरिस्त थी। सबसे हैरानी की बात यह है कि मायावती ऐसे जघन्य अपराधों में लिप्त विधायकों और मंत्रियों की बचाने की पुरजोर कोशिश करती थीं। लेकिन समाजवादी पार्टी के तीव्र विरोध के आगे मायावती को काररवाई के लिए बाध्य होना पड़ता।

अखिलेश यादव के आह्वान पर समाजवादी पार्टी ने समाज के हर वर्ग के लिए संघर्ष करना शुरू कर दिया। हालात ये हो गए कि वकीलों को भी अपनी आवाज बुलंद करने के लिए समाजवादी पार्टी की मदद लेनी पड़ी। मायावती के तीन साल के शासनकाल में प्रदेश भर में 24 से ज्यादा वकील की हत्या हो चुकी थी। इससे वकील समुदाय आंदोलित था। समाजवादी पार्टी ने वकीलों के आंदोलन को समर्थन दिया। जनता के बीच रहकर जमीन पर सरकार की जुल्म और जनविरोधी नीतियों के खिलाफ संघर्ष का असर दिखने लगा था। समाज के हर वर्ग में समाजवादी पार्टी में जबरदस्त भरोसा जगने लगा था। जिन दलित और ब्राह्मणों के वोट से मायावती की सरकार बनने का दावा किया जाता था। समाज का यह वर्ग भी मायावती के शासन से निराश हो चुका था। यहाँ तक बहुजन समाज पार्टी का कार्यकर्ता भी मायाराज से निराश होने लगा था, जबकि अखिलेश यादव जनता के साथ अपने कार्यकर्ताओं का भी पूरा ध्यान रखते थे। कार्यकर्ताओं पर जहाँ ज्यादती होती वहाँ वे खुद जाते। कार्यकर्ताओं से मिलते। जरूरत होने पर उनकी मदद करते। आगरा में तो एक बार कार्यकर्ताओं की गिरफ्तारी होने पर वे खुद रात भर थाने के सामने ही धरने पर बैठे रहे। उस वक्त वे प्रदेश अध्यक्ष थे। अखिलेश के कंधे से कंधा मिलाकर खड़ा रहने की वजह से कार्यकर्ताओं का भी उत्साह बना हुआ था।

इस बीच दो विधानसभा सीटों पर हुए उपचुनाव में 2012 विधानसभा चुनावों का इशारा मिल गया। प्रदेश की लखीमपुर खीरी और निधौलीकला सीटों पर समाजवादी

पार्टी को जबरदस्त जीत हासिल हुई। ब.स.पा. ने हार के डर से पहले ही मैदान छोड़ दिया था। खास बात यह रही है कि सपा के दोनों उम्मीदवार नौजवान थे। प्रदेश अध्यक्ष का जिम्मा सँभालने के बाद अखिलेश यादव अब 2012 के चुनावी समर में कूदने को तैयार थे। अब 2011 का साल अखिलेश और समाजवादी पार्टी के लिए काफी अहम था। अब संघर्ष के साथ अखिलेश चुनावी तैयारियों में उतरने को तैयार थे। आने वाले साल में साइकिल और समाजवादी क्रांति रथ की इसमें अहम भूमिका होने वाली थी।

□

अध्याय 11

क्रांति रथ का सारथी

उत्तर प्रदेश में चुनावी बिगुल बजने में अभी देरी थी, लेकिन मायावती के भ्रष्ट शासन के खिलाफ लोगों में जबरदस्त आक्रोश था। मायावती शासन के पाँच साल अभी पूरे नहीं हुए थे लेकिन जनता बेसब्र हो चुकी थी। समाजवादी पार्टी के युवा नेता अखिलेश यादव ने भ्रष्ट माया सरकार को उखाड़ फेंकने का संकल्प लिया और सत्ता परिवर्तन की तैयारी में जुट गए थे। चुनाव से महीनों पहले ही अखिलेश यादव ने समाजवादियों को सड़क पर उतारकर मायावती के खिलाफ बिगुल फूँक दिया था। एकमात्र समाजवादी पार्टी और उसके प्रदेश अध्यक्ष अखिलेश यादव उत्तर प्रदेश में जनता की मुखर आवाज बन चुके थे। मायावती की जनविरोधी नीतियों के खिलाफ वे संघर्ष की आवाज बन गए थे।

वह 2011 के सितंबर महीने की 12 तारीख थी। सोमवार का दिन था। लखनऊ के विक्रमादित्य मार्ग पर मौजूद समाजवादी पार्टी दफ्तर में गहमागहमी थी। दिन के 10 बजे थे। उस दिन गुनगनी धूप थी। पार्टी कार्यालय के अंदर और बाहर हजारों कार्यकर्ता मौजूद थे। समाजवादी पार्टी के रंग में रँगा क्रांति रथ पार्टी दफ्तर में तैयार खड़ा था। क्रांति रथ और समाजवादी पार्टी दोनों को इस रथ के सारथी का इंतजार था। अचानक हलचल बढ़ गई। क्रांति रथ के सारथी अखिलेश यादव पार्टी दफ्तर पहुँच चुके थे। वहाँ जमा हजारों समाजवादी समर्थक युवा जोश से लबरेज थे। यह जोश और जनसमर्थन साफ इशारा कर रहा था कि क्रांति रथ पर सवार होकर अखिलेश बदलाव की हवा को सूबे के कोने-कोने में पहुँचाने वाले हैं। राज्य की जनता बहुजन समाज पार्टी की भ्रष्ट और लुटेरी सरकार से मुक्ति चाहती थी और उसे अखिलेश यादव के रूप में उत्तर प्रदेश की बागडोर सँभालने के लिए एक जोशीला नेता मिलने वाला था।

अखिलेश यादव ने क्रांति यात्रा को परिवर्तन का प्रतीक बताया। उन्होंने कहा कि यह यात्रा गाँव-गाँव, शहर-शहर जाकर भ्रष्ट बसपा सरकार को उखाड़ फेंकने का आह्वान

करेगी। उन्होंने यात्रा शुरू होने से पहले वादा किया कि क्रांतिरथ का पहिया तब तक चलता रहेगा जब तक मायावती सरकार विदा नहीं हो जाती। प्रदेश की भ्रष्ट बहुजन समाज पार्टी सरकार के खिलाफ क्रांतिरथ के सारथी युवा समाजवादी नेता अखिलेश यादव ने हुँकार भरी। उनका आत्मविश्वास पार्टी कार्यकर्ताओं के जोश को और ज्यादा बढ़ा गया।

लखनऊ में पार्टी दफ्तर से धूम-धड़ाके, बैंड बाजे और गगनभेदी नारों के साथ रथ यात्रा शुरू हुई। समाजवाद के सारथी बनकर अखिलेश यादव क्रांतिरथ लेकर निकल पड़े। क्रांति रथ का कारवाँ दिन के सवा 11 बजे पार्टी ऑफिस से आगे बढ़ना शुरू हुआ। रथ को हरी झंडी नेताजी और आजम खान ने दिखाई। रथ के साथ युवाओं और पार्टी कार्यकर्ताओं की फौज चल रही थी। कार्यकर्ता जोशीले नारे लगा रहे थे, ''तख्त बदल दो, ताज बदल दो, बेईमानों का राज बदल दो'', ''जिसने कभी न झुकना सीखा उसका नाम मुलायम है।'' अखिलेश यादव रथ पर सवार थे। लाल टोपी पहने और समाजवादी पार्टी का झंडा लगाए सैकड़ों मोटरसाइकिल सवार कार्यकर्ता रथ के आगे-आगे चल रहे थे। पीछे कारों की लंबी और अंतहीन कतार थी। लखनऊ में हर दस मिनट पर रथ को रोकना पड़ता था। कहीं स्वागत में फूलों की बौछार हो रही थी तो कहीं कार्यकर्ता युवा नेता को गदा और मुकुट भेंट कर रहे थे। कार्यकर्ताओं का जोश और हौंसला देखने लायक था। क्रांति रथ जैसे-जैसे आगे बढ़ रहा था, कारवाँ जुड़ता ही जा रहा था।

क्रांति रथ के पहले चरण में कारवाँ कानपुर के रास्ते आगे बढ़ा। लखनऊ के विक्रमादित्य मार्ग से कानपुर जाने वाला रास्ता समाजवादी पार्टी मय हो गया था। सड़क के दोनों तरफ आम लोगों और कार्यकर्ताओं की भीड़ अखिलेश यादव की एक झलक पाने के लिए बेताब थी। क्रांति रथ जिस रास्ते से गुजरता, वहाँ दूर-दूर तक सिर्फ कार्यकर्ताओं और गाड़ियों की ही भीड़ होती थी। बीच-बीच में अखिलेश यादव रथ की छत पर आते और लोगों का अभिवादन करते। सौम्य मुसकान और युवा सोच लोगों को खूब आकर्षित कर रही थी। रथ अमौसी के करीब पहुँचा ही था कि भीड़ से आवाज उठी, ''भ्रष्टाचारी सरकार को हटाइए।'' इस पर अखिलेश यादव ने जवाब दिया कि अभी आपको जगाने आए हैं, सपा की सरकार बनवाइए।

लखनऊ से उन्नाव की सीमा तक करीब 25 किलोमीटर का सफर पूरा करने में 4 घंटे लगे। इस दौरान आम जनता और कार्यकर्ताओं का जबरदस्त जोश और समर्थन देखने को मिला। जोश और जनसमर्थन का आलम ये था कि 25 किलोमीटर के सफर में 30 जगह बड़ी संख्या में लोगों ने यात्रा का स्वागत किया। संबोधन में अखिलेश यादव लोगों से समाजवादी क्रांति रथ के साथ आने की अपील करते, ''दोस्तो, नौजवानो! उत्तर प्रदेश की भ्रष्टाचारी सरकार को उखाड़ फेंकने के लिए समाजवादी पार्टी की क्रांति रथ

के साथ आइए।'' वे भीड़ को माया सरकार के भ्रष्टाचार, मंत्रियों और अधिकारियों के भ्रष्टाचार के किस्से सुनाते। वे अपने संबोधन में मायाराज को निशाना बनाते, लेकिन उनका चुनाव प्रचार कहीं से भी नकारात्मक नहीं होता। बल्कि वे अपने संबोधन में मायावती और उनकी भ्रष्टाचारी सरकार का जिक्र कर रहे होते तो उनका उनका अंदाज खिल्ली उड़ाने वाला नहीं होता। उनकी तकरीर में ज्यादा जोर विकास पर होता था। उन्नाव में अखिलेश यादव ने बेरोजगारी को लेकर दिल को छू लेने वाला भाषण दिया। उन्होंने कहा, ''पहले नौजवान बेरोजगार होते थे, लेकिन अब बेरोगार बाप भी हो गए हैं। प्रदेश की मुख्यमंत्री ने जनता के पैसे से सैंडिल पहन ली और अपनी मूर्ति लगा ली। लखनऊ के पार्कों और मैदानों में हजारों हाथियों की मूर्तियाँ सजा दी गईं और लोग बेरोजगार हो गए हैं।'' अखिलेश खुद को सुनने के लिए इकट्ठा अवाम को समाजवादी पार्टी की विकास परख जनोपयोगी सोच से रू-ब-रू कराते। लखनऊ से कानपुर के जिस 85 किलोमीटर के सफर को पूरा करने में बमुश्किल दो घंटे लगते हैं, समर्थकों के उत्साह और जगह-जगह स्वागत की वजह से समाजवादी क्रांति यात्रा को उसे पूरा करने में एक दिन लग गया। पहले चरण की यात्रा तीन दिन चली।

यात्रा में युवा नेता अखिलेश यादव को अवाम का ढेर सारा प्यार और भरोसा मिलने लगा था। पहले ही चरण से यात्रा को अपार जनसमर्थन मिला। संगठन में धार देने के लिए अखिलेश यादव एक परिपक्व राजनेता की तरह मायावती के कुशासन की चर्चा करते। उस वक्त मायावती सरकार के कई मंत्री भ्रष्टाचार में लिप्त थे। उनके खिलाफ लोकपाल की जाँच चल रही थी। कई मंत्रियों पर सी.बी.आई. का शिकंजा कसा हुआ था। यात्रा के जरिए युवा समाजवादी नेता ने ब.स.पा. सरकार की खामियों का सधे हुए अंदाज में खुलासा करना शुरू कर दिया। हालाँकि अब भी उनके भाषणों में विकास पर ही जोर होता। यात्रा के दूसरे चरण की शुरुआत करते हुए उनका आत्मविश्वास और भी बढ़ गया था। 'मायाराज' से ऊबी जनता उनकी तरफ उम्मीद भरी निगाह से देख रही थी।

19 सितंबर, 2011 को क्रांति रथ यात्रा का दूसरा चरण शुरू हुआ। दूसरे चरण की शुरुआत भी लखनऊ से हुई। यात्रा लखनऊ से बुंदेलखंड के कोने-कोने जानी थी। रथ यात्रा लखनऊ-रायबरेली रोड पर आगे बढ़ी। पूरे रास्ते समाजवादी पार्टी के कार्यकर्ताओं के अलावा बड़ी संख्या में आम लोग भी अखिलेश यादव के स्वागत में खड़े रहते। उनकी एक झलक दिख जाती तो लोग हाथ हिलाकर अभिवादन करते। स्वागत करने वाले रथ के साथ-साथ दौड़ने लगते। यात्रा धीरे-धीरे आगे बढ़ रही थी। भीड़ की वजह से यात्रा आगे बढ़ने में खासा वक्त लग रहा था। कोई रथ रोककर उन्हें धनुष बाण देता तो कोई गदा थमाता। आमतौर पर यात्रा में कहाँ अखिलेश यादव को भाषण देना है, कहाँ रुकना है, ये तय होता था। लेकिन यात्रा को इतना जबरदस्त जनसमर्थन मिल रहा

था कि कभी-कभी तय कायर्कम धरा का धरा रह जाता और पूरा कार्यक्रम ही जनता के मुताबिक तय करना पड़ता। मायावती के कुशासन के खिलाफ पूरे पाँच साल तक कोई भी दल सड़क पर संघर्ष के लिए नहीं उतरा था। सिर्फ अखिलेश यादव की अगुवाई में समाजवादी पार्टी सड़क पर संघर्ष कर रही थी। इससे लोगों का उनमें भरोसा बना था और अब रथ यात्रा में लोगों का वही भरोसा भीड़ के तौर पर दिख रहा था। दूसरे चरण की रथ यात्रा में पहले चरण से ज्यादा भीड़ उमड़ रही थी।

क्रांति रथ यात्रा रायबरेली के रास्ते आगे बढ़ी। उतरटिया गाँव में लोगों ने रथ को चारों तरफ से घेर लिया। भीड़ समाजवादी पार्टी और अखिलेश यादव के समर्थन में नारे लगाने लगी। भीड़ का उत्साह देखकर अखिलेश यादव खुद को रोक नहीं सके। वे रथ से उतरकर जनता के बीच आ गए। यहाँ से काफिला आगे बढ़ा तो मोहनलालगंज से पहले स्वागत के लिए खड़ी महिलाओं ने युवा नेता को रोक लिया। उन्होंने जिद की कि अखिलेश यादव रथ से उतरकर उनके साथ फोटो खिचवाएँ। युवा नेता ने महिलाओं की जिद पूरी की और तसवीर खिंचवाई। रथ यात्रा के दौरान ऐसे वाकये आम थे।

यात्रा के क्रम में रथ सोनिया गांधी के गढ़ रायबरेली पहुँचा। यहाँ तीन जनसभाएँ हुईं। समाजवाद के सारथी अखिलेश यादव अपने भाषणों के तरकश में कई तीर लेकर निकले थे। जहाँ जैसा लक्ष्य देखते थे वहाँ वैसे तीर से हमला करते थे। कांग्रेस अध्यक्ष के कर्मक्षेत्र रायबरेली में उन्होंने रेल फैक्ट्री के लिए किसानों की ली गई जमीन का मुद्दा उठाया। रायबरेली में किसानों की जमीन तो ले ली गई थी, लेकिन उन्हें पर्याप्त मुआवजा नहीं मिला था। अखिलेश यादव ने किसानों की आवाज के साथ अपनी आवाज मिला दी। अपने भाषण में वे बसपा और कांग्रेस पर अलग-अलग तीर चलाते। कहीं 'मायाराज' के भ्रष्टाचार पर वार करते तो कहीं कमरतोड़ महँगाई को लेकर केंद्र की यू.पी.ए. सरकार पर निशाना साधते। वे अपने भाषणों में कहते कि बदलाव के लिए मुद्दा सैंडिल बने या स्कैंडल, लेकिन जनता ने मायावती को हटाने का मन बना लिया है।

तीसरे चरण में क्रांति रथ यात्रा 28 सितंबर, 2011 को लखनऊ से हरदोई और शाहजहाँपुर के लिए निकली। जगह-जगह यात्रा का भव्य स्वागत हुआ। गजब का नजारा था। 30 किलोमीटर की दूरी पूरी करने में चार घंटे लगे। तीसरे चरण में समाजवादी क्रांति रथ 14 विधानसभा क्षेत्रों में गया। अखिलेश यादव समाजवादी क्रांति रथ पर उत्तर प्रदेश विजय पर निकल पड़े थे। जनसमर्थन यह बता रहा था कि इस चुनावी महाभारत में उनके मुकाबले कोई नहीं टिकेगा।

पाँचवें चरण की यात्रा 14 अक्तूबर को बरेली से शुरू हुई। यह चार दिन तक चली। यात्रा बरेली, पीलीभीत और बदायूँ तीन जिलों में गई। इस दौरान क्रांति रथ 15 विधानसभा क्षेत्रों में गया। यात्रा का छठाँ चरण 2 नवंबर को शुरू हुआ। चार दिनों तक

यात्रा चार जिलों बाराबंकी, फैजाबाद, गोंडा और बलरामपुर गई। यात्रा बाराबंकी के रामसनेही घाट से शुरू हुई और 5 नवंबर को बलरामपुर के उतरौला में जाकर संपन्न हुई। पाँच चरणों में अखिलेश यादव 50 विधानसभा क्षेत्रों में घूम चुके थे। छठे चरण में वे 20 विधानसभा क्षेत्रों में गए। यात्रा का सातवाँ चरण 13 नवंबर को अयोध्या से शुरू हुआ। इस चरण में यात्रा पूर्वी उत्तर प्रदेश के तीन दर्जन से ज्यादा विधानसभा क्षेत्रों में गई। इस चरण में यात्रा फैजाबाद, बस्ती, संत कबीर नगर, कुशीनगर, देवरिया, महाराजगंज और गोरखपुर जिले में गई। यात्रा 19 नवंबर को गोरखपुर में खत्म हुई।

सातवें चरण के बाद यात्रा करीब एक महीने रुकी रही। आठवें चरण की यात्रा 16 दिसंबर से शुरू हुई। तीन दिन में यात्रा दो जिलों शाहजहाँपुर और लखीमपुर खीरी में गई। अब तक अखिलेश यादव 150 विधानसभा क्षेत्रों में जनता से रू-ब-रू हो चुके थे। यात्रा को जबरदस्त कामयाबी मिल रही थी। इस यात्रा में उन्हें जनता का खूब प्यार मिल रहा था। उनका स्वागत उस योद्धा की तरह होता जो इनसाफ की लड़ाई लड़ने निकला है। कार्यकर्ता कहीं उन्हें धनुष बाण देते, कहीं गदा देते तो कही तलवार भेंट की जाती। कहीं उन्हें मुकुट पहनाए जाते। यात्रा अब तक 150 से ज्यादा विधानसभा क्षेत्रों में जा चुकी थी। समाजवादी क्रांति रथ यात्रा की टैगलाइन थी, ''विकास की गंगा बहाने को, अब भ्रष्टाचार मिटाने को, क्रांति रथ पर होकर सवार, निकल पड़ा है समाजवाद।'' ये लाइनें लोगों की जुबान पर चढ़ गई थीं। सबसे मजेदार बात यह थी कि ये लाइनें किसी प्रोफेशनल टीम ने नहीं लिखी थी। बल्कि अखिलेश यादव ने इसे खुद अपने फेसबुक पेज से उठाया था जहाँ किसी पार्टी समर्थक ने ये लाइनें डाली थीं।

कई चरणों से गुजरती हुई क्रांति रथ यात्रा 10 फरवरी को कन्नौज में खत्म हुई। समाजवादी क्रांति रथ ने 12 सितंबर, 2011 से 10 फरवरी, 2012 के बीच 14 चरणों में नौ हजार किलोमीटर का सफर तय किया। यात्रा के जरिए सूबे की करीब 300 विधानसभा क्षेत्रों में जनता के बीच पार्टी का संदेश पहुँचा। रथ यात्रा के जरिए अखिलेश यादव ने ज्यादा-से-ज्यादा इलाकों में पहुँचने की कोशिश की। वे राज्य के कोने-कोने में गए। हर वर्ग, हर समुदाय, हर जाति के लोगों के बीच अपनी बात पहुँचाई और समाजवादी पार्टी के लिए समर्थन माँगा। यात्रा के दौरान वे लोगों की जरुरत और उनके दुख-दर्द को समझते एक हमदर्द के तौर पर नजर आए। वे जनता की समस्याओं के समाधान के लिए तत्पर दिखे।

12 सितंबर, 2011 को लखनऊ स्थित समाजवादी पार्टी मुख्यालय में जब क्रांति रथ यात्रा का आगाज होने जा रहा था तब इस अहम मौके पर मंच पर मौजूद पार्टी के बड़े नेता माया सरकार को उखाड़ फेंकने की गर्जना कर रहे थे। लेकिन पार्टी अध्यक्ष नेताजी मंच पर खामोश बैठे हुए थे। कार्यकर्ताओं को उम्मीद थी कि नेताजी चुनावी

समर का उद्घोष करते हुए उनका उत्साहवर्धन करेंगे। लेकिन नेताजी ने चुपचाप बेटे को आशीर्वाद देकर क्रांति रथ पर बैठा दिया। शायद यह पहली दफा था, जब पार्टी के किसी चुनावी कार्यक्रम में मौजूदगी के बावजूद नेताजी ने भाषण नहीं दिया। कार्यकर्ता से लेकर नेता तक सब हैरान थे। लेकिन करीबी नेताजी के इस दाँव को समझ रहे थे। युवा और तेजतर्रार नेता अखिलेश यादव को चुनावी कमान सौंपकर नेताजी ने अपनी जिंदगी का सबसे अहम दाँव खेला था। नेताजी उस वक्त सत्तर साल के हो चुके थे। उनकी नजर पहली बार वोटर बने 35 लाख युवाओं पर थी, जो समाजवादी पार्टी की सरकार बनवाने में अहम भूमिका अदा कर सकते थे। इसी के मद्देनजर उन्होंने अखिलेश यादव को अपना सियासी वारिस बनाकर अवाम के बीच भेज दिया। नेताजी जनता की नब्ज समझते हैं। उन्हें मालूम था कि लोगों को अखिलेश यादव की सौम्य मुसकान और विकास परख सोच आकर्षित करेगी। 21वीं सदी में लोगों की जरूरत बदली। लोग विकास चाहते हैं। इस दौर में वही राजनेता कामयाबी की इबारत लिखेगा जो समाज को आधुनिक सोच के साथ विकास के रास्ते पर आगे ले जा सके। ये सारी खूबियाँ अखिलेश यादव में हैं।

दस बार विधायक, पाँच बार सांसद, केंद्र में मंत्री और तीन बार उत्तर प्रदेश के मुख्यमंत्री रह चुके नेताजी सियासी दाँव-पेच में तो माहिर हैं ही, वक्त की नजाकत को भी वह बखूबी भाँप लेते हैं। वे समझ गए थे कि मायावती को पटखनी देने के लिए कारगर रणनीति और व्यापक जनसंपर्क अभियान चलाना होगा। उनके विश्वस्त सहयोगी जनेश्वरजी ने भी उन्हें चेता दिया था। 2007 की हार के बाद जबलपुर में पार्टी की राष्ट्रीय कार्यकारिणी की बैठक हुई। इस कार्यकारिणी में जनेश्वरजी ने नेताजी को क्रांति रथ यात्रा शुरू करने की सलाह दी थी। लेकिन आपातकाल में 19 महीनों के अलावा कई किसान आंदोलनों में नौ बार जेल जाने वाले नेताजी को पता था कि उम्र के जिस पड़ाव पर वे हैं, उसमें सघन जनसंपर्क और लंबी यात्राएँ करना संभव नहीं। लिहाजा उन्होंने क्रांति रथ यात्रा की कमान बेटे को सौंप दी। समाजवाद के नए सारथी के तौर पर अखिलेश यादव का चयन नेताजी की दूरदर्शिता का ही नतीजा था। उस वक्त जो लोग इसे पुत्र मोह का नाम दे रहे थे वे भविष्य की सियासी इबारत को साफ नहीं देख पा रहे थे। लेकिन दूरदर्शी नेताजी ने इसे देख लिया था। नेताजी को यह अंदाजा था कि पार्टी के दूसरे नेता, अखिलेश यादव के मुकाबले कहीं नहीं टिकते। अखिलेश यादव ने नेताजी का यह भरोसा उनके बेटे के तौर पर नहीं, बल्कि अपने संघर्षों के बूते हासिल किया था। नेताजी समझ रहे थे कि मतदाता सूची में शामिल 35 लाख नए वोटरों को रिझाने की कशिश युवा अखिलेश यादव के चेहरे में ही है।

उत्तर प्रदेश के तत्कालीन सियासी हालत में नेताजी के पास अखिलेश यादव ही

सबसे मुफीद योद्धा और सेनापति थे। युवाओं के बढ़ते राजनीतिक रुझान और राहुल गांधी के उत्तर प्रदेश के सियासी मैदान में उतरने से समाजवादी पार्टी को भी एक युवा चेहरे की जरूरत थी। ऐसा युवा, जो आधुनिक हो, तेजतर्रार हो और युवाओं के साथ कदमताल कर सके। राहुल की तरह ही फर्राटेदार अंग्रेजी बोल सके। जो युवाओं की चुनौतियों के समझने के साथ-साथ किसानों और खेत-खलिहान की समस्याओं से भी परिचित हो। जो साइकिल भी चला सके और कार भी। समाजवादी पार्टी की दूसरी पीढ़ी के नेताओं में अखिलेश यादव ही इस कसौटी पर खरे उतरते थे। विदेश से उच्च शिक्षा हासिल करने वाले अखिलेश यादव सांसद भी थे और प्रदेश अध्यक्ष बनने से पहले पार्टी के युवा मामलों के प्रभारी भी रह चुके थे।

अखिलेश यादव ने क्रांति रथ यात्रा तय होने के साथ ही इससे जुड़ी हर छोटी-बड़ी बातों पर नजर रखनी शुरू कर दी। यह तय होते ही कि क्रांति रथ लेकर अखिलेश यादव उत्तर प्रदेश विजय के अभियान पर निकलेंगे, वे क्रांति रथ को नई शक्ल देने के लिए लखनऊ के एक मोटर निर्माता के पास पहुँचे। उन्होंने रथ में बदलाव के लिए कुछ सुझाव दिए, ताकि उत्तर प्रदेश की खस्ताहाल सड़क पर रथ ठीक से चल पड़े। रथ बनाने वाली कंपनी उनके सुझाव के मुताबिक डिजाइन करने में जुट गई। उन्होंने रथ में हाईड्रोलिक लिफ्ट लगाने का सुझाव दिया। लेकिन एक दिक्कत थी। छोटे से रथ में हाइड्रोलिक लिफ्ट कैसे लगेगी। हालाँकि मशक्कत के बाद निर्माता ने इसका तोड़ खोज निकाला। खैर एक बार जब रथ को फिर से तैयार कर लिया गया, तो निर्माता ने पंजाब की एक कंपनी को गाड़ी की बॉडी बनाने की जिम्मेदारी दी और इसकी चेचिस को पूरी तरह से बदल दिया गया। क्रांति रथ को रिडिजाइन करने में पूरे चार महीने लगे। इस बीच अखिलेश यादव व्यक्तिगत तौर पर पंजाब जाकर रथ के निर्माण का जायजा भी ले आए थे। जब रथ बनकर तैयार हुआ तो सबके मुँह से यही निकला, वाह! समाजवादी पार्टी के लाल और हरे रंग में रँगा रथ पर सफेद रंग से पार्टी का चुनाव चिह्न बना हुआ था। अखिलेश यादव को लंबी यात्रा करनी थी इसलिए रथ में आराम का पूरा खयाल रखा गया था। रथ में एक सोफा कम बेड के साथ बाथरूम भी था। बैठने के लिए आरामदायक सीटें थीं। एक बड़ा प्लाज्मा टी.वी. लगा था। जिसमें हर वक्त समाचार चल रहे होते थे। रथ हाई स्पीड वाई-फाई से कनेक्ट था। अखिलेश के पास एक आईपैड होता था। साथ ही ब्लैकबेरी के दो फोन। चुनाव प्रचार अभियान का प्रभारी होने की वजह से मुझे अकसर उनसे बात करने की जरूरत होती थी। ज्यादातर मैं यात्रा से आगे चला करता था। यात्रा कहाँ रुकनी है। कहाँ अखिलेश का स्वागत होना है। कहाँ कार्यकर्ताओं को संबोधित करना है। आमतौर पर ये बातें मोटा-मोटी तय होती थीं। लेकिन अखिलेश यादव की व्यस्तता की वजह से हमने एक तरीका खोज निकाला था। पूरे क्रांति रथ यात्रा के दौरान

मैं उन्हें आगे के कार्यक्रमों की जानकारी वाइसमेल के जरिए भेज देता। वे स्कूल के दिनों से ही म्युजिक के शौकीन रहे हैं। जब मैं वाइसमेल भेजता तो वे ईयरफोन लगाकर मैसेज सुन लेते और उसी हिसाब से आगे के कार्यक्रम तय करते।

नेताजी जमीनी और जुझारू नेता के तौर पर जाने जाते हैं। इसीलिए उनके समर्थकों ने उन्हें 'धरतीपुत्र' की उपाधि दी है। 5 नवंबर, 1992 को जब लखनऊ में उन्होंने समाजवादी पार्टी की स्थापना की तब भारत के राजनीतिक इतिहास की यह एक क्रांतिकारी घटना थी। समाजवादी पार्टी की स्थापना कर उन्होंने करीब डेढ़-दो दशक से मृत पड़े समाजवादी आंदोलन को फिर से जिंदा कर दिया था। यही वजह थी कि हार के बाद भी नेताजी निराश नहीं हुए और लगातार पाँच साल बहुजन समाज पार्टी के खिलाफ संघर्ष करते रहे। इस दौरान सपा कार्यकर्ताओं और नेताओं को पीटा गया, जेल भेजा गया। खुद नेताजी भी नजरबंद हुए। अखिलेश यादव गिरफ्तार हुए। लेकिन नेताजी की आक्रामकता में कमी नहीं आई। उन्होंने युवाओं को आगे कर मायावती के जुल्म, ज्यादती और जनविरोधी नीतियों के खिलाफ जनसंघर्ष छेड़े रखा। अखिलेश यादव के युवा नेतृत्व और नेताजी के आक्रामक रुख की वजह से ही समाजवादी पार्टी अन्य दलों के मुकाबले बहुजन समाज पार्टी के लिए सबसे बड़ी चुनौती पेश कर रही थी। नेताजी और जनेश्वरजी जैसे दिग्गज समाजवादी नेताओं के मार्गदर्शन में अखिलेश यादव लगातार युवाओं को साथ लेकर मायावती सरकार पर हल्ला बोलते रहे।

अखिलेश यादव डॉ. लोहिया के विचारों को धरातल पर उतारना चाहते थे। गरीबों, पिछड़ों, दलितों और मुसलमानों के लिए उनके दिल में खास जगह है। वे समाज में सबको बराबरी का हक दिलाना चाहते हैं। समाज के हर वर्ग के कमजोरों की लड़ाई लड़ते हैं। क्रांति रथ यात्रा के जरिए अखिलेश यादव कई चरणों में जनता से रू-ब-रू हुए। रथ यात्रा के साथ-साथ साइकिल यात्रा भी चलती रही। अखिलेश यादव गहन जनसंपर्क अभियान में जुटे रहे। कभी कांग्रेस के भ्रष्टाचार को उजागर करते, कांग्रेस शासन में हुए 2जी और राष्ट्रमंडल खेल घोटाले पर हमला करते। वे क्रांति रथ के जरिए राज्य के कोने-कोने तक लोगों के बीच गए और पार्टी के लिए समर्थन माँगा। क्रांति रथ यात्रा को मिले अपार जनसमर्थन ने विरोधी दलों में बेचैनी पैदा कर दी। मिशन 2012 की कामयाबी के लिए निकली इस यात्रा में उमड़ा जनसैलाब आने वाले चुनाव में बदलाव का संकेत दे रहा था। अखिलेश यादव के समर्थन में पिछड़े और मुसलिम तबके के नौजवानों की भारी भागीदारी ने तमाम विरोधी नेताओं की नींद उड़ा दी। अवाम अब ये मानने लगा था कि बहुजन समाज पार्टी की भ्रष्ट सरकार से मुक्ति दिलाने का विकल्प केवल एक है—समाजवादी पार्टी और उसका युवा चेहरा अखिलेश यादव। लेकिन दिल्ली में बैठे मीडिया के मठाधीशों को अखिलेश यादव के प्रति जनसमर्थन का

तनिक भी एहसास नहीं था। वे अब भी बसपा और कांग्रेस की सरकार बनाने में लगे थे। समाजवादी पार्टी को लड़ाई में भी नहीं मान रहे थे।

एक दिलचस्प बात यह है कि 2011 में अखिलेश यादव ने जब क्रांति रथ यात्रा शुरू की, उसी दौरान देश के अलग-अलग हिस्सों में चार मशहूर सियासी हस्तियों की यात्राएँ भी चल रही थीं। बी.जे.पी. के वरिष्ठ नेता लालकृष्ण आडवाणी, बिहार के मुख्यमंत्री नीतीश कुमार, योग गुरु स्वामी रामदेव और युवा समाजवादी नेता अखिलेश यादव अलग-अलग मकसद से यात्रा पर थे। लालकृष्ण अडवाणी की यात्रा 11 अक्तूबर, 2011 को शुरू हुई। आडवाणी की यात्रा केंद्र सरकार के भ्रष्टाचार के खिलाफ थी। ये महान् नेता जयप्रकाश नारायण की जन्मभूमि सिताबदियरा से उनके जन्मदिन पर शुरू हुई। दूसरी यात्रा बिहार के मुख्यमंत्री नीतीश कुमार की थी। नीतीश ने पश्चिमी चंपारण से 9 नवंबर को सेवा यात्रा शुरू की। यात्रा का मकसद बिहार की बी.जे.पी. और जे.डी. यू. सरकार की विकास योजनाओं और कार्यक्रमों की जमीनी हकीकत देखने-समझने के लिए गाँवों तक लोगों को बीच पहुँचना था। इस यात्रा का खास मकसद भ्रष्टाचार निवारण के लिए लागू 'सेवा का अधिकार कानून' की कामयाबी या नाकामयाबी का जायजा लेना भी था। पश्चिमी चंपारण से यात्रा शुरू करने के पीछे एक ऐतिहासिक संदेश देना था। राष्ट्रपिता महात्मा गांधी ने इसी जमीन से अंग्रेजों के खिलाफ नील आंदोलन से सत्याग्रह की मशाल जलाई थी। तीसरी यात्रा योग गुरु स्वामी रामदेव लेकर निकले थे। ये 'भारत स्वाभिमान यात्रा' थी। इसका मकसद भ्रष्टाचार और कालेधन के खिलाफ अभियान चलाना था। लेकिन इन सबमें समाजवादी पार्टी के युवा अखिलेश यादव की क्रांति रथ यात्रा सबसे कामयाब थी। दिग्गजों की इस यात्रा में अखिलेश यादव की क्रांति रथ यात्रा सबसे बड़ी लकीर खींचने में कामयाब रही। सभी यात्राओं में युवा समाजवादी नेता की यात्रा सबसे ज्यादा जनसमर्थन वाली यात्रा रही।

असल में अखिलेश यादव ने पहली बार क्रांति रथ यात्रा की शुरुआत 2001 में की थी। पिछले अध्याय में हमने संक्षेप में इसका जिक्र किया था। उस यात्रा में भी उन्हें युवाओं का जबरदस्त जनसमर्थन मिला था। 2001 में उनकी क्रांति रथ यात्रा 31 जुलाई को शुरू हुई थी। यात्रा लखनऊ, रायबरेली, प्रतापगढ़, सुल्तानपुर, जौनपुर, मऊ, आजमगढ़ और अंबेडकरनगर होते हुए 4 अगस्त को लखनऊ में खत्म हुई थी। इस यात्रा में उन्होंने जनसंघर्षों की अगुवाई के लिए युवाओं का आह्वान किया और भारतीय जनता पार्टी की सरकार को उखाड़ फेंकने के लिए लोगों से अपील की। इस यात्रा का कार्यक्रम यूँ ही अचानक बना था। 2001 के जनवरी महीने के आखिरी हफ्ते में दिल्ली में समाजवादी पार्टी के दफ्तर में चुनिंदा नेता बैठे थे। इसमें राष्ट्रीय अध्यक्ष मुलायम सिंह यादव, राष्ट्रीय उपाध्यक्ष जनेश्वर मिश्र, प्रोफेसर रामगोपाल यादव, उत्तर प्रदेश में

पार्टी के अध्यक्ष रामशरण दास, राज्य में पार्टी के महासचिव शिवपाल सिंह यादव, पार्टी के वरिष्ठ नेता बेनी प्रसाद वर्मा और फिल्म अभिनेता और सांसद राजबब्बर, सांसद अखिलेश यादव समेत अन्य नेता शामिल थे। आने वाले विधानसभा चुनाव पर चर्चा हो रही थी। बैठक में प्रस्ताव आया कि समाजवादी पार्टी विधानसभा चुनाव से पहले क्रांति रथ यात्रा निकालकर जन-जन तक पहुँचे। क्रांति रथ यात्रा निकले, इस पर सबकी सहमति थी, लेकिन ये तय नहीं हो पा रहा था कि यात्रा की अगुवाई कौन करे। कई नाम आए। जनेश्वर मिश्र का सुझाव था कि शिवपाल सिंह यादव क्रांति रथ यात्रा लेकर निकले। लेकिन यहाँ सवाल उठा कि अगर शिवपाल यादव लखनऊ से बाहर रहेंगे तो संगठन का काम प्रभावित होगा। अखिलेश यादव ने सुझाव दिया कि क्रांति रथ पर किसी ऐसे नेता को बैठाया जाना चाहिए जो अपनी बातों से लोगों को समाजवादी पार्टी से जोड़ सके, खासकर युवा वर्ग को। अगर युवा पार्टी से जुड़ेगा तो उसका भविष्य में बहुत फायदा मिलेगा। अखिलेश यादव के सुझाव पर बैठक में मौजूद एक नेता ने एक सवाल उछाल दिया कि क्रांति रथ पर युवा सांसद् अखिलेश यादव को बैठाना कैसा रहेगा? सभी को यह प्रस्ताव पसंद आया। लेकिन पार्टी के दो दिग्गज नेताजी और प्रोफेसर साहब इससे सहमत नहीं थे। दोनों का मानना था कि अखिलेश यादव को क्रांति रथ पर बैठाना जल्दबाजी होगी। प्रोफेसर रामगोपाल यादव का कहना था कि इस वक्त कोई 'एक्सपेरिमेंट' करना पार्टी के लिए 'रिस्क' होगा। नेताजी की चिंता थी कि अखिलेश यादव के क्रांति रथ यात्रा से उन पर विपक्ष और मीडिया एक बार फिर से वंशवाद का घिसा-पिटा आरोप लगाएगी। लेकिन बाद में युवाओं में अखिलेश की अपील देखकर नेताजी भी तैयार हो गए। तय हुआ कि युवा सांसद क्रांति रथ यात्रा पर सवार होकर प्रदेश के सभी जिलों का दौरा करेंगे। समाजवादी पार्टी के उत्तर प्रदेश पार्टी मुख्यालय के गैरेज में खड़े क्रांति रथ के बाहर निकाला गया और मरम्मत के लिए वर्कशॉप में भेज दिया गया। जिस क्रांति रथ पर बैठकर मुलायम सिंह यादव ने 1987 में उत्तर प्रदेश का भ्रमण किया था और उन्हें व्यापक जनसमर्थन मिला था। 2001 में उसी क्रांतिरथ पर सवार होकर उनके पुत्र और पार्टी के युवा सांसद अखिलेश यादव राज्य के दौरे पर निकले। हालाँकि यह रथ यात्रा उतनी व्यापक नहीं थी।

लेकिन कहते हैं कि इतिहास खुद को दोहराता है। 1987 में क्रांति रथ पर ही सवार होकर नेताजी पहली बार उत्तर प्रदेश के मुख्यमंत्री पद की कुरसी तक पहुँचे थे। उसी तर्ज पर 24 साल बाद 2011 में अखिलेश यादव क्रांति रथ पर सवार थे। यह महज इत्तफाक ही था कि नेताजी का 24 साल पहले क्रांति रथ उत्तर प्रदेश विजय पर सितंबर महीने की 14 तारीख को निकला था और अखिलेश का रथ भी उसी सितंबर महीने की 12 तारीख को निकला। 1987 में नेताजी ने लेफ्ट और चंद्रशेखर की जनता

पार्टी सहित सात दलों को मिलाकर क्रांति मोर्चा बनाया। एक वैन को क्रांति रथ का रूप दिया और उत्तर प्रदेश के दौरे पर निकल गए। रथ लेकर वे प्रदेश के कोने-कोने में गए। यात्रा के आखिरी दिन 15 अक्तूबर, 1987 को लखनऊ में एक बड़ी रैली की। चंद्रशेखर, हेमवंती नंदन बहुगुणा, हरकिशन सिंह सुरजीत, रामकृष्ण हेगड़े जैसे दिग्गज नेता उस रैली में मौजूद रहे। क्रांति रथ यात्रा से ही नेताजी के पहली बार मुख्यमंत्री बनने की नींव पड़ी थी। 2011 युवा नेता अखिलेश यादव उसी रास्ते पर थे। चुनावी समर में उनके सामने कांग्रेस के युवराज राहुल गांधी, भारतीय जनता पार्टी और बहुजन समाज पार्टी थी। मीडिया से लेकर सियासी पंडित तक अखिलेश यादव को कम आँक रहे थे। लेकिन अब तक सियासत के चतुर खिलाड़ी बने चुके अखिलेश यादव को पता था कि वे अपने प्रतिद्वंद्वियों से मीलों आगे हैं।

□

अध्याय 12

साइकिल बॉय अखिलेश

नोएडा की फिल्म सिटी के सामने से गुजरने वाली सड़क पर उस दिन गजब का उत्साह था। सुबह के वक्त पूरी सड़क पर तिल रखने की जगह नहीं थी। इसी सड़क पर समाजवादी क्रांति रथ की छत से उत्तर प्रदेश में बदलाव की हुँकार गूँज रही थी। क्रांति रथ की छत पर चिरपरिचित विनम्र मुसकान और जोश से भरे युवा अखिलेश यादव मौजूद थे। सिर पर लाल टोपी, सफेद कुरता-पायजामा, ऊपर से काले रंग की जैकेट, अखिलेश यादव अपनी जानी-पहचानी लिबास में थे। साथ में वहाँ साइकिल थामे हजारों युवाओं की भीड़ थी, जिनमें सैकड़ों युवा अपने नेता जैसी ड्रेस में ही थे। अखिलेश यादव का ड्रेस सेंस पुराने समाजवादियों की याद ताजा कर देता है, लेकिन उनकी सोच पूरी तरह से नए जमाने के अनुरूप और विकास परक है। उनको लेकर युवाओं की दीवानगी यूँ ही नहीं है। समाजवादी पार्टी को समाजवाद की मूल सोच के साथ नए जमाने की पार्टी बनाने का श्रेय उन्हीं को जाता है। इसलिए युवाओं की एक भारी-भरकम फौज उनके पीछे खड़ी है। यह वे युवा हैं जो विकास चाहते हैं। जो समाज में समरसता चाहते हैं। उस दिन ऐसे ही युवाओं की टोली साइकिल यात्रा में शामिल होने नोएडा की फिल्म सिटी पहुँच चुकी थी। वहाँ पर समाजवादी पार्टी के कार्यकर्ताओं की भारी संख्या पहले से मौजूद थी ही।

यह 2011 के अक्तूबर महीने की 21 तारीख थी। शुक्रवार का दिन था। अखिलेश यादव नोएडा से साइकिल यात्रा शुरू करने वाले थे। 2011 के चुनावों में होने वाली दूसरी साइकिल यात्राओं की तरह इस यात्रा का इंचार्ज भी मैं ही था। यात्रा नोएडा से शुरू होकर तीन दिन में आगरा पहुँचनी थी। सड़क पर साइकिल के साथ हजारों लोग मौजूद थे। सड़क के एक तरफ मायावती सरकार का नवनिर्मित दलित प्रेरणा स्थल था तो दूसरी तरऊ नोएडा की फिल्म सिटी, जहाँ दुनिया को खबरों से रू-ब-रू कराने

धौलपुर मिलिटरी स्कूल में
प्रकृति की गोद में
अखिलेश यादव

धौलपुर मिलिटरी स्कूल में एक दोस्त के साथ

इंजीनियरिंग कॉलेज के
एक दोस्त के साथ
समुद्र-दर्शन

इंजीनियरिंग कॉलेज
के दोस्तों के साथ,
फुरसत के कुछ पल

धौलपुर मिलिटरी स्कूल में मार्च पास्ट करते अखिलेश यादव

धौलपुर मिलिटरी स्कूल में शिक्षकों और सहपाठियों के साथ

धौलपुर मिलिटरी स्कूल में क्लास की ग्रुप फोटो

इंजीनियरिंग कॉलेज के दोस्तों के साथ

कड़ाके की ठंड में
दोस्तों की गर्मजोशी

पढ़ाई के दिनों में
पिता मुलायम सिंह यादव के साथ

ऑस्ट्रेलिया में मकान मालिक के बच्चों के साथ अखिलेश

इंजीनियरिंग कॉलेज के दोस्तों के साथ मस्ती

डिंपल यादव के साथ जिंदगी
के नए सफर की शुरुआत

मुख्यमंत्री आवास
5 कालीदास मार्ग के पोर्टिको
में पत्नी डिंपल के साथ
अखिलेश यादव

ताजमहल में लवर्स बेंच पर
पत्नी डिंपल और
बेटे अर्जुन के साथ

एक पुस्तक विमोचन के दौरान
हमसफर डिंपल यादव के साथ

तीनों बच्चों के साथ
बचपन जीते अखिलेश यादव

जन्मदिन पर केक काटते
अखिलेश यादव के
जुड़वाँ बच्चे
टीना और अर्जुन

मुख्यमंत्री आवास में
पत्नी डिंपल और
बेटे अर्जुन के साथ

फुरसत के पलों में
पत्नी डिंपल यादव
और तीनों बच्चों के साथ

सैफई महोत्सव में परिवार के साथ एक दुकान पर

सैफई में बच्चों के साथ दीवाली मनाते अखिलेश यादव

एक क्रिकेट मैच के दौरान बेटे अर्जुन की बात गौर से सुनते अखिलेश यादव

परिवार के साथ तिरुपति बालाजी के दर्शन

लंदन में बेटे अर्जुन के साथ
फुटबॉल खेलते हुए

आईएएस इलेवन के साथ
क्रिकेट मैच में
विकेट चटकाने के बाद
खुशी जाहिर करते हुए

लखनऊ में आईएएस इलेवन
के साथ क्रिकेट मैच में
बल्ले से जौहर दिखाते हुए

ब्राजील के मशहूर खिलाड़ी
रॉबर्टो कॉर्लोस को फुटबॉल
के दाँव दिखाते हुए

पहली बार कन्नौज
लोकसभा के लिए नामांकन
दाखिल करते
अखिलेश यादव

समाजवाद के
युवा जोशीले नेता
अखिलेश यादव
इटावा में साथियों के साथ

कन्नौज के अपने पहले
लोकसभा चुनाव में संघर्ष
की राह पर युवा नेता
अखिलेश यादव

लखनऊ विश्वविद्यालय के
छात्र नेताओं में जोश जगाते
अखिलेश यादव

पार्टी के युवा मामलों के राष्ट्रीय प्रभारी
बनने के बाद लखनऊ में
अखिलेश यादव का अभिनंदन

पटना में एक सम्मेलन में
युवा कार्यकर्ताओं का अभिवादन

भोपाल में वरिष्ठ नेताओं
के सामने कार्यकर्ताओं को
संबोधित करते हुए

आगरा के एक सम्मेलन में
युवाओं को समाजवाद का
पाठ पढ़ाते अखिलेश यादव

युवा नेता के कंधे पर समाजवादी झंडा; राजभवन के बाहर हुंकार

युवा नेताओं के साथ सड़क पर संघर्ष : विधानसभा का घेराव करते

मायावती सरकार के खिलाफ प्रदर्शन के दौरान गिरफ्तारी देते अखिलेश यादव

युवा नेता अखिलेश यादव का सड़क पर सत्ता से संघर्ष

अखिलेश यादव की पहली
रथयात्रा को हरी झंडी दिखाते
छोटे लोहिया जनेश्वर मिश्र

रथयात्रा के दौरान
कार्यकर्ताओं का
अभिवादन करते
अखिलेश यादव

समाजवादी रथ में सवार
अखिलेश यादव

2012 विधानसभा चुनाव में
गाँवों में भी पहुँचा
समाजवादी रथ

समाजवादी क्रांति-रथ पर सवार अखिलेश यादव जनता का अभिवादन करते

समाजवादी विकास-रथ पर सवार अखिलेश यादव को सुनने उमड़ा जनसैलाब

लखनऊ में समाजवादी विकास रथयात्रा में उमड़ा जनसैलाब

अपने गाँव सैफई में अखिलेश यादव ने 25 किलोमीटर साइकिल चलाई

अखिलेश यादव ने गाजियाबाद से साइकिल की सवारी कर 2012 में समाजवादी पार्टी को सत्ता में पहुँचाया

आगरा में समाजवादी साइकिल से सड़क पर संघर्ष का बिगुल फूँकते अखिलेश यादव

उम्मीद की साइकिल को रफ्तार देते अखिलेश यादव

मायावती सरकार द्वारा साइकिल यात्रा रोके जाने के बाद पगडंडियों से जाते अखिलेश यादव; साथ में डॉ. संजय लाठर

2012 के चुनाव के दौरान ग्रेटर नोएडा के नजदीक टूटी सड़कों से यात्रा करते अखिलेश यादव; साथ में डॉ. संजय लाठर

2012 में चुनाव प्रचार के दौरान साइकिल यात्रा में उमड़ा जनसैलाब

रथयात्रा के दौरान लोगों को संबोधित करते अखिलेश यादव

अखिलेश यादव की रथयात्रा को अपार जन-समर्थन मिला

मुख्यमंत्री पद की
शपथ लेते हुए

विधानसभा में मुख्यमंत्री
अखिलेश यादव

इलाहाबाद हाईकोर्ट के
125 वर्ष पूरे होने के कार्यक्रम
में भारत के मुख्य न्यायाधीश
टी.एस. ठाकुर और कानून मंत्री
सदानंद गौड़ा के साथ

जनता दरबार में फरियादियों
की शिकायत सुनते

'लैपटॉप योजना' का
शुभारंभ करते हुए
मुख्यमंत्री अखिलेश यादव
एवं उनकी पत्नी

लैपटॉप वितरण
करते हुए
मुख्यमंत्री अखिलेश यादव;
साथ में नेताजी और
अतुल कुमार अंजान

स्कूल की छात्राओं
के साथ साइकिल पर
अखिलेश यादव

'मेगा कॉल सेंटर' का
उद्‌घाटन करते
मुख्यमंत्री अखिलेश यादव

हजरतगंज में
'वाई-फाई' सेवा शुरू
होने पर सेल्फी लेते हुए

आगरा-लखनऊ एक्सप्रेस वे
के शिलान्यास
कार्यक्रम में संबोधन

'डायल 100' योजना की
शुरुआत करते हुए

समाजवादी एंबुलेंस सेवा
108 और 102 ने प्रदेश
भर में हजारों लोगों
को नया जीवन दिया

राष्ट्रीय खाद्य सुरक्षा योजना के तहत राशन कार्ड वितरण कार्यक्रम में उपस्थित अखिलेश यादव

मेट्रो को हरी झंडी दिखाते नेताजी और मुख्यमंत्री अखिलेश यादव

नेताजी, आजम खान और डिंपल यादव के साथ लखनऊ मेट्रो की सवारी

तीर्थयात्रा पर रवाना होने से पहले 'समाजवादी श्रवण योजना' के लाभार्थियों का स्वागत करते हुए

आगरा–लखनऊ एक्सप्रेस वे के उद्‌घाटन पर आठ लड़ाकू विमानों ने टच लैंडिंग की

अखिलेश सरकार ने 24 घंटे में 5 करोड़ पेड़ लगाकर गिनीज बुक ऑफ वर्ल्ड रिकॉर्ड्स में जगह बनाई

24 घंटे में 5 करोड़ पेड़ लगाने के रिकॉर्ड की शुरुआत करते अखिलेश यादव और डिंपल यादव

'कौशल विकास मिशन' का शुभारंभ करते अखिलेश यादव

राष्ट्रपति प्रणब मुखर्जी
का स्वागत

प्रधानमंत्री नरेंद्र मोदी
का स्वागत

पूर्व राष्ट्रपति
डॉ. एपीजे अब्दुल कलाम
को सौर ऊर्जा की परियोजना
दिखाते हुए

पूर्व राष्ट्रपति प्रतिभा पाटील
से शिष्टाचार मुलाकात

पूर्व प्रधानमंत्री मनमोहन सिंह
से शिष्टाचार भेंट

राष्ट्रपति भवन में डिनर से
पहले अमेरिका के
पूर्व राष्ट्रपति बराक ओबामा
के साथ बातचीत करते हुए
अखिलेश यादव

अखिलेश यादव पर
ममता बरसातीं
पश्चिम बंगाल की मुख्यमंत्री
ममता बनर्जी

अमेरिका के
पूर्व राष्ट्रपति बिल क्लिंटन
के साथ चहलकदमी

दिग्गज उद्योगपति रतन टाटा
से चर्चा करते हुए

मुख्यमंत्री आवास में
माइक्रोसॉफ्ट के संस्थापक
बिल गेट्स के साथ

मशहूर हार्ट सर्जन
डॉ. नरेश त्रेहन और
उद्योगपति शिव नाडरके साथ

रिक्शे से सीएम
आवास पहुँचे पेटीएम के
सी.ई.ओ. विजय शेखर का
स्वागत करते हुए अखिलेश
ने रिक्शेवाले की भरपूर
मदद भी की।

नोबेल शांति पुरस्कार
से सम्मानित कैलाश सत्यार्थी
के साथ अखिलेश यादव

सैफई में सदी के
महानायक अमिताभ
बच्चन के साथ

मेट्रो मैन ई. श्रीधरन से मुलाकात

मशहूर अभिनेत्री शबाना आजमी
के साथ अखिलेश-डिंपल

फिल्मकार महेश भट्ट
और अभिनेत्री
विद्या बालन के साथ

अभिनेता अजय देवगन
की मुख्यमंत्री से भेंट

फिल्म अभिनेता अक्षय कुमार
से मुलाकात

मैसूर के कॉलेज के दिनों
के साथी जवागल श्रीनाथ
और किरण हेगड़े

वाले ज्यादातर खबरिया चैनलों के दफ्तर मौजूद हैं। खिली हुई धूप के बीच युवाओं और समाजवादी पार्टी के कार्यकर्ताओं की भारी भीड़ वहाँ मौजूद थी। जहाँ ये भीड़ मौजूद थी वह फिल्म सिटी का प्रवेश द्वार था। ठीक मीडिया के दरवाजे पर शायद पहली बार इतनी बड़ी भीड़ जुटी थी। सुबह के करीब सवा दस बजे थे। आमतौर पर शिफ्ट में चलने वाले चैनलों में ये सीनियर्स के दफ्तर आने का वक्त था। ठीक दरवाजे पर इतनी भीड़ देखकर मीडिया भी हैरान था। भीड़ एक इशारा दे रही थी। इस इशारे में युवा अखिलेश यादव की अगुवाई में उत्तर प्रदेश में बदलाव के संदेश साफ पढ़े जा सकते थे। जोश और जज्बे से भरे समाजवादी कार्यकर्ता मायावती की कुशासन वाली सरकार को उखाड़ फेंकने के लिए हुँकार भर रहे थे। हजारों युवा और समाजवादी पार्टी के कार्यकर्ता सिर पर लाल टोपी पहनकर साइकिल यात्रा के लिए तैयार थे। उनकी साइकिल पर समाजवादी पार्टी के झंडे सजे थे।

अब तक सियासत के मझे खिलाड़ी बन चुके अखिलेश यादव माहौल को अच्छी तरह भाँप चुके थे। उन्होंने सीधा मायावती पर हमला किया। साइकिल यात्रा शुरू होने से पहले उन्होंने कहा, "यह जमाना हाथी पार्क का नहीं है, यह जमाना है आई.टी. पार्क का, नॉलेज पार्क का, एजुकेशन पार्क का। जिससे युवाओं, पिछड़ों, वंचितों और दलितों के बच्चों को फायदा होता।" जोश से भरे युवाओं से उन्होंने कहा, "ब.स.पा. सरकार ने उत्पीड़न, भ्रष्टाचार और लूट का रिकॉर्ड कायम कर दिया है। एक ओर लोकतंत्र को तबाह करने वाली ताकतें हैं तो दूसरी तरफ युवा शक्ति जो परिवर्तन और क्रांति की संदेशवाहक है। नौजवानों का पसीना बेकार नहीं जाएगा। सत्ता परिवर्तन होने ही वाला है। समाजवादी पार्टी की सरकार बनेगी। जनकल्याणकारी योजनाओं को फिर से लागू किया जाएगा। किसानों की हालत चिंताजनक है। महिलाओं की इज्जत सुरक्षित नहीं है। मुसलिमों को रोजी-रोटी और सम्मान नहीं मिल रहा है। मायाराज के कुशासन से जनता निजात चाहती है।" अखिलेश यादव का यह भाषण सीधे युवाओं के दिल में उतर रहा था।

अखिलेश यादव दलित प्रेरणा स्थल के सामने से मायावती के कुशासन के खात्मे का ऐलान कर रहे थे। यह कोई संयोग नहीं था। युवा नेता ने इस जगह का चयन बहुत सोच-समझकर किया था। मायावती ने साइकिल यात्रा से महज एक हफ्ते पहले 14 अक्तूबर, 2011 को दलित प्रेरणा स्थल का उद्घाटन किया था। उद्‌घाटन कार्यक्रम में खूब तामझाम था। भारी-भरकम पैसे खर्च किए गए थे। मायावती 14 अक्टूबर की शाम को चार बजकर 50 मिनट पर उड़नखटोले पर सवार होकर सीधे नोएडा फिल्म सिटी में उतरी थीं और प्रेरणा स्थल का उद्‌घाटन किया था। मायावती ने इस स्थल को दलित प्रेरणा स्थल का नाम दिया था, लेकिन यह दलित राजनीति और दलितों

दोनों के साथ भद्दा मजाक था। दलित प्रेरणा स्थल जनता के पैसे की फिजूलखर्ची की बड़ी मिसाल बन गया था। 24 एकड़ में फैले दलित प्रेरणा स्थल में ब.स.पा. के चुनाव चिह्न हाथी की बड़ी-बड़ी 24 मूर्तियाँ लगाई गई थीं। डॉ. बी.आर. आंबेडकर, कांशीराम के अलावा मायावती ने खुद अपने स्टेच्यू पर जमकर सरकारी पैसा बहाया था। 700 करोड़ की लागत से बने दलित प्रेरणा स्थल की उपयोगिता समझाने में मायावती नाकाम रही थीं। लोगों में खासकर युवाओं में इस बात को लेकर आक्रोश था कि प्रदेश भर में बन रहे पत्थर के स्मारकों में जनता की गाढ़ी कमाई से वसूले गए टैक्स की बरबादी हो रही है। दलित प्रेरणा की भव्यता उत्तर प्रदेश के कमजोरों और किसानों के साथ दलितों को भी चिढ़ा रही थी। जनता खुद को ठगा हुआ महसूस कर रही थी। जिस जगह मायावती उड़नखटोले से उतरी थीं और जनता के पैसे की फिजूलखर्ची की इमारत गढ़ी थी, 21 अक्तूबर की सुबह उसी जगह से अखिलेश यादव गरीबों की सवारी साइकिल के जरिए मायावती के कुशासन को टक्कर देने के लिए तैयार थे।

लोकतंत्र जनभावनाओं से मजबूत होता है और जनाक्रोश ताकतवर सरकारों को जमींदोज कर देता है। युवाओं के मन में मायावती के अराजक शासन के खिलाफ गुस्सा था। वह गुस्सा भीड़ के रूप में मौजूद था। अच्छे नेता वे होते हैं, जो जनभावनाओं का खयाल रखें और उसे पूरा करने की कोशिश करे। लेकिन उत्तर प्रदेश की तत्कालीन माया सरकार जनसरोकारों के खिलाफ काम कर रही थी। लोग भ्रष्टाचार, कुशासन और खराब कानून-व्यवस्था से त्रस्त हो चुके थे। भ्रष्टाचार में डूबी सरकार को जनता की तनिक भी चिंता नहीं थी। मायावती को लोग पैसों की देवी के नाम से बुलाने लगे थे। जनमानस की इस पीड़ा को अखिलेश यादव बखूबी महसूस कर रहे थे। डॉ. राममनोहर लोहिया के विचारों से प्रभावित और गरीबों, अल्पसंख्यकों, दलितों, शोषितों, किसानों का दुःख-दर्द बाँटने के लिए युवा समाजवादी नेता जनता के बीच थे। छोटे लोहिया यानी जनेश्वरजी से राजनीति के गुर सीखने वाले अखिलेश यादव उम्मीद की साइकिल पर सवार होकर गाँव-गाँव, शहर-शहर के भ्रमण पर चल पड़े थे। साइकिल यात्रा नोएडा से आगरा के लिए निकल पड़ी। सिर पर लाल टोपी पहने साइकिल पर सवार हजारों नौजवान अपने नेता की अगुवाई में चल पड़े। साइकिल यात्रा और समाजवादी क्रांति रथ के कोऑर्डिनेशन का जिम्मा मेरे पास था। इन यात्राओं में अखिलेश यादव की लोकप्रियता हम देख रहे थे, लेकिन हमें इतनी बड़ी भीड़ की उम्मीद नहीं थी। इस साइकिल यात्रा में सिर्फ नौजवान ही नहीं बल्कि हर उम्र, हर धर्म, हर व्यवसाय के लोग शामिल थे। अखिलेश यादव की साइकिल यात्रा के दौरान लोग उमंग और जोश से सराबोर थे। समाजवाद जिंदाबाद के नारे आसमान

में गूँज रहे थे। साइकिल यात्रा अपने पहले पड़ाव ग्रेटर नोएडा के परी चौक पहुँची।

मायावती के कुशासन को उखाड़ फेंकने के लिए जनजागरण अभियान शुरू हो चुका था। महज कुछ ही किलोमीटर के सफर में अखिलेश यादव का स्वभाव और व्यवहार लोगों को भाने लगा। उनके नेतृत्व और व्यक्तित्व का जादू दिखने लगा था। वे लोगों को अपने ही बीच के लगने लगे। जनता अपनी बात बड़ी सहजता से अखिलेश यादव के सामने रख पा रही थी। उनकी छवि और सादगी की चर्चा होने लगी। साइकिल यात्राओं से जनता का भरोसा उन पर जमने लगा था। इस इलाके में जब अखिलेश यादव साइकिल यात्रा पर निकले तो उम्मीदों की साइकिल पर सवार 'साइकिल बॉय' को लोग बड़ी उम्मीद से प्रदेश के अगले नेता के तौर पर देखने लगे। धीरे-धीरे उनके कुशल नेतृत्व का असर जमीन पर दिखने लगा था। यात्रा में भारी संख्या में लोग जुटने लगे थे। साइकिल यात्रा जहाँ से गुजरती लोग अपने नेता की एक झलक पाने को बेताब दिखते। प्रदेश में सत्ता विरोधी लहर और कांग्रेस महासचिव राहुल गांधी के करिश्मे की उम्मीदों के बीच अखिलेश यादव गरीबों, अल्पसंख्यकों और पिछड़ों के बीच एक नई उम्मीद के रूप में उभर चुके थे।

ग्रेटर नोएडा के परी चौक के बाद अखिलेश यादव ने दनकौर कस्बे में एक बड़ी सभा को संबोधित किया। सभा के बाद साइकिल यात्रा दनकौर से आगे बढ़ी। अब इसे एक्सप्रेसवे के रास्ते आगे जाना था। साइकिल पर सवार अखिलेश यादव समर्थकों के साथ सर्विस लेन से निकलकर एक्सप्रेसवे पर चढ़ने लगे। लेकिन वहाँ पहले ही बड़ी संख्या में पुलिस फोर्स मौजूद थी। पुलिसकर्मियों ने साइकिल यात्रा को एक्सप्रेसवे पर चढ़ने से रोक दिया। साइकिल यात्रा में उमड़ी भीड़ और जगह-जगह अखिलेश यादव के भव्य स्वागत से बौखलाई ब.स.पा. सरकार मनमानी पर उतर आई थी। मजे की बात यह थी कि जिला प्रशासन ने यात्रा को एक्सप्रेसवे पर जाने से रोकने की कोई वजह भी नहीं बताई। यात्रा रोकने के लिए चार कंपनी पी.ए.सी. लगाई गई थी। प्रशासन ने साफ कह दिया कि साइकिल यात्रा को किसी भी कीमत पर एक्सप्रेसवे पर नहीं चलने दिया जाएगा। आमतौर पर कोऑर्डिनेटर होने के नाते मैं साइकिल यात्रा के साथ कम ही चल पाता था। लेकिन उस वक्त मैं भी अखिलेश यादव के ही साथ था। यात्रा रोके जाने से कार्यकर्ता गुस्से में थे। हम सब पुलिस से लड़ने के लिए तैयार हो गए। समाजवादी कभी भी संघर्ष से पीछे नहीं हटते। स्वभाववश हम पुलिस से संघर्ष के लिए आगे बढ़े। लेकिन अखिलेश यादव ने हमें रोक लिया। उन्होंने कहा कि यह वक्त अभी सीधे संघर्ष का नहीं है। उत्तर प्रदेश की मुख्यमंत्री मायावती यात्रा की लोकप्रियता से घबरा गई हैं। अब वे यात्रा खत्म कराना चाहती हैं। अगर हम पुलिस से संघर्ष करेंगे तो उनकी मंशा पूरी होगी। हमें मायावती

के मंसूबे पूरे नहीं होने देने हैं। अखिलेश यादव ने कहा कि हम संघर्ष से पीछे नहीं हटेंगे। हम जरूर संघर्ष करेंगे और कच्चे रास्तों पर साइकिल चलाकर मायावती को इसका माकूल जवाब देंगे।

प्रशासन की शायद यह सोच थी कि अब अखिलेश यादव कच्चे रास्तों पर साइकिल तो चलाएँगे नहीं और यात्रा यहीं खत्म हो जाएगी। लेकिन कभी भी, कितनी भी मुश्किल आ जाए अखिलेश यादव हार नहीं मानते। उनकी अगुवाई में अब साइकिल यात्रा कच्चे रास्तों पर चल पड़ी। यात्रा अब अपने तय रूट से हट चुकी थी। कार्यकर्ता गुस्से में थे और यात्रा का रूट बदलने से चिंतित भी। लेकिन इन मुश्किलों के बीच एक अच्छी बात यह हुई थी कि यात्रा का रूट तय करने के दौरान मैंने अपनी टीम के साथ गाँव और कच्चे रास्तों से गुजरनेवाला वैकल्पिक रास्ता भी देख लिया था और किसी भी आपात हालात के लिए वैकल्पिक रूट भी तैयार कर लिया था। मायावती प्रशासन का विरोध हमारे लिए वरदान बन गया। दरअसल कच्चे रास्ते पर साइकिल यात्रा का फायदा यह हुआ कि अब हम ज्यादा-से-ज्यादा लोगों से संपर्क कर पा रहे थे। यात्रा गाँवों से होकर गुजरी। इससे ग्रामीण इलाकों तक में यात्रा की चर्चा तेजी से फैल गई। हालाँकि कच्चे रास्तों पर साइकिल चलाने की वजह से अखिलेश यादव समेत सभी कार्यकर्ता थककर चूर हो गए थे। अक्तूबर के महीने में सभी पसीने से लथ-पथ थे। लेकिन अपने नेता का जोश देखकर कार्यकर्ताओं का भी उत्साह बना रहा। अखिलेश यादव साइकिल चलाते रहे और लोगों को दुःख-दर्द सुनते रहे। वे जिस साइकिल पर सवार थे वह गियर वाली साइकिल थी। हाईवे पर तो ये साइकिल हवा से बातें करती है, लेकिन कच्चे रास्तों पर इसे चलाना बहुत ही कठिन हो जाता है। दरअसल इस साइकिल का चयन इसलिए किया गया था क्योंकि अखिलेश यादव को पूरे रास्ते साइकिल चलाना था, जबकि तय दूरी के बाद कार्यकर्ता बदल जाने थे। लेकिन जो साइकिल आसानी का सबब थी अब उसे चलाना उतना आसान नहीं था। तमाम मुश्किलों के बीच अखिलेश यादव ने पगडंडी और धूलभरे रास्तों पर 75 किलोमीटर साइकिल चलाई। यह उनकी ताकत को दिखाता है। शाम तक साइकिल यात्रा जेवर पहुँची। जेवर में विशाल जनसभा हुई। रात रुकने का इंतजाम जेवर में ही था। अगले दिन यात्रा जेवर से निकली। रास्ते में टप्पल में बहुत बड़ी जनसभा हुई, उसके बाद बाजना और माठ कस्बे में सभाओं को संबोधित करने के बाद साइकिल यात्रा मथुरा पहुँची। दूसरे दिन मथुरा में रात बिताई गई। तीसरे दिन फिर जनसंपर्क करते हुए यात्रा आगरा के छलेसर कुबेरपुर पहुँची। यहाँ जनसभा को संबोधित करने के बाद नोएडा से आगरा की साइकिल यात्रा पूरी हुई।

यह सबसे कामयाब साइकिल यात्रा साबित हुई। तीन दिन की इस साइकिल

यात्रा में बड़ी-बड़ी सभाओं के अलावा सैकड़ों छोटी सभाएँ हुईं। सैकड़ों जगह स्वागत किए गए। इस यात्रा को सुचारु रूप से संपन्न कराने के लिए हमने कड़ी मेहनत की थी। कई दिन पहले ही यात्रा के मुख्य रूट के अलावा वैकल्पिक रूट भी तय कर लिया गया था। हालाँकि वैकल्पिक रूट की जानकारी सिर्फ गिने-चुने लोगों को ही थी। पूरी यात्रा के दौरान मैं आगे-आगे चलता। यात्रा कहाँ रुकनी है, कहाँ कार्यकर्ता अखिलेश यादव का स्वागत करेंगे, कहाँ रैली होनी है, कहाँ छोटी सभा होनी है, कहाँ कितने कार्यकर्ता जमा हैं, ये सारी जानकारी वॉयस मैसेज के जरिए अखिलेश यादव को भेज देता। मौका मिलते ही वे वॉयस मैसेज सुन लेते और उन्हें आगे के रूट की पूरी जानकारी मिल जाती। कई बार लोगों को हैरानी होती कि अखिलेश यादव को कोई बता नहीं रहा है फिर भी उन्हें सब जानकारी कैसे मिल जा रही है। इन जानकारियों का फायदा यह होता कि वे आगे की परिस्थितियों के हिसाब से यात्रा में फेरबदल कर लेते थे। साइकिल यात्रा जबरदस्त कामयाब रही। हालाँकि कुछ छोटी-मोटी परेशानियाँ आईं लेकिन उनका भी हल निकाल लिया गया। साइकिल यात्रा में उम्मीद से कहीं ज्यादा कार्यकर्ता आ गए थे। पहले योजना यह थी कि अखिलेश यादव नोएडा से आगरा तक साइकिल चलाएँगे और उनका साथ देने वाले कार्यकर्ता इलाके के हिसाब से बदलते रहेंगे। लेकिन एक बार जो कार्यकर्ता यात्रा से जुड़ जाता वह फिर वापस लौटने का नाम न लेता। यात्रा बढ़ने के साथ ही साइकिल सवार कार्यकर्ताओं की फौज भी बढ़ती जा रही थी। पहली रात जब यात्रा जेवर पहुँची तो रुकने के इंतजाम कम पड़ गए। जेवर छोटा सा कस्बा है। वहाँ के होटल और लॉज कम पड़ गए। किसी तरह से आस-पास के इलाकों में कार्यकर्ताओं के रुकने का इंतजाम हुआ। पलवल में कई होटल मालिक मेरे जानने वाले थे। आनन-फानन में उनसे बात करके बड़ी संख्या में कार्यकर्ताओं को पलवल के होटलों में ठहराया गया। दूसरे दिन कृष्ण की नगरी मथुरा में ऐसी कोई समस्या नहीं आई। यहाँ ठहरने में कोई दिक्कत नहीं आई।

नोएडा से आगरा की साइकिल यात्रा जिन इलाकों से गुजरी ये ऐसे इलाके थे जहाँ उस दौरान किसानों के कई आंदोलन चल रहे थे। इनमें से एक प्रमुख आंदोलन यमुना एक्सप्रेसवे के किनारे भट्टा-पारसौल के किसानों का था। मायावती सरकार की तुगलकी योजनाओं से पूरा इलाका अशांत था। कांग्रेस महासचिव राहुल गांधी बार-बार भट्टा पारसौल का दौरा कर रहे थे। बी.जे.पी. के कई नेता किसानों का हमदर्द बनने पहुँचते थे। लेकिन इनमें से कोई भी किसानों में वह भरोसा, वह उम्मीद नहीं जगा पाया जो अखिलेश यादव की साइकिल यात्रा से जगी। आम तौर पर भारत में साइकिल की सवारी करने वालों को कमजोर तबके से समझा जाता है। बड़े लोग कभी-कभार फैशन में साइकिल की सवारी करते हैं। लेकिन इस साइकिल यात्रा ने

दिखा दिया कि जब मामला एक राज्य के भविष्य और वर्तमान से जुड़ी हो तो ऐसी यात्राएँ क्या कमाल दिखाती हैं।

उत्तर प्रदेश की 16वीं विधानसभा के चुनाव के औपचारिक ऐलान से पहले ही युवा समाजवादी नेता अखिलेश यादव ने साइकिल यात्रा और क्रांति रथ के जरिए जनता से संवाद बनाना शुरू कर दिया। उनके व्यवहार और व्यक्तित्व से लोगों में उम्मीद जगने लगी। विकास का एजेंडा को लेकर साइकिल यात्रा धीरे-धीरे राज्य के अलग-अलग हिस्सों में आगे बढ़ती गई। भारत जैसे देश में जहाँ राजनेताओं के पुत्र जनता से सीधे मुँह बात नहीं करते, वहीं अखिलेश यादव आम जनता की सवारी साइकिल चलाकर लोगों के बीच जाते और उनकी तकलीफ सुनते। इससे लोगों में इस युवा नेता के प्रति भरोसा और रुझान दोनों बढ़ा। अखिलेश यादव भारत में इकलौते ऐसे नेता हैं जिन्होंने अब तक हजारों किलोमीटर की साइकिल यात्रा की है। समाजवादी पार्टी के चुनाव चिह्न साइकिल को उन्होंने एक नया अर्थ और जुनून दिया है—'उम्मीद की साइकिल'। साइकिल की सवारी से उनकी छवि एक आम और जमीनी नेता की बनी। नेता पुत्रों की नई पीढ़ी में वे ही अकेले ऐसे नेता हैं जिन्होंने साइकिल से चुनावी राफ्ता कायम किया।

नोएडा से आगरा की साइकिल यात्रा से पहले अखिलेश यादव ने 13 सितंबर, 2011 को कानपुर के फूलबाग से उन्नाव तक और 2 अक्तूबर, 2011 को गाजियाबाद से दिल्ली बॉर्डर तक साइकिल रैली की अगुवाई की। हर यात्रा में हजारों की संख्या में युवा और समाजवादी कार्यकर्ताओं ने शिरकत की। 2012 के विधानसभा चुनाव से पहले उन्होंने करीब 1400 किलोमीटर साइकिल चलाकर राज्य के विभिन्न हिस्सों का दौरा किया। इसमें सबसे बड़ी साइकिल यात्रा नोएडा से आगरा की थी। मैंने जब उनके सामने नोएडा से आगरा तक की साइकिल यात्रा का प्रस्ताव रखा था तो उन्होंने तुरंत सहमति जता दी थी, साथ ही यात्रा का पूरा जिम्मा मुझे सौंप दिया।

नोएडा से आगरा तक के उस पूरे इलाके में जहाँ से साइकिल यात्रा गुजरनी थी, समाजवादी पार्टी की जमीन बेहद कमजोर थी। यहाँ ठीक से पार्टी का संगठन भी नहीं था। पार्टी के कई वरिष्ठ नेता इस यात्रा के खिलाफ थे। उनका कहना था जिस सड़क पर यात्रा करनी है वहाँ न तो कोई गाँव है, न कोई कस्बा है, पार्टी की हालत इस इलाके में बहुत कमजोर है, संगठन भी मजबूत नहीं है, ऐसे इलाके में साइकिल चलाने वाले कार्यकर्ता कहाँ से आएँगे। इस यात्रा से पार्टी की बेइज्जती होगी। लेकिन यात्रा का विरोध करने वालों की सोच से ठीक उलट अखिलेशजी को यात्रा की कामयाबी का भरोसा था और उनका यह भरोसा सही साबित हुआ। यहाँ एक मजेदार बात और है कि जहाँ एफ-1 की रफ्तार की रेस होती है वहाँ अखिलेशजी की अगुवाई में

हजारों साइकिल चलीं। इस रैली से लोगों में सीधा संदेश गया कि समाजवादी पार्टी और उसके नेता अखिलेश यादव वाकई संघर्ष कर रहे हैं। इस रैली का सबसे बड़ा असर चुनाव नतीजों में दिखा। साइकिल यात्रा जिन इलाकों से गुजरी थी, 2007 के विधानसभा चुनावों में समाजवादी पार्टी का खाता भी नहीं खुला था। 2012 के चुनाव में इस क्षेत्र की ज्यादातर सीटों पर समाजवादी पार्टी को जीत मिली। दरअसल किसानों के बीच जाकर अखिलेश यादव यह संदेश देने में सफल रहे कि समाजवादी पार्टी उनके हक की लड़ाई में शामिल है और इसे अंजाम तक पहुँचाया जाएगा।

साइकिल यात्रा ने यह भी साफ कर दिया कि उत्तर प्रदेश की जनता को राहुल के करिश्मे में नहीं बल्कि अखिलेश के जमीनी नेतृत्व में भरोसा है। 2012 के चुनावों को राहुल बनाम अखिलेश बनाकर प्रचारित किया जा रहा था। प्रचार माध्यमों में राहुल गांधी की खूब चर्चा थी। लेकिन राहुल के रोड शो के मुकाबले अखिलेश की साइकिल यात्रा युवाओं को ज्यादा आकर्षित कर रही थी। पूरे चुनाव के दौरान अखिलेश यादव मुद्दों को लेकर भी खासे संजीदा थे। मंदिर-मसजिद, जातीयता आदि उनके भाषण से गायब थे। प्रदेश की बदहाली का मुद्दा उठाकर वे प्रमुख राजनीतिक प्रतिद्वंद्वी ब.स.पा. और उसकी सुप्रीमो मायावती को सीधे निशाने पर रखते। खजाने की लूट का जिक्र करते। मंत्रियों के कारनामों का जिक्र कर ब.स.पा. सरकार को अब तक की भ्रष्टतम सरकार करार देते। बढ़ती महँगाई के लिए केंद्र पर निशाना साधकर कांग्रेस को एक्सपोज करते। कांग्रेस के युवराज राहुल गांधी के चुनावी हमलों का बखूबी जवाब देते। साइकिल बॉय की बात लोगों के दिल और दिमाग में जगह बनाने लगी थी। टनटनाती हुई साइकिल आगे बढ़ती रही। कहीं कच्चे रास्ते पर तो कहीं रास्ता भी नहीं होता। लेकिन साइकिल रुकी नहीं। साइकिल यात्रा जनता के बीच जन-जागरण पैदा करने में कामयाब रही। अखिलेश यादव की अगुवाई में सपा ने अपने पूरे चुनाव अभियान में विकास को ही केंद्र में रखा। आज के वक्त में साइकिल रैली करना बहुत बड़ी कला है। राजनीतिक पार्टियों को मोटरसाइकिल, कार रैली करनी है तो हजारों की संख्या में मोटरसाइकिल और कार इकट्ठी हो जाएँगी। लेकिन साइकिल जुटाना बड़े मैनेजमेंट का काम है। साइकिल यात्रा में हमने साइकिल जुटाने की जिम्मेदारी कार्यकर्ताओं को दी थी। किसी कार्यकर्ता को दो साइकिल, तो किसी को पाँच और किसी को 10 साइकिल जुटाने का दायित्व दिया गया था। छोटे-छोटे लक्ष्य देने से कार्यकर्ताओं को भी परेशानी नहीं हुई और देखते-ही-देखते हजारों साइकिल जमा हो गईं और साइकिल यात्रा में वास्तविक लोग ही शामिल हुए। नोएडा से आगरा की साइकिल यात्रा 2011 के चुनावों का इस लिहाज से टर्निंग प्वाइंट माना जा सकता है कि इस यात्रा से ही पहली बार बड़ी संख्या में मीडिया के कैमरे अखिलेश यादव की

तरफ घूमे। जनता में तो समाजवादी पार्टी के युवा नेता की लोकप्रियता और भरोसा लगातार बढ़ रही थी लेकिन मीडिया का बड़ा तबका राहुल गांधी को करिश्माई नेता साबित करने पर तुला हुआ था।

2012 के विधानसभा चुनावों के दौरान अखिलेश यादव की साइकिल यात्रा से जुड़ी कई ऐसी दिलचस्प कहानियाँ हैं जो बताती हैं कि यात्रा किस कदर लोकप्रिय हो रही थी और इसने कैसे सत्ता की चूलें तक हिला दी थीं? पहला वाकया बरेली का है। उत्तर प्रदेश में आखिरी चरण का मतदान बाकी था। अब तक सबको पीछे छोड़कर अखिलेश मीलों आगे पहुँच चुके थे। वे प्रदेश की धड़कन बन चुके थे। उस दिन चुनाव प्रचार का आखिरी दिन था। बरेली में ही साइकिल रैली निकालने का कार्यक्रम था। रैली में हिस्सा लेने के लिए बहुत बड़ी संख्या में लोग जुट गए। सड़क पर सिर्फ साइकिलें और लाल टोपी पहने समाजवादी पार्टी कार्यकर्ताओं के सिर ही सिर दिख रहे थे। साइकिल यात्रा में शामिल होने के लिए इतनी ज्यादा भीड़ इकट्ठा हो गई कि सड़क पर साइकिल चलाना ही संभव नहीं रह गया। आखिरकार भारी भीड़ की वजह से साइकिल यात्रा 10 किलोमीटर की पदयात्रा में तब्दील हो गई। इसमें मजेदार यह था कि कार्यकर्ता साइकिल लेकर पदयात्रा कर रहे थे। एक वाकया गोरखपुर का भी है। गोरखपुर की साइकिल यात्रा का जिम्मा भी मेरे ही पास था। यहाँ तय वक्त पर कार्यकर्ता और अखिलेश यादव साइकिल यात्रा के लिए पहुँच गए। अब तक साइकिल यात्रा की लोकप्रियता से मायावती बुरी तरह से बौखला गई थीं। वे किसी तरह से इसे रोकना चाहती थीं। मौके पर हजारों कार्यकर्ताओं की भीड़ इकट्ठा हो गई थी। सब यात्रा शुरू होने को लेकर उत्साहित थे। लेकिन प्रशासन ने कुछ और ही ठान रखा था। गोरखपुर प्रशासन ने यात्रा को मंजूरी देने से इनकार कर दिया। अफसरों ने इसके लिए बहुत ही बेतुका तर्क दिया। उन्होंने कहा कि साइकिल वाहन की श्रेणी में आता है और चुनाव की वजह से तीन से ज्यादा साइकिल चलाने की मंजूरी नहीं देंगे। अफसरों से हमारी खूब बहस हुई, लेकिन अफसर मानने को तैयार नहीं थे। आखिरकार अखिलेश यादव ने कहा कि जितनी भी साइकिल की मंजूरी मिल रही है उतनी ही साइकिल लेकर चलेंगे। लेकिन यात्रा जरूर होगी। मायावती के मंसूबों को धता बताते हुए तीन साइकिल के साथ रैली निकाली गई। बरेली की तरह यह साइकिल यात्रा भी पदयात्रा बन गई और जबरदस्त कामयाब रही।

आज दो पहिए वाली साइकिल से उत्तर प्रदेश के करोड़ों लोगों का वर्तमान और भविष्य जुड़ा है। अखिलेश के लिए साइकिल चलाना कोई शौक नहीं है। जबकि दुनिया भर की कई हस्तियों के लिए साइकिल चलाना सेहत या शौक से जुड़ा मसला है। राहुल गांधी, अमेरिकी राष्ट्रपति बराक ओबामा से लेकर अमेरिका के विदेश मंत्री

रहे जॉन केरी शौकिया तौर पर साइकिल चलाते दिखते रहे हैं। जॉन केरी तो फ्रांस में साइकिल चलाते वक्त गिर पड़े थे और इस हादसे में उनका पैर टूट गया था। जबकि ये लोग साइकिल फ्रेंडली सड़कों पर चलाते हैं। भारत में खासकर उत्तर प्रदेश में साइकिल चलने लायक कुछ ही सड़कें हैं। अब अखिलेश सरकार की वजह से राजधानी लखनऊ समेत कई शहरों में साइकिल लेन बने हैं। लेकिन अभी भी हर सड़क और हर शहर में साइकिल लेन की जरूरत है। कच्चे रास्तों पर तो साइकिल चलाना बेहद कठिन काम है। लेकिन गरीबों, पिछड़ों के लिए संघर्ष करने वाले धरतीपुत्र मुलायम सिंह यादव ने बेटे को ऐसी परवरिश दी है कि अखिलेश यादव में अनुशासन और संघर्ष करने की जबरदस्त क्षमता है। इन्हीं गुणों की वजह से साइकिल यात्राएँ संभव हुईं। अखिलेश यादव ने राजनीति की बारीकियाँ अपने पिता से सीखी हैं और अपने राजनीतिक सफर में उन्हीं को विस्तार दिया है। नेताजी और उनके बाद अखिलेश यादव ने संगठन में धार देने के लिए साइकिल का बेहतरीन इस्तेमाल किया। दोनों नेताओं ने समय-समय पर साइकिल यात्राएँ निकालीं और इसके जरिए पार्टी को एक मुकाम तक पहुँचाने में कामयाब भी हुए।

यहाँ जनजागरण साइकिल यात्रा का जिक्र करना भी जरूरी है। समाजवादी पार्टी तब सत्ता में नहीं थी। 23 अप्रैल, 2003 को लखनऊ की चिलचिलाती धूप में नेताजी की अगुवाई में जनजागरण साइकिल यात्रा निकाली गई। साइकिल यात्रा के दौरान उन्होंने अमीनाबाद और विधान सभा के नजदीक जनसभाएँ कीं। इसमें तत्कालीन केंद्र और उत्तर प्रदेश सरकार की जनविरोधी नीतियों का पर्दाफाश किया। यात्रा पार्टी के विक्रमादित्य मार्ग दफ्तर से चलकर शहर के कई इलाकों से घूमती हुई विधानसभा चौराहे पहुँची थी। इस आंदोलन को जबरदस्त जनसमर्थन मिला था। यात्रा से नेताजी ने पुराने क्रांतिकारी समाजवादी आंदोलनों की याद ताजा कर दी थी। जगह-जगह उनका भव्य स्वागत किया गया। फूल बरसाए गए। साइकिल यात्रा के दौरान एक नारा 'मारेंगे नहीं, लेकिन मानेंगे भी नहीं' बार-बार दुहराते कार्यकर्ता सरकारी दमन और भ्रष्टाचार का पोल खोल रहे थे तो वहीं दूसरी तरफ लोकतंत्र, समाजवाद और गांधीवादी नैतिक मूल्यों को बचाने के लिए पार्टी के नीति-कार्यक्रम से जुड़े साहित्य भी बाँट रहे थे। इस साइकिल यात्रा में भी अखिलेश यादव ने बढ़-चढ़कर हिस्सा लिया था। जनजागरण साइकिल यात्रा के आखिरी दिन 5 मई को लखनऊ में उन्होंने करीब 4 घंटे तक साइकिल चलाकर तत्कालीन सरकार की नीतियों के खिलाफ लोगों को आगाह किया। उसके बाद से अखिलेश यादव की साइकिल यात्राओं का सिलसिला जारी है।

अखिलेश यादव की साइकिल यात्राओं ने कई बार विरोधियों को मुश्किल हालात में भी डाला है तो उनकी साइकिल यात्रा में कई बार रोचक हालात भी बने हैं। ऐसा

ही एक वाकया रायबरेली का है। सोनिया गांधी ऑफिस ऑफ प्रॉफिट का आरोप लगने के बाद लोकसभा से इस्तीफा देकर 2006 में फिर से रायबरेली से लोकसभा का चुनाव लड़ रही थीं। चुनाव प्रचार के दौरान अखिलेश यादव ने समाजवादी पार्टी उम्मीदवार के समर्थन में साइकिल रैली निकाली। उनके साथ कार्यकर्ताओं का पूरा हुजूम था। कार्यकर्ताओं के साथ अखिलेश यादव रायबरेली में जनसंपर्क के लिए निकले थे। उसी वक्त राहुल गांधी भी काफिले के साथ रायबरेली में चुनाव प्रचार कर रहे थे। राहुल गांधी की गाड़ी खुद उनके पिता के मित्र कैप्टन सतीश शर्मा चला रहे थे। चुनाव प्रचार के दौरान राहुल का काफिला समाजवादी पार्टी की साइकिल रैली में फँस गया। साइकिल यात्रा इतनी लंबी थी कि हर वक्त एसपीजी सुरक्षा के साए में चलने वाले राहुल गांधी करीब 15 मिनट तक इस रैली में फँसे रहे। रैली को देखकर राहुल ने कैप्टन से कहा था कि कहाँ फँस गए? रायबरेली की सड़कों पर समाजवादी पार्टी की साइकिल रैली में भीड़ देखकर राहुल गांधी और कैप्टन सतीश शर्मा दोनों हैरान हुए थे। हालाँकि सहानुभूति के रथ पर सवार सोनिया गांधी बड़े अंतर से चुनाव जीतने में कामयाब रहीं, लेकिन अखिलेश यादव की साइकिल रैली ने एकबारगी राहुल और कैप्टन सतीश शर्मा के हाथ-पाँव फुला दिए थे।

मुख्यमंत्री बनने के बाद भी अखिलेश यादव ने साइकिल चलाना नहीं छोड़ा। वे मानते हैं कि साइकिल यात्रा से संगठन को धार मिलती है, साथ ही वे यह भी मानते हैं कि साइकिल चलाना सेहत के लिए भी फायदेमंद है। जब भी वक्त मिलता है वे साइकिल चलाने का कोई मौका नहीं छोड़ते। उनकी वजह से ही 2006 के सैफई महोत्सव में साइकिल मैराथन को जोड़ा गया था। सैफई महोत्सव के साइकिल मैराथन में अखिलेश यादव खुद भी हिस्सा लेते रहे हैं। 2014 में उन्होंने शिकोहाबाद से सैफई की मैराथन साइकिल रैली में खुद 30 किलोमीटर साइकिल चलाई थी। जनवरी 2016 में हुए सैफई महोत्सव के दौरान भी उन्होंने अपने गाँव सैफई से सैफई हवाई पट्टी तक की साइकिल यात्रा की। उनके साथ बदायूँ के सांसद धर्मेंद्र यादव, मैनपुरी के सांसद तेजप्रताप यादव और आई.जी.सी.एल. के चेयरमैन अनुराग भदौरिया ने भी साइकिल चलाई। सैफई के लोगों और पार्टी कार्यकर्ताओं को मुख्यमंत्री को साइकिल चलाते देखकर कोई हैरानी नहीं हुई। क्योंकि यह उनके लिए कोई नई बात नहीं थी। लेकिन सैफई से आगे निकलने पर रास्ते में कुछ विदेशी दिखे। मुख्यमंत्री ने खुद रुककर उनसे सैफई आने की वजह पूछी। विदेशियों ने बताया कि वे पर्यावरण पर रिपोर्ट तैयार करने आए हैं। इस बीच जब विदेशियों को पता चला कि साइकिल पर सवार शख्स उत्तर प्रदेश के मुख्यमंत्री हैं तो उनकी हैरानी का ठिकाना नहीं रहा। विदेशियों ने मुख्यमंत्री के साथ तसवीरें खिंचवाने का अनुरोध किया। मृदुभाषी अखिलेश यादव

ने उनके साथ तसवीरें खिंचवाईं। साथ ही अफसरों को रिपोर्ट बनाने में विदेशियों की मदद का आदेश दिया। अखिलेश यादव की साइकिल रैलियों और साइकिल यात्राओं से जुड़ी ऐसी अनगिनत कहानियाँ हैं। उन्होंने अब तक सैकड़ों साइकिल रैलियाँ निकाली होंगी या उनको हरी झंडी दिखाई होगी। वे साइकिल रैलियों को बहुत अहम मानते हैं। वे कहते हैं कि एक तरफ जहाँ साइकिल रैलियों से जनता से सीधे संवाद का मौका मिलता है वहीं इससे नेता की ताकत भी पता चलती है।

उनकी साइकिल यात्रा से विकास के कई किस्से भी जुड़े रहे हैं। उनकी अगुवाई में एक बार मिर्जापुर से भदोही के लिए साइकिल यात्रा निकली। यह 51 किलोमीटर लंबी यात्रा थी। इस यात्रा में सबसे बड़ी बाधा सड़क थी। सड़क की हालत बहुत ही खराब थी। जगह-जगह गड्ढे थे। यह मिर्जापुर को भदोही से जोड़ने वाली प्रमुख सड़क थी। इलाके के लोग तब तंज कसा करते थे कि यह सड़क 50 साल से टूटी है और कभी नहीं बन पाएगी। अखिलेश यादव ने खुद इस उबड़-खाबड़ रोड पर साइकिल चलाई। 2012 में जब वे मुख्यमंत्री बने तब भी यह बात भूले नहीं थे। मिर्जापुर-भदोही की गड्ढे वाली सड़क उनके जेहन में थी। उन्होंने भदोही से मिर्जापुर की सड़क को आर.सी.सी. कराया और ये कहा, ''लोग कहा करते थे कि ये सड़क 50 साल से टूटी है, समाजवादियों की सरकार ने यह सड़क आर.सी.सी. बनवा दी है, अब यह सड़क आगे 50 साल तक नहीं टूटेगी।'' कई बार उन पर ये आरोप लगते रहे हैं कि वे चुनावी फायदे के लिए साइकिल का इस्तेमाल करते हैं। जो लोग अखिलेश यादव पर ऐसे आरोप लगाते हैं उन्हें साइकिल यात्रा से जुड़ी विकास की ऐसी कहानियाँ सुनी ही नहीं होंगी।

2007 में अखिलेश की एक और साइकिल यात्रा का जिक्र यहाँ करना जरूरी है। समाजवादी नेता और भारत के प्रधानमंत्री रहे चंद्रशेखर के निधन से उनकी बलिया लोकसभा सीट खाली हो गई। चंद्रशेखर के निधन के बाद उनके दो बेटों नीरज शेखर और पंकज शेखर में उत्तराधिकार की जंग छिड़ गई। समाजवादी पार्टी अध्यक्ष मुलायम सिंह यादव ने इस विवाद को सुलझाया और बलिया सीट से नीरज शेखर को टिकट दे दिया। मायावती ने यहाँ से पूर्वांचल के बाहुबली नेता हरिशंकर तिवारी के बेटे विनय शंकर तिवारी को मैदान में उतार दिया। धनबल और बाहुबल के बूते विनयशंकर तिवारी युवाओं को अपनी तरफ खींच रहे थे। बहुजन समाज पार्टी ने पूरी ताकत लगा दी। आखिर में अखिलेश यादव ने नीरज शेखर के समर्थन में बलिया में साइकिल रैली निकाली। इस रैली का इंचार्ज भी मैं ही था। रैली में खूब युवा उमड़े। अखिलेश यादव साइकिल से बलिया की गली-गली घूमे। उन्होंने युवाओं को खूब आकर्षित किया। नतीजा नीरज शेखर यह चुनाव पिता से भी ज्यादा वोटों से जीते। एकाध बार

साइकिल रैली को उम्मीद के मुताबिक कामयाबी नहीं मिली है। एक चुनाव 2009 का है। 2009 के लोकसभा चुनाव में समाजवादी पार्टी ने संजय दत्त को लखनऊ से उम्मीदवार बनाया। लेकिन सजा की वजह से वे चुनाव नहीं लड़ पाए। उनकी जगह नफीसा अली को उतारा गया। नफीसा अली के प्रचार में अखिलेश ने लखनऊ की सड़कों पर साइकिल चलाई थी। लेकिन इसका ज्यादा असर नहीं हुआ था।

2014 के लोकसभा चुनाव में भी पार्टी को बड़ी कामयाबी नहीं मिल पाई। दरअसल उस वक्त पूरे देश में नरेंद्र मोदी और बी.जे.पी. की एकतरफा हवा थी। अखिलेश यादव ने साइकिल रैली के जरिए उत्तर प्रदेश में इस हवा को थामने की कोशिश की। चुनावों से पहले दिल्ली से लखनऊ तक साइकिल रैली निकालने का फैसला हुआ। दूसरी साइकिल रैलियों की तरह इसका भी इंचार्ज मैं ही था। तय हुआ कि तीन रास्तों से दिल्ली से चलकर साइकिल रैली लखनऊ पहुँचेगी। 23 फरवरी को हजारों की संख्या में समाजवादी पार्टी कार्यकर्ता जंतर-मंतर पर जुटे। पहली बार जंतर-मंतर पर इतनी बड़ी संख्या में साइकिल सवार पहुँचे थे। जंतर-मंतर देश में रैलियों और धरना प्रदर्शन के लिए जाना जाता है। यहाँ बहुत बड़ी-बड़ी और ऐतिहासिक रैलियाँ हुई हैं। लेकिन जंतर-मंतर पर पहले कभी भी इतनी बड़ी संख्या में साइकिल सवार नहीं जुटे थे। यह ऐतिहासिक भीड़ थी। अखिलेश यादव ने हरी झंडी दिखाकर रैली को रवाना किया। रैली को तीन रास्तों से लखनऊ जाना था। पाँच-पाँच सौ साइकिल सवारों के तीन जत्थे बनाए गए। ये समाजवादी पार्टी के वे कार्यकर्ता थे जो दिल्ली से चलकर लखनऊ जाने वाले थे। बीच में जिन इलाकों से ये रैली गुजरनी थी वहाँ के कार्यकर्ता अपने जिले की सीमा की शुरुआत में साइकिल रैली से जुड़ते और सीमा खत्म होने पर रैली को विदाई देकर वापस लौट आते। एक जत्था दिल्ली, अलीगढ़, एटा, मैनपुरी, कन्नौज, हरदोई होते हुए लखनऊ पहुँचा। दूसरा जत्था अमरोहा, मुरादाबाद, बरेली, शाहजहाँपुर, सीतापुर होकर लखनऊ पहुँचा। जबकि तीसरा जत्था मथुरा, आगरा, इटावा, कानपुर होकर लखनऊ पहुँचा। अखिलेश यादव की अगुवाई और रैलियों का ही असर था कि मोदी लहर की आँधी में जहाँ सभी दल उड़ गए वहीं सिर्फ समाजवादी पार्टी ही उत्तर प्रदेश में इस लहर के सामने टिक पाई।

चर्चा अखिलेश की साइकिल यात्रा की हो रही है। साइकिल जो उनकी पार्टी का सिंबल है। पिता ने पार्टी के सिंबल साइकिल को जनता से जोड़ने के लिए साइकिल यात्रा की शुरुआत की। लेकिन यहाँ यह बताना दिलचस्प होगा कि नेताजी को पहली साइकिल कब मिली थी। नेताजी को बचपन से ही साइकिल का बड़ा शौक था। वे सैफई से इटावा के डिग्री कॉलेज पढ़ने जाते थे। सैफई से इटावा तकरीबन 20 किलोमीटर रोज आना-जाना पड़ता था। यह वाकया 1960 का है। नेताजी को एक

अदद साइकिल की दरकार थी, लेकिन उस वक्त के ग्रामीण समाज में साइकिल भी लग्जरी चीज मानी जाती थी। एक दिन नेताजी और उनके दोस्त रामरूप पास के उजियानी गाँव किसी काम से गए थे। दोपहर का वक्त था। गाँव की चौपाल में लोग ताश खेल रहे थे। मुलायम और रामरूप भी उसमे शामिल हो गए। पास के किंचा गाँव के आलू के कारोबारी राम प्रकाश गुप्ता भी ताश खेल रहे थे। ताश की महफिल जब उफान पर थी तो राम प्रकाश गुप्ता ने शर्त रखी कि जीतने वाले को रॉबिनहुड साइकिल मिलेगी। नेताजी ने बाजी जीती और उन्हें विजेता के तौर पर रॉबिनहुड साइकिल मिली। यही साइकिल बाद में चलकर उनकी पार्टी का चुनाव चिह्न बनी और पिता-पुत्र ने उत्तर प्रदेश में साइकिल को समाजवादी पार्टी का पर्याय बना दिया।

इतिहास की कुछ किताबों में फ्रॉस के पिता-पुत्र की जोड़ी पियरे और अर्नेस्ट मिखौ को साइकिल का आविष्कारक बताया गया है। फ्रांसीसी पिता-पुत्र की जोड़ी ने सफर को आरामदायक बनाने के लिए साइकिल का आविष्कार किया था। जबकि भारत के उत्तर प्रदेश में पिता-पुत्र की जोड़ी ने साइकिल को संघर्ष के रास्ते पर चलाकर सत्ता तक पहुँचने का जरिया बना दिया।

□

अध्याय 13

चुनाव प्रबंधक

बेदाग छवि, मृदुभाषी, प्रगतिशील सोच और युवा मन। अखिलेश यादव की इन्हीं खासियतों ने समाजवादी पार्टी की तसवीर बदल कर रख दी। 2012 के चुनावों में अखिलेश यादव को उत्तर प्रदेश का ताज मिला, लेकिन इसके पीछे उन्होंने जो मेहनत की है वह किसी से छुपी नहीं है। 2012 के चुनाव में एक ऐसी पार्टी को जीत का सेहरा पहनाना, जिसे साल भर पहले तक कोई उत्तर प्रदेश की चुनावी जंग में शामिल ही नहीं मान रहा था, वाकई गजब बात थी। समाजवादी पार्टी ने अखिलेश यादव के रूप में तुरुप का पत्ता चला था। हाथी को पछाड़ने के लिए युवा और तेजतर्रार नेता को साइकिल थमाकर आगे कर दिया। लेकिन यह अखिलेश यादव की मेहनत और चतुर चुनावी प्रबंधन ही था जिसने समाजवादी पार्टी को सत्ता की गद्‌दी पर पहुँचा दिया।

बदलते दुनियावी माहौल में सियासत में प्रबंधन की भूमिका बहुत हद तक बढ़ गई है। पब्लिक ओपिनियन बनाने से लेकर प्रचार अभियान और मुद्‌दे तक तय करने में मैनेजमेंट एजेंसियों की भूमिका अहम हो गई है। किसी पार्टी के पक्ष में लॉबिंग करने, सोशल मीडिया पर अभियान चलाने के लिए प्रोफेशनल एजेंसियाँ हैं। 2014 के लोकसभा चुनाव में भाजपा और नरेंद्र मोदी ने राजनीतिक प्रबंधन के लिए अलग-अलग एजेंसियों की सेवाएँ ली थीं। इनमें ग्लोबल एजेंसियाँ भी शामिल थीं। 2015 में बिहार विधानसभा चुनाव में भी प्रबंधन के लिए पार्टियों खासकर नीतीश कुमार ने इनका सहारा लिया। बिहार में चुनाव अभियान पहली बार कॉरपोरेट व सोशल दोनों अंदाज में एक साथ लड़ा गया। अब तक ऐसा नहीं था। आर्थिक पायदान पर पिछड़े बिहार में अब तक चुनाव अभियान विभिन्न दलों द्वारा परंपरागत अंदाज में लड़े जा रहे थे। पूरी दुनिया में चुनाव प्रबंधन के नए-नए तरीके और एक्सपर्ट सामने आ रहे हैं। अमेरिकी राष्ट्रपति बराक ओबामा और बिल क्लिंटन से लेकर भारतीय प्रधानमंत्री

नरेंद्र मोदी, नीतीश कुमार और अरविंद केजरीवाल के चुनाव अभियान में बड़े-बड़े कॉर्पोरेट ने मोरचा सँभाला था।

लेकिन इन कॉरपोरेट दिग्गजों के बीच अखिलेश यादव ने कुशल चुनाव प्रबंधन से न केवल पूर्ण बहुमत की सरकार बनाई बल्कि समाजवादी पार्टी को नंबर एक का ताज दिलवाया। युवा समाजवादी नेता अखिलेश यादव ने 2012 के चुनाव में पार्टी की छवि को जनता के बीच नए तरीके से पेश किया। लोकतंत्र में जनता खासकर युवाओं की भागीदारी के जरिए समाजवादी पार्टी को फर्श से अर्श तक पहुँचाया।

समाजवाद के इस नए सितारे के आकाश में जगमगाने के पीछे की कहानी बड़ी लंबी है। इस कहानी की पटकथा करीब दो साल पहले ही लिख दी गई थी। अखिलेश यादव ने सबसे पहले प्रचार अभियान शुरू किया, जब तक दूसरी पार्टियों के नेता सोचते तब तक वे गाँव-गाँव, शहर-शहर लोगों के दिलों में उतर चुके थे। समाजवादी पार्टी ने उम्मीदवारों की सूची साल भर पहले ही जारी कर दी थी। इससे लोगों को उम्मीदवार को जानने और पहचानने का पूरा मौका मिला। उम्मीदवार ठीक नहीं होने पर वक्त पर बदले भी गए। सांगठनिक ढाँचा तैयार करने के बाद अखिलेश यादव ने 'ब्रेन' की तलाश शुरू की, ताकि पार्टी की रणनीति और चुनावी योजनाओं का मजबूत खाका तैयार किया जा सके। इसके लिए उन्होंने देश-विदेश के प्रतिष्ठित संस्थानों से उच्च शिक्षा हासिल करने वाले नौजवानों और प्रोफेशनलों की एक फौज तैयार की। इसमें कैंब्रिज विश्वविद्यालय से पी-एच.डी. करने वाले अभिषेक मिश्रा, आई.आई.टी. दिल्ली में असिस्टेंट प्रोफेसर संजीव यादव, वर्ल्ड बैंक म्ं कंसलटेंट मेहुल जैन, हार्वर्ड विश्वविद्यालय से डेवलपमेंटल इश्यू पर उच्च शिक्षा हासिल करने वाले विनोद यादव जैसे दर्जनों युवक थे। अखिलेश ने बिहार के तत्कालीन मुख्यमंत्री नीतीश कुमार और गुजरात के तत्कालीन मुख्यमंत्री नरेंद्र मोदी से लेकर अमेरिकी राष्ट्रपति बराक ओबामा तक की चुनावी रणनीति और विकास कार्यों का गहराई से अध्ययन किया। वे उत्तर प्रदेश के राजनीतिक परिदृश्य को बदलना चाहते थे। उनकी कोशिश थी कि मतदाताओं की जाति-धर्म और संप्रदाय के आधार पर वोट देने की परपंरागत मानसिकता को बदलकर, उसे विकास की तरफ उन्मुख किया जाए। इसके लिए उन्होंने अध्ययन किया और रणनीति बनाई। इसमें वे सफल भी रहे। समाजवादी पार्टी ने पूरे चुनाव अभियान में विकास को ही केंद्र में रखा।

समाजवादी पार्टी की कमियों के विश्लेषण के बाद अखिलेश यादव इस नतीजे पर पहुँचे कि मतदाताओं, खासतौर पर शहरी और पढ़े-लिखे लोगों में पार्टी की छवि, पुरानी सोच और गुंडों-बदमाशों की पार्टी की है। उनके सामने सबसे बड़ी चुनौती इस छवि को बदलने की थी। समाजवादी पार्टी के बारे में धारणा बना दी गई थी

कि यह पार्टी तकनीक, खासकर कंप्यूटर और अंग्रेजी विरोधी है, जबकि ऐसा नहीं था। मशीन और कंप्यूटर का विरोध इसलिए किया गया था क्योंकि इसकी वजह से बुनकर, चिकन कढ़ाई और जरी का काम करनेवाले लाखों लोग बेरोजगार हो जाते। समाजवादी पार्टी कभी भी अंग्रेजी विरोधी नहीं थी, लेकिन मातृभाषा को प्राथमिकता देती थी इसलिए उसकी ऐसी छवि बन गई थी कि पार्टी अंग्रेजी विरोधी है। अखिलेश यादव ने इस छवि को तोड़ने के लिए पूरी तरह से कमर कस ली। यह उनका चुनावी प्रबंधन था कि पार्टी के घोषणा-पत्र में 10वीं और 12वीं के छात्रों को लैपटॉप देने की घोषणा की गई। इस पर सवाल उठे लेकिन उन्होंने यह कहकर विरोधियों का मुँह बंदकर दिया कि आज कंप्यूटर रोजगार पाने का जरिया है। साथ ही यह भी ऐलान किया कि जो लैपटॉप बाँटे जाएँगे उसमें अंग्रेजी के साथ-साथ हिंदी और उर्दू के की-बोर्ड भी शामिल किए गए हैं।

समाजवादी पार्टी की अंग्रेजी विरोधी छवि से उबरने के लिए भी अखिलेश यादव ने बाकायदा रणनीति तैयार की। नेताजी के जन्मदिन 22 नवंबर, 2011 को अंग्रेजी के सबसे बड़े अखबार 'द टाइम्स ऑफ इंडिया' के सभी संस्करणों में पार्टी का एक विज्ञापन छपा। इसमें अखिलेश यादव को छोड़कर पार्टी के लगभग सभी बड़े नेताओं की फोटो के साथ, पार्टी की वेबसाइट, फेसबुक और ट्विटर के यू.आर.एल. के अलावा पार्टी के कॉल सेंटर का नंबर भी था। उस विज्ञापन में नेताजी लोगों से पार्टी से जुडने के लिए अंग्रेजी में अपील करते नजर आ रहे थे—'कम ऐंड ज्वाइन अस'। यह विज्ञापन सपा के लिए टर्निंग प्वाइंट साबित हुआ। जाहिर है, विज्ञापन शहरी युवाओं के लिए था। विज्ञापन के जरिए यह संदेश देने की कोशिश की गई कि समाजवादी पार्टी आधुनिक पार्टी है। अखिलेश यादव ने खुद मीडियाकर्मियों से बातचीत में कहा था, "हमने देखा अंग्रेजी अखबार ही हमारे विरोध में लिखते थे कि हम अंग्रेजी और कंप्यूटर विरोधी हैं।" इस विज्ञापन के जरिए हमारे बारे में चर्चा और बहस छिड़ गई। जब तक यह बहस शांत होती, पार्टी ने अपना घोषणा-पत्र जारी कर दिया। जिसमें छात्रों को कंप्यूटर देने की बात कर यह संदेश देने की पुरजोर कोशिश की कि समाजवादी पार्टी आधुनिकता विरोधी नहीं है। जाहिर है, विज्ञापन और घोषणा-पत्र की टाइमिंग बिल्कुल सटीक थी। विदेशों से उच्च शिक्षित दर्जनों युवाओं को चुनाव मैदान में उतार कर पढ़े-लिखे नौजवानों का ध्यान भी पार्टी की तरफ खींचा। मैसूर यूनिवर्सिटी से स्नातक समाजवादियों की अगली पीढ़ी का यह नायक भले फर्राटेदार अंग्रेजी बोलता हो, लेकिन वे हमेशा हिंदी को ही तरजीह देते हैं। चुनाव के दौरान अंग्रेजी समाचार चैनलों पर उनसे एंकर जब अंग्रेजी में सवाल पूछते तो वे हिंदी में जवाब देते। आज भी यह सिलसिला कायम है।

चुनाव अभियान में अखिलेश यादव ने पारंपरिक मीडिया का बखूबी इस्तेमाल किया। पार्टी के सांस्कृतिक प्रकोष्ठ का चुनाव प्रचार में बेहतरीन इस्तेमाल किया। प्रकोष्ठ के गायकों से स्थानीय बोलियों में गाने गवाए जाते। फिर हाट और साप्ताहिक बाजारों में इन्हें जमकर बजाया जाता। इन गानों में समाजवादी पार्टी का घोषणा-पत्र होता। पार्टी की नीतियों का बखान होता। पार्टी के संदेश होते और साथ ही जनता से किए वादे होते। इन गानों के जरिए समाजवादी पार्टी यह संदेश देती कि सरकार आने के बाद घोषणा-पत्र अक्षरशः लागू किया जाएगा। ज्यादातर गाने समाजवादी पार्टी के घोषणा-पत्र में किए गए वादों पर ही आधारित होते। इस अभियान का फीडबैक पार्टी प्रभारी लेते थे। इस काम में पार्टी कार्यकर्ताओं के साथ-साथ प्रोफेशनल शामिल होते थे।

अखिलेश यादव पार्टी का विज्ञापन खुद ही तय करते थे। 2012 में विधानसभा का चुनाव लड़ने के लिए समाजवादी पार्टी के पास बहुत पैसे नहीं थे। चंदा देने वाले बड़े उद्योगपति नहीं थे। छोटे-छोटे चंदे मिलते थे। समाजवादी पार्टी के संसाधन बहुत ही सीमित थे। बहुत कम खर्च में चुनाव लड़ना था। अखिलेश यादव की कोशिश होती थी कि चुनाव प्रचार अभियान में कहीं से भी कमतर न दिखें। जहाँ भी कांग्रेस, बी.जे. पी. या मायावती का कोई बड़ा कार्यक्रम होता, समाजवादी पार्टी की स्थानीय इकाई के पदाधिकारियों और कार्यकर्ताओं को वहाँ भेजा जाता। कार्यकर्ता समाजवादी धुन पर बने गाने बजाते ताकि लोगों का ध्यान आकर्षित किया जा सके। ऐसा करके एक संदेश देते कि हम किसी से कम नहीं हैं। समाजवादी पार्टी के पूर्व सांसद उदय प्रताप सिंह खुद पार्टी के लिए गाने लिखते थे। समाजवादी पार्टी का प्रमुख गीत भी उन्होंने ही लिखा था। अखिलेश यादव ने इसे बॉलीवुड के गायक जावेद अली से गवाया था। उस वक्त जावेद अली बॉलीवुड में अपने गाए गानों से मशहूर हो चुके थे। हालाँकि पार्टी में शुरू में बॉलीवुड के सिंगर से गाना गँवाने पर झिझक थी। लेकिन अखिलेश यादव ने आगे बढ़कर यह फैसला लिया। बाद में यही गाना पार्टी के चुनाव प्रचार में थीम सॉन्ग बना। अखिलेश यादव ने करीब दो साल पहले ही इस गाने पर काम शुरू कर दिया था। 2011 में सैफई महोत्सव में इस गाने को रीलिज किया गया था।

उन्होंने इमेज बिल्डिंग और ब्रांडिंग से लेकर ओपिनियन मेकिंग तक सब कुछ खुद अपनी देख-रेख में कराया। सपा के रणनीतिकारों, सहयोगियों और खास समर्थकों को ट्रेनिंग दिलवाई। चुनाव अभियान में डिफेंड व अटैक की रणनीति अहम होती है। यानी करीने से अपना बचाव कीजिए और फिर प्रतिद्वंद्वी पर मारक चोट कीजिए। कई बार यह उलटा भी पड़ जाता है। दिल्ली चुनाव इसका उदाहरण है, जब अरविंद केजरीवाल के आरोपों से तिलमिलाई भाजपा ने उन पर वार करने के लिए उपद्रवी गोत्र शब्द का प्रयोग किया। इस शब्द को केजरीवाल पर सियासी हमले के लिए

इस्तेमाल किया गया था। इसके उलट केजरीवाल ने भाजपा के उपद्रवी गोत्र शब्द को लपक लिया। अखिलेश यादव ने ऐसी कोई गलती नहीं की। वे हर मुद्दे को बड़ी बारीकी से अध्ययन करते और फिर उसे लागू करते थे।

अखिलेश यादव का चुनाव प्रबंधन बहुत ही जबरदस्त था। चुनाव प्रचार में वे संसाधनों का भरपूर इस्तेमाल करते। चुनाव में वक्त का पूरा सदुपयोग करते। सुबह से ही उनका चुनाव प्रचार शुरू हो जाता। दिन के वक्त हेलिकॉप्टर से चुनाव प्रचार करते। दिन में बड़ी-बड़ी सभाओं को संबोधित करने का कार्यक्रम रखा जाता। शाम को जब हेलिकाप्टर के उड़ने का वक्त खत्म हो जाता तब क्रांति रथ पर सवार हो जाते। आखिरी कार्यक्रम उस जगह रखा जाता जहाँ से वे क्रांति रथ पर फिर से सवार हो सकें। क्रांति रथ पर सवार होने के बाद रात 10 बजे तक छोटी-छोटी कई सभाओं को संबोधित करते। चुनाव प्रचार में अखिलेश यादव करीब-करीब सभी विधानसभा क्षेत्रों में गए।

समाजवादी पार्टी ने सबसे पहले चुनावी अभियान शुरू कर दिया था। लेकिन पार्टी के पास मीडिया को विज्ञापन देने के लिए ज्यादा बजट नहीं था। राष्ट्रीय पार्टियों की तुलना में हमारा मीडिया मैनेजमेंट कमजोर था। ऐसे में बड़े-बड़े न्यूजपेपर और मीडिया हाउस बहुत कवरेज नहीं देते। खासकर दिल्ली का मीडिया का शुरुआत में हमारे प्रचार की खबरों को कोई अहमियत ही नहीं दे रहा था। दिल्ली की मीडिया ने राहुल गांधी को चढ़ा रखा था। अखिलेश यादव की रैलियों में सबसे ज्यादा भीड़ उमड़ती। लेकिन दिल्ली का मीडिया इन सबसे उदासीन बना हुआ था। अखिलेश यादव ने नेशनल मीडिया का ध्यान खींचने के लिए एक तरकीब निकाली। स्थानीय मीडिया में उनकी सभाओं में उमड़ रही अपार भीड़ की तसवीरें और खबरें प्रकाशित होती थीं। वे हर रोज की कवरेज की कतरन कटवाते और फिर इसे दिल्ली की मीडिया को ई मेल कराते। सोशल मीडिया के माध्यम से प्रचार-प्रसार कराते। शुरू में तो नेशनल मीडिया उदासीन रहा, लेकिन जब धीरे-धीरे नेशनल मीडिया का ध्यान उनकी रैलियों की तरफ गया तो कवरेज शुरू हुई।

हमें आज भी याद है कि सबसे पहले 'द संडे इंडियन' में अनिल पांडेय ने अखिलेश यादव पर कवर स्टोरी की, फिर 'द टेलीग्राफ' में अखिलेश यादव के चुनाव अभियान पर दो पेज की स्टोरी छपी। अखबार की महिला रिपोर्टर राधिका ने यह स्टोरी की थी। राधिका ने जब अखिलेश यादव की रैलियों को कवर किया तो उन्हें भी हैरानी हुई कि आखिर जिस युवा नेता की सभाओं में इतनी भीड़ उमड़ रही, उसे कवरेज क्यों नहीं मिल रही है। द संडे इंडियन और टेलीग्राफ में स्टोरी छपने के बाद नेशनल मीडिया ने अखिलेश यादव की तरफ ध्यान देना शुरू किया। द संडे इंडियन

के बाद फिर तीन चार वीकली मैगजीन ने अखिलेश यादव पर कवर स्टोरी की। इसके बाद ही नेशनल मीडिया कहे जाने वाले दिल्ली के मीडिया ने अखिलेश यादव की रैलियों को कवर करना शुरू किया। द संडे इंडियन के तत्कालीन कार्यकारी संपादक अनिल पांडेय ने अखिलेश यादव की लीडरशिप को मिल रहे अपार जनसमर्थन पर कवर स्टोरी करते हुए, उस वक्त के दिग्गज सियासी पंडितों के सभी अनुमानों को झुठलाते हुए बअसमाजवादी पार्टी के बहुमत से सरकार बनाने की भविष्यवाणी की थी। जो बाद में सच साबित हुई। जब नेशनल मीडिया ने समाजवादी पार्टी के चुनावी अभियान की तरफ ध्यान देना शुरू किया तो अखिलेश की कोशिश रहती थी कि हर दिन एक बड़े पत्रकार की अपने साथ यात्रा कराई जाए। कई बार यात्रा हेलिकॉप्टर से शुरू होती और क्रांति रथ से होकर सैकड़ों किलोमीटर का सफर करने के बाद खत्म होती।

अखिलेश यादव की नजर युवा मतदाताओं पर थी, जो बदलाव लाना चाहते थे,। वे अच्छी तरह जानते थे कि अकेले काम करने से उत्तर प्रदेश जैसे बड़े राज्य में कोई फायदा नहीं मिलेगा। इसीलिए उन्होंने एक बेहतरीन टीम चुनी। जिसमें अधिकतर चेहरे उनकी तरह ही नए और युवा थे। रेडियो जॉकी से लेकर प्रोफेसर तक को कोर टीम में जगह देकर जीत को सुनिश्चित किया। युवा संगठनों के लोगों को खास तरजीह दी। उच्च शिक्षित और कर्मठ लोगों को अपनी टीम में रखकर जनता को अपने शासन में सुशासन लाने का पैगाम दिया, जिसे जनता ने कबूल भी किया। अखिलेश यादव ने व्यापक रूप से पार्टी की नीतियों, खामियों और सांगठनिक ढाँचे का अध्ययन किया। पार्टी की खामियों के साथ-साथ उन मुद्दों की भी पहचान की, जो पार्टी के खिलाफ जाते थे। इसके बाद नए सिरे से पार्टी का संगठन तैयार किया गया। जुझारु और जमीनी नेताओं को महत्त्व दिया गया। बड़े पैमाने पर युवाओं और छात्र संघ से निकले नेताओं को न केवल अखिलेश यादव ने महत्त्व दिया, बल्कि पार्टी में अहम जिम्मेदारी भी दी। इससे पार्टी में युवा ऊर्जा का संचार हुआ। पहली बार पार्टी के चारों युवा संगठनों को चुनाव में खासा महत्त्व मिला। यूथ विंग के पदाधिकारियों समेत 500 तेजतर्रार युवाओं की एक टीम तैयार की गई। इस टीम के हाथ में जनसभाओं से लेकर चुनाव प्रचार की पूरी कमान थी। बूथ स्तर तक की निगरानी इन युवाओं के हाथ में थी। चारों यूथ विंग के राष्ट्रीय पदाधिकारियों को मंडल का प्रभारी बनाया गया, तो प्रदेश स्तर के पदाधिकारियों को जिले का प्रभार सौंपा गया। अखिलेश यादव के साथ 500 नौजवानों की फौज चलती थी, जो जनसभाओं में 'क्राउड मैनेजमेंट' से लेकर 'सिक्योरिटी मैनेजमेंट' तक का काम करती थी। अखिलेश यादव उत्तर प्रदेश के सियासी परिदृश्य को बदलना चाहते थे। उनकी कोशिश थी कि जाति-धर्म और

संप्रदाय के आधार पर वोट देने की परपंरागत मानसिकता को बदलकर उसे विकास की तरफ उन्मुख किया जाए। इसके लिए उन्होंने अध्ययन किया और रणनीति बनाई। अखिलेश यादव इसमें कामयाब रहे। समाजवादी पार्टी ने पूरे चुनाव अभियान में विकास को ही केंद्र-बिंदु में रखा।

2007 के विधानसभा चुनाव में समाजवादी पार्टी की हार और 2009 के लोकसभा उपचुनाव में फिरोजाबाद से अखिलेश यादव की पत्नी डिंपल यादव की करारी शिकस्त के बाद भविष्यवाणी की जाने लगी थी कि 'मुलायम राज' का अंत हो चुका है। छह महीने पहले तक चुनावी पंडित और मीडिया के सर्वे चिल्ला-चिल्लाकर कह रहे थे कि बहुजन समाज पार्टी की सत्ता में वापसी हो रही है। मीडिया बहुजन समाज पार्टी का मुकाबला समाजवादी पार्टी से नहीं बल्कि कांग्रेस से बता रहा था। मीडिया राहुल गांधी के मुकाबले अखिलेश यादव को 'हारा हुआ सारथी' मानकर कतई तवज्जो नहीं दे रहा था। लेकिन अखिलेश यादव ने अकेले दम बाजी पलट दी। दो चरण की वोटिंग के बाद मीडिया और चुनावी पंडितों के सुर बदल गए। वे उत्तर प्रदेश विधानसभा चुनाव में समाजवादी पार्टी के सबसे बड़े दल के रूप में उभरने की भविष्यवाणी करने लगे थे। 'गेमचेंजर' की संज्ञा से नवाजते हुए मीडिया दिग्गज अखिलेश यादव को भावी मुख्यमंत्री के तौर पर देखने लगे थे। फरवरी के आखिरी हफ्ते में खबरिया चैनलों के सभी बड़े पत्रकारों ने न सिर्फ अखिलेश यादव को अपने-अपने टी.वी. शो में बुलाया, बल्कि खूब आवभगत भी की। अंग्रेजी अखबार 'द इंडियन एक्सप्रेस' ने फरवरी के अंत में 'मोस्ट पावरफुल इंडियंस इन 2012' शीर्षक से देश के 20 प्रभावशाली लोगों की सूची जारी की, जिसमें समाजवाद के युवा नायक अखिलेश यादव का नाम भी शामिल था।

अखिलेश यादव ने आखिरी मास्टरस्ट्रोक डी.पी. यादव के मुद्दे पर चला। इसके बाद तो तय हो गया कि अब सरकार समाजवादी पार्टी की ही बननी है। बाहुबली डी.पी. यादव को पार्टी से बाहर का रास्ता दिखाकर यह संदेश देने की कोशिश की गई कि सपा में गुंडों-बदमाशों की कोई जगह नहीं है। गाँवों में तो सपा का मजबूत आधार था ही लेकिन शहरों में वह कमजोर थी। अखिलेश यादव ने शहरी सीटों पर करीब 122 उच्च शिक्षित युवाओं को प्रत्याशी बनाकर कांग्रेस और भाजपा के पारंपरिक शहरी वोट बैंक में जबरदस्त सेंध लगाने की कोशिश की। जब वे इस तरह के बदलाव कर रहे थे, तब पार्टी के तमाम बड़े नेता इसे पार्टी मुखिया के बेटे की बचकाना हरकत करार दे रहे थे। उन्हें लग रहा था कि यह बेकार की कवायद है। इससे कुछ होना-जाना नहीं है। लेकिन वे एक मझे हुए नेता साबित हुए। जनता का रुझान पार्टी की तरफ हो चुका था। आगे चलकर चुनावी पंडित और नेता ये कहते

नजर आए कि हमारी सोच गलत साबित हुई। 2012 चुनाव में वोटिंग के दौरान सूबे में समाजवादी पार्टी की लहर नजर आ रही थी। अखिलेश यादव ने अकेले अपने बूते समाजवादी पार्टी की सरकार बना दी। सचमुच यह 'वन मैन शो' था।

2012 चुनाव से करीब दो साल पहले अखिलेश यादव ने उत्तर प्रदेश में दो दशक के दौरान हुए सभी विधानसभा चुनावों के मुद्दों, नतीजों और विभिन्न राजनीतिक दलों की चुनावी रणनीति का गहन अध्ययन किया। उन्होंने पता लगाया कि समाजवादी पार्टी कहाँ कमजोर है? कमजोरी की वजह क्या है? समस्याएँ और स्थानीय मुद्दे क्या हैं? जिलावार ही नहीं, गाँवों तक का डेटा तैयार कराया गया। किस गाँव में, किस जाति के कितने वोट हैं, कितने समाजवादी पार्टी को मिलते हैं और कितने विरोधियों को? कहाँ से वोट बैंक में सेंध लगाना है और कैसे? इसका पूरा खाका तैयार किया गया। डेटा एनालिसिस के आधार पर नतीजा निकला कि जहाँ-जहाँ समाजवादी पार्टी मजबूत है, अगर उन विधानसभा क्षेत्रों में पार्टी के पारंपरिक वोट बैंक में 5,000 मतों का भी इजाफा हो जाए, तो पार्टी करीब 250 सीटों पर नतीजा अपने पक्ष में कर सकती है। लिहाजा हर विधानसभा क्षेत्र में पार्टी के वोट बैंक में 10,000 की बढ़ोतरी का लक्ष्य रखा गया। मैं समाजवादी पार्टी के यूथ ब्रिगेड समाजवादी युवजन सभा का राष्ट्रीय अध्यक्ष था और अखिलेश यादव के चुनाव अभियान का प्रभारी भी। अखिलेश ने सालभर पहले ही चुनावी रणनीति की रूपरेखा तैयार कर ली थी। क्या मुद्दे होंगे, उनको कैसे और कब उठाना है? प्रचार अभियान कैसे चलाना है? चुनावी नारे क्या होंगे? साइकिल यात्रा का रूट क्या होगा? यह सब पहले से तय था। पार्टी के रणनीतिकारों ने तय किया कि जनता की नजर में समाजवादी पार्टी को बहुजन समाज पार्टी का विकल्प साबित करने के लिए सूबे की मायावती सरकार पर जमकर हल्ला बोलना होगा। यही नहीं, बहुजन समाज पार्टी के खिलाफ हर महीने प्रदेश भर में जिलास्तर पर 4-5 धरने-प्रदर्शन जरूर किए जाएँगे। चुनाव में इसका फायदा एंटी इनकंबेंसी वोट के रूप में जरूर मिलेगा।

अखिलेश यादव ने चुनाव की घोषणा से काफी पहले ही क्रांति रथ और साइकिल यात्रा के जरिए पूरे प्रदेश का दौरा करने की योजना बनाई, ताकि कार्यकर्ताओं में जोश भरा जा सके। साइकिल यात्रा उन जगहों पर की, जहाँ सपा कमजोर थी। नोएडा से आगरा तक की करीब 200 किमी की साइकिल यात्रा इसका सबसे बड़ा उदाहरण है। पश्चिमी उत्तर प्रदेश के गन्ना बेल्ट में पार्टी कमजोर थी। अखिलेश ने प्रदेश के किसी भी नेता से कहीं ज्यादा यात्राएँ और सभाएँ कीं। करीब 10,000 किमी रथ यात्रा और करीब 1500 किमी की साइकिल यात्रा। एक-एक दिन में 12-12 सभाएँ। उनकी नजर सूबे के उन युवा मतदाताओं पर थी, जो पहली बार वोटर बने थे। बूथ कमेटी

चुनावी प्रबंधन की रीढ़ होती है। अखिलेश ने साल भर पहले ही बूथ कमेटियाँ बना दी थीं। बूथ कमेटी के सदस्यों को ट्रेनिंग दी गई। उन्हें सपाई वोटरों को सूचीबद्ध करने और बूथ तक लाकर वोट डलवाने की जिम्मेदारी सौंपी गई। इसकी वजह से मतदान का प्रतिशत बढ़ा। हमारे पास बूथ कमेटी के एक-एक सदस्य का डेटा था। पहले चरण के मतदान के पहले जब बारिश शुरू हुई, तब फौरन हमने अपनी बूथ कमेटियों के सदस्यों को आगाह किया कि वोटरों को मतदान केंद्र तक लाएँ। नतीजा शाम तक अच्छा खासा मतदान हुआ। बूथ कमेटी के जरिए वोटिंग वाले दिन, शाम को ही रिपोर्ट मिल जाती थी कि हमें कहाँ, कितने वोट मिले और कहाँ हम जीत रहे हैं।

अखिलेश यादव की प्रचार शैली और राहुल गांधी के तरीकों में काफी समानता थी। दोनों ही पेशेवरों और पार्टी कार्यकर्ताओं की मदद से अपना प्रचार करते थे। दोनों तकनीक प्रेमी हैं। लेकिन एक फर्क था विकास की समझ, किसानों के मुद्दे, गरीबों, अल्पसंख्यकों की समस्या से अखिलेश यादव कहीं ज्यादा जुड़े थे। जब कांग्रेस ने 2008 में परमाणु सौदे पर समाजवादी पार्टी से समर्थन माँगा था, तो अखिलेश यादव ने राहुल गांधी से देवरिया के पी.डब्ल्यू.डी. गेस्ट हाउस में मुलाकात की थी। दोनों के बीच तब रिश्ते काफी मधुर थे। दोनों ही विदेश में पढ़े हैं। राहुल गांधी ने लंदन की कैंब्रिज यूनिवर्सिटी से विकास अर्थशास्त्र की पढ़ाई की है तो अखिलेश यादव ने सिडनी से पर्यावरण इंजीनियरिंग की। चुनाव प्रचार के दौरान चर्चा होने लगी थी कि जब राहुल गांधी किसानों की समस्या पर बोलते हैं तो लगता है सिखाया हुआ दोहरा रहे हैं। जब अखिलेश यादव बोलते हैं तो ऐसा लगता है कि उन्हें समस्या की जानकारी है। अखिलेश यादव सामान्य भाषा बोलते हैं, जबकि राहुल गांधी में अभी बचपना है।

राहुल गांधी अपने प्रचार में राष्ट्रीय और क्षेत्रीय, दोनों मुद्दों को उठाते थे, जबकि अखिलेश यादव खुद को स्थानीय मुद्दों और विकास पर केंद्रित रखते थे। और तो और चुनाव घोषणा से एक साल पहले ही पार्टी ने उम्मीदवारों का भी एलान कर दिया था। साथ ही सबसे पहले चुनाव अभियान भी शुरू कर दिया था। जिसका पार्टी को काफी फायदा हुआ। कांग्रेस के मुकाबले हमारी राह इसलिए आसान दिखाई दे रही थी, क्योंकि हमारे पास समर्थन करने वाला काडर मौजूद था। भीड़ में अखिलेश यादव स्वाभाविक और सामान्य रहते थे। सितंबर 2011 से फरवरी 2012 के बीच जब वे क्रांति रथयात्रा लेकर निकले थे, तो इस सफर में लगातार लोगों से बातचीत कर रहे थे। उनका चुनावी प्रबंधन इतना शानदार था कि नेताजी भी निश्चिंत हो गए थे। अखिलेश यादव ही पार्टी के स्टार प्रचारक थे। खुद नेताजी दिन में सिर्फ दो सभा ही करते थे। उन दिनों नेताजी करीबियों से कहा करते थे कि अखिलेश ने सब कुछ इतने अच्छे तरीके से सँभाल रखा है कि उनके पास करने को बहुत कुछ नहीं है।

एक पिता के लिए भला इससे ज्यादा खुशी की बात क्या हो सकती है। जिस पार्टी को संघर्षों से तैयार किया, बेटा उसी पार्टी को और ऊँचाइयों पर ले जा रहा था।

अखिलेश यादव का सीधा मुकाबला मायावती और कांग्रेस से था। कांग्रेस भी अपनी खोई जमीन वापस पाने के लिए जोर लगा रही थी। राहुल गांधी के हाथ में कांग्रेस के चुनाव प्रचार की कमान थी। नतीजे आए तो मायावती के साथ-साथ कांग्रेस के भी होश उड़ गए। 403 सदस्यीय विधानसभा में समाजवादी पार्टी को 224 सीटों पर जीत हासिल हुई थी। मायावती को 80 सीटें मिलीं। उन्हें अपनी कुरसी से हाथ धोना पड़ा। कांग्रेस बुरी तरह से हार चुकी थी। उसे पूरे प्रदेश में केवल 28 सीटें मिली थीं।

□

अध्याय 14

मुख्यमंत्री अखिलेश

लखनऊ का 5 कालीदास मार्ग। उत्तर प्रदेश के मुख्यमंत्री का सरकारी घर। सुरक्षा के तगड़े तामझाम। पाँच कालीदास मार्ग से एक किलोमीटर पहले ही बैरकेडिंग लगाकर ट्रैफिक रोक दिया गया है। अत्याधुनिक हथियारों से लैस सैकड़ों जवान पूरी तरह से मुस्तैद खड़े हैं। उनकी निगाहें इस रोड पर आने वाले हर शख्स पर है। कालीदास मार्ग पर आम लोगों की आवाजाही पर पाबंदी है। कोई भूले-भटके आ भी गया तो उसकी खैर नहीं। सड़क के दोनों किनारे पुलिस के जवान तैनात हैं। सरहद से ज्यादा सुरक्षा यहाँ पर है। कालीदास मार्ग पर बनी कोठियों में रहने वाले वी.वी.आई.पी. को भी सुरक्षा जाँच के बाद ही आगे बढ़ने दिया जाता है। आप हैरान होंगे यह हाल उत्तर प्रदेश के मुख्यमंत्री आवास की तरफ जाने वाली सड़क का है तो भला मुख्यमंत्री तक आम आदमी की पहुँच कैसे हो पाती होगी। तो हम पाठकों को बता दें कि हैरान परेशान मत हों। यह तसवीर 15 मार्च, 2012 से पहले की है। तब मायावती उत्तर प्रदेश की मुखिया हुआ करती थीं और सुरक्षा का यह तामझाम उनके लिए था। हालात यह थी कि सुरक्षा तामझाम के प्रभारी सूबे की पुलिस के आला अफसर यानी डी.जी.पी. और प्रदेश के सबसे बड़े हाकिम मुख्य सचिव को भी तब मुख्यमंत्री से मिलने के लिए घंटों इंतजार करना पड़ता था। लेकिन 15 मार्च, 2012 को तसवीर बदल गई। अखिलेश यादव के मुख्यमंत्री बनते ही कालीदास मार्ग आम जनता के लिए खुल गया। जिस मुख्यमंत्री निवास की तरफ जाने से भी आम आदमी खौफ खाता था। जिधर लाल बत्ती लगी गाड़ियों में बैठे मंत्री-अफसर भी जाने से डरते थे। अब वहाँ आम आदमी बेखौफ होकर रिक्शे से पहुँच जाता है और सीधे मुख्यमंत्री के दरवाजे पर उतरता है। यहाँ बिना किसी भेदभाव के अमीर-गरीब सबकी सुनवाई होती है और फरियादी सीधे मुख्यमंत्री से मिलकर अपनी फरियाद रख पाता है। अखिलेश यादव ने उत्तर प्रदेश में मुख्यमंत्री पद की परिभाषा

बदल दी। 'महारानी मुख्यमंत्री' से सत्ता 'जनता के मुख्यमंत्री' के हाथ में आ गई। वे खुद को जनता के सेवक से ज्यादा कुछ नहीं मानते हैं। वे अकसर कहते हैं कि जनता ने उन्हें डॉ. लोहिया के सपनों को जमीन पर साकार रूप में उतारने की जिम्मेदारी दी है।

अखिलेश यादव युवा हैं। वे उत्तर प्रदेश के अब तक के सबसे ज्यादा सक्रिय मुख्यमंत्री हैं। मिलिटरी स्कूल की पढ़ाई ने उन्हें टफ बना दिया है। हर रोज तकरीबन 18 घंटे काम करते हैं। सिर्फ 6 घंटे सोते हैं। स्कूली दिनों से यही उनका रुटीन है। सुबह पाँच बजे ही उठ जाते हैं। एक्सरसाइज करते हैं। करीब 6 बजे उनके पास सभी अखबार पहुँच जाते हैं। अखबार पढ़ने के अलावा इंटरनेट पर भी खबरें देखते हैं। इसी के साथ उनका काम भी शुरू हो जाता है। घर से ही अफसरों को दिशा-निर्देश देना शुरू कर देते हैं। उनकी टीम के अफसर भी उन्हीं के मुताबिक ढल गए हैं। अफसर भी सुबह से ही काम पर लग जाते हैं। पता नहीं किसके पास मुख्यमंत्री का फोन आ जाए। अखिलेश यादव इन दिनों 4 विक्रमादित्य मार्ग पर रहते हैं। पाँच कालीदास मार्ग की सरकारी कोठी को वे बतौर दफ्तर इस्तेमाल करते हैं। सुबह 10 बजे वे पाँच कालीदास मार्ग पहुँच जाते हैं। उनके यहाँ पहुँचने से पहले ही सैकड़ों फरियादियों की भीड़ जमा हो चुकी होती है। मुख्यमंत्री के यहाँ सबकी फरियाद सुनी जाती है। हालाँकि वक्त की कमी की वजह से वे हर रोज फरियादियों से नहीं मिल पाते हैं, लेकिन अफसरों को उनकी सख्त हिदायत है कि कोई भी फरियादी खाली हाथ न जाने पाए। मायाराज में जहाँ कभी परिंदा भी पर नहीं मार सकता, उस सरकारी कोठी को अखिलेश यादव ने इनसाफ का मंदिर बना दिया है। बेरोकटोक कोई भी यहाँ पहुँचकर रिसेप्शन पर अपनी बात रख सकता है। अपनी फरियाद या शिकायत या फिर सुझाव दे सकता है। बुधवार का दिन जनता दरबार के लिए तय है। जनता दरबार में मुख्यमंत्री सैकड़ों लोगों से मिलते हैं। उनकी परेशानियों, दुःख-दर्द, शिकायतों को सुनते हैं। साथ-के-साथ अफसरों को जरूरी निर्देश भी देते जाते हैं। जनता दरबार में उन्हीं को बुलाया जाता है जिनकी समस्या या शिकायत बड़ी होती है। वरना मुख्यमंत्री का सीधा आदेश है कि छोटी परेशानियों और शिकायतों को रिसेप्शन पर ही निपटा दिया जाए। मुख्यमंत्री आवास पर बाकायदे इस काम के लिए एक टीम है, जो लोगों की परेशानियों और शिकायतों को सुनती है और मौके पर ही उनका निस्तारण कराती है। वैसे तो गंभीर परेशानियों और शिकायतों के लिए जनता दरबार का दिन तय है। लेकिन अगर ऐसा कोई फरियादी पहले आ जाता है तो उसे वापस नहीं भेजा जाता। उसकी शिकायत या परेशानी सुनी जाती है। जरूरत पड़ने पर मुख्यमंत्री खुद भी फरियादी या शिकायतकर्ता से मिलते हैं। अखिलेश यादव हर रोज 50 से लेकर 200 लोगों से मिलते हैं। इनमें फरियादी से लेकर अफसर तक और पार्टी कार्यकर्ता से लेकर पार्टी पदाधिकारी तक होते हैं। जिस दिन संख्या ज्यादा होती है

तो वे सबसे एक साथ जनता दरबार में ही मिल लेते हैं। मुख्यमंत्री को अगर कहीं दौरे पर या फिर बाहर नहीं जाना होता है तो 5 कालीदास मार्ग में रात 8 बजे तक बैठते हैं। काम ज्यादा होने पर वक्त की कोई पाबंदी नहीं है। दोपहर का लंच 5 कालीदास मार्ग में ही लेते हैं। उनका लंच बच्चों के स्कूल से आने के बाद होता है। बच्चे स्कूल से सीधे यहीं आते हैं और पिता के साथ लंच करते हैं।

दिन भर अफसरों के साथ बैठक और प्रमुख परियोजनाओं की समीक्षा का दौर चलता रहता है। आमतौर पर छोटी बैठक मुख्यमंत्री निवास में ही होती है। लेकिन बड़ी मीटिंग सचिवालय में ही होती है। अफसरों के साथ बैठक में प्रमुख परियोजनाओं और योजनाओं की समीक्षा का दौर शुरू होता है। मुख्यमंत्री पहले सौंपे गए कामों की पूरी प्रगति रिपोर्ट लेते हैं, उसके बाद आगे के कामों पर चर्चा शुरू होती है। उन्हें सूबे के एक-एक जिले में चल रहे विकास कार्यों की बारीक से बारीक जानकारी होती है। किसी भी हालत में मुख्यमंत्री सचिवालय के अफसर हों या जिले के अफसर, उन्हें बरगला नहीं सकते। जरूरत होने पर वीडियो कॉन्फ्रेंसिंग के जरिए जिले के अफसरों से भी बात होती है। अखिलेश यादव ने अपने आस-पास काबिल और तेज-तर्रार अफसरों की तैनाती कर रखी है। बतौर मुख्यमंत्री बड़ी परियोजनाओं और योजनाओं की निगरानी खुद ही करते हैं। वे सिर्फ सरकारी फाइलों पर दस्तखत करने वाले मुख्यमंत्री नहीं है। किसी खर्च की बेहतरीन योजना बनाने में अच्छे से अच्छे अकाउंटेंट को पीछे छोड़ देते हैं। किसी बिल्डिंग की डिजाइन बनाने में उनकी बारीक जानकारियाँ ऑर्किटेक्ट को भी हैरान कर देती हैं। सूबे की कई प्रमुख इमारतों की डिजाइन उन्होंने खुद अपनी देख-रेख में बनवाई। इलाहाबाद हाईकोर्ट की लखनऊ बेंच की इमारत, नए सचिवालय के भवन का नक्शा उन्हीं के निर्देशों के मुताबिक तैयार हुआ है। खूबसूरती और बेहतरीन निर्माण शैली के लिए इन दोनों इमारतों की खूब सराहना होती है। किसी भी बड़ी परियोजना में उनकी नजर से छोटी-से-छोटी कमी भी बच नहीं सकती है।

अखिलेश यादव डेडलाइन के पाबंद हैं। आमतौर पर सरकारी कामकाज के बारे में लोगों की यही धारणा है कि तीन साल का काम आठ साल में होगा और तीन महीने का काम 30 महीने में होगा। लेकिन उन्होंने इस धारणा को पूरी तरह से बदल दिया। हर काम की एक डेडलाइन तय कर दी। इसके लिए अफसरों की जिम्मेदारी और जवाबदेही भी तय कर दी। उनकी पहल से ही प्रदेश में एक नया प्रयोग शुरू हुआ। किसी परियोजना के जिम्मेदार अफसर के दफ्तर में उस परियोजना का काउंटडाउन लगने लगा। हर रोज अफसर को ये पता होता है कि उसके पास काम पूरा करने के लिए कितने दिन बचे हैं। इसका सकारात्मक असर हुआ है और काम तेजी से होने लगे हैं। खुद मुख्यमंत्री के दफ्तर में भी प्रमुख परियोजनाओं के काउंटडाउन लगे होते हैं। उन्होंने एक काम और

किया है। रिटायर होने वाले काबिल अफसरों को किसी–न–किसी रूप में अपने साथ जोड़े रखा। आलोक रंजन के मुख्य सचिव रहते उत्तर प्रदेश में विकास के कई बड़े काम शुरू हुए। रिटायर होने के बाद भी मुख्यमंत्री ने उन्हें मुख्य सलाहकार बनाकर सूबे में चल रही बड़ी परियोजनाओं की निगरानी का जिम्मा सौंप दिया। इसका फायदा यह हुआ कि अफसर के रिटायर होने के बाद भी काम एक दिन भी प्रभावित नहीं हुआ। सूबे में मुख्य सचिव रहे एक–दूसरे नौकरशाह नवीन चंद्र वाजपेयी को उन्होंने प्लानिंग कमीशन का वाइस चेयरमैन बनाया। वे काबिल और ईमानदार अफसरों के अनुभव का भरपूर इस्तेमाल करते हैं। अफसरों को खुलकर काम करने का मौका देते हैं। इसका एक उदाहरण उत्तर प्रदेश का बिजली महकमा है। कभी बिजली के मामले में बदहाल उत्तर प्रदेश आज जगमग है। ये अखिलेश यादव की कार्यप्रणाली और उनकी नीतियाँ ही हैं, जिनकी वजह से जनपद मुख्यालयों को 24 घंटे, तहसील और बुंदेलखंड क्षेत्र में 20 घंटे और ग्रामीण क्षेत्रों में 18 घंटे बिजली मिल पा रही है। 2013 में उन्होंने ऊर्जा विभाग के प्रमुख सचिव संजय अग्रवाल को सूबे की बिजली की दशा सुधारने का जिम्मा सौंपा। जब उर्जा सचिव को ये जिम्मा मिल रहा था तो उन्होंने मुख्यमंत्री के सामने एक माँग रखी। उन्होंने मुख्यमंत्री से कहा कि आपकी नीतियों को तय वक्त में अंजाम तक पहुँचा देंगे। लेकिन इस दौरान उन पर खुद मुख्यमंत्री या सरकार के मंत्री या फिर समाजवादी पार्टी के नेता किसी तरह की सिफारिश न करें और न ही टेंडर और दूसरे मामलों में किसी तरह का दबाव डालें। उन्हें उनके तरीके से काम करने दिया जाए। मुख्यमंत्री ने उनसे पूछा कि अगर उनकी माँगों को पूरा करने की हामी भरें तो 2016 के आखिर तक जनपद मुख्यालयों को 24 घंटे और गाँवों को 18 घंटे बिजली मिलने लगेगी। भरोसे से लबरेज ऊर्जा सचिव ने हाँ में सिर हिलाया। मुख्यमंत्री ने उन्हें जाकर काम पूरा करने में जुट जाने की हिदायत दी। ये मुख्यमंत्री की कार्यशैली ही थी कि उन्होंने पूरे तीन साल तक बिजली विभाग के किसी भी टेंडर और ट्रांसफर पोस्टिंग के लिए प्रमुख सचिव ऊर्जा एक फोन तक नहीं किया। उन्हें काम करने की खुली छूट दी। तीन साल में ऊर्जा विभाग का बजट भी 9 हजार करोड़ से बढ़ाकर 51 हजार करोड़ कर दिया। नतीजा सामने आया और 2016 की दीवाली से उत्तर प्रदेश बिजली की जगमगाहट बढ़ गई।

यह अखिलेश यादव की दूरदर्शी सोच और सटीक प्रशासनिक फैसले लेने की ताकत दिखाता है। बेहतरीन अफसरों को उन्होंने अपने शासन में तवज्जो दी तो दूसरी तरफ ऐसे अफसरों पर काररवाई करने से पीछे नहीं हटे जिन्होंने जनता के हित में किए जा रहे काम–काज में ढिलाई बरती। ऐसे अफसरों को हटाने के बारे में उन्हें कभी भी सोचना नहीं पड़ा। वे सिर्फ ऐलान और दस्तखत करने वाले मुख्यमंत्री नहीं हैं। भले ही उन्हें देर रात तक जगना पड़े, लेकिन काम पूरा करके ही बिस्तर पर जाते हैं। वे पूरे

प्रदेश को घर की तरह सजाने और बढ़ाने का काम कर रहे हैं।

ये तो अखिलेश यादव के प्रशासनिक व्यक्तित्व की एक झलक है। संपूर्णता में बात की जाए तो उनका व्यक्तित्व बहुत ही विराट है। उनकी सबसे बड़ी खासियत है—इलाज में मदद के लिए हमेशा तैयार रहना। वे जरूरतमंदों और गरीबों के इलाज में मदद से पीछे कभी नहीं हटते। लखनऊ, दिल्ली, कन्नौज और सैफई में उन्होंने बाकायदे इसी काम के लिए अपने लोगों को जिम्मेदारी दे रखी है। कैंसर, लीवर, किडनी, दिल की गंभीर बीमारियों से पीड़ित मरीजों की हर मुमकिन मदद की कोशिश होती है। लखनऊ में किंग जॉर्ज मेडिकल यूनिवर्सिटी से लेकर संजय गांधी पोस्ट ग्रेजुएट इंस्टीट्यूट में इलाज के लिए मरीजों को भेजा जाता है। उनके रखे हुए लोगों के पास हर रोज करीब 20–25 गंभीर बीमारियों से पीड़ित जरूरतमंद इलाज के लिए पहुँचते हैं। इनकी आर्थिक मदद तो होती ही है, साथ ही संबंधित डॉक्टर को फोन भी किया जाता है। ज्यादा गंभीर मामला होने पर कई बार उनके लोग रोगी के साथ अस्पताल भी जाते हैं। अखिलेश यादव का साफ निर्देश है कि गंभीर रोगियों की मदद में कोई कोताही न बरती जाए। ऐसा नहीं है कि मुख्यमंत्री बनने के बाद उन्होंने मरीजों की मदद करना शुरू किया। जब वे सांसद थे तब भी बढ़–चढ़कर बीमारों की मदद किया करते थे। उन दिनों दिल्ली में अखिल भारतीय आयुर्विज्ञान संस्थान (एम्स) समेत सभी बड़े अस्पतालों में डॉक्टरों से उनकी सीधी बातचीत होती थी। कई डॉक्टर उनके अच्छे दोस्त बन गए थे। वे खुद ही डॉक्टर को फोन कर दिया करते थे। हर रोज उनके सांसद आवास पर 15–20 लोग इलाज कराने के लिए पहुँचते थे। इसमें उनके संसदीय क्षेत्र कन्नौज के लोग तो होते ही थे, उसके अलावा भी बड़ी संख्या में प्रदेश के दूसरे इलाकों से भी रोगी मदद की आस में आते थे। उन्होंने कभी किसी को निराश नहीं किया। हालाँकि अब व्यस्तता की वजह से वे सीधे डॉक्टरों को फोन तो नहीं कर पाते, लेकिन उनके रखे लोग इस काम को पूरी ईमानदारी और सेवाभाव से करते हैं। मरीजों की मदद में कभी भी पैसे की बाधा नहीं आने पाती। गंभीर रूप से बीमारों का खास खयाल रखने के निर्देश हैं। मुख्यमंत्री राहत कोष से ऐसे रोगियों की खुले दिल से मदद की जाती है। कई बार तय सरकारी राशि से ज्यादा खर्च होने पर विधायकों, मंत्रियों और सामाजिक जीवन में लगे दूसरे लोगों को भी मदद के लिए प्रेरित करते हैं।

रोगियों के अलावा अखिलेश यादव बेटियों की शादी में भी हर मुमकिन मदद करते हैं। बतौर मुख्यमंत्री उन्होंने गरीब और अल्पसंख्यक बेटियों की शादी के लिए प्रदेश में खास तौर पर योजनाएँ चलवाईं। इसमें दी जाने वाली राशि को बढ़ाया। लेकिन कई बार अगर कोई बहन–बेटी तकनीकी वजहों से इन योजनाओं का पात्र नहीं होती तो भी उनकी कोशिश होती है कि उस गरीब बहन–बेटी की शादी में बाधा न आने पाए।

पार्टी के विधायकों, सांसदों या फिर सामाजिक जीवन में सक्रिय लोगों से ऐसे जरूरतमंद परिवार की मदद कराते हैं। अब तक वे ऐसी हजारों बहन-बेटियों की शादी करा चुके हैं। उन्होंने समाजवादी पार्टी के कार्यकर्ताओं को भी हिदायत दे रखी है जरूरतमंद और गरीबों के इलाज और बेटी की शादी में जरूर मदद करें। उनका अपने मंत्रियों और विधायकों के आकलन का अनूठा तरीका है। वे देखते हैं कि मंत्री या विधायक कितने दुखियारों की मदद करते हैं। यह मंत्री या विधायकों के सामाजिक कामों को मापने का उनका पैमाना है। मुख्यमंत्री से प्रभावित और प्रेरित होकर उनके मंत्री और विधायक भी दुखियारों और जरूरतमंतों की मदद से पीछे नहीं हटते।

अखिलेश यादव जमीन से जुड़े, सादगी पसंद और मददगार विधायकों-सांसदों को पसंद करते हैं। ऐसे लोगों को सार्वजनिक जीवन में आगे भी बढ़ाते हैं। ऐसे ही एक किसान से नेता बने वंशीधर बौद्ध को उन्होंने पहले विधायक बनवाया और बाद में राज्य मंत्री बना दिया। वंशीधर बौद्ध की कहानी बहुत ही रोचक है। 1970 में रोजगार की तलाश में वंशीधर बौद्ध बलिया से बहराइच आए। पंचर बनाकर जीवनयापन शुरू किया। पैसा जमा करके खेती की कुछ जमीन खरीद ली। उसके बाद किसानी करने लगे। गरीबी भरा जीवन बिताने के बावजूद वे हमेशा आगे बढ़कर लोगों की मदद करते रहे। इससे उनकी लोकप्रियता बढ़ी और वे सार्वजनिक जीवन में सक्रिय हो गए। दो बार जिला पंचायत सदस्य चुने गए। लेकिन इसके बावजूद उन्होंने न तो किसानी छोड़ी और न ही कभी लोगों की मदद करने से पीछे हटे। अखिलेश यादव को जब वंशीधर बौद्ध के बारे में पता चला तो 2014 के विधानसभा उपचुनाव में उन्हें बलहा से समाजवादी पार्टी का उम्मीदवार बनाया और बाद में राज्य मंत्री का ओहदा देकर मंत्रिपरिषद् में भी जगह दी। राज्य मंत्री बनने के बाद भी वंशीधर बौद्ध तनिक भी नहीं बदले हैं। आज भी उसी सादगी से जीवन जीते हैं। झोंपड़ी में रहते हैं। खेतों में खुद ही हल और बैलों से जुताई करते हैं और बाकी का बचा दिन जनता की सेवा में बिताते हैं। अखिलेश यादव ने वंशीधर बौद्ध को मंत्री बनाकर उनकी मदद करने की ताकत और बढ़ा दी।

मदद करने वालों को आगे बढ़ाने और खुद आगे बढ़कर मदद करने का अखिलेश यादव का विराट समाजवादी व्यक्तित्व सोशल मीडिया पर भी खूब दिखता है। वे सोशल मीडिया पर सबसे ज्यादा सक्रिय रहने वाले मुख्यमंत्री हैं। उनका ट्विटर और फेसबुक अकाउट सँभालने के लिए एक तेज-तर्रार टीम है। लेकिन वे खुद भी इसका ध्यान रखते हैं। मौका मिलते ही अपने ट्विटर और फेसबुक अकाउंट पर नजर मार लेते हैं। मुगलों के जमाने में बादशाह जहाँगीर ने इनसाफ देने का एक नायाब तरीका निकाला था। उन्होंने महल के बाहर फरियादियों के लिए एक घंटा टँगवा दिया था। जब घंटा बजता था तो बादशाह जहाँगीर समझ जाते कि बाहर कोई फरियादी है। रात हो या दिन

बादशाह उसे महल में बुलाते और उसकी समस्या का समाधान करते। आधुनिक युग में फेसबुक और ट्विटर अखिलेश यादव के लिए बादशाह जहाँगीर के इनसाफ के घंटे जैसा है। ट्विटर और फेसबुक पर हर रोज सैकड़ों लोग मदद की आस में पोस्ट करते हैं और उनकी ये आस पूरी भी होती है। अखिलेश यादव बहुत ही इमोशनल हैं। उन्हें करीब से जानने वाले ये बात अच्छी तरह से जानते हैं। हमने कई बार इसे देखा भी है। एक बार एक लड़की ने उनके ट्विटर अकाउंट पर टैग कर ट्विट किया कि वह सुसाइड करने जा रही है। अखिलेश यादव ट्विट देखकर परेशान हो गए। उन्होंने फौरन पुलिस के आला अफसरों को लड़की की तलाश में लगा दिया। पुलिस की एक टीम हाईटेक तकनीक के सहारे लड़की की लोकेशन पता करने में जुट गई। कुछ ही मिनट में उसकी लोकेशन पता चल गई। वह लखनऊ रेलवे स्टेशन पर मौजूद थी। अब समस्या यह थी कि उसकी पहचान कैसे हो। अब तक स्टेशन पर पहुँच चुकी पुलिस मुस्तैदी से लड़की की तलाश में जुट गई। इस बीच उसके ट्विटर के जरिए फेसबुक अकाउंट का पता लगाकर उसकी तसवीर निकाल ली गई। कुछ ही देर में पुलिस को वह लड़की एक ट्रेन में बैठी मिल गई। सिर झुकाए बैठी लड़की सुबक रही थी। पुलिस उसे लेकर अखिलेश यादव के पास पहुँची। इस पूरी प्रक्रिया के दौरान वे लगातार अफसरों के संपर्क में रहे। अफसरों से बातचीत में भी उनकी परेशानी झलक रही थी। लड़की के सही सलामत मिलने पर उन्होंने चैन की साँस ली। जब लड़की को उनके पास लाया गया तो उन्होंने उसे ढांढ़स बँधाया। मुख्यमंत्री का स्नेह पाकर लड़की फूट-फूटकर रोने लगी। उसने मुख्यमंत्री को बताया कि एक लड़के ने उसे धोखा दिया है। फेसबुक पर उससे दोस्ती हुई थी। लड़का शादीशुदा था। उसने लड़की से ये बात छिपाई और प्यार का नाटक कर उसे धोखा दिया। अब वह जीना नहीं चाहती। मुख्यमंत्री ने लड़की को भरोसा दिया कि उसके साथ इनसाफ होगा। उन्होंने अफसरों को काररवाई के आदेश दिए। लड़की को काउंसलर के पास भेजा गया। अखिलेश यादव के स्नेह और काररवाई के भरोसे से लड़की को तसल्ली मिली। जब वह सी.एम. हाउस से निकली तो उसके चेहरे पर आत्मविश्वास था। वह खुशी-खुशी अपने घर गई। कुछ ही मिनट पहले जो लड़की जिंदगी खत्म करने के बारे में सोच रही थी उसे मुख्यमंत्री की संवेदनशीलता की वजह से नई जिंदगी मिल गई। सामाजिक और कानूनी पहलू की वजह से मैंने लड़की की पहचान नहीं बताई। लेकिन इस पूरी घटना का गवाह मैं खुद रहा हूँ।

ऐसा नहीं है कि अखिलेश यादव सिर्फ फरियाद मिलने पर ही लोगों की मदद करते हैं। ऐसा भी नहीं है जो उनके पास मदद माँगने पहुँचते हैं सिर्फ उन्हीं की मदद करते हैं। वे ढूँढ-ढूँढकर लोगों की मदद करते हैं। कई बार तो कोई शख्स मदद किसी और मामले में माँगने पहुँचा और उसकी दूसरी परेशानियों भी दूर हो गई हैं। ऐसा ही

एक वाकया जनता दरबार में हुआ था। एक लड़की जनता दरबार में आर्थिक मदद की फरियाद लेकर पहुँची। मुख्यमंत्री ने उसकी फरियाद बड़े ही गौर से सुनी। पूरी मदद का भरोसा दिया। उन्होंने लड़की से कहा, "हम तुम्हारी पूरी मदद करेंगे। लेकिन पहले तुम एक काम करो। तुम्हारा एक पैर नहीं है। पहले तुम्हें अस्पताल भेज रहा हूँ। तुम एक कृत्रिम पैर लगवाओ।" मुख्यमंत्री का आदेश मिलते ही उनकी टीम फौरन सक्रिय हुई। लड़की को अस्पताल ले जाया गया। पूरी जाँच-पड़ताल के बाद महज दो दिन में उसे कृत्रिम पैर लगा दिया गया। उसके बाद उसे आर्थिक मदद देकर वापस भेजा गया। आर्थिक मदद लेते वक्त लड़की की आँखों में खुशी के आँसू थे। उसका गला रूँध आया। कहाँ वह जनता दरबार में आर्थिक मदद माँगने पहुँची थी और अखिलेश यादव ने उसे आर्थिक मदद के साथ-साथ एक और सौगात दे दी। ऐसा ही एक वाकया एक किसान के साथ भी घटित हुआ। मुख्यमंत्री ने एक दिन सुबह अखबार में एक तसवीर देखी। तसवीर खेतों में बैल हाँकते किसान की थी। लेकिन तसवीर का दुखद पहलू यह था कि किसान का एक ही पैर था। मजबूरी में वह इसी हालात में खेत की जुताई करने में जुटा था। इस तसवीर को देखकर अखिलेश यादव का मन खिन्न हो गया। उन्होंने फौरन अफसरों को अखबार की कतरत भेजकर किसान की मदद का आदेश दिया। अफसर उस किसान को तलाश कर लखनऊ लाए और कृत्रिम पैर लगवाया। यह अखिलेश यादव के व्यक्तित्व का मानवीय पहलू है। आजकल ऐसे राजनेता कम ही देखने को मिलते हैं। ये उत्तर प्रदेश की जनता और समाजवादी पार्टी की खुशकिस्मती है कि उसे अखिलेश यादव जैसे नेता मिले।

अखिलेश यादव समाज के आखिरी आदमी को भी खुश देखना चाहते हैं। वे लगातार इस दिशा में काम भी करते रहते हैं। सरकार की योजनाओं के अलावा व्यक्तिगत तौर पर भी लगातार ये कोशिश जारी रहती है। उन्हें समाज के आखिरी आदमी की किस कदर चिंता है, एक वाकया इसे बहुत अच्छी तरह से बयाँ करता है। 2016 की दीवाली के पहले की बात है। ऑनलाइन खरीदारी की वेबसाइट पेटीएम के सी.ई.ओ. विजय शेखर शर्मा यश भारती अवॉर्ड मिलने के बाद मुख्यमंत्री से मिलने 5 कालीदास मार्ग जा रहे थे। त्योहार की वजह से सड़कों पर खूब भीड़ थी। मुख्यमंत्री आवास से थोड़ी दूर पहले उनकी बड़ी कार जाम में फँस गई। 7000 करोड़ के मालिक विजय शेखर शर्मा देरी से बचने के लिए कार से उतरकर रिक्शे में सवार हो गए। रिक्शेवाला उन्हें लेकर मुख्यमंत्री आवास पहुँच गया। वह उन्हें बाहर ही छोड़कर जा रहा था। विजय शेखर ने उससे अंदर चलने को कहा। पूछताछ के बाद सुरक्षाकर्मियों ने रिक्शा अंदर जाने दिया। इस बीच मुख्यमंत्री को यह बात पता चल गई कि पेटीएम के सी.ई.ओ. अपनी बड़ी कार छोड़कर रिक्शे में बैठकर उनसे मिलने पहुँचे हैं। वे खुद स्वागत करने दरवाजे पर आ

गए। रिक्शेवाला किराया लेकर वापस जाने लगा तो मुख्यमंत्री ने उसे रोक लिया। उन्होंने रिक्शेवाले से पूछा, ''क्या नाम है ?'' उसने बताया, ''मणिराम।'' उन्होंने पूछा, ''रहते कहाँ हो ?'' उसने बताया, ''कालीदास मार्ग पर पुल के नीचे।'' उन्होंने पूछा, ''खुद का रिक्शा है ?'' उसने बताया, ''नहीं, किराए पर लिया है।'' उन्होंने हंसते हुए पूछा, ''अंदर कैसे आ गए ?'' रिक्शेवाले ने बताया, ''ई साहब लाए हैं।'' अखिलेश यादव ने मणिराम को थोड़ी देर रुकने को कहा। उसे नया रिक्शा दिलाया। लोहिया आवास देने का आदेश दिया। साथ ही आर्थिक मदद भी की। धनतेरस के दिन नया रिक्शा पाकर मणिराम इतना खुश हुआ कि वह परिवार को नए रिक्शे में बैठाकर सौ किलोमीटर दूर अपने गाँव त्यौहार मनाने गया। मुख्यमंत्री की छोटी सी पहल ने उसे इतना बड़ा हौंसला दे दिया। यह अखिलेश यादव का बड़प्पन है। वे लगातार आम आदमी के दुख-दर्द बाँटने की कोशिशों में जुटे रहते हैं।

अखिलेश यादव ये सब इसलिए कर पाते हैं क्योंकि वे धरनों और आंदोलनों की राह चलकर मुख्यमंत्री की कुरसी तक पहुँचे। उन्होंने सड़क की राजनीति की इसलिए लोगों का दुख-दर्द समझते हैं। इसी को ध्यान में रखकर उन्होंने शासन की नीतियाँ बनाईं। ये उनकी कार्यशैली ही थी कि जिसके वजह से प्रदेश में छिटपुट मामलों को छोड़ दें तो एक भी बड़ा आंदोलन नहीं हुआ। जो छिटपुट आंदोलन हुए भी, उसमें समस्या को समझकर उसका समाधान पेश किया। बल्कि वे पहले ऐसे मुख्यमंत्री हैं जिन्होंने ठीक विधानसभा के सामने धरना स्थल बनवाया, ताकि धरना दे रहे लोगों की माँग और आवाज उन तक पहुँचने में कोई कठिनाई न हो। हालाँकि अब इस धरना स्थल पर नए सचिवालय की इमारत बनकर तैयार हो गई है। ऐसे में सुरक्षा कारणों से धरना स्थल हटा दिया गया है। लेकिन अखिलेश यादव ने इस बात के पुख्ता इंतजाम कर रखे हैं कि उन तक धरना प्रदर्शन करने वालों की माँग पहुँचने में किसी किस्म की बाधा न आने पाए।

जन-जन की सुनने वाले अखिलेश यादव ने मुख्यमंत्री कार्यालय की पहचान बदल दी है। वे शासन में परंपरागत तरीकों से लेकर आधुनिक तरीकों का इस्तेमाल करते हैं। उन्होंने अपने कार्यालय को पूरी तरह से हाईटेक बना दिया। वैसे तो विधान भवन में मौजूद उनका मुख्यमंत्री कार्यालय शुरू से ही हाईटेक रहा है। लेकिन काम और अफसर-कर्मचारी बढ़ने पर जब विधान भवन में जगह की कमी होने लगी तो उन्होंने विधान भवन की ठीक सामने नए सचिवालय भवन के निर्माण का फैसला लिया। मार्च 2014 में काम शुरू हुआ। महज दो साल में नया भवन बनकर तैयार हो गया। 3 अक्तूबर, 2016 को नेताजी ने नए सचिवालय का उद्घाटन किया। नया सचिवालय छह सौ करोड़ रुपए से अधिक की लागत से बना है। लोकसेवक अखिलेश यादव ने इसका नाम 'लोक भवन' रखवाया। इस इमारत में करीब 1330 अफसरों और कर्मचारियों के बैठने के इंतजाम हैं।

बेसमेंट में कार और दो पहिया गाड़ियों के पार्किंग की व्यवस्था है। हाईटेक लोक भवन पूरी तरह से पेपरलेस ऑफिस है। इस भवन में पाँचवें तल पर मुख्यमंत्री का दफ्तर है। इस तल पर वीडियो कॉन्फ्रेंस रूम, कैबिनेट लाउंज, कैबिनेट ऑफिस स्टाफ रूम, प्रमुख सचिव-मुख्यमंत्री एवं उनके स्टाफ के लिए कमरे और मुख्यमंत्री से मिलने आनेवाले विधायकों के लिए लाउंज बनाया गया है। मुख्यमंत्री पंचम तल पर बैठे-बैठे ही दुनिया के किसी कोने में बैठे शख्स से मीटिंग कर सकते हैं। एम.ओ.यू. साइन कर सकते हैं। लोक भवन में बड़ी बैठकों, सेमिनार या बड़े कार्यक्रमों के लिए एक ऑडिटोरियम भी है। मुख्य भवन के बेसमेट में बने इस ऑडिटोरियम में 602 सीटें हैं। ज्यादा लोगों से संवाद करना हो तो मुख्यमंत्री इस ऑडिटोरियम का इस्तेमाल करते हैं। पहले तल पर मुख्य सचिव के कार्यालय में भी 100 लोगों की क्षमता वाला कॉन्फ्रेंस रूम है। इस भवन की सुरक्षा में आधुनिक तकनीकों का इस्तेमाल किया गया है।

अखिलेश यादव ने सिर्फ अपने दफ्तर को ही हाईटेक नहीं बनाया बल्कि प्रदेश के पूरे सरकारी अमले को नई तकनीकी से लैस कर दिया है। वे चाहते हैं कि शासन प्रशासन के हाईटेक होने का फायदा प्रदेश के गरीब और कमजोर तबके तक पहुँचे। वे सूबे के आखिरी आदमी तक टेक्नोलॉजी का फायदा पहुँचाना चाहते हैं। इसी को ध्यान में रखकर उन्होंने समाजवादी स्मार्टफोन योजना लॉन्च की। इस योजना में हर हाथ में स्मार्टफोन पहुँचाने का वादा किया गया है। स्मार्टफोन होने पर सरकार की योजनाओं के बारे में जानकारी पाकर उनका लाभ उठाने में आसानी होगी। पेंशन से लेकर आवास योजना तक की सारी जानकारी के लिए सरकारी दफ्तरों के चक्कर नहीं लगाने पड़ेंगे। घर बैठे सारी जानकारी फोन पर मिल सकेगी। योजना से सिर्फ गरीबों और जरूरतमंदों को ही फायदा नहीं मिलेगा बल्कि स्टूडेंट भी इससे लाभ उठा सकेंगे। स्मार्टफोन पर ही उन्हें शिक्षा से जुड़ी सारी सामग्री मिल सकेगी। साथ ही इस योजना में मिलने वाला स्मार्टफोन किसानों का भी सच्चा साथी बनेगा। इसके जरिए किसानों को खेती की हर जानकारी मिल सकेगी। वह मौसम के बारे में भी जान सकेगा और मंडी से सीधे जुड़कर कृषि उत्पादों की जानकारी पा सकेगा।

समाजवादी स्मार्टफोन योजना के तहत 6 लाख रुपए से कम सालाना इनकम वाले लोगों को स्मार्टफोन दिए जाएँगे। इसमें सिर्फ 18 साल के ऊपर के लोगों को ही स्मार्टफोन मिलेंगे। हालाँकि विरोधियों ने योजना के लॉन्च होने पर इसकी भी बुराई करनी शुरू कर दी। अखिलेश यादव ने ऐसे लोगों को लैपटॉप योजना की याद दिलाई है। स्मार्टफोन योजना लॉन्च होने के मौके पर उन्होंने कहा, "समाजवादी जो भी काम करते हैं, हमारे साथी उसकी बुराई करते हैं। लैपटॉप योजना से बदलाव आया। गाँव के बच्चों के मन से लैपटॉप का डर निकल गया। अब लैपटॉप की वजह से नौकरी मिल

रही है।'' दरअसल सिर्फ बुराई करने वाले राजनैतिक कारणों से विरोध करते हैं, जबकि सच्चाई यही है कि हर हाथ में स्मार्टफोन होगा तो सरकारी योजनाओं की पहुँच भी हर शख्स तक आसान होगी और करप्शन भी घटेगा। जब अखिलेश यादव ने लैपटॉप बाँटने का ऐलान किया था तब भी ऐसे ही विरोध की आवाज सुनाई पड़ी थी। लेकिन इस योजना ने स्टूडेंट की किस्मत बदल दी। अखिलेश यादव अच्छी तरह से समझते हैं कि स्मार्टफोन से हर वर्ग की दशा में बदलाव का नया दौर शुरू होगा। लेकिन विरोधी इस बात को समझना नहीं चाहते।

सच्चाई यह है कि अखिलेश यादव का बढ़ता कद हमेशा से विरोधियों को चुभता रहा है। वे जानते थे कि युवा नेता की लोकप्रियता उनकी सियासत को खत्म कर देगी। जब अखिलेश यादव को मुख्यमंत्री पद की कमान मिली थी तब भी यही हाल था। उनका मुख्यमंत्री बनना सत्ता पक्ष के कुछ लोगों और पूरे विपक्ष को रास नहीं आया। सब उन्हें बच्चा कहकर कमतर दिखाने की कोशिश में ही लगे रहते थे। दरअसल अखिलेश यादव शुरू से ही राजनीति को ब्रांडिंग नहीं मानते। वे इसे सेवा करने का जरिया समझते हैं। उन्होंने कभी भी ब्रांड बनने की कोशिश भी नहीं की। इसका नतीजा यह हुआ कि जब वे मुख्यमंत्री बने तो उनकी ही पार्टी के कुछ नेताओं को यह हजम नहीं हुआ। नेताजी के साथ सियासत करने वाले कई नेता उन्हें इस फील्ड का बच्चा समझ रहे थे। विधानसभा में भी यही हालात थे। अखिलेश यादव भी शुरुआत में सीनियर नेताओं का सम्मान करते हुए विधानसभा में कम बोला करते थे। लेकिन जब उन्होंने देखा कि कम बोलने को उनकी कमजोरी समझा जा रहा है तो फौरन रणनीति बदली और विधानसभा में सरकार का मोरचा सँभाल लिया। जब उन्होंने बोलना शुरू किया तो बड़े-बड़े नेताओं की बोलती बंद हो गई। हालत यह हो गई कि अखिलेश यादव के आगे बड़े-बड़े नेता भी बोलने से कतराते लगे। उनकी बोलने की कला से पहली बार विधानसभा सदस्यों का परिचय गन्ना के मसले पर हुआ। गन्ना किसानों की समस्या को लेकर विपक्ष आक्रामक था। मुख्यमंत्री की प्रतिभा, क्षमता और जानकारी से अनजान विपक्ष को लग रहा था कि इस मसले पर उन्हें घेरा जा सकता है। सत्ता पक्ष के कुछ नेता भी मुख्यमंत्री को बोलते नहीं देखना चाहते थे। लेकिन हालात देखकर मुख्यमंत्री ने खुद मोरचा सँभाला और विधानसभा में विपक्ष के एक-एक सवालों का बिंदुवार और सटीक जवाब दिया। उनका जवाब जबरदस्त था। गन्ना किसानों की समस्याओं पर उनकी जानकारी से विपक्ष का भी मुँह खुला रह गया। जब वे सदन में बोल रहे थे तो सत्ता पक्ष और विपक्ष सब शांत होकर उन्हें सुन रहे थे। उनके जवाब के बाद सत्ता पक्ष मेजों की थपथपाहट से गूँज उठा। विपक्षी विधायकों के चेहरे पर भी प्रशंसा के भाव थे। उसके बाद तो अखिलेश यादव ने खुद ही विधानसभा में सरकार का मोरचा सँभाल लिया। फिर तो सारे विरोधी

चित्त हो गए। वे विधानसभा के नियमों, प्रक्रियाओं और परंपराओं का पूरी तरह से पालन और सम्मान करते हैं। कभी भी सत्ता पक्ष के संख्याबल के सामने विपक्षी विधायकों की आवाज दबाने की कोशिश नहीं की। विधानसभा में बहस के दौरान वे विपक्षी विधायकों के सवालों को बहुत गौर से सुनते हैं। सवाल वाजिब होने पर जवाब देते हैं। वे सारे सवालों का बिंदुवार जवाब देते हैं। जब उन्हें मुद्दा और सवाल सही लगता है तो फौरन विधानसभा में काररवाई का भरोसा दे देते हैं।

बहस के दौरान विपक्षी विधायकों को गलत सवालों पर उन्हें फौरन आईना दिखाने से भी नहीं चूकते। उनके जबाव इतने सटीक होते है कि सवाल उठाने वाले भी पूरी तरह से संतुष्ट हो जाते हैं। ऐसे कई सवाल-जवाब का मैं खुद भी गवाह रहा हूँ। एक वाकया है, सरकार ने सुरक्षा और ध्वनि प्रदूषण के मद्देनजर काँवड़ यात्रा में डी.जे. बजाने पर रोक लगा दी। बी.जे.पी. विधायकों ने इस मुद्दे पर विधानसभा में हंगामा कर दिया। वे इसे सांप्रदायिक तूल देने में जुट गए। अखिलेश यादव जब विधानसभा में पहुँचे तो हंगामा हो रहा था। उन्होंने बी.जे.पी. विधायकों से पूछा, "पहले डी.जे. का मतलब बताओ।" उन्होंने कहा, "अगर डी.जे. का मतलब बता दिया तो आपकी माँग मान लेंगे।" कोई भी बी.जे.पी. विधायक डी.जे. का मतलब नहीं बता सका। तब अखिलेश यादव ने खुद ही डी.जे. का मतलब बताया। उन्होंने कहा, "इसका मतलब होता है डिस्क जॉकी। जो संगीत की धुन पर लोगों को नचाता है तो आप ये बताओ कि काँवड़ ले जाना चाहते हो या संगीत की धुन पर नाचना चाहते हो।" हंगामा कर रहे बी.जे.पी. विधायकों के पास इसका कोई जवाब नहीं था। उन्होंने तुरंत अपनी माँग वापस ले ली।

अखिलेश यादव जब विधानसभा में सरकार का नेतृत्व करते हैं तो एक कप्तान की चतुर और चपल नेतृत्व क्षमता नजर आती है। अगुवाई करने की ये कला और क्षमता उनमें बचपन से ही थी। स्कूली दिनों में जब वे खेल के मैदान में उतरते थे तो मैदान में उनकी चपलता, टीम के खिलाड़ियों से तालमेल देखने लायक होता था। फुटबॉल के मैदान में उनकी ड्रिबलिंग, साथी खिलाड़ियों को उनके पास, टीम के साथ मिलकर गोल पोस्ट पर उनके अटैक में भी यही बात होती थी। मैदान में उन्हें देखकर साथी कहा करते थे कि अखिलेश यादव में टीम को लीड करने की नैसर्गिक प्रतिभा है। वे मैदान में कभी गलती नहीं करते। खुद अखिलेश यादव कहते हैं कि अच्छा खिलाड़ी कभी सेल्फ गोल नहीं करता।

अखिलेश यादव की नेतृत्व क्षमता की वजह से विपक्षी दलों के विधायक भी उनके मुरीद हैं। सत्ता पक्ष के विधायक हों या विपक्षी दलों के विधायक, वे सबको सम्मान देते हैं। मिलने का वक्त देते हैं। अगर उनकी कोई समस्या है, कोई शिकायत है या कोई सुझाव है तो उसे गंभीरता से सुनते हैं और उस पर काररवाई भी करते हैं।

वे कभी भी राजनीतिक विद्वेष की भावना से काम नहीं करते। हालत यह है कि विपक्षी दल के विधायक भी अखिलेश यादव की तारीफों के पुल बाँधते हैं। अकसर बातचीत में विपक्षी दलों के विधायक कहते हैं कि लगता नहीं है कि अखिलेश यादव हमारी विरोधी पार्टी के मुख्यमंत्री हैं। वे खुले तौर पर कहते हैं कि वे हमारे दल के नहीं हैं, लेकिन ऐसा मुख्यमंत्री नहीं देखा है। अगर विपक्षी विधायक ऐसा कहते हैं तो इसकी वाजिब वजह भी है। अखिलेश यादव प्रदेश में समाजवाद के सच्चे अगुवा बने। समाज के हर तबके को साथ लेकर चले। प्रदेश का विकास उनके एजेंडे में सबसे ऊपर रहा। गरीबों की मदद के लिए सबसे ज्यादा योजनाएँ शुरू कीं। भ्रष्टाचार पर अंकुश लगाया। अपराधियों को राजनीति से दूर रखा। प्रदेश में अपराध पर नकेल कसी। महिलाओं की सुरक्षा उनकी प्राथमिकता रही। अल्पसंख्यकों में सुरक्षा का भाव पैदा किया। बदहाल हिंदू धार्मिक स्थलों की दशा में सुधार किए। मुझे यह कहने में कोई गुरेज नहीं है कि अखिलेश यादव अब तक के सबसे बेस्ट सी.एम. हैं और जनता भी यह जानती और मानती है।

□

अध्याय 15

टेक सेवी अखिलेश

लखनऊ के विक्रमादित्य मार्ग पर मौजूद समाजवादी पार्टी के दफ्तर में चहल-पहल है। पुराने और युवा समाजवादी खादी के कपड़ों में चहलकदमी कर रहे हैं। कमोबेश हर हाथ में स्मार्टफोन है। इनमें से शायद ही कोई ऐसा होगा, जिसका फेसबुक प्रोफाइल न बना हो। इनमें से हर शख्स व्हाट्स ऐप से जुड़ा है। इसी परिसर में लोहिया ट्रस्ट का ऑफिस भी है। ट्रस्ट के दफ्तर के एक बड़े से कमरे में 20-25 कंप्यूटर रखे हैं। कंप्यूटर पर बैठे और हेडफोन लगाए कुछ युवा लगातार बातचीत में मशरुफ हैं। ये समाजवादी पार्टी के कार्यकर्ताओं को पार्टी के कार्यक्रमों की जानकारी दे रहे हैं। सरकार के फ्लैगशिप कार्यक्रमों के बारे में बता रहे हैं। ये समाजवादी पार्टी का हाईटेक कॉल सेंटर है। सूबे के किसी भी कोने से कोई कार्यकर्ता इस कॉल सेंटर को महज एक फोन कर पार्टी से जुड़ी कोई भी जानकारी हासिल कर सकता है। लोहिया ट्रस्ट के ही एक-दूसरे कमरे में कुछ और युवा बैठे हैं। ये किसी डेटा में सिर खपा रहे हैं। डेटा सरकार से जुड़ी योजना के असर से जुड़ी है। यह लोहिया के विचारों की थाती संजोकर रखने वाली समाजवादी पार्टी का हाईटेक चेहरा है। यह उस समाजवादी पार्टी का हाईटेक चेहरा है, जिसे कभी मशीनों और कंप्यूटरों का विरोधी माना जाता था, लेकिन अखिलेश यादव की एंट्री ने पार्टी की कंप्यूटर विरोधी छवि को बदलने का काम किया। युवाओं को पार्टी से जोड़ने के लिए जब अखिलेश यादव को युवा संगठनों की कमान दी गई तो उन्होंने पूरी पार्टी का कायाकल्प कर दिया। इंजीनियर की डिग्री हासिल करनेवाले अखिलेश यादव ने पूरी पार्टी को हाईटेक बना दिया। उन्होंने पार्टी के पुराने समाजवादियों को समझा दिया कि कंप्यूटर और तकनीकी के बिना मौजूदा दौर से कदमताल कर पाना मुश्किल होगा।

अखिलेश यादव बचपन से तकनीकी प्रेमी थे। तकनीकी को लेकर कौतूहल

उनके मन में हमेशा से रहा है। जब बचपन में वे चाबी से चलने वाले खिलौनों से खेलते थे तो उनके मन में यह जानने की जिज्ञासा होती थी कि आखिर खिलौने के भीतर क्या है, जो चाबी भर देने मात्र से खिलौना करतब दिखाने लगता है। उनका बचपन रेडियो और टी.वी. का युग था। तब उनकी यह जानने में दिलचस्पी होती थी कि आखिर रेडियो पर आवाज कहाँ से और कैसे आती है। इसका क्या तरीका होता है। जब तक उन्हें सवालों का जवाब नहीं मिल जाता था, तब तक इसे जानने की कोशिशों में लगे रहते थे। इंजीनियरिंग की पढ़ाई के दौरान उनका टेक्नोलॉजी प्रेम और बढ़ गया। नए-नए गैजेट्स उन्हें बहुत लुभाते थे। उन्हें हमेशा से ही म्युजिक का बहुत शौक रहा है। वॉकमैन से लेकर आईपॉड तक उनके पसंदीदा गैजेट्स रहे हैं।

अखिलेश यादव के टेक्नोलॉजी प्रेम से उनके करीबी अच्छे से परिचित हैं। सैफई में उनके निजी सचिव का काम देख रहे विजय भी इसे बखूबी जानते हैं। अखिलेश यादव के गैजेट्स प्रेम का एक किस्सा विजय ने बताया। यह उन दिनों की बात है, जब वे विदेश से पढ़ाई करके देश लौटे थे। उन दिनों वे सैफई में रहा करते थे। विजय बताते हैं, ''उन दिनों भैया रिमोट से उड़ने वाला हेलिकॉप्टर लेकर आए थे। वे सैफई के घर में अकसर इस हेलिकॉप्टर को उड़ाते थे। जब भैया हेलिकॉप्टर उड़ाते तो घर के छोटे बच्चे उनके आस-पास जमा हो जाते थे। कई बार हेलिकॉप्टर पेड़ों में फँस जाया करता था। तब हम लोग पेड़ पर चढ़कर हेलिकॉप्टर उतारते थे।'' अखिलेश यादव जब राजनीति में उतरे तो यही तकनीकी प्रेम उनके और समाजवादी पार्टी के लिए वरदान बन गया।

समाजवादी पार्टी कार्यकर्ता आज हाईटेक फोन से लैस हैं। यह पार्टी की नीतियों का प्रचार-प्रसार करते हैं। कार्यकर्ता ट्विटर पर मुख्यमंत्री से सीधी बातचीत कर सकता है। आज के दौर में यह विश्वास करना भी मुश्किल लगता है कि यह वही पार्टी है, जिसमें कंप्यूटर की बात करने की मनाही थी। यह अखिलेश यादव का टेक्नोलॉजी के प्रति प्रेम और सियासत में उसके सही इस्तेमाल का जज्बा ही है, जिसकी वजह से समाजवादी पार्टी आज हाईटेक है। अखिलेश यादव ने जब सियासत में इंट्री ली तो पार्टी का दूर-दूर तक टेक्नोलॉजी से कोई नाता नहीं था। पार्टी में सक्रिय होते ही उन्होंने सबसे पहले समाजवादी पार्टी के दफ्तर में कंप्यूटर लगवाए। पहला काम यह किया कि संगठन के पदाधिकारियों का पूरा डेटा बनवाया। हर पदाधिकारी का ब्यौरा कंप्यूटर में इकट्ठा किया गया। संगठन के हित में आई.टी. का इस्तेमाल शुरू किया। पार्टी से जुड़ी पुरानी तसवीरों और दस्तावेजों का डिजिटाइजेशन कराया। समाजवादी पार्टी की एक बेहतरीन वेबसाइट बनवाई।

जब अखिलेश यादव राजनीति में आए, उस वक्त सोशल नेटवर्किंग साइट ऑर्कुट

का बड़ा जोर था। अखिलेश यादव का भी ऑर्कुट पर प्रोफाइल था। समाजवादी पार्टी के युवा नेता और समर्थक ऑर्कुट के जरिए उनसे जुड़ने लगे। कई युवा कार्यकर्ता, जो टेक्नोलॉजी फ्रेंडली नहीं थे, वे युवा नेता से सोशल मीडिया पर जुड़ने की चाहत में कंप्यूटर फ्रेंडली बने। अखिलेश यादव ने इन्हीं में से कई कर्मठ कार्यकर्ता तलाश लिये। सोशल साइट के जरिए उनसे जुड़े कई कार्यकर्ता आज पार्टी में महत्त्वपूर्ण जिम्मेदारी निभा रहे हैं।

अखिलेश यादव का तकनीकी के प्रति लगाव ही था, जिसने 2012 में उत्तर प्रदेश में समाजवादी पार्टी की सरकार बनाने में अहम भूमिका निभाई। उन्होंने 2012 के विधानसभा चुनाव की तैयारी बहुत पहले से ही शुरू कर दी थी। सोशल मीडिया पर भी समाजवादी पार्टी विरोधी दलों की तुलना में मीलों आगे थी। समाजवादी पार्टी ने साल भर पहले ही सोशल मीडिया पर चुनावी सक्रियता दिखानी शुरू कर दी। चुनाव प्रचार के दौरान समाजवादी पार्टी के पास पैसों की कमी थी। मीडिया अखिलेश यादव और समाजवादी पार्टी को तवज्जो नहीं दे रहा था। मीडिया का पूरा ध्यान राहुल गांधी पर ही था। ऐसे में सोशल मीडिया पर प्रचार की रणनीति समाजवादी पार्टी के लिए बहुत ही कारगर साबित हुई। अखिलेश यादव ने सोशल मीडिया का सबसे बेहतरीन इस्तेमाल किया। उनका और समाजवादी पार्टी का फेसबुक अकाउंट पहले से ही बना हुआ था। उसका प्रचार में जबरदस्त इस्तेमाल शुरू हुआ। दोनों फेसबुक प्रोफाइल पर चुनाव प्रचार से जुड़ी हर छोटी-बड़ी गतिविधियों का ब्यौरा होता था। पार्टी के कार्यक्रमों की जानकारी होती थी। रैलियों, सभाओं और यात्राओं की तसवीरें और वीडियो होते थे। स्थानीय मीडिया में छपी खबरों की करतनें पोस्ट की जाती थीं। इंटरनेट पर रैलियों के सीधे प्रसारण की व्यवस्था कराई। अखिलेश यादव खुद सोशल मीडिया पर सक्रिय रहते थे। साथ ही कार्यकर्ताओं और पदाधिकारियों को भी सोशल मीडिया पर सक्रिय रहने के लिए प्रेरित करते थे।

चुनाव प्रचार के दौरान उनके साथ एक हाईटेक टीम जुड़ी हुई थी। करीब 100 कार्यकर्ताओं का एक ग्रुप था जो कि ब्लैकबेरी मोबाइल की बी.बी.एम. सर्विस के जरिए एक-दूसरे से जुड़ा हुआ था। अखिलेश यादव को इन 100 लोगों तक कोई भी संदेश या जानकारी भेजनी होती थी तो बी.बी.एम. कर देते थे। कई बार संदेश रिकॉर्ड कर वॉइस नोट भेज देते थे। इसमें वक्त की बरबादी भी नहीं होती थी और संदेश भी तेजी से पहुँच जाता था। इसके अलावा टीम के सदस्य लैपटॉप और आईपैड पर भी इंटरनेट के जरिए उनसे सीधे जुड़े रहते थे। मैं भी अखिलेश यादव की चुनावी टीम में था। समाजवादी क्रांति रथ और साइकिल यात्रा का इंचार्ज था। मैं भी उनसे इसी बी.बी.एम. सर्विस के जरिए लगातार जुड़ा रहता था। चुनाव के दौरान उनके

पास दो ब्लैकबेरी फोन और एक आईपैड होता था। क्रांति रथ यात्रा और साइकिल यात्रा के दौरान उनसे कई बार मेरा संवाद बी.बी.एम. के जरिए ही होता था। मैं यात्रा के आगे-आगे चलता था। कहाँ कितनी भीड़ है। कहाँ सभा करनी है। कहाँ रुकना है। ये सारी जानकारी उन्हें वॉइस नोट के जरिए भेज देता था। इससे यात्रा के दौरान काफी सहूलियत होती थी।

सरकार बनाने के लिए अखिलेश यादव ने तकनीकी की मदद ली तो सरकार बनने के बाद इस तकनीकी के जरिए जनता की जिंदगी आसान बनाने की दिशा में कदम उठाए। उन्होंने जनता तक सरकार की सेवाओं की पहुँच आसान बनाने के लिए तकनीकी का बेहतरीन इस्तेमाल किया है। सरकारी काम-काज में तकनीकी का असर बढ़ा है। इससे जनता की परेशानियाँ घटी हैं, साथ ही भ्रष्टाचार पर रोक लगाने में भी मदद मिली है। इ-डिस्ट्रिक परियोजना के जरिए इ-गवर्नेंस को साकार कर दिखाया है। इसमें पूरे सिस्टम को कंप्यूटराइज किया गया है। इस योजना में जन वितरण प्रणाली, पेंशन, खतौनी, राजस्व से जुड़े मुकदमे, शिकायतें, प्रमाण-पत्र सभी को शामिल किया गया है। अखिलेश सरकार नें इ-डिस्ट्रिक योजना के तहत कई जन सुविधा केंद्र खोले हैं। इन केंद्रों पर प्रमाण-पत्र और कागजात आसानी से बन जाते हैं। उन्होंने थानों और पुलिस को भी हाईटेक बनाया। कानून व्यवस्था से जुड़े अध्याय में हम इस पर विस्तार से चर्चा करेंगे। उन्होंने जो कहा वह तो करके दिखाया है, जो नहीं कहा था उसे भी करके दिखा रहे हैं। समाजवादी पार्टी की सरकार ने कई इलाकों को फ्री वाई-फाई करने की दिशा में कदम उठाए हैं। जब लखनऊ के हजरतगंज इलाके को फ्री वाई-फाई किया गया था, तो हजारों की संख्या में युवा जुटे थे। लखनऊ के लोग यह अच्छी तरह से जानते हैं कि हजरतगंज में घूमने का एक अलग ही मजा है। हजरतगंज युवाओं की लखनऊ में घूमने की सबसे पसंदीदा जगहों में से एक है। हजरतगंज की घुमक्कड़ी को 'गंजिंग' कहा जाता है। अखिलेश यादव ने हजरतगंज को वाई-फाई जोन बनाकर गंजिंग का आनंद कई गुना बढ़ा दिया है। टेक्नोलॉजी में उनका सबसे ज्यादा जोर स्कूल कॉलेजों को हाईटेक बनाने पर है। उनकी कोशिश है कि स्कूल-कॉलेजों में इ-लाइब्रेरी हो। परिसर में वाई-फाई की सुविधा हो, ताकि उत्तर प्रदेश के युवा टेक्नोलॉजी के साथ कदमताल पर प्रदेश को प्रगति के पथ पर आगे ले जाएँ।

सूबे की सभी पंचायतों को हाईटेक बनाना अखिलेश यादव का ड्रीम प्रोजेक्ट है। इसके तहत गाँवों को हाईटेक बनाने की शुरुआत हो चुकी है। इस योजना का मकसद तकनीकी का फायदा आम आदमी तक पहुँचाना है। प्रोजेक्ट के तहत उत्तर प्रदेश की 52 हजार ग्राम पंचायतों को हाईटेक करने की तैयारी है। इसके तहत ग्राम पंचायतों को डेस्कटॉप और लैपटॉप सौंपे जाएँगे। लैपटॉप और डेस्कटॉप चलाने की

जिम्मेदारी पंचायत सहायकों को सौंपी जाएगी। इन्हें 10 हजार रुपए मानदेय दिया जाएगा। अखिलेश यादव ने टेक्नोलॉजी के जरिए जहाँ रोजगार के नए मौके बनाए हैं, वहीं गाँव के आखिरी शख्स तक सरकार की योजनाओं का लाभ पहुँचाया है। पंचायत सहायक लोगों को योजनाओं से जुड़ी जानकारी मुहैया कराएँगे। जमीन जायदाद से जुड़े कागजात जैसे खसरा-खतौनी और कई जरूरी प्रमाण-पत्र जैसे जन्म प्रमाण-पत्र व मृत्यु प्रमाण-पत्र गाँव में ही मिल सकेंगे। इस योजना में हर गाँव के लिए 40 हजार रुपए का बजट रखा गया है।

संचार क्रांति ने टाइपराइटर से लेकर कंप्यूटर तक और टेलीफोन से लेकर ऐप तक का सफर तय कर लिया है। अखिलेश यादव की ही पहल का नतीजा है कि पार्टी की पहुँच हर उस शख्स तक है, जिसके हाथ में स्मार्टफोन है। समाजवादी पार्टी ने समाजवादी अखिलेश (#samajwadiakhilesh) नाम से मोबाइल एप्लीकेशन ऐप लॉन्च किया। ये अखिलेश यादव की ही कोशिशों का नतीजा है कि भले समाजवादी पार्टी ने टेक्नोलॉजी का इस्तेमाल देर से शुरू किया, लेकिन आज समाजवादी पार्टी टेक्नोलॉजी के इस्तेमाल में किसी भी पार्टी से पीछे नहीं है। अखिलेश यादव का दफ्तर बहुत ही हाईटेक है। उनके दफ्तर में टेलीकॉन्फ्रेंसिंग के लिए एक अलग कमरा है। इसमें हाई रिजोलुशन के बड़े-बड़े स्क्रीन लगे हैं। ये हाई स्पीड इंटरनेट से जुड़े हैं। अखिलेश यादव यहाँ से दुनिया के किसी भी कोने में बैठे लोगों से रू-ब-रू हो सकते हैं। यह पूरा सिस्टम हाईटेक है। वे इसके जरिए सूबे के अफसरों से अकसर रू-ब-रू होते हैं। यह रूम कितना हाईटेक है इसका अंदाजा इसी से लगाया जा सकता है कि यहाँ बैठकर आमने-सामने की मीटिंग तो होती है, यहीं से आदेश भी पारित किए जा सकते हैं। अगर सीएम अफसरों के साथ मीटिंग कर रहे होते हैं तो अफसरों को सीधे उनका आदेश भी भेज दिया जाता है। इस हाईटेक कमरे से एम.ओ.यू. पर भी साइन हो सकते हैं। अखिलेश यादव ने इसी हाईटेक कमरे में बैठकर अमेरिका में बैठे बिल गेट्स से भी मीटिंग की थी। इस मीटिंग में उन्होंने प्रदेश सरकार और बिल ऐंड मेलिंडा गेट्स फाउंडेशन के मिलकर किए जा रहे कामों की समीक्षा की। गेट्स फाउंडेशन से अखिलेश यादव के प्रयासों से ही उत्तर प्रदेश में स्वास्थ्य के क्षेत्र में कई परियोजनाओं में मदद कर रही है। उन्होंने वीडियो कॉन्फ्रेंसिंग को सिर्फ अफसरों और बड़ी हस्तियों तक सीमित नहीं रखा, बल्कि इसे जनता से दूरी कम करने का हथियार भी बनाया। इसके जरिए उन्होंने समय-समय पर किसानों से मन की बात की। उनकी समस्याओं पर चर्चा की। वीडियो कॉन्फ्रेंसिंग के दौरान ही अफसरों को समस्या के निपटारे के लिए जरूरी आदेश दिए। कार्यक्रम के दौरान कृषि वैज्ञानिक भी बैठे। किसानों ने उनसे भी अपनी समस्याओं की चर्चा की।

अखिलेश यादव ने सरकार को जनता के द्वार तक पहुँचाने की मुहिम के तहत ही विधायकों और पार्टी के पदाधिकारियों की ट्रेनिंग भी कराई। यह ट्रेनिंग सोशल मीडिया से रू-ब-रू कराने के लिए दी गई। विधायकों और पार्टी के पदाधिकारियों की ट्रेनिंग कई चरण में हुई। शुरुआती चरण में युवा विधायकों और पदाधिकारियों को इसमें शामिल किया गया। ट्रेनिंग देने के लिए गूगल, फेसबुक और ट्विटर से एक्सपर्ट बुलाए गए। इस वर्कशॉप में विधायकों और पार्टी पदाधिकारियों को यह बताया गया कि कैसे सोशल मीडिया के जरिए जनता की समस्याओं का समाधान किया जा सकता है। अखिलेश यादव ने खुद खास रुचि लेकर इस वर्कशॉप का आयोजन कराया। वर्कशॉप मुख्यमंत्री निवास 5 कालीदास मार्ग में हुआ। सबसे बड़ी बात यह थी कि अखिलेश यादव ने इस ट्रेनिंग प्रोग्राम में सिर्फ समाजवादी पार्टी के ही विधायकों को नहीं बुलाया, बल्कि दूसरी पार्टियों के जिन विधायकों की रुचि थी, उन्हें भी बुलाया। अखिलेश यादव खुद इस वर्कशॉप में मौजूद रहे। उनकी इस पहल का नतीजा है कि कई विधायक जो फेसबुक का इस्तेमाल सिर्फ तसवीरें पोस्ट करने में करते थे, उन्होंने जनता के हित में इसका इस्तेमाल करना शुरू कर दिया।

अखिलेश यादव ने सिर्फ पार्टी और सरकार को ही टेक्नोलॉजी फ्रेंडली नहीं बनाया है, बल्कि उनकी सोच है कि उत्तर प्रदेश का हर युवा टेक्नोलॉजी से जुड़ा हो। उसे कंप्यूटर की जानकारी हो। यह अखिलेश की ही दूरगामी सोच का नतीजा है कि 2012 के चुनावी घोषणा-पत्र में समाजवादी ने 12वीं पास युवाओं को लैपटॉप और 10वीं पास युवाओं को टेबलेट देने का ऐलान किया। अखिलेश के इस ऐलान पर खूब नुक्ताचीनी की गई। मीडिया में घोषणा-पत्र के इस ऐलान पर सबसे ज्यादा बहस, सबसे ज्यादा चर्चा हुई। जिन्होंने समाजवादी पार्टी की कंप्यूटर विरोधी छवि बना रखी थी, उन्हें यह ऐलान हजम नहीं हो रहा था। राहुल गांधी हर सभा में घूम-घूम समाजवादी पार्टी को कंप्यूटर विरोधी बता रहे थे। इस ऐलान से उनके हाथ से एक मुद्दा निकल गया। यह राहुल के खिलाफ अखिलेश यादव का मास्टरस्ट्रोक था। इसने युवाओं में समाजवादी पार्टी के प्रति कंप्यूटर को लेकर बनी नकारात्मक छवि तोड़ने का काम किया। जो विरोधी अब तक समाजवादी पार्टी पर कंप्यूटर विरोधी होने का आरोप लगा रहे थे वे अब सवाल उठाने लगे कि इसे जमीन पर उतारना संभव ही नहीं है। विरोधियों ने इन छात्रों को लुभाने की रणनीति बतायी, लेकिन इस दुष्प्रचार को फैलाते वक्त विरोधी यह भूल जाते थे कि अखिलेश यादव ने जिन्हें लैपटॉप देने का वादा किया था, वे वोटर भी नहीं थे। आमतौर पर उत्तर प्रदेश में 17 साल की उम्र में युवा इंटरमीडिएट की परीक्षा पास करते हैं। ऐसे में इनके वोटर होने का सवाल ही नहीं उठता। सरकार बनने के बाद अखिलेश यादव ने घोषणा-पत्र के इस वादे को बखूबी पूरा किया। आज

उत्तर प्रदेश के प्रतिभाशाली छात्र-छात्राओं के हाथ में लैपटॉप है। सरकार ने युवाओं को बेहतरीन लैपटॉप मुहैया कराया है। सिर्फ छात्रों को लैपटॉप ही नहीं दिया गया, बल्कि उसके साथ दो हजार रुपए का बैग भी दिया गया। अखिलेश यादव ने खुद इस पूरे कार्यक्रम की निगरानी रखी। खरीदारी अपनी देख-रेख में कराई, ताकि किसी किस्म की गड़बड़ी न हो सके। अखिलेश यादव खुद तकनीकि प्रेमी हैं तो उन्होंने पूरा ध्यान रखा कि छात्रों को ऐसा लैपटॉप मिले, जो उनकी जरूरतों को पूरा कर सके। वे चाहते तो वादा निभाने के लिए सस्ता लैपटॉप दे सकते थे। युवाओं को सिर्फ लैपटॉप का डिब्बा भर दे सकते थे। लेकिन उन्हें बेहतरीन बैग के साथ बेहतरीन लैपटॉप देकर यह साबित कर दिया कि वे वाकई उत्तर प्रदेश के युवाओं को टेक्नोलॉजी की फील्ड में सबसे आगे देखना चाहते हैं। समाजवादी पार्टी की सरकार अब तक इस योजना के तहत लाखों युवाओं के हाथ में लैपटॉप सौंप चुकी है।

अखिलेश यादव का टेक्नोलॉजी प्रेम ही था, जिसकी वजह से समाजवादी पार्टी नए जमाने के युवाओं के साथ कदमताल कर सकी। वे खुद युवाओं से बातचीत में इसका जिक्र करते हैं। जब अखिलेश यादव युवा थे तो जमाना ऑटोग्राफ का था। युवा हमेशा सेलेब्रिटीज का ऑटोग्राफ पाने को उत्सुक रहते थे, लेकिन अब ऑटोग्राफ की जगह सेल्फी ने ली है। जमाना सेल्फी का है। अखिलेश यादव सहज और सरल नेता हैं। वे नए जमाने की जरूरतों और युवाओं के दिलों पर राज करना बखूबी जानते हैं। वे कार्यकर्ताओं के साथ सेल्फी लेने और तसवीरें खिंचवानें से कभी नहीं पीछे हटते। समाजवादी पार्टी का युवा अगर नई तकनीकों से लैस है तो यह अखिलेश यादव की ही देन है। उन्होंने युवा कार्यकर्ताओं को टेक्नोलॉजी फ्रेंडली बनने पर खासा जोर दिया। समाजवादी पार्टी के चारों युवा संगठनों के पदाधिकारियों को ट्विटर, फेसबुक पर सक्रिय रहने के गुर सिखवाए हैं। समाजवादी पार्टी से जुड़ा युवा फेसबुक और ट्विटर के जरिए सरकार की नीतियों और उपलब्धियों से तो रू-ब-रू होता ही है, साथ ही लोहिया के विचारों से भी परिचित होता है। युवा कार्यकर्ता किसी भी सियासी दल के सोशल मीडिया पर दुष्प्रचार का जवाब देने में समक्ष है। समाजवादी पार्टी ट्विटर, फेसबुक और यूट्यूब के जरिए युवाओं तक अपनी बात पहुँचा रही है। पार्टी की विचारधारा और दिग्गज समाजवादी नेताओं के विचारों से भी युवा इसी सोशल मीडिया के जरिए परिचित हो रहे हैं।

सिर्फ अखिलेश यादव ने समाजवादी पार्टी के कार्यकर्ताओं को ही हाईटेक नहीं किया, बल्कि वे लगातार उत्तर प्रदेश को आई.टी. हब बनाने की दिशा में काम कर रहे हैं। इसकी वजह से आई.टी. फील्ड में रोजगार के नए मौके बन रहे हैं। पहली बार उनकी वजह से आई.टी. कंपनियाँ नोएडा से बाहर निकलकर प्रदेश के दूसरे शहरों में

जा रही हैं। यह उन्हीं की कोशिश है कि एच.सी.एल. लखनऊ आने के लिए राजी हुई। उन्होंने खुद एच.सी.एल. के प्रमोटर शिव नाडर को लखनऊ आने के लिए मनाया। एच.सी.एल. की वजह से लखनऊ में करीब एक हजार रोजगार के मौके बने हैं। उत्तर प्रदेश के दूसरे शहरों में भी आई.टी. में रोजगार के ज्यादा-से-ज्यादा मौके बनें, इसलिए उन्होंने आई.टी. कंपनियों को बेहतर सुविधाएँ मुहैया करायी है। लखनऊ में आई.टी. पार्क की स्थापना की गई है। यह पार्क 30-35 एकड़ में फैला है। दरअसल इस आई. टी. पार्क के बनने के पीछे एक बड़ी रोचक कहानी है। तब अखिलेश यादव मुख्यमंत्री नहीं थे। वे प्लेन में सफर कर रहे थे। उनसे कुछ ही दूरी पर दो युवा बैठे बार-बार उन्हें देख रहे थे। दोनों की नजर उनसे मिली तो मुसकरा दिए। अखिलेश यादव ने भी मुसकरा कर दोनों को जवाब दिया। दोनों युवाओं का हौसला बढ़ा। दोनों युवा नेता के पास आ गए। उनसे हाथ मिलाया और अपने बारे में बताने लगे। दोनों ने बताया कि वे आई.टी. फील्ड से हैं और पूर्वी उत्तर प्रदेश के रहने वाले हैं। नौकरी के लिए बैंगलोर जा रहे हैं। दोनों ने अखिलेश यादव से कहा कि क्या अच्छा होता कि अगर उत्तर प्रदेश खासकर लखनऊ में आई.टी. कंपनियाँ होती तो उन्हें घर से दूर न जाना पड़ता। अपने ही घर के पास रोजगार का मौका होता। उन्होंने अखिलेश यादव से अनुरोध किया कि वे प्रदेश के नेता हैं अगर उनसे कुछ बन सके तो इस दिशा में जरूर काम करें। बात आई और गई हो गई। उस वक्त मायावती की सरकार थी, लेकिन इस अनुरोध ने युवा नेता के दिल को झकझोर दिया। वे सोचने लगे कि आखिर ऐसा क्यों नहीं हो सकता कि नोएडा के अलावा उत्तर प्रदेश के दूसरे बड़े शहर आई.टी. के हब बनें। मुख्यमंत्री बनने के बाद भी उन्हें प्लेन का वह वाकया याद रहा और उन्होंने लखनऊ में आई. टी. पार्क बनाकर इस कमी को पूरा करने की कोशिश की है। यह अखिलेश यादव का जनता से जुड़ाव है।

वे ऐसे शख्स हैं, जो सोशल मीडिया के जरिए मुख्यमंत्री को सीधे जनता के बीच ले आए। एक ऐसा मुख्यमंत्री, जो जनता से सीधे बात कर सकता है। उनकी दिक्कतों से रू-ब-रू हो सकता है। किसी की हौसला अफजाई कर सकता है। कानून-व्यवस्था के मसले पर सीधे सूबे की जनता से संवाद कर सकता है। सोशल मीडिया के जरिए संवाद के ढेरो उदाहरण हैं। अखिलेश यादव सोशल मीडिया पर फौरन रिस्पांस देते हैं। उन्होंने सोशल मीडिया को भी गुड गवर्नेंस में जबरदस्त रूप से इस्तेमाल किया है। इसके कई उदाहरण हैं। लखनऊ का एक चर्चित वाकया इसका जीता-जागता सबूत है। वाकया 19 सितंबर, 2015 का है। लखनऊ के हजरतगंज जीपीओ इलाके में फुटपाथ पर एक बुजुर्ग टाइपराइटर मशीन के साथ बैठे थे। अचानक एक पुलिस इंस्पेक्टर वहाँ पहुँचा। रोजी-रोटी कमाने के लालच में फुटपाथ पर बैठे लोगों पर कहर बरपाने लगा।

इसी बीच इंस्पेक्टर ने बुजुर्ग टाइपराइटर से भी बदसलूकी शुरू कर दी। कुछ ही सेकेंडों में उसने बेरहमी की सारी हदें पार करते हुए टाइपराइटर उठाकर फेंक दिया। संयोग से उसी वक्त एक फोटो जर्नलिस्ट वहाँ से गुजर रहा था। उसने सारा वाकया अपने कैमरे में कैद कर लिया। वरदी के नशे में इंस्पेक्टर ने फोटो जर्नलिस्ट को भी धमकी दी। लेकिन बिना डरे फोटो जर्नलिस्ट ने सोशल मीडिया पर तसवीरों के साथ खबर चला दी। थोड़ी ही देर में खबर वायरल हो गई। वायरल होते ही खबर मुख्यमंत्री तक भी पहुँच गई। गरीबों के हितचिंतक मुख्यमंत्री के लिए यह खबर किसी सदमे से कम न थी। बिना देर किए उन्होंने अफसरों को फौरन एक्शन लेने के आदेश दिए। सबसे पहले तो आरोपी दरोगा को संस्पेंड कर उसके खिलाफ विभागीय जाँच बिठा दी गई। वाकए के कुछ ही देर बाद डी.एम. और एस.एस.पी. नया टाइपराइटर लेकर बुजुर्ग के घर पहुँचे। अफसरों ने बुजुर्ग से दरोगा के व्यवहार के लिए खेद जताया और मुख्यमंत्री का भेजा टाइपराइटर उन्हें सौंपा। यह वाकया बताता है कि अखिलेश यादव किस तरह सोशल मीडिया का गुड गर्वनेंस के लिए इस्तेमाल करते हैं।

ट्विटर पर अखिलेश यादव जबरदस्त तरीके से सक्रिय रहते हैं। एक टीम इसमें उनकी मदद करती है। ट्विटर पर वे दो अकाउंट के जरिए आम जनता से रू-ब-रू होते हैं। एक उनका खुद का व्यक्तिगत अकाउंट है—@yadavakhilesh, इसमें 10 लाख से ज्यादा फॉलोअर हैं। दूसरा उत्तर प्रदेश सीएम का ऑफिसियल अकाउंट है—@CMOfficeUP, इस अकाउंट के करीब डेढ़ लाख फॉलोअर हैं। अखिलेश यादव लगातार दोनों अकाउंट के जरिए जनता से रू-ब-रू होते हैं और उनकी परेशानियों का समाधान कराते हैं। इन दोनों अकाउंट के जरिए समाजवादी पार्टी और सरकार से जुड़ी जनोपयोगी जानकारियाँ भी साझा करते रहते हैं। उन्होंने ट्विटर का इस्तेमाल सरकार और समाजवादी पार्टी के खिलाफ दुष्प्रचार से निपटने में भी बेहतरीन तरीके से किया। फरवरी महीने में गाजियाबाद की दीप्ति सरना लापता हो गई। दीप्ति सरना स्नैपडील में कर्मचारी थी। घर लौटते वक्त वह लापता हो गई। मामला मीडिया में छा गया। विपक्ष को अखिलेश सरकार के कानून व्यवस्था पर सवाल उठाने का मौका हाथ लग गया था। हर चैनल, हर अखबार में यही खबर प्रमुखता से चलने लगी। मुख्यमंत्री ने फौरन मामले में दखल दिया। गाजियाबाद के एसएसपी से खुद बात की और हर मुमकिन कदम उठाने का आदेश दिया। उन्होंने इसे ट्वीट भी किया। पुलिसिया भाषा में दीप्ति के लापता होने का केस पूरी तरह से ब्लाइंड था। पुलिस के पास कोई भी सुराग नहीं था, लेकिन अखिलेश यादव के मामले में सीधे दखल देने का असर हुआ कि पुलिस ने इसे तेजी से सुलझाया और मीडिया ने भी अखिलेश सरकार की तेजी की तारीफ की। यह अखिलेश यादव का सोशल मीडिया के बेहतरीन इस्तेमाल का असर था कि

मीडिया और विपक्ष को अखिलेश सरकार को घेरने का मौका नहीं मिला, बल्कि मीडिया ने त्वरित काररवाई के लिए उनकी तारीफ की। अगर अखिलेश यादव इस मामले में सोशल मीडिया का सहारा न लेते तो मीडिया और विपक्ष फौरन उन पर आरोपों की झड़ी लगा देता। यह वही मीडिया था, जिसने बदायूँ में दो बहनों की संदिग्ध मौत के मामले में अखिलेश सरकार को कठघरे में खड़ा कर दिया था, जबकि पूरा मामला सी.बी.आई. जाँच में झूठा निकला था।

अखिलेश यादव ने सोशल मीडिया के जरिए कई जरूरतमंदों की मदद की। ऐसा ही एक मामला नोएडा से जुड़ा है। सांसद डिंपल यादवजी ने सोशल मीडिया पर एक पोस्ट देखी। यह 13 साल के एक लड़के हरेंद्र सिंह चौहान के बारे में थी। हरेंद्र नोएडा में मेट्रो स्टेशन के पास फुटपाथ पर वजन तौलने वाली मशीन लेकर बैठा था। पिता की तबीयत खराब होने और घर में कोई कमाऊ सदस्य न होने की वजह से उसे यह काम करना पड़ रहा था, लेकिन इसके बावजूद 13 साल के इस बच्चे ने पढ़ाई नहीं छोड़ी। फुटपाथ पर काम के साथ वह पढ़ाई भी करता रहता था। डिंपलजी ने इस पोस्ट को देखने के बाद अखिलेश यादव से चर्चा की। मुख्यमंत्री ने इस बच्चे को पाँच लाख रुपए की आर्थिक मदद और स्कूल जाने के लिए साइकिल दी। साथ ही बच्चे से खुद भी मिले। ऐसी ही एक घटना मुझसे भी जुड़ी है। मैंने सोशल मीडिया पर वायरल हो रही एक खबर देखी। इसमें मथुरा के एक भाई–बहन का जिक्र था। आई.आई.टी. में चयन के बावजूद पैसे के अभाव में दोनों की पढ़ाई में बाधा आ रही थी। इनके परिवार के पास इतने पैसे नहीं थे कि दोनों बच्चों का दाखिला आई.आई.टी. में करा सकें। मैंने मुख्यमंत्री को बी.बी.एम. (ब्लैकबेरी मैसेंजर) पर इस दोनों बच्चों की समस्या भेज दी। बी.बी.एम. पर मेरा संदेश देखने के बाद उन्होंने जिले के डी.एम. को दोनों बच्चों से मिलने का आदेश दिया। डी.एम. ने मुख्यमंत्री का निर्देश मिलने के बाद स्थानीय स्तर पर दोनों बच्चों की पढ़ाई के लिए स्पॉन्सर की व्यवस्था कराई। मुख्यमंत्री के कोटे से दोनों बच्चों को एक–एक लाख रुपए की तुरंत आर्थिक मदद दी गई। साथ ही दोनों को लैपटॉप भी दिए गए।

अखिलेश यादव विकास में तकनीकी के इस्तेमाल के सबसे बड़े प्रवक्ता माने जा सकते हैं। उन्होंने 2015–16 के विकास एजेंडा में एकीकृत पोर्टल योजना को शामिल किया। इस योजना का मकसद जनता की शिकायत सीधे मुख्यमंत्री तक पहुँचाना था। 25 जनवरी, 2106 को एकीकृत पोर्टल योजना के जरिए उत्तर प्रदेश में ऑनलाइन जनसुनवाई की शुरुआत हुई। शुरू होते ही लोगों ने हाथोंहाथ इस योजना को लिया। चार महीने में मुख्यमंत्री कार्यालय को 2 लाख से ज्यादा शिकायतें मिलीं। इस दौरान 70 फीसदी शिकायतों का निपटारा भी किया गया। एकीकृत पोर्टल के जरिए कोई भी

सीधे मुख्यमंत्री कार्यालय को शिकायत या परेशानी भेज सकता है। सी.एम. ऑफिस से इस शिकायत को संबंधित महकमे तक भेज दिया जाता है। संबंधित विभाग को एक तय अवधि में मामले को निपटाना होता है। शिकायतकर्ता खुद भी एक कोड नंबर के जरिए अपनी शिकायत पर चल रही काररवाई की बाबत जानकारी ले सकता है। सी.एम. ऑफिस भी लगातार शिकायत पर हो रही काररवाई पर पोर्टल के जरिए नजर रखता है। कई बार अखिलेश यादव ने खुद ही पोर्टल पर आई शिकायतों की समीक्षा की और लापरवाही बरतने वाले अफसरों को सजा भी दी है। मुख्यमंत्री इस पोर्टल के जरिए आई शिकायतों का शत-प्रतिशत निपटारा चाहते हैं और उन्होंने योजना से जुड़े अफसरों को इसके निर्देश दे रखे हैं।

□

अध्याय 16

विकास पुरुष

उत्तर प्रदेश बदल रहा है। नाउम्मीदी के अँधेरे से निकलकर उम्मीदों का प्रदेश बन रहा है। विकास में मीलों पीछे रहा प्रदेश अब विकास की पटरी पर सरपट दौड़ रहा है। देश के सबसे बड़े सूबे को उत्तम प्रदेश बनाने का श्रेय अखिलेश यादव को जाता है। विकास का सूखा झेल रहे उत्तर प्रदेश पर मुख्यमंत्री ने योजनाओं की झड़ी लगा दी। उन्होंने देश के सबसे बड़े सूबे में विकास की गंगा बहा दी। चमाचम सड़कें, 18–20 घंटे बिजली, रोजगार के नए मौके, यह उत्तर प्रदेश की नई तसवीर है। उनके विकास के झोले से किसान, कारोबारी, कामगार सबके लिए कोई–न–कोई तोहफा निकला। विकास पुरुष अखिलेश यादव की वजह से प्रदेश खुशहाली और तरक्की के रास्ते पर है। विकास की राह में अखिलेश यादव ने समाज के हर तबके, हर वर्ग का ध्यान रखा। वे पूरे प्रदेश को घर की तरह सजाने और सँवारने का काम कर रहे हैं। जात–पाँत, धर्म की राजनीति से हटकर विकास की राजनीति कर रहे हैं। यहाँ हम अखिलेश यादव के विकास की चर्चा करेंगे, लेकिन विकास कैसे हमेशा उनके जेहन में रहा है इसे एक वाकये के जरिए जानेंगे।

बात 2005 की है। हरियाणा में विधानसभा चुनाव हो रहे थे। मैं जींद जिले की जुलाना विधानसभा सीट से समाजवादी पार्टी का उम्मीदवार था। हम जोर–शोर से चुनाव लड़ रहे थे। चुनाव प्रचार में कोई कोर–कसर बाकी नहीं थी। हम काफिले के साथ दिन भर प्रचार करते। वोट माँगते। हरियाणा में समाजवादी पार्टी का खास जनाधार नहीं था। सूबे के सियासी समीकरण हमारे पक्ष में नहीं थे, लेकिन हमारे उत्साह में कोई कमी नहीं थी। कार्यकर्ताओं का उत्साह देखकर अखिलेश यादव एक दिन चुनाव प्रचार के लिए जींद आए। उनकी अगुवाई में हम सब प्रचार के लिए निकले। युवा नेता का लोगों में जबरदस्त क्रेज था। उन्हें देखने के लिए युवाओं का भारी हुजूम था। चुनाव प्रचार के

लिए सिर्फ एक दिन निर्धारित था, लेकिन सिर्फ एक दिन के चुनाव प्रचार में भी उनकी नजर ने कुछ ऐसा देख लिया जो 7 साल बाद उत्तर प्रदेश के किसानों और पशुपालकों के लिए एक कल्याणकारी योजना की वजह बन गई। वाकया कुछ यूँ है कि चुनाव प्रचार के दौरान हम एक गाँव पहुँचे। वहाँ एक बहुत बड़ी निजी डेयरी थी। आस-पास के इलाके के विकास में इस डेयरी की एक खास भूमिका थी। कार्यकर्ताओं ने अखिलेश यादव को इस डेयरी के बारे में बताया। उसकी वजह यह थी कि आस-पास के इलाकों में इस डेयरी की बहुत चर्चा थी। डेयरी का सिस्टम बहुत ही आधुनिक था। दूध की आपूर्ति बिना किसी बाधा के होती रहे, इसके लिए डेयरी मालिक ने गाय-भैसों की बहुत बड़ी शाला बना रखी थी। डेयरी में करीब 500 दुधारू पशु थे। यहाँ दूध निकाला जाता था और डेयरी में ही बने प्रोसेसिंग प्लांट में आगे बेचने के लिए तैयार किया जाता था। डेयरी का काम बहुत फैला था। जब डेयरी शुरू हुई तो 500 दुधारू पशुओं से काम चल जाता था, लेकिन माँग बढ़ी तो डेयरी मालिक ने स्थानीय स्तर पर दूध का उत्पादन बढ़ाने के लिए एक नायाब तरीका निकाला। उसने पशुपालकों को गाय-भैंस खरीदने के लिए लोन दिलाने की शुरुआत की। डेयरी के नेटवर्क से प्रभावित कई बैंक बिना झिझक इस योजना से जुड़ गए। इससे पूरे इलाके में गाय-भैंसों का बड़ा नेटवर्क बन गया। वैसे भी हरियाणा देश भर में बेहतरीन नस्ल के मवेशियों के लिए जाना जाता है। डेयरी की वजह से इलाकों के कई किसानों और पशुपालकों में आर्थिक संपन्नता आई। स्थानीय लोगों ने अखिलेश यादव को जब डेयरी के सिस्टम की जानकारी दी तो उन्होंने बहुत रुचि लेकर सबकुछ देखा-समझा। वे डेयरी के सिस्टम से बहुत प्रभावित हुए। उन्होंने हम सब से इसकी तारीफ भी की। वक्त के साथ हम सभी यह वाकया भूल गए, लेकिन हमें तब हैरानी हुई, जब मुख्यमंत्री बनने के बाद उन्होंने जींद के उस डेयरी मॉडल को राज्य में लागू किया। किसानों को गाय-भैंस खरीदने के लिए लोन देने की महत्त्वाकांक्षी कामधेनु योजना लॉन्च की। यह सूबे की बहुचर्चित और कामयाब योजना है।

कामधेनु योजना का मकसद किसानों के प्रदेश उत्तर प्रदेश में दूध का उत्पादन बढ़ाना है। इस योजना के तहत हरियाणा, राजस्थान और पंजाब से बढ़िया नस्ल की गाय और भैंस लाकर दुधारू पशुओं की संख्या में बढ़ोतरी की जा रही है। पशुओं की संख्या के आधार पर उत्तर प्रदेश सरकार की इस बहुचर्चित योजना की तीन कैटेगरी बनाई गई। पहली कैटेगरी है, कामधेनु डेयरी योजना। इसमें 100 दुधारू पशुओं को रखने का प्रावधान है। इसकी कुल लागत करीब एक करोड़ रुपए है। दूसरी कैटेगरी है, मिनी कामधेनु डेयरी योजना। इसमें 50 दुधारू पशुओं को रखने का प्रावधान है। इसमें पशुओं समेत डेयरी बनाने की कुल लागत करीब 50 लाख रुपए है, जबकि तीसरी कैटेगरी माइक्रो कामधेनु डेयरी योजना में 25 दुधारू पशुओं को रखने का प्रावधान है।

इसकी लागत करीब 27 लाख रुपए है। इन तीनों योजनाओं में डेयरी खोलने वाले को 25 फीसदी धन का इंतजाम खुद करना होता है, जबकि बाकी 75 फीसदी राशि बैंक से लोन मिलती है। अखिलेश सरकार की इस योजना को उत्तर प्रदेश के किसानों और पशुपालकों ने हाथोंहाथ लिया। उसी का नतीजा है कि समाजवादी सरकार में प्रदेश में दूध का उत्पादन 2 लाख 70 हज़ार लीटर बढ़ा है।

कामधेनु योजना ने उत्तर प्रदेश में पशुपालन अर्थव्यवस्था को एक नई गति दे दी। इस योजना में धर्म और जाति के आधार पर किसी तरह का कोई भेदभाव नहीं किया गया। वैसे तो प्रधानमंत्री नरेंद्र मोदी 'सबका साथ सबका विकास' की बात करते हैं, लेकिन हकीकत में भारतीय जनता पार्टी ने धर्म को सिर्फ सियासत का मोहरा बनाया। हिंदुओं के धार्मिक स्थल भी भारतीय जनता पार्टी के लिए सिर्फ हिंदू वोटरों को साधने का जरिया हैं। मथुरा, काशी और अयोध्या को मुद्दा बनाकर सिर्फ हिंदुओं की धार्मिक भावना को भुनाने की कोशिश की गई। कभी भी इन तीनों धार्मिक स्थलों का विकास भारतीय जनता पार्टी का मुद्दा नहीं रहा, लेकिन अखिलेश यादव ने कभी भी किसी भी धर्म के साथ भेदभाव नहीं किया। उन्होंने मथुरा, काशी और अयोध्या को विकास से जोड़ दिया। उनकी सरकार ने धार्मिक स्थलों का विकास कर पर्यटन का बढ़ावा देने की नीति लागू की, ताकि उत्तर प्रदेश के आर्थिक विकास में धार्मिक पर्यटन का भी योगदान हो। साथ ही धार्मिक पर्यटन स्थलों की बुरी हालत देखकर श्रद्धालुओं की धार्मिक आस्था भी आहत न हो। मथुरा, काशी और अयोध्या उत्तर प्रदेश में धार्मिक पर्यटन के प्रमुख स्थल हैं। यहाँ देश-विदेश से हर रोज हजारों सैलानी आते हैं।

दरअसल मथुरा, काशी और अयोध्या के विकास का खाका अखिलेश यादव के दिमाग में पहले से ही था। मुख्यमंत्री बनने के कुछ ही दिन बाद वे फैजाबाद एक कार्यक्रम में शामिल होने गए। हेलिकॉप्टर में उनके साथ मैं भी था। हेलिकॉप्टर जब फैजाबाद पहुँचा तो उन्होंने पॉयलट से अयोध्या में सरयू नदी के घाटों का चक्कर लगाने को कहा। आसमान से ही नदी और राम की पैड़ी की खराब हालत देखकर उन्हें दुःख हुआ। उसी वक्त उन्होंने ठान लिया कि करोड़ों लोगों की आस्था और लाखों लोगों की रोजी-रोटी के केंद्र धार्मिक स्थलों का विकास करना है। अखिलेश यादव ने हेलिकॉप्टर में ही तय कर लिया कि अयोध्या के साथ-साथ काशी और मथुरा का भी विकास करेंगे। वे विकासवादी सोच की राजनीति करते हैं। उन्होंने अयोध्या में घाटों का सुंदरीकरण कराया। राम की पैड़ी को हरिद्वार के हरि की पैड़ी की तरह भव्य बनाने की योजना बनायी। काशी की तर्ज पर अयोध्या के घाटों और मंदिरों को एक ही रंग में रँगने की भी योजना बनी। यहाँ गलियों और सड़कों के विकास की भी कई सारी योजनाएँ बनाकर उनको मूर्त रूप दिया। परिक्रमा मार्ग पर छायादार वृक्ष लगवाए। अयोध्या और काशी में

भजन स्थल बनाने का ऐलान किया। अयोध्या में पाँच हजार लोगों की क्षमता वाले भजन स्थल का खुद शिलान्यास किया। कार्यक्रम में अयोध्या के साधु-संतों को बुलाया। साधु संतों ने भी मुख्यमंत्री की विकासवादी छवि की जमकर तारीफ की। विकास कार्यों की वजह से अयोध्या का साधु-संत समाज खुलकर अखिलेश यादव की तारीफ करता है। भजन स्थल के शिलान्यास के करीब एक महीने बाद की घटना है। उत्तर प्रदेश की यात्रा पर निकले राहुल गांधी 9 सितंबर, 2016 को अयोध्या के हनुमान गढ़ी मंदिर पहुँचे। वहाँ उनकी मंदिर के मुख्य महंत ज्ञान दास से बातचीत हुई। राहुल गांधी के जाने के बाद महंत से पत्रकारों ने बातचीत का मजमून जानना चाहा। महंत ज्ञानदास ने मीडिया कर्मियों से कहा, ''राहुल अच्छे इनसान हैं। वे देखने में काफी गंभीर स्वभाव के भी लगते हैं। लेकिन उत्तर प्रदेश के मुख्यमंत्री अखिलेश यादव से बेहतर कोई नहीं है। राहुल गांधी अपने और अपने परिवार के लिए मेरा आशीर्वाद लेने आए थे जो कि मैंने उन्हें दे दिया। मैं आपको एक बात बताता हूँ, ज्यादा चौंकिएगा मत। अखिलेश के आगे सब बेकार हैं। समझ रहे हैं न?'' एक संत की यह खुली तारीफ़ किसी शख्स की नहीं है, बल्कि यह एक विकासवादी सोच की तारीफ है। दरअसल बी.जे.पी. ने अयोध्या, काशी और मथुरा के जरिए हिंदू भावनाओं को भड़काने की कोशिश की, लेकिन जनता इसे समझ गई। आम तौर पर देखा जाए तो अयोध्या, काशी और मथुरा का हिंदू-मुसलिम जनमानस शांति प्रिय और मिल-जुलकर रहने में भरोसा रखता है। विकास हिंदू-मुसलिम सबकी चाहत है और अखिलेश यादव ने उनकी यह चाहत पूरी की है। अयोध्या की ही तरह कृष्ण की नगरी मथुरा में भी घाटों का सुंदरीकरण हो चुका है। इससे पहले किसी भी सरकार ने कृष्ण की नगरी की सुध नहीं ली थी। मथुरा में सालों भर लाखों लोग आते हैं, लेकिन यहाँ के घाटों की दशा बहुत ही खराब थी। सिर्फ एक पक्का घाट था, बाकी चार कच्चे घाट थे। घाटों की दशा देखकर श्रद्धालुओं और सैलानियों का मन खट्टा हो जाता था। अब समाजवादी सरकार की योजनाओं से यहाँ के घाटों की तसवीर बदल चुकी है। अब यमुना नदी को साफ रखने के लिए भी नाले को मोड़कर गंदा पानी नदी में गिरने से रोकने की योजना पर काम चल रहा है।

प्रधानमंत्री नरेंद्र मोदी ने काशी को अपना संसदीय क्षेत्र बनाया। काशी के विकास के लंबे-चौड़े वादे किए, लेकिन यहाँ असल में विकास कार्य समाजवादी पार्टी की सरकार की वजह से हो रहे हैं। अखिलेश यादव यहाँ के ऐतिहासिक महान घाटों को उनका पुराना वैभव दिलाने के लिए दृढ संकल्प हैं। उन्हीं की पहल से वाराणसी में सुबहे बनारस का आयोजन शुरू हुआ। घाटों की सफाई हुई। गंगा की सफाई के लिए भी आधुनिक मशीनें मँगाई गईं। उन्होंने सिर्फ गंगा की सफाई पर ही ध्यान नहीं दिया, बल्कि उनका खासा जोर गंगा की छोटी-छोटी सहायक नदियों को फिर से जिंदा करने और उनकी

सफाई पर है। नाले में तब्दील बन चुकी वरुणा नदी को साफ कराया। इससे लगभग मर चुकी वरुणा फिर से जिंदा हो उठी। दिल और दिमाग से पर्यावरणविद अखिलेश यादव यह अच्छी तरह समझते हैं कि सहायक नदियों को साफ-सुथरा किए बिना भारत की महान् नदी गंगा को उसका पुराना वैभव नहीं दिलाया जा सकेगा।

पर्यावरण प्रेमी अखिलेश यादव नदियों की सफाई पर बहुत जोर देते हैं। सिर्फ गंगा, यमुना और सरयू ही नहीं, उत्तर प्रदेश में बहने वाली छोटी-बड़ी हर नदी की सफाई उनका मकसद है। मुख्यमंत्री बनने से पहले भी लखनऊ में अकसर समाजवादी पार्टी कार्यकर्ताओं की बैठक में वे गोमती नदी की दुर्दशा की चर्चा करते थे। कार्यकर्ताओं से बातचीत में भी गोमती नदी को साफ-सुथरा रखने के उपाय सुझाते थे। समाजवादी पार्टी-कार्यकर्ताओं को नदियों की साफ सफाई और नदियों के किनारे वृक्षारोपण की भी सलाह दिया करते थे। कार्यकर्ताओं ने कई बार गोमती नदी की सफाई का अभियान भी चलाया। वृक्षारोपण भी किया। दरअसल अखिलेश यादव ने जब पहली बार टेम्स नदी देखी थी, तभी उनके मन में गोमती के रिवर फ्रंट को टेम्स की तर्ज पर विकसित करने का विचार बन गया था। मुख्यमंत्री बनने पर उन्होंने इस योजना को मूर्त रूप दिया। गोमती नदी के किनारे रिवर फ्रंट बनाए। बड़ी संख्या में पेड़ लगाए। अब हालत यह है कि जिस गोमती नदी के किनारे पहुँचने पर लोग नाक पर कपड़ा रख लिया करते थे, अब उसके रिवर फ्रंट पर पिकनिक मनाने पहुँचते हैं। गोमती का रिवर फ्रंट सुबह और शाम दोनों वक्त गुलजार रहता है। लखनऊ के बीचोंबीच बहने वाली गोमती नदी की कभी भी किसी सरकार ने सुध नहीं ली थी, लेकिन अखिलेश यादव ने नाला बन चुकी गोमती को फिर से जीवन दे दिया। अब तो हाल यह है कि 31 दिसंबर की रात नए साल का खैरमकदम करने के लिए हजारों युवा गोमती नदी के किनारे इकट्ठा होते हैं। धीरे-धीरे ये आयोजन बड़ा ही होता जा रहा है।

प्रदेश के विकास में अखिलेश यादव का सबसे बड़ा योगदान सड़क परिवहन के क्षेत्र में है। जब वे उत्तर प्रदेश के मुख्यमंत्री बने तो पूरे प्रदेश में सड़कों का बुरा हाल था। स्टेट हाईवे की दशा बहुत ही खराब थी। एक शहर से दूसरे शहर की दूरी तय करने में घंटों लग जाते थे। उन्होंने हालात बदलने का फैसला लिया। वे जानते थे कि बिना सड़कों के राज्य को विकास की पटरी पर नहीं लाया जा सकता। सड़कों के मामले में वे अमेरिकी मॉडल से बहुत प्रभावित हैं। सड़कों का जिक्र होने पर अमेरिकी मॉडल का उदाहरण जरूर देते हैं। वे कहते हैं कि अमेरिका ने पहले सड़क बनाए और फिर सड़कों ने अमेरिका को बनाया। दरअसल अमेरिका ने सबसे पहले पूरे देश में सड़कों का जाल बिछाया। उन्हीं सड़कों पर दौड़ती अर्थव्यवस्था की वजह से अमेरिका में तरक्की और खुशहाली आई। इसी की बदौलत अमेरिका दुनिया में महाशक्ति का दर्जा हासिल

कर सका। तरक्की और खुशहाली के लिए अखिलेश यादव ने भी प्रदेश में सड़कों का जाल बिछाने का बीड़ा उठाया और इसे पूरा कर दिखाया। उन्होंने चौड़ी और फोर लेन सड़कों से सिर्फ शहरों को ही जोड़ने का काम नहीं किया, बल्कि गाँवों को भी मुख्य सड़कों से जोड़ दिया। अखिलेश यादव सड़कों के जरिए अमीर और गरीब की खाई पाटने में लगे हैं। वे अकसर कहते हैं, "अच्छी सड़कें अपने साथ समृद्धि लेकर आती हैं।" सड़कों का जाल बिछने से उसके आस-पास बसे इलाकों में आर्थिक समृद्धि आती है। अच्छी सड़कों की वजह से उत्तर प्रदेश की अर्थव्यवस्था में तेजी से बढ़ोतरी हुई है। किसानों की बाजार तक और व्यापारियों की किसान तक पहुँच आसान हुई है। मुख्यमंत्री अकसर किसी मशहूर अर्थशास्त्री का एक कोट दोहराते हैं। वे कहते हैं, "डबल द स्पीड, ट्रिपल द इकोनॉमी।" उत्तर प्रदेश में अच्छी सड़कों का जाल बिछाकर उन्होंने उत्तर प्रदेश के विकास की गाड़ी को टॉप गियर में डाल दिया है। आलम यह है कि उत्तर प्रदेश के 60 से ज्यादा जिले फोरलेन से जुड़ चुके हैं। ज्यादातर गाँवों में पक्की सड़क है। आज हालत यह है कि गाँव-गाँव सड़कों का जाल बिछ गया है। इस पर बैलगाड़ी से लेकर बड़ी-बड़ी गाड़ियाँ तक फर्राटा भर रही हैं। टूटी-फूटी सड़कें अब अतीत का हिस्सा बन चुकी हैं।

उत्तर प्रदेश को एक कोने से दूसरे कोने तक जोड़ने के लिए आगरा से लखनऊ एक्सप्रेसवे का रिकॉर्ड 22 महीनों में निर्माण कराया। आगरा-लखनऊ एक्सप्रेस वे समाजवादी सरकार की बहुत बड़ी उपलब्धि है। एक्सप्रेसवे जिन इलाकों से गुजरती है कि वे इलाके आने वाले पाँच सालों में आर्थिक समृद्धि से चमक उठेंगे। 110 मीटर चौड़े और 302 किलोमीटर लंबे छह लेन वाले एक्सप्रेसवे की आधारशिला नेताजी ने रखी थी। शिलान्यास के वक्त उन्होंने कहा था कि सड़क 36 महीनों में बनकर तैयार हो जानी चाहिए। अखिलेश यादव ने खुद एक्सप्रेस वे के कार्य की नियमित तौर पर निगरानी की। इसी की बदौलत यह सड़क रिकॉर्ड 22 महीनों में बनकर तैयार हो गई। यह कमाल तब हुआ जबकि एक्सप्रेसवे के लिए केंद्र सरकार से किसी तरह की कोई आर्थिक मदद नहीं ली गई। उत्तर प्रदेश सरकार ने इसे बनाने में करीब सोलह हजार करोड़ रुपए राज्य के बजट से खर्च किए। इस योजना की सबसे बड़ी उपलब्धि यह है कि सड़क बनकर तैयार हो गई, लेकिन कहीं से भी विरोध की एक भी आवाज नहीं उठी। ढेर सारी जमीन का अधिग्रहण हुआ, लेकिन अधिग्रहण पूरा करने के लिए पुलिस को डंडा चलाने तक की नौबत नहीं आई। किसानों ने खुशी-खुशी अपनी जमीनें इस योजना के लिए दे दीं, जबकि मायावती सरकार के वक्त में बनी यमुना एक्सप्रेसवे जहाँ-जहाँ से गुजरती थी, वहाँ-वहाँ इसके निर्माण के दौरान विरोध में आंदोलन हुए। लाठियाँ चलीं। मुआवजे की आस में आंदोलन करने वाले किसान पुलिस की गोलियों

से मारे गए, लेकिन आगरा-लखनऊ एक्सप्रेसवे में सारी जमीन का अधिग्रहण बहुत ही शांतिपूर्ण तरीके से हुआ। अखिलेश सरकार ने किसानों को इतना बढ़िया मुआवजा दिया कि सबने खुशी-खुशी अपनी जमीन एक्सप्रेसवे के लिए दे दी।

आने वाले सालों में इस एक्सप्रेसवे की वजह से करीब एक दर्जन जिलों की तसवीर बदल जाएगी। आगरा में एक्सप्रेसवे रिंग रोड के जरिए यमुना एक्सप्रेसवे से जुड़ जाती है। इस वजह से आगरा लखनऊ एक्सप्रेसवे के किनारे बसे इलाकों के किसानों और छोटे व्यापारियों की दिल्ली और लखनऊ के बड़े बाजारों तक सीधी, आसान और तीव्र पहुँच हो गई है। विकास के जानकार इसे लैपटॉप वितरण के बाद अखिलेश सरकार की दूसरी सबसे बड़ी परियोजना मानते हैं। एक्सप्रेस वे को जल्द बनाने के लिए भारत की पाँच नामी कंपनियों को इसका काम सौंपा गया। अखिलेश यादव ने पूरे प्रदेश में सड़कों की दशा में आमूलचूल बदलाव ला दिया। यह जरूर है कि उत्तर प्रदेश में नेशनल हाईवे की दशा खराब है। उत्तर प्रदेश की करीब 4700 किलोमीटर नेशनल हाईवे की निगरानी राष्ट्रीय राजमार्ग प्राधिकरण खुद करता है, जबकि 3000 किलोमीटर नेशनल हाईवे के रखरखाव का जिम्मा राज्य सरकार के हवाले है, लेकिन 3000 किलोमीटर सड़कों के रखरखाव के लिए हर साल सिर्फ 70 करोड़ रुपए दिए जाते हैं। इस वजह से राज्य की सड़कों के मुकाबले केंद्र सरकार के अधिकार क्षेत्र में आने वाली सड़कों की दशा खराब है। हालाँकि राज्य सरकार ने लगातार केंद्र सरकार से बातचीत कर रखरखाव का खर्च बढ़ाने की माँग की। राज्य सरकार ने तो यहाँ तक कहा कि अगर केंद्र सरकार इन सड़कों की दशा सुधार नहीं सकता तो लिखकर दे दे। राज्य सरकार अपने बजट से इसे सुधार देगी।

सड़क के साथ समाजवादी पार्टी की सरकार ने प्रदेश को एक और बड़ी सौगात दी। यह है बिजली की सौगात। अखिलेश यादव ने जब प्रदेश की कमान सँभाली तो पूरे प्रदेश में बिजली की दशा बहुत ही खराब थी। गाँवों को छोड़िए, शहरों तक में बिजली दो-चार घंटे रहा करती थी। बिजली की समस्या दूर करने के लिए सबसे पहले वे इसके मूल में गए। जब उन्होंने अफसरों के साथ बैठक में बिजली की समस्या पर चर्चा शुरू की तो यह जानकर हैरान रह गए कि उत्तर प्रदेश में 65 सालों में बिजली के ट्रांसमिशन लाइन पर तो काम ही नहीं किया गया। जब ट्रांसमिशन लाइन ही नहीं है तो बिजली कहाँ से पहुँचेगी, यानी चाहते हुए भी गाँवों को दो-चार घंटे से ज्यादा बिजली नहीं दे सकते थे। उन्होंने सबसे ज्यादा जोर ट्रांसमिशन लाइन बनाने पर दिया। एक झटके में बिजली का बजट छह हजार करोड़ से बढ़ाकर 66 हजार करोड़ कर दिया। प्रदेश भर में नए बिजली घर खोले गए। बिजली उत्पादन बढ़ाया गया। इसमें निजी क्षेत्र का भी सहयोग लिया गया। नतीजा यह हुआ कि राज्य में बिजली के उत्पादन में 4000

मेगावाट की बढ़ोतरी हुई। प्रदेश में माँग से ज्यादा बिजली की उपलब्धता सुनिश्चित की। उत्पादन बढ़ा तो गाँवों और शहरों को ज्यादा बिजली मिलने लगी। लखनऊ समेत छह बड़े शहरों और सात धार्मिक शहरों में 22 से 24 घंटे बिजली आपूर्ति तय की गई। गाँवों में भी आपूर्ति 10 घंटे से बढ़ाकर 14 घंटे की गई।

अब किसानों के लिए बिजली की अलग लाइनें बनाई जा रही हैं। बागपत, मुजफ्फरनगर और शामली में योजना कायमाबी के साथ लागू की गई है। धीरे-धीरे किसानों के लिए अलग लाइन की व्यवस्था पूरे प्रदेश में लागू की जानी है। इस योजना के लिए 7000 करोड़ रुपए का प्रस्ताव रखा गया। अखिलेश सरकार ने न सिर्फ बिजली की भरपूर व्यवस्था की, बल्कि बिजली की निगरानी के लिए भी शानदार तंत्र बनाया। बिजली से संबंधित शिकायतों के लिए टोल फ्री नंबर शुरू कराए। टोल फ्री नंबर पर 24 घंटे फोन किया जा सकता है। अखिलेश यादव खुद भी गाहे-बगाहे सरकार की व्यवस्था की औचक चेकिंग करते रहते हैं। एक बार उन्होंने मुख्य सचिव के सामने ही इस व्यवस्था की औचक जाँच की थी। बूथ पर फोन लगाया। खुद को एक गाँव का किसान बताया और शिकायत दर्ज कराई कि उनके गाँव में बिजली नहीं आ रही है। शिकायत सुनने वाले ने फौरन समस्या का समाधान किया और बताया कि उनके गाँव में बिजली आ रही है। अखिलेश यादव ने राज्य की बिजली की दशा में आमूलचूल बदलाव ला दिया। अब शहरों को छोड़िए, गाँवों में भरपूर बिजली रहती है। लेकिन वे इसे पर्याप्त नहीं मानते हैं। उनकी सोच है कि जब तक गाँवों को 24 घंटे बिजली न मिले, तब तक इसे कामयाबी नहीं मानेंगे। लेकिन सच यही है कि अखिलेश यादव ने उत्तर प्रदेश में बिजली की दशा को बदल दिया। अखिलेश सरकार में 2016 के आखिर तक गाँवों में घरेलू इस्तेमाल के लिए 16 घंटे बिजली और किसानों से लिए 22-24 घंटे बिजली आपूर्ति का लक्ष्य रखा है। बिजली की उपलब्धता भी बढ़ाकर 21000 मेगावाट करने का लक्ष्य रखा गया।

अखिलेश सरकार ने बिजली उत्पादन के सिर्फ परंपरागत तरीकों पर ही जोर नहीं दिया, बल्कि गैर परंपरागत स्रोतों से भी बिजली उत्पादन को बढ़ावा दिया है। सौर ऊर्जा ऐसा ही एक गैर परंपरागत स्रोत है। सौर ऊर्जा को बढ़ावा देने के लिए कई योजनाएँ लागू की गईं। पर्यावरण प्रेमी अखिलेश यादव खुद चाहते हैं कि सौर ऊर्जा को ज्यादा-से-ज्यादा बढ़ावा मिले। दूरदराज के इलाकों में जहाँ बिजली पहुँचाने का खर्च ज्यादा और कठिन है, वहाँ सौर ऊर्जा को ज्यादा-से-ज्यादा इस्तेमाल करने की नीति बनाई है। इस योजना के तहत जालौन जिले में एक सौर ऊर्जा संयंत्र स्थापित किया गया है। इस संयंत्र की क्षमता 25000 ग्रामीण घरों में बिजली आपूर्ति की है। सौर ऊर्जा के संयंत्र बनाने में निजी क्षेत्र को भी प्रोत्साहन दिया जा रहा है। सूरजपुर में निजी कंपनी की मदद

से 400 किलोवाट क्षमता का सोलर एनर्जी प्लांट बनाया जा रहा है।

सोलर ऊर्जा से जुड़ा एक रोचक किस्सा है। दिवंगत राष्ट्रपति ए.पी.जे. अब्दुल कलाम साहब अखिलेश सरकार के सोलर एनर्जी को लेकर चलाए जा रहे कार्यक्रमों से बहुत ही प्रभावित रहते थे। एक बार अखिलेश यादव से मुलाकात में उन्होंने पूरे एक गाँव की ऊर्जा खपत का इंतजाम सोलर एनर्जी से करने का सुझाव दिया। अखिलेशजी फौरन इस सुझाव को जमीनी हकीकत देने को तैयार हो गए, लेकिन उन्होंने कलाम साहब से एक वादा लिया कि जब गाँव में सोलर प्लांट लगकर तैयार हो जाएगा तो उसका उद्घाटन खुद कलाम साहब करेंगे। कलाम साहब ने हामी भर दी। प्रदेश सरकार ने इस योजना के लिए कन्नौज के फकीरपुरा और चंदुआहार गाँव चुने। सोलर प्लांट तैयार होने पर 7 जुलाई, 2015 को मुख्यमंत्री अखिलेश यादव के साथ कलाम साहब ने फकीरपुरा गाँव में 250 किलोवाट क्षमता के सोलर पावर प्लांट का उद्घाटन किया। आज इस परियोजना के जरिए दोनों गाँवों के करीब 900 परिवारों को 24 घंटे बिना किसी शुल्क के बिजली मिल रही है। कन्नौज देश का पहला ऐसा जिला बन गया, जहाँ दो गाँवों को 24 घंटे निःशुल्क बिजली मिलती है। उद्घादन कार्यक्रम में कलाम साहब ने सोलर पॉवर प्रोजेक्टों को बढ़ावा देने के लिए अखिलेश यादव की भूरी-भूरी प्रसंशा की।

अखिलेश सरकार ने हर फील्ड में आधारभूत ढाँचे की मजबूती के लिए हरसंभव कदम उठाए हैं। जुडिशियरी भी इससे अछूता नहीं रहा है। लखनऊ में इलाहाबाद हाईकोर्ट बेंच की आधुनिक और भव्य इमारत का निर्माण कराया। करीब 40 एकड़ में फैला यह देश का सबसे खूबसूरत हाईकोर्ट है। इस खूबसूरत बिल्डिंग का नक्शा उन्होंने अपनी देख-रेख में बनवाया। जजों की सुविधा का पूरा खयाल रखा गया। फरियादियों के लिए भी सुविधाओं में कोई कमी नहीं है। हाईकोर्ट की इस इमारत को बनने में करीब तीन साल लगे। इसे बनाने में करीब 1600 करोड़ रुपए का खर्च आया। यहाँ जजों के लिए फिजियोथेरेपी सेंटर है। तीन हजार कारों की पार्किंग की व्यवस्था है। तीन मंजिली इमारत के एक ही परिसर में बैंक, रिजर्वेशन काउंटर, डिस्पेंसरी, पोस्ट ऑफिस, पुलिस स्टेशन, फॉयर ब्रिगेड जैसी सुविधाएँ हैं। इस बिल्डिंग का उद्घाटन देश के तत्कालीन चीफ जस्टिस टी.एस. ठाकुर ने किया। जज, वकील, मुवक्किल सबके लिए सर्वसुविधा संपन्न और शानदार इमारत से जस्टिस ठाकुर भी खासे प्रभावित हुए। उन्होंने कहा कि देश-विदेश में जुडिशियरी की कई सारी बिल्डिंग देखी है, लेकिन ऐसी भव्य इमारत कहीं नहीं देखी। उन्होंने हँसी-मजाक वाले अंदाज में भी बिल्डिंग की तारीफ की। उन्होंने कहा कि मुमकिन नहीं है कि सुप्रीम कोर्ट यहाँ लाया जा सके या फिर इस इमारत को दिल्ली ले जाया जा सके, नहीं तो वे सुप्रीम कोर्ट भी ऐसी ही बिल्डिंग में देखना चाहते हैं। अखिलेश सरकार ने जुडिशियरी में सिर्फ बुनियादी ढाँचे पर ही काम नहीं किया,

बल्कि इसे आधुनिक बनाने की दिशा में भी कई कदम उठाए। इस सरकार ने जुडिशियरी से जुड़ी एक करोड़ फाइलों का डिजिटाइजेशन कराया। चार साल में जुडिशियरी के मद में करीब 2500 करोड़ रुपए खर्च किए।

शिक्षा-स्वास्थ्य और कृषि समाजवादियों के एजेंडे में सबसे ऊपर है। अखिलेश यादव ने सबको सस्ती शिक्षा और सस्ती दवाई देने का प्रबंध किया। उनकी हमेशा से कोशिश रही है कि नागरिकों की स्वास्थ्य चिंता को दूर किया जाए। 'समाजवाद को जमीन पर उतारने वाले मुख्यमंत्री' अध्याय में हम समाजवादी सरकार की 108 योजना के बारे में जानेंगे। इसके अलावा व्यक्तिगत तौर पर भी वे किस तरह से मरीजों की मदद करते हैं, इसका भी जिक्र मुख्यमंत्री अखिलेश अध्याय में है, लेकिन अगर इससे इतर स्वास्थ्य सेवाओं की बात की जाए तो अखिलेश सरकार ने स्वास्थ्य सेवाओं की सेहत सुधारने के लिए कई कदम उठाए। शायद ही इससे पहले किसी मुख्यमंत्री ने स्वास्थ्य के क्षेत्र में इतने काम किए होंगे। मायावती सरकार को तो स्वास्थ्य के क्षेत्र में बड़े घोटाले के लिए जाना जाता है। पूर्ववर्ती सरकार के विपरीत अखिलेश यादव ने जनता की सेहत को अपनी प्राथमिकता में रखा। उन्होंने जर्जर हो चुकी स्वास्थ्य सेवा को बेहतर बनाया और इसका दायरा हेल्थ एजुकेशन तक ले जाने का काम किया।

2016-17 में मुख्यमंत्री अखिलेश यादव ने 3.46 लाख करोड़ का भारी भरकम बजट पेश किया। बजट में कृषि, शिक्षा और स्वास्थ्य का खास खयाल रखा गया। समाजवादी आंदोलन के महानायक राममनोहर लोहिया ने 'रोटी, कपड़ा सस्ती हो, दवा, पढ़ाई मुफ्ती हो' का नारा दिया था। उत्तर प्रदेश में जब-जब समाजवादी पार्टी की सरकार बनी तो डॉ. लोहिया के इस सपने को साकार करने की दिशा में कई कार्य किए गए। अखिलेश यादव ने चिकित्सा तथा परिवार कल्याण कार्यक्रम को जनता के हित में काम करने वाला बनाया। हजारों छोटे-बड़े सरकारी अस्पतालों की बदौलत मरीजों को बेहतर इलाज की सुविधाएँ मुहैया कराई जा रही हैं। अस्पतालों में एक्सरे, खून की आदि की मुफ्त जाँच होती है। प्रदेश में पहली बार सुपर स्पेशिएलिटी अस्पताल बनाए गए। राष्ट्रीय स्वास्थ्य नीति के मुताबिक कालाजार और फाइलेरिया से 2015 तक जबकि मलेरिया से 2017 तक मुक्त कराने का मकसद तय किया। सभी सरकारी अस्पतालों में आम तौर पर 5 दिन और खास हालातों में 15 दिन की दवाएँ मुफ्त दी जाती हैं। गरीबों का किडनी, लीवर, दिल, कैंसर जैसे गंभीर रोगों का इलाज मुफ्त में शुरू कराया।

इसी कड़ी में सूबे के मंडल मुख्यालयों पर स्थित चिकित्सालयों में किडनी रोगियों के लिए नि:शुल्क डायलिसिस मशीन लगाने का फैसला लिया गया। इससे किडनी के रोगियों को अपने गाँव, कस्बे और शहर से कुछ किलोमीटर की दूरी पर ही डायलिसिस जैसी महँगी चिकित्सा बिना पैसे दिए मिल सकेगी। कैंसर के इलाज के लिए भी राजधानी

लखनऊ में कैंसर इंस्टीट्यूट बनाया जा रहा है। अखिलेश यादव ने स्वास्थ्य को बच्चों से जोड़ा। 14 साल से कम उम्र के छात्र-छात्राओं के सेहत की जाँच के लिए 820 ब्लॉकों में 2 डॉक्टरों और 2 पैरा मेडिकल कर्मचारी की टीम बनाई गई। टीम साल में दो बार हर स्कूल में मेडिकल कैंप लगाकर बच्चों के सेहत की जाँच करती है। इस योजना में आशा, आँगनवाड़ी कार्यकर्ता और ए.एन.एम. गाँव-गाँव घूमकर बच्चों का डाटा बैंक बनाती हैं। बच्चों में आयोडीन, फोलिक एसिड की कमी, आँख आदि की जाँच की जाती है। इसके बाद बच्चों का हेल्थ कार्ड बनाया जाता है। हेल्थ कार्ड की जाँच के बाद नजदीकी स्वास्थ्य केंद्र पर डॉक्टर बीमारी की जाँच करते हैं। जाँच में बीमारी गंभीर पाने पर बच्चे को स्पेशलिस्ट को दिखाया जाता है। फिर भी हालत में सुधार नहीं हुआ तो बड़े अस्पताल भेजा जाता है। इलाज में आनेवाला सारा खर्च सरकार खुद उठाती है। छात्र-छात्राओं में खून की कमी दूर करने के लिए आयरन की गोलियाँ और कृमिनाशक दवाएँ बाँटी जाती हैं। पीने के पानी से होने वाली बीमारियों से भी अखिलेश यादव बहुत चिंतित रहते हैं। उन्होंने प्रदेश भर में साफ पीने के पानी की व्यवस्था के लिए कई उपाय किए हैं। प्रदेश भर में सिर्फ हैंडपंप लगवाने के लिए 1200 करोड़ रुपए दिए गए। हर विधायक के कोटे में करीब 100 हैंडपंप दिए गए हैं। राज्य के खर्च पर यह योजना तब लायी गई, जबकि केंद्र सरकार ने सांसदों के लिए हैंडपंप का कोटा खत्म कर दिया है।

उत्तर प्रदेश को ज्यादा-से-ज्यादा साक्षर बनाने के लिए अखिलेश सरकार ने शिक्षा में कई अहम कदम उठाए हैं। सारक्षता बढ़ाने के लिए प्राथमिक शिक्षा को मजबूत बनाया तो रोजगार देनेवाली उच्च शिक्षा की तसवीर भी बदली है। 'स्वस्थ शरीर में स्वस्थ मस्तिष्क का वास होता है' यह जानते तो सभी हैं, लेकिन अखिलेश यादव ने इसे लागू कर दिखाया है। पहले सरकार ने प्राथमिक स्कूलों में मिड-डे मील में दूध की व्यवस्था की। इसके बाद फल देने का भी इंतजाम किया। प्राथमिक स्कूलों में शिक्षकों की कमी दूर करने के लिए नियुक्तियाँ कीं। स्कूल के भवन के लिए बजट आवंटित किया। माध्यमिक शिक्षा का स्तर सुधारने के लिये भी कई फैसले लिए गए। अमेठी, मैनपुरी और झाँसी में सैनिक स्कूल के लिए 150 करोड़ रुपए का बजट आवंटित किया। यूनिवर्सिटी में रोजगारपरक पाठ्यक्रम शुरू करने पर जोर दिया है। मेडिकल और तकनीकी शिक्षा में खास तौर पर काम किए गए हैं। निजी कॉलेजों के अलावा गवर्नमेंट मेडिकल और इंजीनियरिंग कॉलेज खोले गए हैं। कन्नौज, जालौन, आजमगढ़ और सहारनपुर में नए कॉलेज शुरू हो गए हैं। बिजनौर के नजीबाबाद में भी मेडिकल कॉलेज को मंजूरी दी। जौनपुर में मेडिकल कॉलेज का निर्माण तेजी से हो रहा है। बाँदा और लखनऊ में भी नए मेडिकल कॉलेज खोले गए। अखिलेश यादव के शासनकाल में उत्तर प्रदेश में मेडिकल कॉलेजों की संख्या 16 पहुँच गई है। एम.बी.बी.एस. की सीटें भी खूब बढ़ीं। इसी तरह

से देवीपाटन और बस्ती मंडल में इंजीनियरिंग कॉलेज खोलने की मंजूरी दी है। कौशल विकास को बढ़ाना देने के लिए 1200 कौशल विकास केंद्र खोले गए। इसके अलावा 80 आई.टी.आई. और 21 पॉलिटेक्निक खोले गए। अखिलेश यादव ने उत्तर प्रदेश में शिक्षा के रास्ते तरक्की का द्वार खोल दिया है।

अखिलेश यादव ने उत्तर प्रदेश में पर्यटन को विकास से जोड़ा। पर्यटन को उद्योग का दर्जा दिया। पर्यटन को उद्योग का दर्जा देने की माँग सालों से हो रही थी, लेकिन कई सरकारों ने इसकी अनदेखी की। अखिलेश सरकार के पहले राज्य में पर्यटन हाशिए पर था। कई ऐतिहासिक और धार्मिक नगरी होने की वजह से हर साल उत्तर प्रदेश में बड़ी संख्या में पर्यटक आते थे, लेकिन सुविधा, सुरक्षा जैसी बुनियादी कमियों की वजह से पर्यटक बिदक जाते थे। अखिलेश यादव पर्यटन आधारित अर्थव्यवस्था की ताकत से अच्छी तरह से परिचित थे। उन्होंने पर्यटन नीति पर निजी तौर पर खास ध्यान दिया। 14 फरवरी को उत्तर प्रदेश में पर्यटन दिवस मनाने की शुरुआत हुई। इससे जुड़ा एक रोचक किस्सा है। अखिलेश यादव और उनकी पत्नी डिंपल यादव 2015 में आगरा घूमने गए। दोनों ताजमहल पहुँचे। ताजमहल में जबरदस्त भीड़ थी। इस भीड़ में प्रेमी जोड़े तो थे ही, साथ ही परिवार भी बड़ी संख्या में थे। उस दिन 14 फरवरी थी। उन्होंने पत्नी और बेटे के साथ ताजमहल के सामने तसवीर खिंचवाई और मन में ठान लिया कि प्रेम के दिवस को ही प्रदेश में पर्यटन दिवस के तौर पर मनाना है। नई पर्यटन नीति में पर्यटन को बढ़ावा देने के साथ ज्यादा-से-ज्यादा निवेश आकर्षित करने के लिए कई कदम उठाए गए हैं। आज उत्तर प्रदेश पर्यटकों का प्रमुख गंतव्य बन गया है।

वास्तव में उत्तर प्रदेश में पर्यटन के सच्चे ब्रांड एंबेस्डर अखिलेश यादव खुद हैं। जब भी वे उत्तर प्रदेश के पर्यटन स्थलों पर जाते हैं तो वहाँ तसवीर खिंचवाते हैं। तसवीरों को सोशल मीडिया पर शेयर करते हैं। ताजमहल के सामने डिंपलजी के साथ खिंचाई गई उनकी तसवीर यादगार बन गई है। वे पर्यटन को बढ़ावा देने के लिए बड़े-बड़े कदमों के अलावा छोटे-छोटे कदम भी उठाते हैं और ये कदम कारगर भी होते हैं। इससे जुड़ा एक बहुत ही रोचक किस्सा है। वाकया उस वक्त का है जब वे ताजमहल घूमने गए थे। परिवार के साथ वे ताजमहल के नजदीक मौजूद ताज खेमा होटल गए। यह उत्तर प्रदेश टूरिज्म का होटल है। होटल में सन्नाटा था। ताज महल में भीड़ और होटल में सन्नाटा देखकर वे हैरान थे। उन्होंने होटल के स्टॉफ से बातचीत की तो पता चला कि इस होटल की बजाय सैलानी प्राइवेट होटलों में ठहरना पसंद करते हैं। ऐसा होटल की ब्रांडिंग न होने की वजह से था। उन्होंने वहीं खड़े-खड़े एक ऐसा निर्देश दिया, जिसने होटल की सूरत और सीरत बदल दी। उन्होंने ताजमहल की तर्ज पर होटल ताज खेमा में तसवीर खिंचवाने के लिए लवर्स बेंच लगवाने का आदेश दिया। कुछ ही देर में बेंच

आ गई। इसे होटल में ऐसी जगह लगवाया गया, जहाँ से बैकग्राउंड में ताजमहल दिखे। अखिलेश यादव ने डिंपलजी के साथ इस बेंच पर बैठकर तसवीर खिंचवाई और इसे होटल की ब्रांडिग के लिए हर प्लेटफॉर्म पर इस्तेमाल किया गया। नतीजा यह हुआ कि अब ताज खेमा होटल हर सीजन में पूरी तरह से भरा रहता है।

अखिलेश यादव से पहले मायावती के शासनकाल में उत्तर प्रदेश में सिर्फ पत्थर की मूर्तियाँ लगाने का काम हुआ था। शहरों का विकास ठप पड़ गया था। प्रदेश के बड़े-बड़े शहरों में बुनियादी ढाँचा पूरी तरह से ढहने के कगार पर पहुँच गया था। सत्ता सँभालते के बाद से ही मुख्यमंत्री ने शहरों का बुनियादी ढाँचा सुधारने पर जोर दिया। शहरों के विकास के लिए हजारों करोड़ रुपए खर्च किए। मेरठ, कानपुर, वाराणसी, आगरा जैसे पुराने शहरों में सड़कों की हालत को सुधारा गया। पुराने शहर में अतिक्रमण की वजह से सड़कें संकरी होकर सिर्फ पैदल चलने लायक ही रह गई थीं। सड़कों को अतिक्रमण मुक्त कराकर चौड़ीकरण कराया। फुटपाथ बनवाए। डिवाइडर का निर्माण कराया। ट्रैफिक व्यवस्था सुधारने के लिए चौराहों पर रेड लाइट लगाए गए। प्रमुख बाजारों में सी.सी.टी.वी. लगवाए। अगर उदाहरण की बात करें तो नोएडा का सेक्टर 18 मार्केट पूरी तरह से सी.सी.टी.वी. की निगरानी में है। शहरों में पार्कों का सुंदरीकरण कराया। पुराने लखनऊ की दशा सुधारने पर खास ध्यान दिया। पर्यावरण प्रेमी अखिलेश यादव ने शहरों में पेड़ लगवाए, ताकि बढ़ते प्रदूषण पर रोकथाम लगाई जा सके और लोगों के लिए स्वच्छ हवा का इंतजाम किया जा सके। इसका नतीजा यह हुआ कि आगरा, वाराणसी, कानपुर जैसे शहर की भीड़ भरी सूरत अब खूबसूरती में बदल गई। ऐसा नहीं है कि अखिलेश सरकार ने सिर्फ शहरों की सूरत बदलने पर ही जोर दिया। इस सरकार ने छोटे शहरों और कस्बों की सूरत और सीरत भी बदल डाली। नगरपालिका और नगर परिषद् को योजनाओं के लिए इतना पैसा इससे पहले कभी नहीं मिला। प्रधानमंत्री नरेंद्र मोदी की स्मार्ट सिटी कब बनेगी इसका पता नहीं, लेकिन अखिलेश ने जरूर उत्तर प्रदेश के शहरों की दशा को बदल कर रख दिया।

अखिलेश यादव उत्तर प्रदेश के शहरों को स्मार्ट परिवहन देना चाहते हैं। तेज और आरामदायक सफर उनका मकसद है। इसी के मद्देनजर उत्तर प्रदेश के कई शहरों में मेट्रो ट्रेन की परियोजना लॉन्च की गई। राजधानी लखनऊ में 2016 के आखिर तक मेट्रो ट्रेन चलाने का लक्ष्य निर्धारित किया गया। हर प्रमुख परियोजना की तरह वे खुद लखनऊ मेट्रो परियोजना की प्रगति की समय-समय पर समीक्षा करते रहते हैं। यह उनकी कड़ी देख-रेख और काम को वक्त पर खत्म करने की पाबंदी ही है कि परियोजना तय वक्त से देर नहीं हुई। लखनऊ मेट्रो में इस पर उनका खासा जोर था कि सफर दुनिया की किसी भी मेट्रो से कमतर न हो। मेट्रो लखनऊ शहर को जाम से निजात तो दिलाएगी ही, साथ

ही शहर में पर्यावरण का स्तर भी बढ़िया होगा। मेट्रो के निर्माण में जिस तरह से शहर के यातायात को बिना बाधित किए काम किया गया वह काबिले तारीफ है। अखिलेश सरकार ने मेट्रो के निर्माण में विश्वस्तरीय मानकों के पालन का खास खयाल रखा। इसी वजह से अभी मेट्रो पूरी तरह से बनकर तैयार भी नहीं हुई थी कि इसे 'एक्सलेंस इन इनोवेटिव डिजाइन' का पुरस्कार मिल गया। अखिलेश यादव की वजह से नोएडा-ग्रेटर नोएडा को दिल्ली मेट्रो से जोड़ा जा सका। गाजियाबाद और नोएडा में मेट्रो का विस्तार लगातार हो रहा है। इसके अलावा यह आगरा, मेरठ, कानपुर और वाराणसी में भी मेट्रो परियोजना को मंजूरी मिली है। ये सब ऐसी परियोजनाएँ हैं, जिनका समाजवादी पार्टी के घोषणा पत्र में कहीं दूर-दूर तक जिक्र नहीं है।

अखिलेश सरकार की विकास योजनाओं से उत्तर प्रदेश में निवेश का माहौल बना। तेजी से उद्योग-धंधे स्थापित हुए। उद्योगों की स्थापना आसान हुई। वर्ल्ड बैंक की एक रिपोर्ट में भी इसका जिक्र हुआ कि प्रदेश में उद्योग या कारोबार करना पहले की तुलना में आसान हुआ है। यह अखिलेश सरकार की बड़ी उपलब्धि है। वे मायावती के दौर में चरम पर पहुँच गए 'इंस्पेक्टर राज' पर लगाम लगाने में सफल रहे। खुद मुख्यमंत्री ने राज्य में निवेश बढ़ाने के लिए विदेशों के दौरे किए। देश के प्रमुख शहरों में निवेश को आकर्षित करने के लिए कार्यक्रम किए गए। निवेश मित्र योजना को लागू किया। प्रदेश में निवेश की नीतियों को आसान बनाया। अखिलेश यादव की नीतियों और नीयत की वजह से उत्तर प्रदेश खुद पर से बीमारू का ठप्पा हटाने में कामयाब रहा। चार सालों में डेढ़ लाख से ज्यादा उद्योगों की स्थापना हुई और राज्य में हजारों करोड़ का निवेश हुआ। भारी निवेश की वजह से रोजगार के मौके भी बने। सीधे तौर पर करीब 13 लाख और अप्रत्यक्ष तौर पर करीब तीन लाख लोगों को उद्योग लगने से रोजगार मिला। आज हालत यह है कि प्रदेश की कारोबारी मित्र नीतियों की वजह से देश-विदेश के बड़े-बड़े उद्यमी यहाँ निवेश के लिए उत्सुक और उतावले हैं। चार सालों में देश की कई नामी कंपनियों ने उत्तर प्रदेश में निवेश किया है। यहाँ तक कि वाराणसी के आस-पास के इलाकों में हो रहे निवेश भी राज्य सरकार की निवेश हितकारी योजनाओं की वजह से ही मुमकिन हो पाए हैं। राज्य में निवेश की नीतियों की विदेशी एजेंसियाँ तारीफ कर रही हैं। वर्ल्ड बैंक के 2015 के एक अध्ययन में उत्तर प्रदेश उत्तर भारतीय राज्यों में पहले नंबर पर रहा।

राज्य में निवेश बढ़ाने के लिए प्रमुख औद्योगिक क्षेत्रों रामनगर (वाराणसी), अमौसी (लखनऊ), सूरजपुर (गौतमबुद्धनगर) और साहिबाबाद (गाजियाबाद) को शो-केस इंडस्ट्रियल मॉडल के रूप में विकसित किया जा रहा है। आनेवाले दिनों में निवेश में और भी इजाफा देखने को मिलेगा। पी.पी.पी. मोड निवेश के मामले में तो

उत्तर प्रदेश ने महाराष्ट्र, गुजरात जैसे राज्यों को पीछे छोड़ दिया है। एसोचैम की एक रिपोर्ट के मुताबिक पी.पी.पी. मोड के तहत निवेश का आँकड़ा 2015 में एक लाख करोड़ के पार चला गया था। पूरे देश की बात करें तो अकेले उत्तर प्रदेश में पी.पी.पी. मॉडल में निवेश करीब 15 फीसदी रहा। दरअसल उत्तर प्रदेश सरकार ने निवेश की नीतियाँ आसान तो बनाई ही साथ ही राज्य में बुनियादी ढाँचे का भी जमकर विकास किया। इस वजह से निवेशकों का उत्साह उत्तर प्रदेश में बढ़ा।

उत्तर प्रदेश को विकास के रास्ते पर ले जाने के लिए अखिलेश यादव को विकास पुरुष का खिताब मिला है। देश के सबसे युवा मुख्यमंत्री ने इस बात का खास खयाल रखा है कि विकास की योजनाएँ पटरी पर चलती रहें और उनकी सरकार पर भ्रष्टाचार के दाग भी न लगने पाए। हालाँकि सियासत में एक कहावत है कि जहाँ विकास के काम होंगे, वहाँ भ्रष्टाचार भी होगा, लेकिन अखिलेश यादव ने कड़ी निगरानी के जरिए सियासत की इस कहावत को झुठला दिया। बतौर मुख्यमंत्री वे पहले ही दिन से विकास के रास्ते पर चले। तमाम कठिनाइयों के बीच वे विकास के पथ से डिगे नहीं हैं। विकास कार्यों की ही वजह से जनता के बीच उनकी बेदाग और कर्मठ विकास पुरुष की छवि बनी है। विकास के मोरचे पर अखिलेश सरकार के कार्यों से जनता का उत्साह बढ़ा। उत्तर प्रदेश सरकार की केंद्र की मदद से चलने वाली योजनाओं को केंद्र सरकार से पूरी तरह से मदद कभी भी नहीं मिल पाई। चाहे केंद्र में यू.पी.ए. की सरकार रही हो या फिर एन.डी.ए. की सरकार। लेकिन युवा मुख्यमंत्री ने कभी भी विकास योजनाओं में धन की कमी आड़े नहीं आने दी। राज्यों के संसाधनों का बेहतर इस्तेमाल करते हुए विकास के पथ पर लगाकर आगे बढ़ते रहे। अखिलेश यादव ने विकास का मॉडल लागू करके कथनी को करनी में बदल दिया।

□

अध्याय 17

पर्यावरण प्रेमी

प्रकृति और पर्यावरण प्रेम अखिलेश यादव के दिल में बसता है। सिडनी में पढ़ाई के दौरान जब भी वे नहरों के किनारे घूमने जाते तो वहाँ लगे पेड़-पौधों और फूलों को देखकर आनंदित होते। वे सोचते कि काश अपने देश भारत में भी ऐसे ही होता। वे भारत में उसी तरह के माहौल के सपने बुनने लगते। सोचा करते थे कि देश में इस तरह का सुंदर माहौल कैसे बना पाएँगे। वक्त बीतने के साथ यह सोच उनके दिल और दिमाग में बैठ गई। हालाँकि प्रकृति और जैव विविधता के प्रति उनका लगाव बचपन से ही है। छठी कक्षा में उनका दाखिला धौलपुर मिलिटरी स्कूल में हुआ। जब पहली बार वे घर से धौलपुर स्कूल के लिए जा रहे थे, तो साथ में एक पौधा लेकर गए। जिस अंबेसडर कार से वह धौलपुर जा रहे थे उसी की डिक्की में पौधा, खुरपी और जग रखा था। आगरा शहर से निकलने के बाद एक जगह उन्होंने कार रुकवाई। सड़क किनारे गड्ढा खोदा और उसमें पौधा लगा दिया। जग से पानी डाला। उस दिन हलकी बरसात हुई थी। बाद में सड़क किनारे पौधे लगाना उनका नियम बन गया। हर छुट्टियों में सैफई से वापस धौलपुर स्कूल जाते वक्त वे पौधे जरूर लगाते थे। जब छुट्टियाँ बिताकर वापस धौलपुर स्कूल के लिए निकलते तो कार की डिक्की में पौधे रख लेते। रास्ते में पौधे लगाते और सींचते आगे बढ़ जाते। कई बार स्कूल में भी साथियों को पौधे बाँटते और उन्हें पौधे लगाने के लिए प्रोत्साहित करते थे। मिलिटरी स्कूल के मैदान और आस-पास उन्होंने खूब पेड़ लगाए। पर्यावरण प्रेम की वजह से वे स्कूल में 'पौधे वाला' के नाम से मशहूर थे। कुछ दोस्त उन्हें 'पर्यावरण प्रेमी' कहकर बुलाते थे। स्कूल की लाइब्रेरी में जहाँ सहपाठी किस्से-कहानियों की किताबें पढ़ते थे, अखिलेश यादव पेड़-पौधे, प्रकृति और पर्यावरण से जुड़ी किताबें पढ़ते। उनका पर्यावरण प्रेम वक्त के साथ बढ़ता ही गया। स्कूल के जिस हॉस्टल में

वे रहते, वहाँ कमरे के बाहर दो दर्जन से ज्यादा पौधे गमलों में लगा रखे थे। सुबह उठने के बाद पौधों को पानी देना और उनकी देख-रेख करना उनका पहला काम होता था। स्कूल में होने वाली बाल सभाओं में वे पेड़-पौधे, प्रकृति और पर्यावरण से संबंधित मुद्दों पर स्पीच देते थे। स्कूल में उनका नारा होता था, 'पेड़ लगाओ, जीवन बचाओ।' स्कूल के ही दिनों से अखिलेश की पर्यावरण को लेकर समझ बड़ी थी, वे साथियों से कहा करते थे कि पेड़ नहीं रहेगा तो इनसान भी नहीं रहेगा।

नेताजी ने एक बार प्रिंसिपल से पूछा कि उनका बेटा शरारत तो नहीं करता। इस पर प्रिंसिपल ने कहा, "उसके पास शरारत करने का वक्त ही कहाँ बचता है?" प्रिंसिपल ने नेताजी को बताया कि आपका बेटा स्कूल में पढ़ाई करता है। शाम को खेल के मैदान में खेलता है। इन सबसे वक्त बचता है तो पेड़-पौधे लगाता है या फिर उनकी देख-भाल करता है। पढ़ाई, खेल, पेड़-पौधे लगाने और उनकी देख-रेख के बाद अखिलेश यादव पास दूसरे काम के लिए फुरसत ही नहीं होती। प्रिंसिपल ने अखिलेश यादव के की तारीफ करते हुए कहा कि पेड़-पौधे लगाकर वह बहुत नेक काम कर रहा है। वह जो कर रहा है उसके लिए हमें उसे और प्रेरित करना चाहिए। यह सिर्फ कहने की बात नहीं थी। प्रिंसिपल और स्कूल के सहपाठियों ने अखिलेश यादव से प्रेरणा ली भी। ये तब की बात है जब उनकी सैनिक स्कूल की पढ़ाई पूरी होनेवाली थी, स्कूल में उनकी क्लास का विदाई समारोह आयोजित किया गया था। उस वक्त स्कूल के प्रिंसिपल, शिक्षकों और बारहवीं के छात्रों ने संकल्प लिया कि वे हर साल कम-से-कम पाँच पौधे लगाएँगे। विदाई समारोह में प्रिंसिपल ने पर्यावरण प्रेमी छात्र की खूब तारीफ की। उन्होंने कहा, "अखिलेश ने हम लोगों को राह दिखाई है। हमें उस राह पर चलना है। धरती और इनसान को तबाही से बचाने के लिए हमें पेड़-पौधे लगाने होंगे।" 12वीं पास होने के बाद अखिलेश यादव जिस दिन सर्टिफिकेट लेने स्कूल गए थे, उस दिन भी उन्होंने स्कूल में एक पौधा लगाया था।

आगे की पढ़ाई के लिए उन्होंने जिस विषय को चुना उससे सहपाठी हैरान रह गए थे। दोस्त अखिलेश यादव को पर्यावरण प्रेमी के तौर पर जानते समझते थे। लेकिन उन्हें ये जानकर हैरानी के साथ खुशी भी हुई कि उनके पर्यावरण प्रेमी दोस्त ने पर्यावरण विज्ञान में बीटेक करने का फैसला किया। हालाँकि कॅरियर को लेकर ज्यादा ही संजीदा उनके कुछ दोस्तों ने उन्हें अपने फैसले पर फिर से विचार करने को कहा। उस वक्त आई.टी. का बड़ा जोर था। अखिलेश यादव टेक सेवी भी थे, लेकिन आई.टी. के दौर में एनवॉयरमेंट साइंस का चयन कुछ दोस्तों को अटपटा लग रहा था। नेताजी बेटे के पर्यावरण प्रेम से अच्छी तरह से परिचित थे। उन्हें बेटे के फैसले

पर पूरा भरोसा था। जब अखिलेश यादव ने नेताजी से एनवॉयरमेंट साइंस में पढ़ाई की इच्छा जताई तो पिता ने भी बेटे के फैसले पर अपनी सहमति की मुहर लगा दी।

अखिलेश यादव ने मैसूर इंजीनियरिंग कॉलेज में एनवायरमेंट साइंस के बीटेक पाठ्यक्रम में दाखिला लिया। वहाँ भी उन्होंने पेड़-पौधे लगाने का काम जारी रखा। उनके इस नेक काम में दोस्त भी मदद करते थे। वे कॉलेज कैंपस और उसके अगल-बगल की खाली जमीन पर पेड़-पौधे लगाते थे। वे जो पौधे लगाते थे, उनमें अगले एक हफ्ते तक पानी डालते थे। कॉलेज शहर से दूर था। उनके पास एक जिप्सी हुआ करती थी। बारिश के दिनों में जिप्सी लेकर नर्सरी जाते। वहाँ से पौधे खरीदते थे। कुछ पौधे सड़क किनारे लगाते हुए लौटते। बाकी बचे पौधे लेकर कॉलेज आते और उन्हें खाली जगह पर लगाते। सहपाठियों और दोस्तों की भी इस काम में रुचि से उनका उत्साह और बढ़ गया। उन दिनों जब अखिलेश यादव सड़क किनारे पेड़-पौधे लगा रहे होते तो वहाँ से गुजर रहे लोग कौतूहलवश उन्हें देखते। जब उनकी समझ में सारा वाकया आता तो मुसकराकर आगे बढ़ जाते थे। एक बार वे छुट्टियों में मैसूर से लखनऊ आए थे। घर में बैठे थे। अचानक उनके दिमाग में न जाने क्या सूझा। गाड़ी निकलवाई और दो-तीन लोगों को साथ लेकर नर्सरी पहुँच गए। वहाँ से एक हजार पौधे खरीदे। इन पौधों में से कुछ पौधे सबसे पहले घर के लॉन में लगाए। उसके बाद पौधे लेकर समाजवादी पार्टी के कार्यालय पहुँच गए। वहाँ वृक्षारोपण में जुट गए। अखिलेश यादव को पौधे लगाते देखकर पार्टी ऑफिस में मौजूद कई कार्यकर्ता भी मदद में जुट गए। इसके बाद उन्होंने लोहिया ट्रस्ट के ऑफिस में पौधे लगाए। तीनों जगह पौधे लगाने के बाद भी कुछ पौधे बच गए। इन पौधों को सड़क किनारे खाली पड़ी जमीन पर लगा दिए।

मैसूर और सिडनी में पढ़ाई के दिनों में अखिलेश यादव सीधे लखनऊ आते थे। जब कभी वे लखनऊ से इटावा जाते तो गाड़ी में पौधे, कुदाल और खुरपी रखते थे। रास्ते में वे जगह-जगह पेड़ लगाते हुए सैफई की तरफ बढ़ते थे। इसकी वजह से लखनऊ से इटावा पहुँचने में उन्हें पूरा दिन लग जाता था। सैफई में भी उनका ज्यादातर वक्त पेड़-पौधों के बारे में जानने-समझने में बीतता। सैफई और इटावा की नर्सरियों में जाकर उनके मालिकों से मिलकर पौधों के बारे में जानकारी हासिल करते थे। गाँव में रहते तो सुबह खेतों पर पहुँच जाते थे। वहाँ काम कर रहे मजदूरों के साथ खुद भी खेती किसानी में जुट जाते। वे गाँव के किसानों को खेती की नई तकनीकों के इस्तेमाल की सलाह भी देते थे।

अखिलेश यादव के भतीजे तेज प्रताप यादव ने बचपन से ही चाचा का पेड़ों

और पर्यावरण के प्रति लगाव देखा है। मैनपुरी से सांसद बन चुके तेज प्रताप बताते हैं, "चाचा प्रकृति से बहुत प्यार करते हैं। जब पढ़ाई के दौरान वे गाँव आते तो दोस्तों को साथ लेकर निकल जाते। आस-पास के इलाके से उन्होंने पारिजात के पेड़ खोज निकाले। कल्पवृक्ष के नाम से मशहूर इन पारिजात पेड़ों की कलम नर्सरी में लगवाते और जब ये कलम पौधे का रूप ले लेते तो इन्हें सैफई और आस-पास के इलाकों में लगवाते। जब चाचा दोस्तों के साथ पेड़ लगाया करते तो हम बच्चे भी उन्हें कौतुहल से देखा करते थे। हमें भी खूब मजा आता था। हम दौड़कर पौधों में डालने के लिए पानी ले आते।" सैफई में अखिलेश यादव के निजी सचिव के तौर पर काम कर रहे विजय यादव भी अखिलेश भैया के पर्यावरण प्रेम से बखूबी परिचित हैं। वे बताते हैं, "सैफई और आस-पास के इलाकों में जितने भी पेड़ लगे, उन्हें खुद भैया ने चुना है। मुख्यमंत्री बनने के बाद भी भैया की रुचि कम नहीं हुई है। अब भी सैफई में कोई पौधा लगने से पहले भैया से ही पूछा जाता है। भैया की मंजूरी के बाद ही सैफई में कोई पौधा लगता है। भैया को पता है कि सैफई के किस हिस्से में कौन सा पेड़ लगा है।" सैफई के लोग भी अखिलेश यादव के पर्यावरण प्रेम से परिचित हैं। सैफई में नेताजी के घर से सटा एक तालाब है। नेताजी ने मुख्यमंत्री बनने के बाद इस तालाब का सुंदरीकरण कराया। आज भी तालाब के किनारे जितने भी पेड़ लगे हैं वे सब अखिलेश यादव ने खुद अपने हाथ से लगाए हैं। सैफई के ज्यादातर नए पेड़ उन्हीं के ही हाथ के लगाए हुए हैं।

अखिलेश यादव के पर्यावरण प्रेम से जुड़ा एक किस्सा कम ही लोगों को मालूम है। बात उस वक्त की है, जब वे मैसूर से बीटेक करके लौटे। बीटेक के बाद उन्हें ट्रेनिंग करनी थी। उन्होंने पश्चिम उत्तर प्रदेश के गजरौला की वैम ऑर्गेनिक्स में ट्रेनिंग की शुरुआत की। वैम ऑर्गेनिक्स बिरला समूह की कंपनी है। उनका प्रोजेक्ट वैम ऑर्गेनिक्स में प्रदूषण नियंत्रण का था। नेताजी के बेटे की वजह से कंपनी के अफसरों ने उनका खास खयाल रखा। ट्रेनिंग पीरियड में उनके ठहरने की व्यवस्था कंपनी के स्पेशल गेस्ट हाउस में की गई। कंपनी के अफसरों की सोच यही थी कि अखिलेश यादव मुख्यमंत्री के बेटे हैं। उनका ट्रेनिंग से कोई लेना-देना नहीं होगा। वे बस समय बिताने के लिए आए हैं। लेकिन जल्द ही कंपनी के अफसरों की इस सोच को जबरदस्त झटका लगा। उन दिनों वैम ऑर्गेनिक्स पर इलाके में प्रदूषण फैलाने के आरोप थे। यह भी आरोप लगता था कि कंपनी से निकलने वाले अवशिष्ट पदार्थों का सही तरीके से निपटान नहीं होता। कंपनी से निकलने वाला पानी कई बार बिना ट्रीटमेंट के ही पास की नदी में छोड़ दिया जाता था। यह सब कंपनी के ही कुछ

कर्मचारियों और अफसरों की मिलीभगत से होता था। कई बार बिजली बचाने के लिए ट्रीटमेंट प्लांट को कुछ देर के लिए बंदकर दिया जाता। ऐसे में बिना ट्रीट किया हुआ प्रदूषित कचरा सीधे नदी में जाकर गिरता था। अखिलेश यादव की पैनी नजरों से कंपनी के कुछ कर्मचारियों की कारगुजारी छिपी न रह सकी। पर्यावरण प्रेमी अखिलेश यादव भला पर्यावरण से खिलवाड़ कैसे मंजूर कर पाते। वे हर दिन वक्त पर काम पर पहुँच जाते। उन्होंने कंपनी से निकलने वाले प्रदूषण के स्तर को घटाना ही अपनी ट्रेनिंग का मकसद बना लिया। उन्होंने कंपनी की प्रदूषण नियंत्रण इकाइयों पर कड़ी नजर रखनी शुरू की। इनमें जो भी कमियाँ थीं, उन्हें दूर कराईं। वे एस.टी. पी. सही तरीके से चलवाते। पूरे वक्त इसी काम में लगे रहते हैं कि प्रदूषण को कैसे नियंत्रित किया जाए। वे अपना काम पूरी ईमानदारी और समर्पण से करते थे। इससे कंपनी के ज्यादातर कर्मचारियों को हैरानी होती कि आखिर यह कौन शख्स आ गया है, जो पर्यावरण पर इतना गौर कर रहा है। कई कर्मचारी और अफसर उन्हें टेढ़ी नजर से देखते, लेकिन इन सबसे बेपरवाह अखिलेश यादव अपने काम में लगे रहते। आखिरकार ट्रेनिंग पीरियड में ही उन्होंने कंपनी से होने वाले प्रदूषण के स्तर को काफी हद तक काबू में ला दिया।

इसके बाद आगे की पढ़ाई के लिए अखिलेश यादव ऑस्ट्रेलिया गए। वहाँ भी उन्होंने पर्यावरण इंजीनियरिंग में ही दाखिला लिया। ऑस्ट्रेलिया में पढ़ाई के दौरान वे बड़े फलक पर पर्यावरण के हित की दिशा में कुछ करने को सोच रहे थे। उन्होंने तय कर लिया था कि वतन लौटकर पर्यावरण में बड़ा काम करना है। यूनिवर्सिटी ऑफ सिडनी से एनवायरमेंट साइंस में मास्टर्स डिग्री लेकर वतन लौटे तो उनकी आँखों में एक ख्वाब था। वे अवाम को पर्यावरण के प्रति जागरूक करने के लिए एनवायरमेंट कंसल्टेंसी शुरू करना चाहते थे, लेकिन वतन वापसी के बाद हालात कुछ ऐसे बने कि गरीबों, पिछड़ों, दलितों, अल्पसंख्यकों, शोषितों की लड़ाई लड़ने के लिए उन्हें सियासत में उतरना पड़ा। वे डॉ. राममनोहर लोहिया की राह पर चल पड़े, लेकिन सियासत में आने के बाद उनका पर्यावरण प्रेम और बढ़ गया। सियासत में आने के बाद वे लगातार पर्यावरण की चिंता करते रहते हैं। युवा समर्थकों को हमेशा पर्यावरण की चिंता करने की सलाह भी देते हैं। जानने वालों को ज्यादा-से-ज्यादा पेड़ लगाने की सलाह देते हैं। लोगों को समझाते हैं कि अगर प्रदूषणमुक्त माहौल में निरोगी रहना चाहते हैं तो ज्यादा-से-ज्यादा पेड़ लगाइए। अखिलेश यादव जब उत्तर प्रदेश समाजवादी पार्टी के उत्तर प्रदेश अध्यक्ष बने तो पूरे सूबे में छात्र जागरूकता सप्ताह मनाना शुरू किया। जागरूकता सप्ताह के दौरान कई कार्यक्रम और गोष्ठियाँ होती है।

उन्होंने इससे वृक्षारोपण को अनिवार्य तौर पर जोड़ा। वे खुद भी जागरूकता सप्ताह में हिस्सा लेते रहे हैं और जहाँ छात्रों के बीच होते, वहाँ खुद वृक्षारोपण भी कराते हैं।

मुख्यमंत्री बनने के बाद उन्होंने पर्यावरण संरक्षण की दिशा में कई अहम कदम उठाए, कई नई योजनाएँ शुरू कीं। उनसे पहले किसी भी मुख्यमंत्री ने पर्यावरण की इतनी चिंता नहीं की। मुख्यमंत्री बनने के बाद उन्होंने वृक्षारोपण नियमों में बड़ा बदलाव किया। पहले वन विभाग छोटे-छोटे पौधे लगवाता था, लेकिन ज्यादातर पौधे छोटे होने की वजह से सूख जाते थे। उन्होंने नया तरीका ईजाद किया। नर्सरी में ही पौधों को बड़ा होने दिया और जब पौधे चार-चार फीट के हो गए, तब उन्हें लगाने का सुझाव दिया। यह तरीका बहुत ही कारगर साबित हुआ और पौधों के लगने की दर बढ़ गई। वरना इससे पहले तो ज्यादातर पौधे मुरझा जाते थे। अखिलेश यादव का इस बात पर बहुत ही जोर रहता है कि वृक्षारोपण में स्थानीय पर्यावरण के हिसाब से ही पेड़ लगाए जाएँ। उन्होंने वन, वन्य जीवन, पर्यावरण और पर्यटन के बीच पर्यावरणीय संतुलन बनाए रखने के मद्देनजर प्रदेश में वृक्षारोपण की खास कोशिश की है।

अखिलेश यादव के शासन में उत्तर प्रदेश ने वृक्षारोपण में कई कीर्तिमान बनाए हैं। इसके लिए अखिलेश सरकार का नाम गिनीज बुक ऑफ वर्ल्ड रिकॉर्ड में दो-दो बार दर्ज हो चुका है। पहला वर्ल्ड रिकॉर्ड 2015 में बना। यह सबसे कम वक्त में ज्यादा पौधे लगाने का था। 7 नवंबर, 2015 को सिर्फ 8 घंटे में 10.15 लाख पौधे लगाने पर उत्तर प्रदेश सरकार को यह उपलब्धि हासिल हुई। इस रिकॉर्ड को लेकर अखिलेश यादव खुद भी बहुत ही संजीदा थे। उन्होंने हमीरपुर के मौदहा बाँध पर पीपल का पौधा लगाकर मिशन का आगाज किया था। प्रदेश के चहुँमुखी विकास के लिए पर्यावरण संतुलन जरूरी पहलू है। इसी पर गौर फरमाते हुए सूबे की सरकार ने इस मुहिम को चलाया था। यह उनका पर्यावरण प्रेम ही है, जिसकी वजह से उत्तर प्रदेश राष्ट्रीय स्तर पर सबसे ज्यादा पेड़-पौधे लगाने और बढ़ोतरी वाले पाँच राज्यों में शामिल हो गया है। दूसरा वर्ल्ड रिकॉर्ड एक दिन में पाँच करोड़ पेड़ लगाकर बनाया गया। 11 जुलाई, 2016 को प्रदेश भर में 6166 जगहों पर 5 करोड़ पेड़ लगाए गए। सारे पेड़ सिर्फ 8 घंटे के अंदर लगा लिये गए। इस रिकॉर्ड के लिए एक महीने तक तैयारी चली। वन विभाग और जिला प्रशासन की 14 जोनल टीमें बनाई गई थीं। प्रशासनिक अमले में मुख्यमंत्री के इस सपने को साकार करने के लिए दिन-रात एक कर दिया, तब जाकर 11 जुलाई को यह भगीरथ काम पूरा हुआ। इस दिन सबसे ज्यादा साढ़े बाइस लाख पेड़ उन्नाव जिले में लगाए गए। वृक्षारोपण में 80 प्रजातियों के पेड़ लगाए गए। पेड़ लगा दिए गए, लेकिन ये सिर्फ रिकॉर्ड बनाने के लिए नहीं

लगाए गए, बल्कि अखिलेश सरकार ने इन पेड़ों के रखरखाव की योजना भी पहले ही बना ली थी। जहाँ-जहाँ पेड़ लगे थे, उनकी तसवीरें ली गई हैं। अब इसकी सेटेलाइट सेंसर से निगरानी की जा रही है। करीब 80 आई.एफ.एस. अफसरों को इस काम में लगाया गया है। एक ऐप के जरिए अफसर मॉनिटिरिंग करते हैं। पाँच करोड़ पेड़ सूबे की जनता को अखिलेश सरकार के सबसे बड़ा तोहफा है। जब लोग पेड़ लगाना और प्रकृति के सान्निध्य में रहना भूलते जा रहे हैं तो अखिलेश यादव की यह मुहिम जरूर उन्हें फिर से प्रकृति से तारतम्यता स्थापित करने के रास्ते पर ले जाएगी।

पेड़-पौधों के साथ अखिलेश यादव वन्य जीवन संरक्षण पर भी बहुत जोर देते हैं। तेजी से विलुप्त हो रही गौरैया के संरक्षण के लिए उन्होंने खास कदम उठाए हैं। 20 मार्च को 'विश्व गौरैया दिवस' पर अखिलेश सरकार ने स्कूल-कॉलेजों के साथ मिलकर जागरूकता अभियान चलाती है। प्रदेश भर में जगह-जगह गौरैया के लिए पेड़ों पर घरौंदे टाँगे जाते हैं। भारत में तेजी से गौरैया की संख्या घटती जा रही है। महज 10-15 साल पहले ये हालात नहीं थे। हर घर-आँगन में गौरैया फुदकती और चहकती दिख जाया करती थी। लेकिन अब यह नन्ही पक्षी विलुप्ति की कगार पर है। इस नन्हें परिंदे को बचाने के लिए अखिलेश यादव ने खास अभियान चला रखा है। इस परिंदे से उन्हें बहुत प्यार है। 2015 में उन्होंने मुख्यमंत्री निवास में गौरैया के घरौदें बनवाए। घरौदे को बनवाने के पीछे एक रोचक कहानी है। अखिलेश यादव के पास एक शख्स आए। वे वन और पक्षी संरक्षण के विशेषज्ञ थे। वे सज्जन एक काम लेकर आए थे। अखिलेश यादव को पता था कि पक्षियों के अच्छे जानकार सांकेतिक भाषा के जरिए गौरैया को बुला सकते हैं। उन्होंने पक्षी विज्ञानी को उनकी विशेषज्ञता जाँचने के लिए एक टास्क दिया। उन्होंने उस शख्स से कहा, "मैं आपका काम कर दूँगा। लेकिन यह बताइए कि क्या आप मेरे घर में गौरैया बुला सकते हैं।" उस शख्स ने इस चुनौती को मंजूर कर लिया। कुछ उपाय करने के बाद मुंह से ऐसी आवाजें निकाली कि मुख्यमंत्री निवास पर गौरैया आ पहुँची। उस शख्स की काबिलियत से अखिलेश यादव खासे प्रभावित हुए। उन्होंने उसका काम तो किया ही, साथ ही उसे पक्षी संरक्षण का बड़ा काम भी सौंप दिया।

वे पर्यावरण को बढ़ाना देने वालों को पूरा प्रोत्साहन देते हैं। उन्होंने गौरैया के साथ ही सारस पक्षी के संरक्षण की भी मुहिम शुरू की है। सारस सबसे ज्यादा उत्तर प्रदेश में पाया जाता है। एक अनुमान के मुताबिक सारस की करीब 60 फीसद आबादी उत्तर प्रदेश में पाई जाती है। इटावा और मैनपुरी के वेटलैंड्स में सारस पाए जाते हैं। हालाँकि पर्यावरण में बदलाव की मार सारस पर भी पड़ी है। प्रदेश में तेजी

से इनकी संख्या घटती जा रही है। अखिलेश यादव ने सारस के संरक्षण के लिए उन इलाकों के विकास पर खास गौर फरमाया है, जहाँ वेटलैंड्स हैं। सारस प्रजाति को बढ़ावा देने के लिए सारस मित्र बनाए गए। सरकार इन्हें हर महीने एक हजार रुपया मानदेय भी देती है। पक्षी संरक्षण की जागरूकता पैदा करने के लिए अखिलेश सरकार ने वक्त-वक्त पर कई बड़े कार्यक्रम आयोजित कराए हैं। आगरा के राष्ट्रीय चंबल सेन्चुरी में बर्ड फेस्टिवल का आयोजन किया। इसके अलावा हर जनपद में बर्ड वॉच कार्यक्रम आयोजित कराए हैं।

यह अखिलेश यादव की कोशिशों का ही नतीजा है कि उत्तर प्रदेश में फिर से घर-आँगन में गौरैया के फुदकने के आसार बनने लगे हैं। प्रदेश का रास्ता भूल चुके प्रवासी पक्षियों ने वेटलैंड्स की सुध लिये जाने पर फिर से प्रदेश की ओर रुख किया है। अखिलेश यादव ने बचपन के पाँच साल गाँव में पेड़ों की छाँव में खेलते-कूदते बिताए। तालाब में उछलती-कूदती मछलियाँ, सुबह-शाम पेड़ों पर चहचहाती चिड़ियाँ उनकी जिंदगी का हिस्सा रही हैं। धौलपुर मिलिटरी स्कूल और मैसूर का इंजीनियरिंग कॉलेज भी शहर की भीड़-भाड़ से दूर प्रकृति की गोंद में बसे हैं। बचपन से लेकर पढ़ाई-लिखाई तक वे हमेशा प्रकृति के करीब रहे। शहरों की भीड़-भाड़ भरी जिंदगी में उनसे बेहतर भला प्रकृति को कौन समझ सकता है। यही वजह रही है कंक्रीट के जंगल बन चुके शहरों में, जब रुठी प्रकृति, पक्षी और जानवर दिखते हैं तो उनकी खुशी का ठिकाना नहीं होता। एक बार मुख्यमंत्री आवास में मोर आने पर उन्होंने अपनी खुशी सबके सामने जगजाहिर की थी। मुख्यमंत्री आवास को उन्होंने पूरी तरह से पर्यावरण मित्र बना रखा है। जब राष्ट्रीय पक्षी मोर मुख्यमंत्री आवास में घुस आया तो उन्होंने ट्विटर पर इस बिनबुलाए, लेकिन खास मेहमान की तसवीरें साझा की। उन्होंने ट्विटर पर ही अपनी खुशी लोगों से बाँटी। कंक्रीट के जंगल बन चुके शहर में वाकई मोर का दिखना बहुत बड़ी बात है, लेकिन इससे भी बड़ी बात है कि एक मुख्यमंत्री को इसकी अहमियत मालूम होना और ऐसा तभी हो सकता है, जब मुख्यमंत्री के दिल और दिमाग दोनों में पर्यावरण प्रेम बसता हो।

इसमें जरा भी शक नहीं है कि अखिलेश यादव आगे की सोचते हैं। पर्यावरण प्रेम उनके इसी नजरिए को दिखाता है। जिस दौर में दुनिया के ज्यादातार राजनेता इनसान की जिंदगी और भविष्य से जुड़े पर्यावरण जैसे जरूरी मसले को नीरस मानकर छोड़ देते हैं। वे इस मसले पर गंभीरता से सोचते और अमल करते-कराते हैं। अखिलेश सरकार ने पर्यावरण और जैव विविधता संरक्षण के लिए जबरदस्त रूप से काम किया। उनके विकास का मॉडल भी पर्यावरण फ्रैंडली है। दिल्ली के मुख्यमंत्री

अरविंद केजरीवाल प्रदूषण रोकने के नाम पर ऑड-इवेन का गैरजरूरी और नाकामयाब फार्मूला लागू कर अवाम की मुश्किलें बढ़ाते हैं, जबकि उनसे कई गुना बड़े राज्य के मुख्यमंत्री अखिलेश यादव पर्यावरण की सेहत बनाने के लिए बड़ी योजनाएँ बनाते और उन्हें अमल में लाते हैं।

यह अखिलेश यादव की ही पहल है कि वन्य जीव संरक्षण और संवर्धन पर खास गौर फरमाने के लिए वन विभाग का नाम बदलकर वन और वन्य जीवन विभाग कर दिया गया। इसका असर होता भी दिख रहा है। फॉरेस्ट सर्वे ऑफ इंडिया की 2015 की रिपोर्ट के मुताबिक उत्तर प्रदेश की हरियाली में 2013 की तुलना में 112 वर्ग किलोमीटर का इजाफा हुआ है। उनकी पहल से उनके गृह जनपद इटावा में लायन सफारी जैसी योजनाएँ शुरू की गईं। वे इस प्रोजेक्ट में खुद निजी तौर पर रुचि लेते हैं। लायन सफारी में अभी सिर्फ बब्बर शेर हैं, लेकिन भालू, हिरन और दूसरे जानवरों को भी यहाँ रखने की योजना है। बजट में भी उनका पर्यावरण प्रेम साफ झलकता है। हर साल बजट में वन्य जीवों, वनों, प्राणी उद्यानों, नदियों की सफाई आदि के लिए दिल खोलकर आवंटन किए गए हैं। दुधवा टाइगर रिजर्व के विकास के लिए धन की कमी नहीं होने दी। अखिलेश सरकार ने लखनऊ के नवाब वाजिद अली शाह प्राणी उद्यान को विकसित करने के लिए 10 करोड़ रुपए दिए। वे इस प्राणी उद्यान को जर्मनी के हैनोवर में मौजूद मशहूर चिड़ियाघर की तर्ज पर विकसित करना चाहते हैं। वे तितलियों के संरक्षण के लिए भी कोशिशरत हैं। उन्होंने लखनऊ में तितली पार्क बनाने के लिए बजट में प्रावधान कराए। कानपुर के प्राणी उद्यान में भी तितली पार्क का बनवाया। पक्षियों के संरक्षण के लिए बर्ड फेस्टिवल, मयूर संरक्षण केंद्र, नवाबगंज पक्षी विहार, सांडी पक्षी विहार और लाख बहोसी पक्षी विहार के विकास के कार्य उनकी देख-रेख में शुरू हुए। अलीगढ़ की शेखा झील को राष्ट्रीय पक्षी विहार के रूप में विकसित करने के लिए बजट में धन की व्यवस्था की। सारस जैसे पक्षियों के संरक्षण के लिए वेटलैंड्स का संरक्षण निहायत ही जरूरी है। अखिलेश सरकार वेटलैंड्स के इकोलॉजिकल और बुनियादी विकास के लिए काम कर रही है। वन विभाग के अफसरों और कर्मचारियों को वन्य जीवों से संबंधित प्रशिक्षण की स्थाई व्यवस्था के लिए वन्य जीव प्रशिक्षण संस्थान स्थापित करने का फैसला लिया गया। सैफई-इटावा में पर्यटन कॉम्प्लेक्स बनाने और पर्यटन पुलिस बल का गठन राज्य सरकार द्वारा कराया जा रहा है।

अखिलेश यादव वन्यजीवों से लेकर नदियों तक का खयाल बजट में रखते हैं। उन्होंने गोमती नदी की सफाई और उसे सँवारने के लिए बजट में प्रावधान किया। सिर्फ

गोमती ही नहीं झाँसी की बेतवा, वाराणसी की वरुणा और अयोध्या की सरयू नदी की सफाई के लिए भी बजट में व्यवस्था की। नदी प्रदूषण नियंत्रण कार्यक्रम और झील संरक्षण योजना के लिए बजट में आवंटन किया गया। सॉलिड वेस्ट मैनेजमेंट योजना के क्रियान्वयन के लिए 100 करोड़ रुपए की व्यवस्था की। इटावा जिला मुख्यालय से 70 किमी दूर बिठौली गाँव है। यहाँ पाँच नदियाँ आकर मिलती हैं। पाँच नदियों के इस संगम को पंचनदा या पंचनद भी कहा जाता है। अखिलेश यादव पंचनदा को देश का बेहतरीन पर्यटन केंद्र बनाने में दिलचस्पी ले रहे हैं।

अखिलेश का साइकिल की सवारी पर जोर देने की एक वजह इसका पर्यावरण फ्रेंडली होना भी है। साइकिल को पर्यावरण के लिए सबसे महफूज और बेहतर साधन बताते हुए लखनऊ और आगरा सहित कई शहरों में साइकिल ट्रैक बनवाए हैं। उन्होंने साइकिल ट्रैक को पर्यटन से भी जोड़ दिया है। इन शहरों में बने साइकिल ट्रैक पर सैलानियों को साइकिल सवारी के लिए प्रेरित किया जाता है। इसका मकसद है कि साइकिल की सवारी करते हुए सैलानी ऐतिहासिक इमारतों और अन्य पर्यटन स्थलों की सैर कर सकें। सिर्फ शहरों में ही नहीं, बल्कि अखिलेश सरकार की योजना इटावा लायन सफारी में भी साइकिल ट्रैक बनाने की है। इस पर काम शुरू भी हो गया है। अखिलेश यादव ने पर्यटन को बखूबी पर्यावरण से जोड़ा है। ईको टूरिज्म इसी दिशा में उठाया गया कदम है। पहली बार उनके मुख्यमंत्रित्व काल में प्रदेश में ईको टूरिज्म को लेकर पॉलिसी बनी है। सूबे में सरकार बनाने के बाद वृक्षारोपड़ कार्यक्रम हो या साइकिल ट्रैक योजना या फिर ईकोटूरिज्म, इनके जरिए उनका प्रकृति प्रेम जाहिर होता रहा है। उनके पर्यावरण प्रेम का असर परिवार में भी दिखता है। यह अखिलेश यादव का ही असर है कि उनकी सांसद पत्नी डिंपल यादव भी पर्यावरण संरक्षण में खासा रुचि लेती हैं। मुख्यमंत्री आवास का घरेलू बगीचा पूरी राजधानी का सबसे बेहतरीन बगीचा माना जाता है। साल 2016 में राज्य में आयोजित एक प्रतियोगिता में सबसे बड़े घरेलू बगीचे का पहला पुरस्कार मुख्यमंत्री आवास को मिला। इसके लिए डिंपलजी को दुर्गावती मेमोरियल वैजयंती पुरस्कार देकर सम्मानित किया गया है।

अखिलेश यादव का पर्यावरण प्रेम सिर्फ योजनाएँ बनाने और उन्हें लागू कराने तक ही सीमित नहीं है, बल्कि उन्हें पर्यावरण और प्रकृति के बीच वक्त बिताना भी खूब पसंद् है। जब भी मौका मिलता है वे प्रकृति के नजदीक वक्त बिताने चले जाते हैं। वे परिवार के साथ छुट्टियाँ मनाने के लिए भी किसी प्राकृतिक स्थल की तरफ ही रुख करते हैं। बहराइच जिले का कतर्निया घाट, जिम कॉर्बेट पार्क और दुधवा नेशनल पार्क उनका पसंदीदा पर्यटन स्थल है। बहराइच जिले में मौजूद कतर्निया घाट

की तरफ उनसे पहले किसी भी मुख्यमंत्री ने ध्यान नहीं दिया। जल, जीव और जंगल में उनकी रुचि की वजह से कतर्निया घाट की तरफ सरकार का ध्यान गया है। अब यहाँ सैलानी रुख कर रहे हैं। वे खुद भी कई बार कर्तनिया घाट के जंगलों की सैर कर चुके हैं। सरकारी मशीनरी की सक्रियता के बाद यहाँ बाघ और तेंदुए बढ़े हैं। अब यहाँ के जंगलों में बड़ी संख्या में जानवर दिखते हैं तो गेरुआ नदी के पानी में अठखेलियाँ करती डॉल्फिन भी बहुत ही आसानी से दिख जाती हैं। नदी के बीच बने टापुओं पर घड़ियाल और सुर्खाब पक्षी आराम फरमाते दिख जाते हैं। कर्तनिया घाट की यही खूबसूरती बार-बार अखिलेश यादव को अपनी तरफ खींचती है।

अखिलेश यादव प्रदेश के बाहर के कई जंगलों की सफारी भी कर चुके हैं। इटावा लायन सफारी में गिर के जंगलों से बब्बर शेर मँगवाए थे। मुख्यमंत्री रहते हुए वे मध्य प्रदेश के बाँधवगढ़ टाइगर रिजर्व गए। यहाँ की सफारी उनके यादगार अनुभवों में से है। जब पत्रकारों ने उनसे बाधवगढ़ टाइगर रिजर्व की सफारी के अनुभव पूछे तो उन्होंने खुद कहा था, ''बाँधवगढ़ की साईटिंग हमेशा यादगार रहेगी। मेरे परिवार को 9 बाघ दिखे और वे सब-के-सब खुश हैं। बच्चों ने तो फरमाइश कर दी है कि यहाँ फिर आएँगे। सच तो यह है कि मेरी भी इच्छा दोबारा आने की है। बाँधगवढ़ के जंगल और यहाँ का वातावरण भी दिल को लुभा लेने वाला है।'' अखिलेश यादव की पसंदीदा सफारी में चंबल सफारी भी शामिल है। जब भी वे चंबल सफारी पर जाते हैं तो आगरा जिले में चंबल नदी के किनारे बने चंबल रिसार्ट में ही रुकते हैं। यहाँ से घड़ियाल, मगरमच्छ बहुत ही आसानी से दिखते हैं। सर्दी के मौसम में यहाँ प्रवासी पक्षी भी बहुतायत में आते हैं। उन्होंने बर्ड फेस्टिवल का आयोजन यहीं कराया था। वे जब भी परिवार के साथ विदेश जाते हैं तो वहाँ भी चिड़ियाघर जैसी जगहों पर जरूर घूमने जाते हैं।

पर्यावरण से नजदीकी अखिलेश यादव को नई ऊर्जा से भर देती है। यही वजह है कि वे हमेशा पर्यावरण के करीब बने रहना चाहते हैं। जहाँ भी मौका मिलता है, पर्यावरण की बेहतरी के लिए कुछ-न-कुछ करने की कोशिश करते रहते हैं। जब वे पहली बार संसद् पहुँचे, तब वन और पर्यावरण की कमेटी में शामिल होने की इच्छा जताई। दरअसल हर सांसद को संसद् की किसी-न-किसी कमेटी का सदस्य बनना होता है। वे चाहते तो किसी भी हाईप्रोफाइल कमेटी में समाजवादी पार्टी के प्रतिनिधि के तौर पर शामिल होने के लिए पार्टी से नाम भिजवा सकते थे, लेकिन यह उनका पर्यावरण प्रेम ही था कि उन्होंने वन और पर्यावरण की कमेटी में शामिल होना पसंद किया। इस कमेटी में रहते हुए उन्होंने पर्यावरण से जुड़े कई अहम सुझाव दिए।

सूबे की राजधानी लखनऊ में जहाँ मायावती ने पत्थरों और स्मारकों को बनवाकर कंक्रीट के जंगल को बढ़ावा दिया। वहीं अखिलेश यादव की देखरेख में जनेश्वर मिश्र पार्क बना। करीब 500 एकड़ में फैला यह एशिया का सबसे बड़ा पार्क है, लेकिन इस पार्क में अखिलेश यादव ने क्रंकीट के जंगल नहीं बनाए, बल्कि यहाँ सैकड़ों प्रजाति के पेड़ लगवाए हैं। इस पार्क में हर दिन हजारों लखनऊवासी घूमने आते हैं, जबकि छुट्टी के दिन यह आँकड़ा कई गुना बढ़ जाता है। नेताजी के मुख्यमंत्री रहते लखनऊ में लोहिया पार्क बना था। शहर के बीच में मौजूद इस पार्क को पेड़ों का पार्क कहा जाता है। इस पार्क में अखिलेश यादव की ही देखरेख में पेड़ लगाए गए थे। अगर यह कहा जाए कि अखिलेश यादव की वजह से लखनऊवासियों को शहर के बीच में लोहिया पार्क के रूप में ऑक्सीजन की फैक्टरी मिल गई है तो यह अतिशयोक्ति नहीं होगी। यह उत्तर प्रदेश की जनता का सौभाग्य है कि उन्हें अखिलेश यादव जैसा पर्यावरण को सहेजने वाला नेता मिलता है।

''अखिलेश यादव उन समाजवादी नेताओं में है, जो आज भी समाजवादी लाल टोपी पहनते हैं और लोहिया का नारा देते हैं।''

□

अध्याय 18

समाजवाद को जमीन पर उतारने वाला मुख्यमंत्री

समाजवाद और अखिलेश यादव का एक-दूसरे से गहरा और गाढ़ा नाता है। समाजवाद और समाजवादी शब्द की परिभाषा को अखिलेश यादव बेहतर तरीके से जीते हैं। उत्तर प्रदेश में समाजवाद को जमीन पर उतारने का श्रेय उन्हें यूँ ही नहीं जाता। एक छोटा सा वाकया है, जिससे पता चलता है कि समाजवाद को लेकर उनकी समझ और सोच कितनी स्पष्ट है। वाकया उस वक्त का है, जब वे उत्तर प्रदेश के मुख्यमंत्री बने ही थे। सूबे के आला अफसरों की एक बैठक हो रही थी। बैठक खुद युवा मुख्यमंत्री अखिलेश यादव ले रहे थे। इसमें एक योजना पर चर्चा हो रही थी। शुरुआत योजना के नाम पर चर्चा से हुई। प्रशासन के एक-एक काम पर बारीक निगाह रखने वाले मुख्यमंत्री ने योजना के नाम में समाजवादी जोड़ने का सुझाव दिया। उनके सुझाव देते ही बैठक में खामोशी छा गई। अफसर एक-दूसरे का मुँह ताकने लगे। मुख्यमंत्री ने पूछा, "क्या आप लोगों को नाम नहीं पसंद आया।" बैठक में मौजूद सबसे सीनियर अफसर ने कहा, "सर, समाजवादी नाम रखने पर विवाद हो जाएगा। दूसरे दल इस पर सवाल उठा सकते हैं।" सीनियर अफसर के इस तर्क से बैठक में मौजूद सभी अफसर सहमत दिख रहे थे। तर्क सुनकर मुख्यमंत्री मंद-मंद मुसकराने लगे। उन्हें मुसकराते देख बैठक में मौजूद किसी अफसर की समझ में कुछ नहीं आया। उन्होंने सीनियर अफसर की तरफ देखा और चिर-परिचित मुसकान के साथ पूछा, "आप लोग यह कैसा सवाल उठा रहे हैं। आप सभी संविधान से अच्छी तरह से परिचित हैं और आप सभी जानते हैं कि संविधान की प्रस्तावना में समाजवादी शब्द का जिक्र है। ऐसे में भला समाजवादी शब्द पर कोई आपत्ति कैसे उठा सकता है। मैं तो यह नाम संविधान की प्रस्तावना से उठा रहा हूँ। मुख्यमंत्री के इस जवाब पर सभी अफसर निरुत्तर हो गए। ये समाजवाद

और समाजवादी को लेकर अखिलेश यादव की समझ है। समाजवाद और समाजवादी को लेकर अखिलेश यादव की समझ सीधे संविधान से जुड़ती है। अखिलेश यादव ने उत्तर प्रदेश में मुख्यमंत्री के तौर पर अब तक समाजवाद को जमीन पर उतारने वाली सैकड़ों योजनाएँ लॉन्च की है। इसी का नतीजा है कि उत्तर प्रदेश के विकास का घोड़ा सरपट दौड़ रहा है।

अखिलेश यादव इस बात के हिमायती हैं कि समाज के हर वर्ग, हर तबके को समान हक मिले। समाजवादी समाज का जो सपना डॉक्टर राममनोहर लोहिया ने देखा था, वे उस सपने को साकार करने में जुटे हैं। उनका दृढ भरोसा है कि भारतीय लोकतंत्र की सार्थकता को समाजवाद के रास्ते पर चलकर ही पूरा किया जा सकता है। समाजवाद की मशाल को लेकर राजनीति और समाजनीति की डगर पर चलने की जो राह डॉक्टर लोहिया ने दिखाई थी, उसी पर चलकर भारतीय लोकतंत्र अपनी सार्थकता पा सकता है। लोहिया के समाजवाद के सपनों को अखिलेश यादव ने अपनी खुली आँखों से देखा। उनकी अगुवाई में उत्तर प्रदेश सरकार इसे पूरा करने में दिन-रात जुटी है। समाजवादी हमेशा किसान और खेती, गाँव और गरीब, कामगार और रोजगार, छात्र और नौजवान की बात करते हैं। इनके हक-हुकूक की बात करते हैं। हर कौम के बीच जाकर इनके सवाल उठाते हैं। इन सवालों को लेकर संघर्ष की मुश्किल राह पर चल निकलते हैं। समाजवादी पार्टी और अखिलेश यादव को संसद् से सड़क तक सवाल उठाने और संघर्ष करने की यह विरासत डॉक्टर लोहिया से मिली है। लोहिया का समाजवाद अपने बुनियादी संकल्पों के साथ ऐसी गतिशील विचारधारा का नाम है, जो हर दौर में मौजूद है। मौजूदा दौर में इसकी सबसे ज्यादा जरूरत है। अखिलेश यादव समाजवाद को जमीन पर उतारने वाले मुख्यमंत्री हैं। समाज में हाशिए पर पड़ा आखिरी शख्स हमेशा से उनकी चिंता में सबसे ऊपर है। इस आखिरी शख्स की जिंदगी को खुशहाल बनाने के लिए उन्होंने जितनी योजनाएँ शुरू कीं, उतनी योजनाएँ शायद ही किसी और प्रदेश में हों।

समाजवादी पेंशन योजना

गरीबों के हितैषी अखिलेश यादव के नाम प्रदेश की जनता के लिए देश की सबसे बड़ी सामाजिक सुरक्षा योजना लागू कराने का श्रेय है। गरीबों को मदद पहुँचाने के मकसद से उन्होंने सूबे में समाजवादी पेंशन योजना लागू कराई। योजना राज्य के खजाने से लागू की गई है। 2014-15 में लागू समाजवादी पेंशन योजना का लाभ ऐसे गरीब परिवारों को मिलता है, जिनके आय का कोई साधन नहीं है। इसका मकसद गरीबों के जीवनयापन के साथ उनका सामाजिक व आर्थिक स्तर उठाना है। इस योजना की शुरुआत की बहुत ही दिलचस्प कहानी है। नेताजी की दिली इच्छा थी कि गरीब

महिलाओं का कुछ भला हो। कई बार नेताजी को यह देखकर दुःख होता है कि प्रदेश में हजारों ऐसी महिलाएँ हैं, जिनके पास पहनने के लिए सिर्फ एक या दो धोती ही होती है। उन्होंने इनकी मदद का फैसला लिया। नेताजी ने 2012 के समाजवादी पार्टी के चुनावी घोषणा-पत्र में महिलाओं को साड़ी देने का वादा शामिल कराया। सरकार बनने के बाद घोषणा-पत्र पर अमल शुरू हुआ लेकिन जब साड़ी बाँटने की बात आई तो कई किंतु-परंतु उठने लगे। साड़ी के रंग से लेकर साड़ी बाँटने के तरीके तक पर कई विवाद थे। विचार-विमर्श के बाद यह तय हुआ, कि साड़ी की जगह महिलाओं को पैसे दे दिए जाएँ। अब पैसे देने में इसके बेजा इस्तेमाल की आशंका थी। ऐसे में यह तय हुआ कि पैसे देने का ऐसा तरीका निकाला जाए, जिससे उसका दुरुपयोग न हो सके। इस सोच-विचार का नतीजा है, समाजवादी पेंशन योजना।

इस योजना के तहत परिवार की महिला मुखिया को कम-से-कम 500 रुपए की राशि मुहैया कराई जाती है। यह राशि सीधे ई पेमेंट के जरिए महिला के बैंक खाते में पहुँचा दी जाती है। योजना का दायरा प्रदेश के 40 लाख परिवारों तक है। अगर आबादी के लिहाज से देखें तो प्रदेश की करीब 2 करोड़ आबादी इस योजना में आती है। इसमें अनुसूचित जाति/जनजाति के करीब 12 लाख परिवार, अल्पसंख्यक और पिछड़े वर्ग के 10 लाख और सामान्य वर्ग के 18 लाख परिवार शामिल हैं। योजना में किसी तरह का भेदभाव नहीं किया गया। अखिलेश यादव ने इस योजना को सिर्फ पेंशन देने तक सीमित नहीं रखा, बल्कि नियमित पेंशन पाने के लिए कुछ ऐसी शर्तें रखी गईं, जिनका पालन करना जरूरी है। ये शर्तें ऐसी हैं, जो परिवार के स्तर को ऊपर उठाने में सहायक हैं। इनके तहत पेंशन पाने वाले परिवार के 6-14 साल के बच्चों को स्कूल भेजना होता है। यह अनिवार्य है। साथ ही यह सुनिश्चित करना होगा कि बच्चे की कक्षा में मौजूदगी कम-से-कम 70 फीसदी हो। परिवार में 15 साल से अधिक उम्र का हर सदस्य, जो साक्षर नहीं है उसे सारक्षता मिशन कार्यक्रम में शामिल कराना होता है। साथ ही 6 साल से कम उम्र के सभी बच्चों का टीकाकरण कराना भी जरूरी है। लाभ पानेवाले परिवार की गर्भवती महिला का परंपरागत प्रसव नहीं होना चाहिए। पेंशन पाने वाली परिवार की महिला मुखिया अगर इन शर्तों का पालन नहीं करती तो उसकी पेंशन निरस्त कर दी जाती है। शर्तों का पालन करने पर पेंशन में हर महीने 50 रुपए की बढ़ोतरी की जाती है। योजना के तहत पेंशन की अधिकतम धनराशि 750 रुपए प्रतिमाह है।

अखिलेश यादव ने इस योजना के जरिए न सिर्फ गरीब परिवारों को सामाजिक सुरक्षा दी, बल्कि इसके साथ ऐसी शर्तें लागू कर दी कि गरीब परिवार बच्चों की शिक्षा और परिवार के सदस्यों की सेहत की अनदेखी न कर सके। वास्तव में देश में सामाजिक सुरक्षा की यह सबसे बड़ी योजना इस मायने में अद्भुत है। इसमें सामाजिक सुरक्षा के

साथ सेहत और शिक्षा की सुरक्षा भी है। पहले साल में अखिलेश सरकार ने इस योजना का बजट 2400 करोड़ रुपए रखा। सूबे की सरकार का योजना की पारदर्शिता पर खासा जोर है। प्रशासन को सख्त फरमान है कि औचक आधार पर योजना का लाभ पाने वालों का सत्यापन हो और अफसर गाँव के दौरे के दौरान इस योजना का फीडबैक जरूर लें।

समाजवादी श्रवण योजना

चारबाग स्टेशन पर चहल-पहल थी। स्टेशन पर एक ट्रेन आकर रुकी। उसमें से 65 साल की बुजुर्ग महिला उतरी। महिला अपनी छोटी सी गठरी सँभाले प्लेटफॉर्म पर उतरी तो उसकी आँखों में आँसू थे। स्टेशन पर मीडियाकर्मियों की भी भीड़ थी। इस बीच एक मीडियाकर्मी लपककर उस बुजुर्ग महिला के पास पहुँचा। उसने महिला से सिर्फ इतना ही पूछा कि आपका सफर कैसा रहा। बुजुर्ग महिला के मुँह से सिर्फ-और-सिर्फ अखिलेश यादव के लिए आशीर्वाद ही निकल रहे थे। उसने कहा, ''भगवान् ने अखिलेश यादव को बेटा बनाकर भेज दिया। अखिलेश यादव मेरे लिए श्रवण कुमार से कम नहीं है।'' दरअसल यह महिला उन 1080 सीनियर सिटीजन में शामिल थी, जिन्हें अपनों की बेरुखी के बावजूद शिरडी के साईं बाबा के दर्शन करने का मौका मिला।

दरअसल बुजुर्ग महिला की शिरडी के साईं बाबा के दर्शन की बड़ी इच्छा थी। जब उसे पता चला कि बहू-बेटे शिरडी जाने की योजना बना रहे हैं तो वह बहुत खुश हुई, लेकिन जब महीने भर बाद बहू-बेटे उसके बिना ही शिरडी चले गए तो महिला निराश हो गई। उम्र के इस पड़ाव पर बुजुर्गों को अकसर ऐसे दर्द से दो-चार होना पड़ता है। जिस बच्चे को पेट काटकर बड़ा किया, वही ऐसा निकला तो भला महिला किसी से क्या शिकायत करती। महिला सोचने लगी कि कितने भाग्यशाली थे श्रवण कुमार के माता-पिता। खैर इसका पता पड़ोस में रहने वाली युवती को चला। उसने बुजुर्ग महिला का रजिस्ट्रेशन समाजवादी श्रवण योजना में करा दिया। संयोग से जिस ट्रिप के लिए रजिस्ट्रेशन कराया गया वह शिरडी के लिए ही थी। इस योजना के तहत पूरे सम्मान के साथ महिला को स्पेशल ट्रेन से शिरडी समेत कई तीर्थस्थानों की यात्रा कराई गई।

उत्तर प्रदेश में समाजवादी श्रवण योजना की शुरुआत अखिलेश यादव की वजह से हुई। सी.एम. दफ्तर में लगातार ऐसे बुजुर्गों की अरजी आती रहती थी, जो गरीबी की वजह से या फिर अपनों की बेरुखी की वजह से धार्मिक यात्राओं पर नहीं जा पाते थे। इनके पत्र अखिलेश यादव को द्रवित कर देते थे। उन्होंने अफसरों को ऐसी योजना बनाने के निर्देश दिए, जिससे इन बुजुर्गों को धार्मिक यात्रा पर भेजा जा सके। अखिलेश यादव ने इन बुजुर्गों की भावनाओं को समझा और उन्हें आदर देते हुए आधुनिक युग के श्रवण कुमार बने। योजना बनी और इसे समाजवादी श्रवण यात्रा नाम दिया। 14 मार्च,

2015 को हरिद्वार एवं ऋषिकेश की यात्रा से इस योजना की शुरुआत की गई।

यात्रा में श्रद्धालुओं की जरूरी सुख-सुविधा का पूरा ध्यान रखा जाता है। यात्रा के दौरान नाश्ता, दोपहर और रात का खाना, ठहरने की व्यवस्था, हर रोज इस्तेमाल में आने वाले सामान के साथ पूजा की सामग्री और चिकित्सा सुविधा निःशुल्क दी जाती है। खाना शाकाहारी दिया जाता है। यात्रा की शुरुआत लखनऊ से होती है। यात्रियों को उनके नजदीकी बस स्टेशन से निःशुल्क लखनऊ रेलवे स्टेशन लाया जाता है। यहाँ से यात्रा शुरू होती है। यात्रा आई.आर.सी.टी.सी. के जरिए कराई जाती है। धार्मिक स्थलों पर घूमने के लिए बस की व्यवस्था भी की जाती है। इसके अलावा ठहरने की जगह की सफाई का भी खास ध्यान रखा जाता है। इस यात्रा को समाज के हर वर्ग की खूब वाहवाही मिल रही है। यात्रा सिर्फ उत्तर प्रदेश के नागरिकों के लिए है और 60 साल से ज्यादा उम्र के लोग ही इस यात्रा पर जाते हैं।

लोहिया आवास योजना

उत्तर प्रदेश ही नहीं, देश भर में गरीबों के लिए आवास एक बड़ी समस्या है। वैसे भी आवास सिर्फ गरीब ही नहीं, बल्कि सबकी आवश्यकता होती है। हर इनसान का सपना होता है कि उसका अपना घर हो, लेकिन गरीबी का जीवन जी रहे लाखों लोगों का यह सपना ताउम्र सपना ही बनकर रह जाता है। अखिलेश यादव ने इसे अच्छी तरह से समझा और लोहिया आवास योजना के जरिए गरीबों के अपने घर के सपने को साकार करने में मदद दी है। ऐसा नहीं है कि सिर्फ अखिलेश यादव ही गरीबों को उत्तर प्रदेश में घर मुहैया करा रहे हैं। दूसरे प्रदेशों में भी ऐसी योजनाएँ हैं, लेकिन अखिलेश सरकार की लोहिया आवास योजना इस मायने में अलग है कि उन्होंने जमीनी हकीकत पर जाकर इस योजना को समझा। यही वजह है कि लोहिया आवास योजना में किसी भी दूसरी आवास योजना से ज्यादा पैसे दिए जाते हैं। अखिलेश सरकार लोहिया आवास योजना में गरीबों को घर बनाने के लिए करीब सवा 3 लाख रुपए खर्च करती है। दरअसल योजना का खाका बनाते समय पूर्व की योजनाओं की नाकामयाबी की पड़ताल की गई, तब पता चला कि पूर्व की योजनाओं में पैसा इतना कम होता है कि उससे घर बन ही नहीं सकता या तो जो घर बनते थे, उनकी हालत इतनी दयनीय होती थी कि वे रहने लायक ही नहीं होते थे। ऐसे में गरीबों के लिए आवास योजना सिर्फ पैसे की बरबादी बन गई थी। या फिर यह पैसा भ्रष्टाचार की भेंट चढ़ जाता था। अखिलेश ने इस समस्या पर गहरे से विचार किया। उन्होंने खुद की पहल से लोहिया आवास योजना में इतने पैसों की व्यवस्था कराई, ताकि गरीबों को रहने लायक बेहतर आवास मिल सके।

अखिलेश यादव ने मुख्यमंत्री बनने के साथ ही इस योजना की शुरुआत कराई।

योजना के तहत गरीबों के लिए घर का बजट करीब सवा तीन लाख रुपए रखा गया। इसमें 30 वर्गमीटर में घर बनता है। हर घर में दो कमरे, किचन और बरामदा होता है। इसके अलावा बिजली के लिए सोलर सिस्टम, घर में एल.ई.डी. लाइट और डी.सी. पंखा भी लगाया जाता है। अखिलेश सरकार की इस योजना की वजह से उत्तर प्रदेश में गरीबों के घर दिखने लगे हैं। लोहिया आवास योजना के तहत सभी वर्गों के ऐसे परिवारों को निःशुल्क आवास मुहैया कराया जाता है, जिनके पास घर नहीं हैं और जिनकी सालाना आय 36,000 रुपए से कम है। पहले ही साल अखिलेश सरकार ने लोहिया आवास योजना के लिए करीब 800 करोड़ रुपए का प्रावधान किया। इस योजना के तहत लोहिया समग्र ग्राम में हर गरीब को लोहिया आवास देने का फैसला भी लिया गया। साल 2014–15 में इस योजना का कुल बजट 2234 करोड़ रुपए पहुँच गया। अखिलेश यादव की सबसे बड़ी खासियत यह है कि चाहे विकास के कार्य हों या फिर सामाजिक सुरक्षा से जुड़े मसले हों, किसी में भी वे धन की कमी आड़े नहीं आने देते। वे जनता को हमेशा बेहतर ही देना चाहते हैं। अखिलेश यादव की दूसरी सबसे बड़ी खासियत यह है कि वे योजनाओं की निगरानी की पुख्ता व्यवस्था पर जोर देते हैं, ताकि कोई भी योजना भ्रष्टाचार की भेंट न चढ़ने पाए।

108 समाजवादी एंबुलेंस सेवा

सबसे बड़ी आबादी वाला प्रदेश, लेकिन सबसे बड़ी आबादी की स्वास्थ्य सुविधाओं का खयाल कैसे रखा जाता था, इसका सबसे बड़ा उदाहरण था मायावती सरकार का चार हजार करोड़ से ज्यादा का एन.आर.एच.एम. घोटाला। यह उत्तर प्रदेश में स्वास्थ्य सेवाओं की हकीकत थी। अखिलेश यादव ने सत्ता में आते ही स्वास्थ्य सेवाओं की तसवीर बदलने की बीड़ा उठाया। देश की सबसे बड़ी आबादी वाले सूबे में सबसे बड़ी समस्या यह थी कि दूर–दराज के ग्रामीण इलाकों में रहने वाले लोगों की बीमारी या हादसे जैसी आपात स्थिति में फौरन अस्पताल पहुँचना मुश्किल था। ऐसे में ज्यादातर मौत वक्त पर इलाज न मिलने की वजह से हो जाती थी। समाजवादी सरकार ने सबसे पहले इसी दिक्कत पर ध्यान दिया। पूरे देश भर की तरह उत्तर प्रदेश में भी केंद्र सरकार के सहयोग से 108 और 102 एंबुलेंस योजना चल रही थी। एक तो योजना के तहत पूरे प्रदेश में गिनी–चुनी एंबुलेंस थीं और मायावती सरकार में योजना पूरी तरह से भ्रष्टाचार की भेंट चढ़ी हुई थी। बहुजन समाज पार्टी के शासनकाल में कई एंबुलेंस खड़े–खड़े कबाड़ में तब्दील हो गईं।

सरकार बनते ही अखिलेश यादव ने 108 और 102 एंबुलेंस सेवा को सुधारने का फैसला लिया। दोनों योजनाओं में सबसे पहले एंबुलेंस की संख्या बढ़ाने का निर्णय

हुआ। केंद्र सरकार के मद से दोनों योजनाओं में पैसा बहुत कम मिलता था। ऐसे में इस योजना में राज्य सरकार के मद से पैसा डाला गया। हजारों नई एंबुलेंस खरीदी गईं। समाजवादी सरकार ने 108 और 102 एंबुलेंस योजना को केंद्र से आवंटित बजट की तुलना में कई गुना बड़ा बना दिया। आज योजना का 80 फीसदी बजट राज्य सरकार के खाते से जाता है। यह अखिलेश यादव की दूरदर्शी सोच का ही नतीजा है कि उत्तर प्रदेश में दोनों सेवाओं के तहत एंबुलेंस का सबसे बड़ा बेड़ा है। अब तक प्रदेश में 1.5 करोड़ से ज्यादा लोग इसका फायदा उठा चुके हैं। प्रदेश में 24 घंटे कभी भी फोन करके एंबुलेंस बुलाया जा सकता है। एंबुलेंस का नेटवर्क ऐसा तैयार किया गया है कि दुर्गम-से-दुर्गम इलाकों में ज्यादा-से-ज्यादा 20 मिनट में एंबुलेंस पहुँच जाए। अखिलेश सरकार इस अधिकतम समय सीमा को घटाकर 10 मिनट पर लाने में लगी है। प्रदेश में 108 एंबुलेंस सेवा के लिए 1,488 और 102 एंबुलेंस सेवा के लिए 2,268 वाहन इस्तेमाल किए जा रहे हैं। 108 और 102 एंबुलेंस में मौके पर ही फर्स्ट एड देने की व्यवस्था है। एंबुलेंस के साथ चिकित्सक होता है। साथ ही सभी जरूरी दवाओं के अलावा स्ट्रेचर, ऑक्सीजन सिलेण्डर और जरूरी चिकित्सीय उपकरण होते हैं। एंबुलेंस सेवा की निगरानी का जिम्मा विश्वस्तरीय कंपनियों को दिया गया है। एंबुलेंस सेवा फौरन मिल सके, इसके लिए अत्याधुनिक कॉल सेंटर बनाए गए हैं। सबसे बड़ी बात यह है कि 108 एंबुलेंस सेवा का लाभ कोई भी उठा सकता है। इसमें बी.पी.एल. या ए.पी.एल. किसी तरह का कोई बंधन नहीं है। आज देखें तो दुर्गम-से-दुर्गम इलाकों में 108 और 102 एंबुलेंस सेवा चलती दिख जाएँगी। उत्तर प्रदेश में अगर किसी हारी बीमारी में रिश्तेदार को फोन किया जाए और एंबुलेंस सेवा को सूचना दी जाए तो एंबुलेंस पहले पहुँच जाती है, रिश्तेदार बाद में पहुँचता है। यह कोई कहावत नहीं, बल्कि हकीकत है।

समाजवादी शुद्ध पेयजल योजना

पानी पिलाना हमारे यहाँ सबसे पुण्य का काम माना जाता है। शुद्ध पानी मिलना अब बड़ी समस्या हो गई है। शहरों में यह समस्या और भी विकट है। खासकर गरीबों, मजदूरों, रिक्शेवाले, ठेलेवालों, राहगीरों को शुद्ध पानी नसीब नहीं होता। महँगे बोतलबंद पानी खरीदकर प्यास बुझाना हर किसी के वश की बात नहीं होती। समाजवादी सरकार ने इसका उपाय निकाला और समाजवादी पेयजल योजना शुरू की। अखिलेश यादव की पहल से उत्तर प्रदेश में वाटर ए.टी.एम. लगने शुरू हुए हैं। इस वाटर ए.टी.एम. से महज दो रुपए में आर.ओ. का एक लीटर शुद्ध पानी मिलता है। सबसे पहले प्रदेश भर के बस अड्डों पर वाटर ए.टी.एम. लगाए जा रहे हैं। साथ ही ब्लॉक, तहसील और कलेक्ट्रेट कार्यालयों के साथ-साथ सामुदायिक स्वास्थ्य केंद्रों पर भी वाटर ए.टी.एम.

को प्राथमिकता के आधार पर लगाने के निर्देश हैं। वाटर ए.टी.एम. में सिर्फ एक रुपए का सिक्का डालकर 50 पैसे की क्षमता के दो टोकन मिल जाते हैं। 50 पैसे की कीमत के एक टोकन से 250 मि.ली. लीटर शुद्ध पानी मिलता है। ऐसे में गरीब सिर्फ 50 पैसे में अपनी प्यास बुझा सकता है। वाटर ए.टी.एम. के रखरखाव का भी खास खयाल रखा गया है। एक वाटर ए.टी.एम. लगाने में 5 से 10 लाख का खर्च आता है। अखिलेश सरकार की यह योजना सिर्फ शहरी इलाकों तक में ही सीमित नहीं है, बल्कि ऐसे ग्रामीण इलाके जहाँ दूषित जल की आपूर्ति होती है, वहाँ भी वाटर ए.टी.एम. लगाने के निर्देश हैं। खासकर ऐसे ग्रामीण इलाके जहाँ फ्लोराइड और ऑर्सेनिक युक्त पानी बड़ी समस्या है। इस योजना से प्रदेश के लाखों ग्रामीणों को शुद्ध पेयजल मिल सकेगा।

मजदूरों के लिए योजनाएँ

मजदूर एक मजबूत अर्थव्यस्था के निर्माण में नींव का पत्थर होता है, लेकिन होता यही है कि नींव के पत्थर की तरह मजदूरों को भी भुला दिया जाता है। अब तक किसी भी सरकार ने प्रदेश में मजदूरों की सुध नहीं है। पहली बार अखिलेश सरकार ने प्रदेश में मजदूरों का जीवन बेहतर बनाने के लिए कई योजनाएँ शुरू की हैं। मजदूरों को लेकर अखिलेश यादव की सबसे महत्त्वाकांक्षी योजना है, 10 रुपए में दोपहर का भोजन। इस योजना की शुरुआत के मौके पर खुद मुख्यमंत्री अखिलेश यादव ने मजदूरों के साथ बैठकर भोजन किया। इसमें सिर्फ 10 रुपए में गरीबों को भरपेट भोजन मिलता है। इस योजना के पीछे मकसद यह है कि इससे मजदूरों का स्वास्थ्य बेहतर होगा और उनकी कार्यकुशलता भी बढ़ेगी। योजना में खाने की क्वालिटी पर पूरी तरह से कड़ा नियंत्रण रखा जा रहा है। यह भी ध्यान रखा जा रहा है कि खासकर ऐसी जगहों पर योजना शुरू की जाए, जहाँ बड़ी संख्या में मजदूर काम करते हैं। मजदूरों को अखिलेश सरकार की दूसरी सबसे बड़ी सौगात है साइकिल की सवारी। इसके तहत घर से कार्यस्थल तक जाने के लिए मजदूरों को साइकिल मुहैया कराई जा रही है। प्रदेश सरकार की इस योजना के तहत अब तक 4 लाख से ज्यादा मजदूरों को साइकिल मुहैया कराई जा रही है। इससे मजदूरों को कार्यस्थल पर जाने में आसानी तो हो ही रही है। साथ ही साइकिल के पर्यावरण मित्र होने की वजह से पर्यावरण का भी भला हो रहा है।

मजदूरों का जीवन बहुत ही कठिन होता है। अखिलेश सरकार ने उनकी सामाजिक सुरक्षा का भी ध्यान रखा है। मजदूरों की परेशानियों को ध्यान में रखकर पेंशन देने की योजना शुरू की है। योजना में 60 साल की उम्र पूरी कर चुके मजदूरों को हर महीने 1,000 रुपए पेंशन मिलेगा। मजदूरों के बच्चों को बेहतर शिक्षा के लिए आवासीय स्कूलों की योजना लागू की है। इससे मजदूरों के बच्चे भी शिक्षित हो सकेंगे। मजदूरों

के लिए चलाई जा रही इन योजनाओं के वजह से आने वाले दिनों में निश्चित तौर पर प्रदेश में मजदूरों का जीवन बेहतर होगा। मजबूर की बजाय मजबूत मजदूर प्रदेश की तरक्की और विकास में अपना योगदान दे सकेगा।

अल्प संख्यकों का खयाल

अखिलेश यादव गरीबों, किसानों, मजलूमों, मजदूरों के सच्चे हितैषी है। उन्होंने समाज के कमजोर तबकों को आगे लाने के लिए कई कदम उठाए। उत्तर प्रदेश में अल्पसंख्यकों की बेहतरी के रास्ते तैयार किए। अखिलेश यादव ने सत्ता में आने के बाद अल्पसंख्यकों के लिए सबसे बड़ा काम यह किया कि राज्य भर में चल रही 30 विभागों की 85 कल्याणकारी योजनाओं में 20 फीसदी आरक्षण अल्पसंख्यकों के लिए कर दिया। देश में ऐसा पहली बार हुआ है। जिस इलाके में अल्पसंख्यकों की आबादी कम-से-कम 25 फीसदी हो वहाँ विकास कार्यों में इस आरक्षण को लागू किया गया। इस वजह से ऐसे इलाकों में विकास का पहिया चलने लगा। अगर आबादी के लिहाज से बात करें तो उत्तर प्रदेश में अल्पसंख्यकों (मुसलिम, सिख, ईसाई, बौद्ध, जैन) की आबादी करीब 20 फीसदी है। प्रदेश के सर्वांगीण विकास के लिए जरूरी है कि विकास की दौड़ में पीछे रह गया समाज का हर तबका साथ चले। उत्तर प्रदेश में अल्पसंख्यकों में करीब 95 फीसदी आबादी मुसलिमों की है। प्रदेश की अर्थव्यवस्था में मुसलिम समाज का बड़ा योगदान है। मुरादाबाद के पीतल उद्योग से लेकर भदोही के कालीन उद्योग तक, फिरोजाबाद की चूड़ियाँ हों या फिर अलीगढ़ के ताले, हर जगह मुसलिम कारीगरों का हुनर देखने को मिलता है। अर्थव्यवस्था में भारी योगदान के बावजूद मुसलिम समाज की हालत बहुत अच्छी नहीं थी। अखिलेश यादव ने अल्पसंख्यक आबादी को समाज की मुख्यधारा से जोड़ने के लिए कई कार्यक्रम चलाए। इनको बेहतर शिक्षा दिलाने के लिए खास पहल की गई है। सबसे ज्यादा स्कूल छोड़ने वाले अल्पसंख्यक समुदाय के बच्चे ही होते हैं। अखिलेश यादव ने इस समुदाय के ड्रॉप आउट रोकने के लिए एस.सी./एस. टी. की तर्ज पर वजीफे का इंतजाम किया। मदरसों और मकतबों का आधुनिकीकरण किया। मदरसों और मकतबों में विज्ञान, गणित, अंग्रेजी और हिंदी की तालीम भी दी जा रही है। मदरसों में वोकेशनल एजुकेशन और कंप्यूटर एजुकेशन को लागू किया गया, ताकि मदरसों और मकतबों से पढ़कर निकले अल्पसंख्यक बच्चे समाज के हर हिस्से में भागीदारी कर सकें। अखिलेश सरकार ने राज्य की सहायता पाने वाले अरबी, फारसी मदरसों के मुलाजिमों को नियमित वेतन देने का फैसला लिया।

प्रदेश सरकार ने अल्पसंख्यक समुदाय के मेधावी छात्र-छात्राओं का हौसला बढ़ाने के लिए उन्हें सम्मानित करने की भी योजना शुरू की। हाईस्कूल और इंटरमीडिएट में

जनपद स्तर पर टॉपर्स स्टूडेंट और उनके शिक्षकों को सम्मानित किया जाता है। प्रदेश में विशेष भरती अभियान चलाकर उर्दू टीचरों की नियुक्ति की गई। प्रदेश भर में उर्दू तालीम हासिल करने का सशक्त जरिया बनी है। मुख्यमंत्री ने उर्दू पढ़ने वाले स्टूडेंट और टीचरों में एक भरोसा जगाया है। उच्च शिक्षा में भी अल्पसंख्यकों के लिए खास प्रावधान किए गए हैं। रामपुर में मौलाना मुहम्मद अली जौहर शोध संस्थान की स्थापना हुई। प्रतियोगी परीक्षाओं में अल्पसंख्यक समुदाय पीछे रह जाता है। उनके लिए कोचिंग के इंतजाम किए। मेडिकल और इंजीनियरिंग की तैयारी क़े लिए कोचिंग सेंटर खोले ही गए, प्रशासनिक परीक्षाओं की तैयारी के लिए भी कोचिंग के इंतजाम किए। लखनऊ में रफीकुल मुल्क मुलायम सिंह यादव उर्दू आई.ए.एस. स्टडी सेंटर स्थापित किया गया। इस स्टडी सेंटर में कोई फीस नहीं ली जाती है। यहाँ उर्दू माध्यम से पढ़ाई करने वाले छात्र-छात्राओं को आई.ए.एस. और पी.सी.एस. जैसी प्रतियोगी परीक्षाओं के लिए तैयार किया जाता है।

अखिलेश सरकार ने कल्याणकारी योजनाओं में अल्पसंख्यकों के लिए कोटा का निर्धारण तो किया ही, साथ ही अल्पसंख्यक समुदाय के लिए अलग से भी कई कल्याणकारी योजनाएँ चलाई हैं। उत्तर प्रदेश की अर्थव्यवस्था में बुनकरों का बड़ा योगदान है। इनकी बेहतरी और हथकरघा एवं पावरलूम को बढ़ावा देने के लिए कई कदम उठाए गए हैं। बुनकरों को आर्थिक सुरक्षा देने की दिशा में भी सरकार आगे बढ़ी है। 60 वर्ष से अधिक आयु के हथकरघा बुनकरों के लिए पेंशन योजना का ऐलान किया। कारोबार को बढ़ावा देने के लिए बुनकरों को रियायती दर पर बिजली मिल रही है। अखिलेश सरकार ने अल्पसंख्यकों की बेटियों की शादी के लिए अनुदान को दोगुना कर दिया। राज्य में अब अल्पसंख्यक बेटियों की शादी के लिए 20 हजार रुपए का अनुदान मिलता है। मुसलिम, सिक्ख, ईसाई, बौद्ध, पारसी एवं जैन समुदाय के गरीब अभिभावकों को अखिलेश सरकार की इस योजना से बड़ी राहत मिली है। अखिलेश यादव ने अल्पसंख्यक समुदाय के धार्मिक स्थलों की सुरक्षा के भी खास इंतजाम किए। कब्रिस्तान को अवैध कब्जों से बचाने के लिए चारदीवारी बनाने में आर्थिक मदद की व्यवस्था की। हज यात्रियों के लिए बेहतरीन हज हाउस बनवाए है। अखिलेश ने हर धर्म और हर समुदाय का खयाल रखा है। कोई समाज तभी विकास करता है जब वह सभी समुदायों को साथ लेकर चलता है। अखिलेश यादव ने इसे बखूबी समझा। उत्तर प्रदेश का अल्पसंख्यक समुदाय न सिर्फ खुद को सुरक्षित समझता है, बल्कि तेजी से तरक्की भी कर रहा है। समाजवाद का मतलब है समता और संपन्नता। समता कायम करने के लिए जरूरी है कि समाज के हर वर्ग और समुदाय को समान अवसर मिले, जो पिछड़े और वंचित हैं, उन्हें विशेष अवसर देकर आगे लाया जाए। अखिलेश सरकार ने पिछड़े और वंचितों को मौका देकर समाजवाद को धरातल पर उतारा है।

किसान हित

किसान परिवार में जन्मे अखिलेश यादव किसानों के सच्चे हितैषी हैं। उन्होंने किसानों के लिए कई कल्याणकारी योजनाएँ लागू कीं। किसानों के 50 हजार रुपए तक के कर्ज माफ कर दिए। किसानों के लिए उनका दिल किस कदर धड़कता है, सैकड़ों ऐसी घटनाएँ हैं और हम इनके साक्षी रहे हैं। साल 2016 में मथुरा जिले में जोरदार ओलावृष्टि हुई। इसमें पूरी फसल बरबाद हो गई। किसानों को 100 फीसदी नुकसान हुआ। मैं इस मसले को लेकर मुख्यमंत्रीजी से मिला। केंद्र सरकार ने ऐसे मामलों में 9 हजार रुपए प्रति एकड़ की दर से मुआवजा तय किया था, लेकिन अखिलेशजी ने इसे दोगुना करने का ऐलान किया और किसानों को 18000 रुपए प्रति एकड़ मुआवजा दिया। मुआवजे की यही दर पूरे प्रदेश में रखी गई। जहाँ-जहाँ ओलावृष्टि से फसल को नुकसान हुआ था, वहाँ-वहाँ 18000 रुपए प्रति एकड़ की दर से मुआवजे का भुगतान किया गया। बाद में केंद्र सरकार ने अपने खाते का भी पूरा पैसा राज्य सरकार को नहीं दिया। इस पर पूरक बजट लाकर किसानों के मुआवजे का भुगतान किया गया। यह किसानों के प्रति अखिलेश यादव की प्रतिबद्धता है। दूसरे दलों में यह सिर्फ चुनाव के वक्त ही दिखती है, लेकिन अखिलेश यादव ने कभी भी किसानों के हित को चुनावों से जोड़कर नहीं देखा।

बुंदेलखंड की बदहाली हमेशा से ही उत्तर प्रदेश में एक बड़ा मुद्दा रही है। सूखे और अकाल ने इस इलाके में भुखमरी को बड़ी समस्या बना दिया। अखिलेश ने बुंदेलखंड के विकास के लिए कई योजनाएँ चलाईं। अब बुंदेलखंड में इसका असर भी दिखने लगा है। समाजवादी पार्टी सरकार का इस इलाके में एक अहम काम रहा है, समाजवादी सूखा राहत सामग्री का वितरण। इस योजना में बुंदेलखंड में अंत्योदय कार्ड धारकों को प्रदेश सरकार की तरफ से 10 किलो आटा, 5 किलो चावल, 5 किलो चने की दाल, 25 किलो आलू, 5 लीटर सरसों का तेल और 1 किलो शुद्ध देसी घी के साथ एक किलो मिल्क पाउडर हर महीने मुहैया कराया गया। इस योजना के दायरे में करीब 2 लाख 30 हजार अंत्योदय कार्ड धारक शामिल रहे। खुद मुख्यमंत्री अखिलेश यादव ने बुंदेलखंड के हर जिले के डी.एम. को यह चेतावनी दी कि अगर भूख से किसी व्यक्ति की मौत हुई तो संबंधित डी.एम. व्यक्तिगत तौर पर इसके लिए जिम्मेदार होगा। इसका नतीजा यह हुआ कि प्रदेश के इतिहास में ऐसा पहली बार हुआ, जब राहत सामग्री का वितरण ग्राउंड लेवल पर हुआ।

अखिलेश सरकार ने सूखे से पीड़ित किसानों को राहत पहुँचाने के लिए कृषक दुर्घटना बीमा योजना की राशि 2 लाख से बढ़ाकर 5 लाख रुपए किया। यह बढ़ोतरी खास कर बुंदेलखंड को ध्यान में रखकर की गई। बुंदलेखंड के सूखे की समस्या से

निपटने के लिए दीर्घकालीन रणनीति पर काम किया। इलाके में भूजल स्तर बढ़ाने के लिए हजारों करोड़ रुपए की योजनाएँ लागू की। सिंचाई के इंतजाम में सुधार किए गए। पूरे बुंदेलखंड में पुराने तालाबों साफ कराए। हजारों नए तालाब बनवाए। मुख्यमंत्री ने खुद इसकी निगरानी की। इसका नतीजा यह निकला कि बुंदेलखंड में अब तालाब और तालाबों में पानी दिखने लगा है। इससे भूजल का स्तर भी ऊपर उठा है। पूरे बुंदेलखंड इलाके में तीन हजार से ज्यादा इंडिया मार्का हैंडपंप लगाए गए। इसी का नतीजा है कि अब कई इलाकों में लोगों को पीने का शुद्ध पानी मिलने लगा है और पानी भरने के लिए महिलाओं को कई किलोमीटर पैदल नहीं चलना पड़ता। साथ ही बुंदेलखंड के ग्रामीण इलाकों में पाइप पेयजल की योजनाओं को मंजूरी मिली। अखिलेश यादव ने खुद भी बुंदेलखंड के कई चक्कर लगाए और योजनाओं की जमीनी स्तर पर निगरानी की कड़ी व्यवस्था कराई। इन योजनाओं का असर अब बुंदेलखंड में दिखने लगा है।

अखिलेश यादव ने बालिकाओं की पढ़ाई पर खासा जोर दिया है। मेधावी छात्राओं के लिए कन्या विद्या धन योजना चलाई। वास्तव में यह योजना मुलायम सिंह के शासनकाल में शुरू की गई थी, लेकिन मायावती ने योजना को बंदकर दिया। 'पढ़े बेटी, बढ़े बेटी' का नारा देनी वाली समाजवादी सरकार ने दोबारा इसे शुरू किया। इस योजना में मेधावी बेटियों को 30 हजार रुपए की धनराशि दी जाती है। इसका मकसद मेधावी छात्राओं की आगे की पढ़ाई में मदद करना है। योजना के तहत हर साल हजारों मेधावी छात्राओं को कन्या विद्या धन बाँटा जाता है। इसमें 30 हजार रुपए की राशि सीधे छात्रा के खाते में डाल दी जाती है। अखिलेश सरकार ने बेटियों के लिए एक और बड़ी योजना शुरू की। यह है, सेनेटरी नैपकिन बाँटने की योजना। किशोरी सुरक्षा योजना के तहत इसकी शुरुआत की गई। इसमें सरकारी और परिषदीय स्कूलों में सेनेटरी नैपकिन बाँटा जाता है। 6ठीं से 12वीं तक की छात्राओं को निःशुल्क सेनेटरी नैपकिन दिया जाता है। सांसद डिंपल यादव ने कन्नौज से इस योजना की शुरुआत की थी। आज यह योजना पूरे प्रदेश भर में लागू है। शहरों में किशोरियाँ मासिक और स्वच्छता को लेकर जागरूक रहती है, लेकिन ग्रामीण इलाकों में जागरूकता की कमी के साथ सेनेटरी नैपकिन की उपलब्धता भी नहीं होती। ऐसे में ग्रामीण इलाके में किशोरियों के लिए कई बार दिक्कत हो जाती है। कई बार तो स्वच्छता न होने से गंभीर बीमारियों की चपेट में आने का खतरा होता है, लेकिन पहली बार अखिलेश सरकार ने इस समस्या को समझा और इसके समाधान की दिशा में कदम बढ़ाए।

बच्चों को होने वाला कुपोषण पूरे देश में एक गंभीर समस्या है। विकास का ढोल पीटने वाले गुजरात में भी यह एक भयंकर समस्या है। देश भर में इससे निपटने का सबसे कारगर उपाय उत्तर प्रदेश की अखिलेश सरकार ने किया। प्रदेश सरकार ने

कुपोषण से निपटने के लिए हौसला योजना लॉन्च की। इसमें गर्भावस्था से ही बच्चे के स्वास्थ्य का ध्यान रखा जाता है। इस योजना के तहत गर्भवती महिलाओं के लिए पौष्टिक भोजन की व्यवस्था की गई। आँगनबाड़ी केंद्रों पर गर्भवती को एक वक्त के पौष्टिक भोजन के अलावा हर रोज फल और हफ्ते में तीन दिन दूध देने के इंतजाम किए गए हैं। इस योजना में महिला को प्रसव के छह महीने बाद तक पौष्टिक भोजन दिया जाता है। इसमें 6 साल तक के अति कुपोषित बच्चों को भी पौष्टिक खाना दिया जाता है। उत्तर प्रदेश में सबका विकास हो, सबको अच्छी शिक्षा मिले, सबको स्वास्थ्य सेवा का लाभ मिले, सबको सस्ती दवाई मिले। अफसर से लेकर कर्मचारी तक उद्योगपति से लेकर मजदूर तक सबकी तरक्की और खुशहाली हो, यही सही मायने में समाजवाद है और अखिलेश सरकार इसे पूरा करने की दिशा में दिन रात 24 घंटे लगी रहती है।

□

अध्याय 19

भयमुक्त समाज

कानून व्यवस्था हमेशा से समाजवादी पार्टी की दुखती रग रही है। समाजवादी पार्टी पर असामाजिक तत्वों को बढ़ावा देने के आरोप लगते रहे हैं, लेकिन सच्चाई ऐसी नहीं है। वास्तविकता यह है कि कानून व्यवस्था के मसले पर खुद समाजवादी पार्टी पीड़ित की श्रेणी में आती है। भयमुक्त समाज हमेशा से युवा नेता अखिलेश यादव की प्राथमिकता रही है। उन्होंने कभी भी पार्टी में अराजक तत्त्वों को बढ़ावा नहीं दिया है। उत्तर प्रदेश की कानून-व्यवस्था में सुधार के लिए उन्होंने जितने कदम उठाए हैं, उतने आजादी के बाद के 65 सालों में नहीं उठाए गए थे। अखिलेश यादव ने सूबे की सत्ता सँभालते ही समाजवादी पार्टी के नाम पर गुंडागर्दी करने वालों पर अंकुश लगाया। कानून-व्यवस्था को चुस्त-दुरुस्त करने में किसी तरह का भेदभाव नहीं किया। माहौल बिगाड़ने वाले समाजवादी पार्टी के कार्यकर्ताओं को तो एकदम नहीं बख्शा, जबकि पूर्ववर्ती सरकार ने कानून व्यवस्था का हर मुमकिन बेजा इस्तेमाल किया था। इन सबसे बढ़कर अखिलेश यादव ने उत्तर प्रदेश पुलिस को आधुनिक और हाईटेक बनाने के लिए हर मुमकिन कदम उठाए हैं।

यह शपथ ग्रहण के दिन ही दिख गया कि बतौर मुख्यमंत्री अखिलेश यादव कानून व्यवस्था से किसी तरह का समझौता नहीं करेंगे। 15 मार्च, 2102 को लखनऊ में भारी जनसैलाब उमड़ा था। लखनऊ के लामार्टिनियर मैदान में अखिलेश यादव के शपथ के बाद कुछ उपद्रवी कार्यकर्ताओं ने जमकर हंगामा काटा। समारोह खत्म होने के बाद कार्यकर्ता मंच पर चढ़ गए। मंच पर खूब अफरा-तफरी थी। चंद अनुशासनहीन कार्यकर्ताओं की वजह से शपथ ग्रहण समारोह में समाजवादी पार्टी की किरकिरी हुई। अखिलेश यादव पार्टी कार्यकर्ताओं की अनुशासनहीनता से सख्त नाराज हुए। उन्होंने कड़ी काररवाई का आदेश दिया। उपद्रव करने वाले कार्यकर्ताओं की पहचान हुई।

शपथ ग्रहण के अगले ही दिन कड़ा संदेश देते हुए लामार्टिनियर के मैदान में हंगामा करने वाले 10 कार्यकर्ताओं को पार्टी से निकाल दिया गया। कार्यकर्ताओं को पार्टी से निकालने में अखिलेश यादव ने किसी तरह का रहम नहीं किया, जबकि हंगामा करने वाले कई लोग पार्टी के पुराने कार्यकर्ता थे। इस बड़ी और कड़ी काररवाई से अखिलेश यादव ने साफ संकेत दे दिया कि कानून व्यवस्था के मसले पर किसी तरह का समझौता नहीं किया जाएगा।

सरकार बनने के बाद अखिलेश यादव ने एक और बड़ा फैसला लिया। अकसर होता यह है कि सूबे में जिस पार्टी की सत्ता होती है, उसके झंडे का बेजा इस्तेमाल शुरू हो जाता है। 2012 में अखिलेश यादव ने शपथ भी नहीं लिया था कि सड़क पर समाजवादी पार्टी के झंडे लगे गाड़ियों की संख्या अचानक बढ़ गई। गुंडई और दबंगई के कुछ ऐसे मामले सामने आए, जिसमें आरोपी समाजवादी पार्टी के झंडे लगी गाड़ी में सवार थे। अखिलेश यादव ने चुनाव प्रचार के दौरान जनता से वादा किया था कि सत्ता में आने पर गुंडई और दबंगई रोकेंगे। उन्होंने जनता से किए वादे को निभाया। पार्टी कार्यकर्ताओं को कड़ी चेतावनी दी। समाजवादी पार्टी का झंडा लगाकर किसी भी तरह की गुंडई में शामिल लोगों के खिलाफ कड़ी काररवाई की गई। अगर आरोपी पार्टी कार्यकर्ता होते थे तो उन्हें भी नहीं बख्शा जाता था। एक वाकया गाजियाबाद का है। यहाँ दो कार्यकर्ताओं ने रोजगार कार्यालय में जाकर मारपीट की। इन दोनों का आरोप था कि रोजगार दफ्तर में तैनात अफसर रिश्वत माँग रहा था। अखिलेश यादव ने शिकायत मिलते ही दोनों कार्यकर्ताओं को फौरन पार्टी से निकाल दिया। उन्होंने इस काररवाई से साफ संकेत दे दिया कि कार्यकर्ताओं का काम शासन चलाना नहीं है। अगर कोई गलत कर रहा है तो उसकी शिकायत करें, लेकिन कार्यकर्ता कानून-व्यवस्था खुद अपने हाथ में न लें। मायावती से विरासत में मिली अराजक कानून व्यवस्था को पटरी पर लाने के लिए अखिलेश यादव ने ताबड़तोड़ कई फैसले लिये। मायावती के राज में समाजवादी पार्टी के कार्यकर्ताओं का जबरदस्त उत्पीड़न हुआ, लेकिन अखिलेश सरकार ने बदले की भावना से कोई भी कदम नहीं उठाया।

अखिलेश यादव ने कानून व्यवस्था के मसले पर पहला बड़ा कदम महिलाओं की सुरक्षा को लेकर उठाया। उत्तर प्रदेश में महिला सुरक्षा की दिशा में 1090 हेल्पलाइन अखिलेश सरकार का सबसे बड़ा योगदान है। उन्होंने इस हेल्पलाइन के जरिए महिलाओं के हाथ में सुरक्षा का एक हथियार सौंप दिया। अखिलेश यादव महिलाओं की सुरक्षा को लेकर हमेशा से ही चिंतित रहे हैं। हेल्पलाइन सेवा उत्तर प्रदेश की महिलाओं की अपेक्षाओं की कसौटी पर खरी उतरी। इससे महिलाओं का मनोबल और हौसला बढ़ा। छेड़छाड़ और अश्लीलता के मामलों में महिलाओं को पुलिस की गैरजरूरी भागदौड़ से

राहत मिली। इस हेल्पलाइन में पीड़ित महिला सीधे फोन कर शिकायत दर्ज करा सकती है। पीड़ित खुद शिकायत दर्ज न कराना चाहे तो किसी महिला रिश्तेदार को ऐसा करने के लिए कह सकती है। शिकायत करने वाली महिला की पहचान गोपनीय रखी जाती है। उसे थाने नहीं बुलाया जाता। यह पीड़िता के लिए सबसे बड़ी राहत की बात होती है। अखिलेश सरकार ने सबसे जरूरी बात जो ध्यान में रखी वह यह है कि शिकायत दर्ज करने के काम में सिर्फ महिलाओं की नियुक्ति की गई। इससे पीड़िता बिना किसी झिझक के अपनी बात खुलकर रखती है। हेल्पलाइन सेंटर में काम करने वाली महिलाओं को खास ट्रेनिंग दी जाती है, ताकि वे पीड़िता के मनोभाव को समझें। उससे अच्छे तरीके से बात करें। पीड़िता के प्रति उनका रवैया संवेदनशील हो। शिकायत की जाँच करने वाले पुरुष पुलिसकर्मियों को सिर्फ जाँच के लिए जरूरी जानकारी मुहैया कराई जाती है। उन्हें कोई ऐसी जानकारी नहीं दी जाती, जिससे पीड़िता की निजता भंग हो। हेल्पलाइन सेंटर में शिकायत दर्ज करने वाले सॉफ्टवेयर को इस तरह से डिजाइन किया गया है कि किसी महिला की निजता भंग न हो। साथ ही सिस्टम से जानकारी पेनड्राइव आदि के जरिए कॉपी न की जा सके। हेल्पलाइन सेंटर शिकायत के मुकम्मल अंजाम पहुँचने तक उसे फॉलो करता है। हेल्पलाइन की कार्यप्रणाली को सकारात्मक बनाया गया है। सुधार हेल्पलाइन की कार्यप्रणाली का बहुत ही अहम हिस्सा है। हेल्पलाइन का मकसद आरोपियों को सिर्फ सजा दिलाना नहीं है, इस व्यवस्था में आरोपियों के सुधार की भी कोशिश की जाती है। उनके माता-पिता को बुलाया जाता है। आरोपी की काउंसिलिंग की जाती है, ताकि वे दोबारा ऐसी गलती न करें। हालाँकि समझाने-बुझाने पर न समझने वालों के लिए कड़ी सजा का भी प्रावधान किया गया है। हेल्पलाइन टीम की सिफारिश पर आरोपियों को सरकारी नौकरी के अयोग्य घोषित करने से लेकर पासपोर्ट रद्द करने और चरित्र प्रमाण-पत्र न जारी करने जैसे दंड का भी प्रावधान किया गया।

वीमेन हेल्पलाइन को अपराध कम करने में जबरदस्त कामयाबी मिली है। इससे पहले छेड़छाड़ के ज्यादातर मामले अनसुने रह जाते थे। अखिलेश यादव ने हेल्पलाइन शुरू होने के साथ ही इसका प्रचार-प्रसार कराया। हेल्पलाइन का ज्यादा-से-ज्यादा प्रचार-प्रसार हो, इसके लिए खास इंतजाम किए। हेल्पलाइन 1090 का फेसबुक पेज भी बनाया गया है। वीमेन पावर लाइन सोशल साइट्स, ई मेल, फोन के जरिए होनेवाले छेड़छाड़ को भी रोकने में कारगर रहा है। वीमेन पावर लाइन महिलाओं का भरोसा बढ़ाने में कामयाब साबित हुआ है। यहाँ तक कि हेल्पलाइन में काम करने वाली महिला कर्मचारियों में भी गजब का भरोसा पैदा हुआ। लखनऊ हेल्पलाइन में तैनात एक महिला कांस्टेबल ने गजब की बहादुरी दिखाई। महिला पहले तो अकेले ही चेन स्नैचर्स से भिड़ गई। बाद में लोगों की मदद से आरोपी को गिरफ्तार कराया। किस्सा कुछ यूँ है

कि महिला कांस्टेबल अनुराधा ड्यूटी खत्म कर घर जा रही थी। दोपहर बाद का वक्त था। रास्ते में स्कूटी सवार दो लड़के उससे एक पता पूछने लगे। बेफिक्र महिला सिपाही पता बता रही थी। अचानक स्कूटी पर पीछे बैठे लड़के ने महिला सिपाही के गले पर झपट्टा मारा। गले में पड़ी सोने की चेन अब लुटेरे के हाथ में थी। लूट के बाद दोनों स्कूटी से भागने लगे, लेकिन महिला सिपाही ने गजब का साहस दिखाया और स्कूटी के पीछे दौड़ पड़ी कुछ ही कदम दौड़कर उसने स्कूटी सवार चेन स्नेचर को दबोच लिया। अब तक सूचना मिलने पर पुलिस भी मौके पर पहुँच गई और आरोपी को गिरफ्तार कर लिया। महिला सिपाही अनुराधा की बहादुरी के लिए वीमेन पावर लाइन के आई. जी. नवनीत सिकेरा ने उसे सम्मानित किया। अब तक 6 लाख से ज्यादा महिलाएँ इस सुविधा का लाभ उठा चुकी हैं।

अखिलेश यादव को महिला सुरक्षा पर कोई समझौता बरदाश्त नहीं है। एक बार लखनऊ में महिला सुरक्षा पर हिंदुस्तान टाइम्स का एक कार्यक्रम हो रहा था। कार्यक्रम में एक महिला ने शिकायत की कि समाजवादी पार्टी की झंडा लगी गाड़ी में सवार लोग छेड़छाड़ करते हैं। मुख्यमंत्री ने शिकायत को गंभीरता से लिया। उन्होंने मंच से ही मनचलों को कड़ी चेतावनी दी और कहा कि समाजवादी पार्टी का झंडा लगाकर छेड़छाड़ या गुंडागर्दी करने वालों के खिलाफ कड़ी काररवाई की जाएगी। दरअसल वे अच्छी तरह से जानते हैं कि अकसर असामाजिक तत्व अपनी गाड़ियों पर सत्तारुढ़ दल का झंडा लगाकर रोब झाड़ते हैं। सरकार बदलने के साथ इनकी गाड़ियों पर लगा झंडा भी बदल जाता है। इसी कार्यक्रम में उन्होंने महिलाओं को अपना वॉट्सअप नंबर दिया। उन्होंने कहा कि छेड़छाड़ करने वालों की फोटो खींचकर मेरे वाट्सअप पर डाल दें, तत्काल काररवाई होगी। महिलाओं की सुरक्षा के लिए अखिलेश सरकार ने कई और अहम कदम उठाए हैं। हर शहर में सी.सी.टी.वी. कैमरे लगवाए। इससे अपराध के साथ-साथ छेड़छाड़ पर भी लगाम लगाने में मदद मिली है। इसके अलावा हर शहर में सड़क और हाईवे के किनारे टायलेट बनाने की योजना शुरू की। इस योजना का मकसद कहीं-न-कहीं महिलाओं की सुरक्षा है।

अखिलेश यादव ने पुलिसिंग को भी ज्यादा कारगर बनाया है। उन्होंने उत्तर प्रदेश पुलिस को हाईटेक कर दिया है। यह अखिलेश यादव की कोशिशों का ही नतीजा है कि राज्य में अब ऑनलाइन एफ.आई.आर. दर्ज होने लगे हैं। पुलिस पर अकसर एफ.आई.आर. दर्ज करने में आनाकानी के आरोप लगते हैं। राज्य की जिम्मेदारी सँभालने के साथ ही उन्होंने पुलिस अफसरों को बिना कोताही बरते हर केस दर्ज करने का आदेश दिया। इसके नतीजे भी दिखे। उत्तर प्रदेश में एफ.आई.आर. दर्ज होने लगी। इसकी वजह से प्रदेश में अपराध के आँकड़े ज्यादा दिखे। विपक्ष ने इसे उत्तर प्रदेश में अपराध बढ़ने

के तौर पर पेश किया, लेकिन अखिलेश यादव ने बिना इससे प्रभावित हुए इस दिशा में आगे कदम बढ़ाए और इसे ऑनलाइन एफ.आई.आर. तक ले आए। उन्होंने इस बात की चिंता नहीं की कि एफ.आई.आर. दर्ज होने से प्रदेश में अपराध के आँकड़े में बढ़ोतरी दिखेगी। उनका मकसद हर पीड़ित को इनसाफ दिलाना है।

ऑनलाइन एफ.आई.आर. दर्ज करने की प्रक्रिया क्राइम ऐंड क्रिमिनल ट्रैकिंग ऐंड नेटवर्क सिस्टम (सी.सी.टी.एन.एस.) के तहत शुरू की गई है। उत्तर प्रदेश पुलिस की वेबसाइट पर ई.एफ.आई.आर. का ऐप लॉन्च किया गया। इस ऐप के जरिए अज्ञात आरोपियों के खिलाफ एफ.आई.आर. दर्ज कराई जा सकती है, यानी गाड़ी चोरी, मोबाइल चोरी जैसे अनगिनत मामले दर्ज कराए जाते हैं। ये ऐसे मामले हैं, जिनकी एफ.आई.आर. ही आमतौर पर दर्ज नहीं होती थी। ऐप एक तरीके से ई पुलिस स्टेशन हैं। ई-थाना प्रभारी की मंजूरी के बाद ही एफ.आई.आर. दर्ज माना जाता है। रिपोर्ट दर्ज होने की सूचना ई-मेल और एस.एम.एस. के जरिए दी जाती है।

अखिलेश यादव ने प्रदेश की कानून व्यवस्था को नागरिकों की सुरक्षा के पैमाने पर कसा। कानून व्यवस्था हमेशा से उनकी सर्वोच्च प्राथमिकता रही है। कई बार देखा जाता है कि अपराध तो दर्ज हो जाता है, लेकिन सजा नहीं हो पाती। वे इस हकीकत को बहुत अच्छी तरह से समझते-बूझते हैं। उनका जोर सिर्फ अपराध दर्ज करने तक नहीं है। अपराध दर्ज करने के साथ ही उन्होंने जोर दिया कि अपराधियों को कड़ी-से-कड़ी सजा मिले। कानून के हाथों से कोई भी अपराधी बचकर न जाने पाए। इसके लिए अपराधियों को सजा कराओ अभियान शुरू किया। उनका साफ कहना है कि सिर्फ अपराध दर्ज करना ही राज्य का कर्तव्य नहीं है, बल्कि अपराधियों को दंड दिलाना भी राज्य का कर्तव्य है। अखिलेश यादव ने इसके लिए अभियोजन की मजबूती पर जोर दिया। उनके निर्देश पर अभियोजन महकमे ने जुलाई 2015 में अपराधियों को सजा कराओ और शातिर अपराधियों की जमानत रद् कराकर उन्हें जेल भेजने का अभियान शुरू किया। पुलिस महानिदेशक अभियोजन को इसकी खास जिम्मेदारी सौंपी गई। मुकदमों में तेजी लाई गई। अभियोजन पक्ष ने मुकदमों की सक्रियता से पैरवी की। कोशिश की गई कि अपराधी सजा पाने से बचने न पाए। अभियान के दौरान मामले तेजी से निपटाए गए। अखिलेश यादव ने सूबे में कानून का राज स्थापित करने के लिए सजा कराओ अभियान शुरू कराया। उन्हें इस अभियान में कामयाबी भी मिली।

अखिलेश यादव ने अपराध पर काबू पाने के लिए पुलिस को हाईटेक करने पर जोर दिया। उन्होंने उत्तर प्रदेश पुलिस का चेहरा बदलने की शुरुआत की। नई तकनीकी के जरिए अपराध से निपटने की कोशिश हो रही है। उत्तर प्रदेश पुलिस ने क्राइम की ऑनलाइन मैपिंग सिस्टम की शुरुआत की है। हर जिले का क्राइम रिकॉर्ड ब्यूरो अब

इन अपराध के मामलों की ऑनलाइन मैपिंग करेगा, ताकि हर राज्य के किसी भी इलाके में होनेवाली अलग-अलग तरह की वारदातों की जानकारी बस उस इलाके के मैप को कंप्यूटर पर देखकर मालूम की जा सके, जिससे अपराध पर तेजी से लगाम लगे। हर जिले के जुर्म का एक डेटा होता है। अब इस डेटा की मैंपिंग की जा रही है। इसके लिए एक सॉफ्टवेयर बनाया गया है। इसकी मदद से जिलेवार क्राइम को नक्शे पर लाया जा रहा है। मैप में किसी लोकेशन पर क्लिक करने पर उस इलाके में हुए सभी अपराध दिखेंगे। हर अपराध को दर्ज करते वक्त उसका बारीकी से जिक्र होता है। जैसे—अपराध क्या है, अपराध को अंजाम देने वाले की उम्र क्या है, अपराध की लोकेशन क्या है। सारी जानकारियों को सॉफ्टवेयर में फीड कर दिया जाएगा। क्राइम को मैप करने की मुहिम कानपुर जोन से शुरू हुई। इसके तहत पिछले तीन सालों के क्राइम डेटा की ऑनलाइन मैंपिंग की गई। सॉफ्टवेयर में तीन साल के डेटा वक्त और जगह की जानकारी के साथ फीड किए गए। क्राइम की ऑनलाइन मैंपिंग का इस्तेमाल बढ़ने पर आनेवाले दिनों में पुलिस का काम आसान होगा। पुलिस तेजी से मामले निपटा सकेगी। ऑनलाइन मैंपिंग के जरिए क्राइम के लिहाज से संवेदनशील इलाकों की खासतौर से निगरानी की जा सकेगी। इससे निश्चित तौर पर अपराध में कमी आएगी। इस योजना को कामयाब बनाने के लिए पुलिस अफसरों को खासतौर पर ट्रेनिंग दी गई। छोटी-से-छोटी घटना का एफ.आई.आर. दर्ज करने की हिदायत दी गई। इस योजना की निगरानी ए.डी.जी. क्राइम को सौंपी गई है।

आज के दौर में सोशल मीडिया का बेकाबू और बेलगाम इस्तेमाल कई बार माहौल बिगड़ने की वजह बन जाता है। प्रदेश में ऐसे मामले देखे गए, जबकि सोशल मीडिया के बेजा इस्तेमाल से माहौल बिगाड़ने की कोशिश की गई, लेकिन उत्तर प्रदेश पुलिस की मुस्तैदी से हालात काबू में रहे। अखिलेश यादव ने सोशल मीडिया की निगरानी पर भी गौर किया है। इसके लिए आसमा, यानी एडवांस एप्लीकेशन फॉर सोशल मीडिया एप्लीकेशन बनाया गया है। साथ ही वालंटियर की टीम भी बनाई जा रही है। वालंटियर आसमा प्रोग्राम के जरिए इलाके के थाना प्रभारी के नंबर से जुड़े रहेंगे। अफवाह की जाँच में इनकी मदद ली जाएगी। वालंटियर इस बात की पुष्टि करेंगे कि सोशल मीडिया में फैलाई जा रही खबर की सच्चाई क्या है। उत्तर प्रदेश पुलिस उन चुनिंदा पुलिस में है, जो फेसबुक, वाट्सअप, ट्विटर, इंस्टाग्राम पर सक्रिय हैं। अखिलेश सरकार ने सोशल मीडिया के जरिए पुलिस तक पहुँच आसान बना दी। उत्तर प्रदेश पुलिस की वेबसाइट में कई ऐसे बदलाव किए गए, जो इसे यूजर फ्रेंडली बनाते हैं। वेबसाइट पर उत्तर प्रदेश पुलिस की जानकारी बहुत ही आसानी से मिल जाती है। वेबसाइट के जरिए पुलिस को शिकायत और सुझाव दिए जा सकते हैं। हर जिले की पुलिस इस वेबसाइट पर मौजूद

है। पुलिस की कार्यप्रणाली से जुड़ी जानकारियाँ भी इस वेबसाइट के जरिए पायी जा सकती हैं। कंट्रोल रूम, यानी डायल 100 भी वेबसाइट से जुड़ी है। सोशल मीडिया के जरिए पीड़ित मॉडर्न कंट्रोल रूम को वीडियो और ऑडियो भेज सकता है। अखिलेश ने उत्तर प्रदेश पुलिस को किस कदर चुस्त-दुरुस्त बना दिया है, इसका अंदाजा इसी से लगाया जा सकता है कि सोशल मीडिया के जरिए पुलिस पीड़ित की लोकेशन पता लगाकर उस तक जल्दी-से-जल्दी मदद पहुँचा सकती है। पहले कंट्रोल रूम को कॉल करके या एस.एम.एस. के जरिए ही शिकायत दर्ज कराई जाती थी।

महिला हेल्पलाइन को कामयाबी के साथ लागू करा चुके अखिलेश सरकार ने 100 नंबर का कायाकल्प कर दिया है। ऐसी व्यस्वथा बनाई जा रही है कि किसी वारदात की सूचना मिलने पर पुलिस शहरों में अधिकतम 15 मिनट और गाँवों में 20 मिनट के भीतर पहुँच जाए। इसके लिए प्रदेश स्तर पर सेंट्रलाइज डायल 100 सेवा शुरू की जा रही है। अखिलेश यादव ने व्यक्तिगत तौर पर खुद इस प्रोजेक्ट पर निगाह रखी। वे चाहते हैं कि '108' और '102' एंबुलेंस सेवा की तर्ज पर '100' नंबर भी कारगर साबित हो। वे इसे सबसे सस्ती, सबसे तेज, सबसे बड़ी, सबसे प्रभावी और सबसे बेहतर सेवा के रूप में विकसित करना चाहते हैं। इस प्रोजेक्ट के तहत 3200 चार पहिया पुलिस की पी.सी.आर. हर वक्त सक्रिय रहेंगी। इनमें तेज रफ्तार भागने वाली इनोवा और बोलेरो गाड़ियाँ शामिल होंगी। गाड़ियों का रंग काला होगा। सेंट्रलाइज कंट्रोल रूम के पास 1600 बाइक भी होंगी। कंट्रोल रूम के कॉल सेंटर में खासतौर पर महिला पुलिस कर्मियों की तैनाती की जाएगी। इसका मुख्यालय लखनऊ में है, जबकि आगरा और वाराणसी में उपकेंद्र होंगे। इस तरह से तैयारी की जा रही है कि लखनऊ में काम का बोझ बढ़ने पर आगरा और वाराणसी सेंटर खुद-ब-खुद काम करने लगेंगें।

डायल 100 अखिलेश यादव की बहुत ही महत्त्वाकांक्षी योजना है। सरकार सँभालने के पहले ही उन्होंने इस योजना का काम शुरू कर दिया। जब उन्होंने शासन की बागडोर सँभाली थी, तब पुलिसिंग बहुत बुरी हालत में थी। थानों की हालत खस्ता थी। हर महीने थानों को सिर्फ 10 हजार रुपए का खर्च मिलता था। एक या दो गाड़ियों से ही पूरे थाने का काम चलता था। गाड़ी में पेट्रोल-डीजल अपनी जेब से भरवाना पड़ता था। ऐसे बुरे हालत में अफसरों ने डायल 100 लागू करने में लाचारी जता दी। अखिलेश यादव ने सबसे पहले पुलिसिंग में जबरदस्त सुधार किए। थानों का बजट बढ़ाया। कंप्यूटर लगवाए। ज्यादा-से-ज्यादा चार पहिया और दो पहिया वाहन मुहैया कराए। सर्विलांस सिस्टम को अपग्रेड कराया। पुलिस के आधुनिक तरीके से प्रशिक्षण के इंतजाम कराए। इससे पहले पुलिस आधुनिकीकरण के नाम पर उत्तर प्रदेश में कुछ भी नहीं हुआ। थानों और पुलिस के हालात सुधरे तो डायल 100 का काम आगे बढ़ा।

इस सेवा को ज्यादा-से-ज्यादा कारगर बनाने के लिए विदेश के कामयाब मॉडल का अध्ययन कराया। पुलिस के आला अफसरों को न्यूयॉर्क तक भेजा। डायल 100 से जुड़ा एक रोचक वाकया है। मुख्यमंत्री इसी विषय पर अफसरों की एक मीटिंग ले रहे थे। अफसरों का मानना था कि उत्तर प्रदेश में पुलिसिंग की हालत जैसी है, उसमें डायल 100 लागू करना बहुत ही मुश्किल है। इस पर मुख्यमंत्री ने अफसरों को याद दिलाया, "पहली बार रेल इंजिन आया तो लोगों ने कहा कि यह बन तो गया, लेकिन चल नहीं पाएगा। जब चलने लगा तो कहा कि नहीं ये कामयाब नहीं हो पाएगा। लेकिन तमाम कयासों और विरोधों को धता बताती हुई आज रेल कई देशों की लाइफलाइन है।" उनके इस उदाहरण से अफसरों की सोच में सकारात्मकता आई और आखिरकार डायल 100 का सपना साकार हो सका। आज विदेश की तर्ज पर हिंदुस्तान का पहला डायल 100 का कॉमन कंट्रोल रुम उत्तर प्रदेश में बनकर तैयार हुआ।

देखा जाए तो अखिलेश यादव के सुधारों की वजह से उत्तर प्रदेश पुलिस कई राज्यों की पुलिस को पीछे छोड़कर बहुत आगे निकल चुकी है। पुलिस को हाईटेक बनाने के लिए उन्हें ट्रेनिंग दी जा रही है। आधुनिक उपकरण मुहैया कराए गए हैं। विधि विज्ञान प्रयोगशालाओं का रेंज स्तर तक का विस्तार किया जा रहा है। अपराध को खोलने की कड़ी में बिसरा और डी.एन.ए. की जाँच अहम कड़ी होती है। यह अखिलेश सरकार की कोशिश है कि पुलिस जाँच में वैज्ञानिक साक्ष्यों को बढ़ावा मिले। इसके लिए विधि विज्ञान प्रयोगशालाओं का रेंज स्तर तक विस्तार किया जा रहा है। विरोधी अकसर कानून व्यवस्था के मसले पर समाजवादी पार्टी को निशाना बनाते हैं। अखिलेश इस तथ्य से अच्छी तरीके से वाकिफ हैं। बदायूँ में दो दलित बहनों की मौत इसका ज्वलंत उदाहरण है। बदायूँ में दो बहनों की पेड़ से लटकती लाश मिली। आरोप लगे कि रेप के बाद दोनों बहनों की हत्या कर शव पेड़ से लटका दिए गए। उत्तर प्रदेश पुलिस के सिपाही और समाजवादी पार्टी समर्थकों को आरोपी बताया गया। उत्तर प्रदेश की कानून व्यवस्था से जोड़कर खूब होहल्ला मचाया गया। बदायूँ नेताओं के टूरिज्म का नया सेंटर बन गया। हर छोटे-बड़े नेता की गाड़ी बदायूँ की तरफ दौड़ पड़ी। मायावती और राहुल गांधी जैसे दिग्गज नेता इसे भुनाने में लगे। इस घटना को अखिलेश सरकार की नाकामी बताया गया। खूब सियासी हल्ला मचा। मीडिया ने भी इस मसले पर निष्पक्ष रिपोर्टिंग को ताक पर रखकर अखिलेश सरकार को घेरा। प्रदेश की पुलिस की खूब लानत-मलानत की गई। अखिलेश यादव ने इस घटना की सी.बी.आई. जाँच की सिफारिश कर दी। सी.बी.आई. जाँच में सारा मामला फुस्स निकला और सारे आरोपों की हवा निकल गई। लेकिन न तो किसी मीडिया हाउस और न ही नेताओं ने अखिलेश यादव की छवि खराब करने के लिए माफी माँगी। बदायूँ की घटना यह बताने के लिए काफी है कि कानून-व्यवस्था

के मसले पर समाजवादी पार्टी को कैसे बदनाम किया जाता है।

अखिलेश यादव चाहे सत्ता में रहे हों या नहीं, उन्होंने हमेशा कानून-व्यवस्था को सबसे ऊपर रखा। मायावती के पाँच सालों में अखिलेश यादव की अगुवाई में सैकड़ों आंदोलन हुए। समाजवादी पार्टी कार्यकर्ता पाँच साल तक आंदोलनों से जूझता रहा था। लाखों कार्यकर्ताओं ने गिरफ्तारी दी, लेकिन अखिलेश यादव ने कभी भी कानून व्यवस्था से खिलवाड़ की इजाजत किसी को नहीं दी। उन्होंने पूर्ववर्तियों की तरह कानून का बेजा इस्तेमाल कभी नहीं किया। मायावती के बहुजन समाज पार्टी राज में समाजवादी पार्टी के नेताओं और कार्यकर्ताओं पर हजारों मुकदमे लादे गए। मुलायम सिंह यादव के खिलाफ सैकड़ों की संख्या में मुकदमे दर्ज हुए। ये सारे मुकदमे सियासी बदले की भावना से दर्ज हुए, लेकिन अखिलेश यादव ने मुख्यमंत्री की कुरसी सँभालने के साथ ही अफसरों को आदेश दिया कि बदले की भावना से केस दर्ज नहीं होंगे। कानून-व्यवस्था को पटरी पर लाने के लिए अफसरों को साफ हिदायत दी कि वे किसी तरह से सियासी दबाव में काम न करें। अखिलेश यादव हमेशा अफसरों को कड़े फैसले लेने के लिए प्रोत्साहित करते रहते हैं। उनका मकसद है कि समाज के आखिरी आदमी का कानून-व्यवस्था में भरोसा रहे और हर अपराधी के मन में भय रहे। अफसरों को हमेशा अखिलेश यादव आम जनता के लिए उपलब्ध रहने का संदेश देते हैं। वे लोगों से मिलने-जुलने और उनकी समस्याओं को सुनने तथा उनके समाधान के लिए प्रत्यनशील रहते हैं। वे अफसरों को भी यहीं हिदायत देते हैं। अफसरों से मीटिंग में हमेशा उनका सीधा सवाल होता है कि जब मुख्यमंत्री रहते हुए मैं लोगों से मिल सकता हूँ तो अफसर ऐसा क्यों नहीं कर सकते। वे हमेशा कहते हैं कि बिना भयमुक्त हुए समाज के विकास के पहिए को गति नहीं दी जा सकती है।

□

अध्याय 20

खिलाड़ी और खेल प्रेमी

उत्तर प्रदेश खेल के ट्रैक पर तेजी से दौड़ रहा है। प्रदेश में इंटरनेशनल लेवल के चमचमाते स्टेडियम हैं। दिन-रात मैचों के आयोजन के लिए स्टेडियम में फ्लड लाइट हैं। पिच और मैदान किसी भी विदेशी मैदान को मात देने वाले हैं। प्रदेश में प्रतिभावान खिलाड़ी हैं। स्पोर्ट्स कॉलेज में ट्रेनिंग ले रहे खिलाड़ियों का हौसला बुलंद है। प्रदेश खेल के सही ट्रैक पर इसलिए हैं, क्योंकि सूबे की कमान सँभालने वाले युवा मुख्यमंत्री अखिलेश यादव खुद भी खिलाड़ी हैं। अखिलेश यादव को स्पोर्ट्स का बेहद शौक है। कई मौकों पर वे हाथ में गेंद थामे मीडियम पेस गेंद फेंकते या फिर बल्ला लिये गेंद को मैदान के बाहर पहुँचाते या फिर फुटबॉल को किक मारकर गोल में पहुँचाते नजर आ ही जाएँगे। वे खेल को आगे बढ़ाने वाले सी.एम. हैं। हम आगे विस्तार से चर्चा करेंगे कि मुख्यमंत्री के तौर पर खेल और खिलाड़ियों के लिए उन्होंने क्या किया। उससे पहले यहाँ खिलाड़ी अखिलेश यादव के खेल प्रेम के बारे में बात करेंगे।

अखिलेश यादव का खेल प्रेम स्कूल के दिनों से ही है। हर बच्चे की तरह वे भी बचपन से ही खेल को लेकर दीवाने थे, लेकिन उन्हें हर खेल में महारत हासिल करने का मौका मिलिटरी स्कल धौलपुर में मिला। स्कूल में गेम्स टीचर ने उनके खेल प्रेम को पहले ही दिन पहचान लिया था। टीचर ने पहले ही दिन देख लिया था कि वे बाकी लड़कों से अलग पूरी तन्मयता से खेल रहे थे। राजस्थान के धौलपुर मिलिटरी स्कूल में उनकी दिनचर्या का एक चौथाई समय खेल के मैदान पर ही बीतता था। वे स्कूल की हॉकी टीम में तो थे ही, इसके अलावा बॉस्केटबॉल और फुटबॉल भी उतनी ही कुशलता से खेलते थे। मिलिटरी स्कूल में बच्चों को हर खेल सिखाया जाता है। मिलिटरी स्कूल के पहले ही सत्र से उनके खेलप्रेमी दोस्तों की एक मंडली थी। वे स्कूल की फुटबाल टीम के भी सदस्य थे। अंतर स्कूल प्रतियोगिता में वे क्लास की टीम का नेतृत्व करते थे। स्कूल के

दिनों में वे ज्यादातर मिड फील्ड या फॉरवर्ड डिफेंस पोजिशन पर खेलते थे। गोलकीपर न होने पर कई बार स्कूली मैच में गोलकीपर की भूमिका में भी मैदान में उतरे। उनका क्रिकेट प्यार बाद के दिनों का है। स्कूल में वे क्रिकेट कम ही खेलते थे। अब क्रिकेट में वे गेंद और बल्ले दोनों से कमाल दिखाते हैं। वे मीडियम पेस गेंदबाजी करते हैं।

स्कूल के बाद अखिलेश यादव ने ज्यादातर फुटबॉल और क्रिकेट खेला। उनकी टेढ़ी नाक का राज भी फुटबॉल के एक मैच में छिपा है। हम पहले भी इसका जिक्र कर चुके हैं। यहाँ हम उनकी टेढ़ी नाक का जिक्र खेल को लेकर दीवानगी बताने के लिए दोबारा कर रहे हैं। आज भी लोगों के जेहन में सवाल उठता है कि अखिलेश यादव की नाक टेढ़ी क्यों है ? खुद अखिलेश यादव ने एक किताब के विमोचन के मौके पर मीडियाकर्मियों के बीच अपनी टेढ़ी नाक का राज खोला था। इसके तार मैसूर कॉलेज से जुड़े हैं। हालाँकि कॉलेज के दिनों के उनके साथी इस राज को जानते हैं। अखिलेश यादव ने मैसूर में पढ़ाई के दिनों में दोस्तों के साथ मिलकर एक टीम बना रखी थी। सभी साथी फुटबॉल और क्रिकेट खेला करते थे। एक दिन का वाकया है, वे दोस्तों के साथ फुटबॉल खेल रहे थे। मैच के दौरान वे राइट-आउट पोजीशन पर खड़े थे। इस बीच विरोधी टीम के खिलाड़ी ने फुटबॉल को जोर से किक मारी। वे किसी भी कीमत पर इस शॉट को रोकना चाहते थे। उन्होंने शॉट को रोकने की हर मुमकिन कोशिश की, लेकिन चूक गए। फुटबॉल का दनदनाता शॉट सीधे आकर उनकी नाक पर लगा। वे अपना चेहरा पकड़ कर मैदान में ही बैठ गए। मैदान में मौजूद उनके दोस्त घबरा गए। सभी भागकर उनके पास पहुँचे। उनकी नाक से खून निकल रहा था। घबराए दोस्त उन्हें लेकर नजदीक के अस्पताल पहुँचे। अस्पताल में उनका इलाज शुरू हुआ। जाँच के बाद पता चला कि उनकी नाक की हड्डी टूटी है। यह जानकर सभी बहुत परेशान हो गए। हालाँकि डॉक्टर ने बताया कि चिंता की बात नहीं है। नाक की हड्डी सीधी करने के लिए ऑपरेशन करना होगा। उस वक्त अखिलेश यादव ऑपरेशन कराने के लिए तैयार नहीं हुए। खैर इलाज के बाद डॉक्टर ने उन्हें घर जाने दिया। इस चोट के बावजूद खेल को लेकर उनकी दीवानगी कम नहीं हुई। इलाज के दौरान डॉक्टरों की मनाही के बावजूद वे शाम को स्पोर्ट्स ग्राउंड पहुँच जाते थे और फुटबॉल खेलते। उनका इलाज करने वाले डॉक्टर ने एक दिन उन्हें फुटबॉल खेलते हुए देख लिया। अगले दिन जब वे डॉक्टर के पास गए तो डॉक्टर उन पर खूब गुस्सा हुए। डॉक्टर ने उनका इलाज करने से मना कर दिया। अखिलेश यादव बड़ी देर तक डॉक्टर के कमरे के बाहर खड़े रहे। दूसरे मरीजों को देखने के बाद जब डॉक्टर बाहर आए तो उन्हें खड़े देखकर हैरान हो गए। उसके बाद डॉक्टर उन्हें अंदर ले गए। उनके नाक की चोट की जाँच की और दवाइयाँ दी। दवा लेकर अखिलेश यादव उठे और बाहर जाने लगे। वे अभी कमरे से बाहर निकले

ही थे कि डॉक्टर ने उन्हें वापस अंदर बुलाया। उन्होंने अखिलेश यादव से कहा कि तुम फुटबॉल बहुत अच्छा खेलते हो, लेकिन अपनी नाक ठीक हो जाने तक फुटबॉल मत खेलो। नाक पर दोबारा चोट लग जाएगी तो कोई भी इलाज नहीं कर पाएगा। खेलप्रेमी अखिलेश यादव ने इस बार सलाह मान ली। उसके बाद दो महीने तक वे स्पोर्ट्स ग्राउंड से दूर ही रहे। उनकी टेढ़ी नाक का यही राज है। हालाँकि दो महीने के बाद वे फिर से नियमित रूप से स्पोर्ट्स ग्राउंड जाने लगे।

हायर एजुकेशन के लिए अखिलेश यादव जब ऑस्ट्रेलिया गए तो वहाँ भी उन्होंने यूनिवर्सिटी में पढ़ने वाले इंडियन स्टूडेंट्स को मिलाकर एक टीम बनाई थी। इस टीम को 'इंडियन स्टूडेंट्स इलेवन' का नाम दिया था। अखिलेश यादव और उनके भारतीय दोस्तों ने वहाँ की कई स्थानीय टीमों को हराया। ऑस्ट्रेलिया से पढ़ाई खत्म कर जब भारत लौटे तो लखनऊ में तो उन्होंने बाकयादे एक टीम बना दी। टीम में उस वक्त के कई दोस्त, सहयोगी और परिचित शामिल हुए। इस टीम का मैनेजमेंट सँभालने का जिम्मा जिसे दिया गया, उसे टीम के बाकी सदस्य मैनेजर कह कर बुलाने लगे। इस टीम को बनाने का मकसद जहाँ खेल और खेल की गतिविधियों से जुड़े रहना था, वहीं अखिलेश यादव इस टीम के जरिए खेल को बढ़ाना देने का काम भी कर रहे थे। मैनेजर का जिम्मा था कि वे गली-कूँचे तक में हो रहे क्रिकेट मैचों के बारे में पता लगाएँ। वहाँ की टीम से बात करें। मैच की तारीख फिक्स करें। एक बार जब मैच फिक्स हो जाता तो अखिलेश यादव और उनकी टीम वहाँ जाकर मैच खेलती थी। करीब 16 साल से ज्यादा हो गए, लेकिन यह टीम आज भी बरकरार है। आज भी मौका मिलने पर टीम के साथ कोई-न-कोई खेल जरूर खेलते हैं। सुबह कई बार टीम के साथियों के साथ बैडमिंटन, फुटबॉल, क्रिकेट या बॉस्केटबॉल खेलते हैं। उनकी टीम के ज्यादातर खिलाड़ी आज भी उनके साथ हैं। वे किसी-न-किसी रूप में उनके साथ जुड़े हैं। अखिलेश यादव के निजी सुरक्षा अधिकारी जगत सिंह और मैनेजर उन्हीं लोगों में हैं।

हालाँकि अगर पसंद की बात की जाए तो अखिलेश यादव साथियों के साथ फुटबॉल ज्यादा खेलते हैं। इस खेल में लगने वाली ताकत और लगातार मैदान में दौड़ते रहने से जो फिटनेस मिलती है, वे उसके कायल हैं। उनके साथ फुटबॉल खेलने वाले उनकी रनिंग, ड्रिबलिंग और किक की तारीफ करते हैं। अगर फुटबॉल की बात की जाए तो उनकी फैन लिस्ट में माराडोना, पेले, डी स्टेफनो, जॉर्ज बेस्ट जैसे महान फुटबॉलर शुमार हैं। अखिलेश यादव का यह भी मानना है कि फुटबॉल दूसरे खेलों से अलग है। गरीब के बच्चे ही इसे खेलते हैं। वे अपने बच्चों को भी खेलकूद के लिए कहते रहते हैं। 2016 में उन्होंने अपना जन्म दिन तड़क-भड़क से दूर परिवार के साथ लंदन में मनाया। इस दौरान बेटे अर्जुन के साथ मैदान में फुटबॉल खेलते नजर आए। वे बेटे के

साथ ड्रिबलिंग कर रहे थे। पारंपरिक पहनावा सफेद कुरता-पायजामा से बिल्कुल अलग ट्रैक शूट में बेटे के साथ फुटबॉल खेलने की मनमोहक तसवीर सामने आई।

अखिलेश यादव हमेशा से ही बच्चों को खेल के लिए प्रेरित करते रहे हैं। स्कूली दिनों में जब कभी वे सैफई आते थे तो घर के बच्चों को जुटाकर उनके साथ खेला करते थे। वे बच्चों को समझाते थे कि खेल से तंदरूस्ती बनी रहती है। उनके भतीजे और मैनपुरी से सांसद तेज प्रताप बताते हैं कि चाचा जब सैफई आते हैं तो मौका मिलने पर कोई-न-कोई खेल जरूर खेलते हैं। मुख्यमंत्री बनने के पहले ज्यादा वक्त होता था तो ज्यादा वक्त ग्राउंड पर बिताते थे, लेकिन मुख्यमंत्री बनने के बाद भी यह सिलसिला रुका नहीं है। तेज प्रताप बताते हैं कि चाचा की चुस्ती-फुरती और फिटनेस ने घर के बाकी बच्चों को प्रेरित किया। हालाँकि खेल प्रेम तो नेताजी के परिवार की रगों में दौड़ता है। नेताजी खुद अपने वक्त के जबरदस्त पहलवान रहे हैं। उनके परिवार में पहलवानों का बड़ा सम्मान होता रहा है। जब नेताजी पढ़ाई और सियासत के साथ पहलवानी भी करते थे, तब सैफई का अखाड़ा पूरे इलाके में मशहूर था। इस अखाड़े में उतरने वाले बाहरी पहलवानों को मुँह की खानी पड़ती थी। नेताजी का पहलवानी और पहलवानों के प्रति हमेशा से खास प्रेम रहा है। उन्होंने हमेशा से पहलवानों को आगे बढ़ाया। साथ ही दूसरे खेलों और खिलाड़ियों को भी मदद देने में कभी पीछे नहीं रहे, लेकिन पहलवानी उनका पहला प्यार रहा है। पिता की वजह से अखिलेश यादव भी पहलवानों का बहुत सम्मान करते हैं। बचपन से ही वे पिता से मिलने आने वाले पहलवानों को देखते सुनते और मिलते रहे हैं। हालाँकि बचपन में वे दुबले-पतले थे। इसलिए कुश्ती में हाथ नहीं आजमाया, लेकिन आज भी कुश्ती को बढ़ावा देने से कभी भी पीछे नहीं हटते। सैफई का अखाड़ा आज भी मशहूर है। उस अखाड़े में आज भी कुश्तियाँ होती हैं। यह सैफई का कुश्ती प्रेम ही है, जिसकी वजह से यहाँ एक स्टेडियम का नाम कुश्ती के मशहूर गुरु चंदगीराम के नाम पर है। स्टेडियम में कुश्ती के लिए आधुनिक सुख-सुविधाएँ मौजूद हैं। इसके अलावा भी सैफई में अंतरराष्ट्रीय स्तर के कई स्टेडियम हैं। खेल को बढ़ावा देने के लिए सैफई में हॉकी का एस्ट्रोटर्फ ग्राउंड है तो क्रिकेट और फुटबॉल के भी शानदार स्टेडियम हैं। बारहों महीने चलने वाला शानदार तरणताल है, जिसमें बच्चे तैराकी की ट्रेनिंग लेते हैं। अखिलेश यादव जब भी सैफई में होते हैं और फुरसत मिलती है तो खिलाड़ियों से मिलते हैं। बातचीत करते हैं। उन्हें देश और प्रदेश का नाम रोशन करने के लिए प्रोत्साहित करते हैं और कई बार खिलाड़ियों के साथ खुद भी मैदान में उतर जाते हैं। सैफई में अखिलेश यादव साइकिलिंग करने से भी नहीं चूकते। साइकिलिंग में ज्यादातर सांसद धर्मेंद्र यादव और सांसद तेज प्रताप यादव उनके साथ होते हैं।

असल में अखिलेश यादव विकास को समग्रता में देखते हैं। व्यक्ति और समाज के

सर्वांगीण विकास को महत्त्व देते हैं। वे उत्तर प्रदेश के अब तक के इतिहास में खेलों को सबसे ज्यादा बढ़ावा देने वाले मुख्यमंत्री साबित हुए हैं। पहलवानी से सियासी अखाड़े में कूदे नेताजी को छोड़ दें तो प्रदेश में किसी भी मुख्यमत्री ने खेलों के विकास के लिए कोई खास योगदान नहीं दिया। अखिलेश यादव के मुख्यमंत्री बनने के पहले राज्य में इक्का-दुक्का इंटरनेशनल स्टेडियम थे। यहाँ तक की प्रदेश की सबसे विकसित सिटी नोएडा और ग्रेटर नोएडा में अंतरराष्ट्रीय स्तर का कोई स्टेडियम नहीं था, लेकिन उन्होंने मुख्यमंत्री बनने के बाद क्रिकेट से लेकर हॉकी तक के इंटरनेशनल स्टेडियम बनवाए। ग्रेटर नोएडा और नोएडा दोनों जगह इंटरनेशनल लेवल के स्टेडियम हैं। कानपुर के ग्रीन पार्क स्टेडियम की दशा सुधारने में भी अखिलेश यादव ने खासी रुचि ली। उत्तर प्रदेश की टीम न होने के बावजूद जब आई.पी.एल. के मैच कानपुर में कराने की बात हुई तो उन्होंने आगे बढ़कर हर मुमकिन मदद की। अफसरों को मैच की राह में आनेवाली किसी भी बाधा को तेजी से निपटाने के आदेश दिए। उनकी व्यक्तिगत कोशिश से ही कानपुर में आई.पी.एल. के मैच हो पाए।

मैसूर में इंजीनियरिंग कॉलेज में पढ़ाई के दौरान उनकी जवागल श्रीनाथ से दोस्ती हुई। यह दोस्ती आज भी कायम है। टीम इंडिया के ज्यादातर खिलाड़ी अखिलेश यादव के दोस्त हैं। वे प्रदेश में देश के सबसे लोकप्रिय खेल क्रिकेट को बढ़ावा देने के लिए इन दोस्तों की भरपूर मदद लेते हैं। खासकर टीम इंडिया में उत्तर प्रदेश का प्रतिनिधित्व कर रहे खिलाड़ियों से प्रदेश में क्रिकेट को बढ़ावा देने में पूरी मदद लेते हैं। अखिलेश यादव ने उत्तर प्रदेश में खेल को विकास और समाज से जोड़ने के लिए कई योजनाएँ शुरू कीं। उनका मानना है कि खेलकूद आपसी सौहार्द, एकता, भाईचारे और स्वस्थ प्रतिस्पर्धा को बढ़ाने का एक बेहतर जरिया है। उन्होंने अपने बजट भाषण में कहा कि उत्तर प्रदेश प्रतिभाओं से भरा हुआ है। मुख्य चुनौती उन प्रतिभाओं को सँवारने, विकसित करने एवं बेहतर सुविधाएँ, प्रशिक्षण एवं मौके उपलब्ध कराने की है। अखिलेश यादव की कथनी और करनी में कोई अंतर नहीं है। वे जो कहते हैं उसे बखूबी जमीन पर उतारते भी हैं। समाजवादी पार्टी की सरकार ने खेलों को बढ़ावा देने के लिए कई अहम कदम उठाए। उनकी सरकार राज्य में खेलकूद की प्रतिभाओं को संवारने के लिए करोड़ों रुपए का प्रावधान बजट में किया। बलिया में स्पोर्ट्स कॉलेज की स्थापना के लिए 5 करोड़ रुपए दिए गए। ब्राजील के रियो डि जेनेरियो में हुए रियो ओलंपिक में मेडल लानेवाले खिलाड़ियों के लिए भारी-भरकम राशि का ऐलान किया था। उन्होंने गोल्ड जीतने पर छह करोड़ रुपए, सिल्वर मेडल जीतने पर चार करोड़ रुपए और ब्रॉन्ज मेडल जीतने पर दो करोड़ रुपए देने का ऐलान किया था। इसी तरह से टीम स्पर्धा में गोल्ड मेडल पर तीन करोड़ रुपए, सिल्वर मेडल पर दो करोड़ रुपए, जबकि ब्रॉन्ज मेडल पर

एक करोड़ रुपए की पुरस्कार राशि देने का ऐलान किया था। ओलंपिक खेलों में पदक जीतने पर पूरे देश में यह सबसे ज्यादा इनामी राशि थी। ओलंपिक में भाग लेनेवाले प्रदेश के खिलाड़ियों को दस लाख रुपए प्रोत्साहन स्वरूप दिए गए। वे राज्य के भूतपूर्व खिलाड़ियों का भी पूरा ध्यान रखते हैं। प्रदेश का नाम रोशन करने वाले खिलाड़ियों को यश भारती पुरस्कार से भी नवाजा जाता है। इस पुरस्कार की सबसे बड़ी खासियत यह है कि पुरस्कार पाने वाले को 50 हजार रुपए महीने की पेंशन मिलती है। यह खिलाड़ियों को आर्थिक सुरक्षा देती है। वैसे भी भूतपूर्व खिलाड़ियों को संबल देने के लिए आर्थिक मदद को दोगुना कर दिया गया। अर्जुन पुरस्कार, द्रोणाचार्य पुरस्कार, खेल रत्न और पद्मश्री एवं पद्म भूषण से सम्मानित खिलाड़ियों को 20000 रुपए पेंशन देने की व्यवस्था करायी। खिलाड़ियों के कुशल प्रशिक्षण और अच्छे प्रशिक्षकों की उपलब्धता बढ़ाने के लिए मानदेय में दोगुनी की बढ़ोतरी की गई, ताकि प्रदेश के खिलाड़ियों की प्रतिभा निखर कर सामने आ सके। अंतरराष्ट्रीय खेलों में पदक विजेताओं को प्रोत्साहित करने के लिए सरकारी नौकरी देने की नीति भी बनाई गई। प्रदेश के युवा मुख्यमंत्री अखिलेश यादव ने फैसला किया कि ओलंपिक, कॉमनवेल्थ, विश्व कप और एशियाई खेल में पदक जीतने वालों को सरकार सीधे सरकारी विभागों में अधिकारी बनाएगी। सिर्फ इतना ही नहीं, इसके लिए खेल, ग्राम्य विकास, पंचायती राज, पुलिस, युवा कल्याण, नगर निकाय, ऊर्जा और सड़क परिवहन विभाग को चिह्नित भी कर दिया। इन दस विभागों में पदक जीतने वाले खिलाड़ियों के 49 पद आरक्षित भी कर दिए।

खेल कोई भी हो हर खिलाडी जीत के जज्बे के साथ खेलता है और सामने वाली टीम को हराना ही उसका लक्ष्य होता है। खेल से प्रतिस्पर्धात्मक भाव पैदा होते हैं, जो समाज को आगे बढ़ने में मदद करता है। खेल को बढ़ावा देने के मकसद से अखिलेश यादव ने हर साल आई.ए.एस. एसोसिएशन के साथ मैच खेला। आई.ए.एस. वीक में जब अफसरों की तरफ से क्रिकेट मैच खेलने का प्रस्ताव आया तो वे खुद आगे आए। एक टीम मुख्यमंत्री की बनी और उत्तर प्रदेश आई.ए.एस. एसोसिएशन से मुकाबला शुरू हुआ। हर साल आई.ए.एस. वीक के मौके पर यह मुकाबला होता है। इसमें अखिलेश यादव खुद मैदान पर बल्ला भाँजते और गेंद फेंकते नजर आते हैं। मजे की बात यह है कि शुरुआत के तीनों मैचों में उन्होंने न सिर्फ बल्ले और गेंद से जौहर दिखाया, बल्कि तीनों बार मैन ऑफ द मैच रहे। अखिलेश यादव की टीम में सांसद, विधायक और मंत्री होते हैं। जबकि आई.ए.एस. एसोसिएशन की टीम में आई.ए.एस. होते हैं। अखिलेश यादव की पूर्ववर्ती मुख्यमंत्री मायावती के सामने अफसरों के खड़े होने की हिम्मत नहीं होती थी, लेकिन वे अफसरों को पूरा सम्मान देते हैं। उन्हें काम करने की पूरी आजादी देते हैं। ईमानदार और काम करने वाले अफसरों को पूरा मौका देते हैं। मुख्यमंत्री का

अफसरों के साथ मैच खेलना एक तरह से उनकी नजर में अफसरों के बीच सी.एम. से खौफ खत्म करना है, ताकि अफसर उनकी अगुवाई में टीम भावना से राज्य के विकास की दिशा में कदम बढ़ाएँ। इसी वजह से वे अफसरों से 100 फीसदी काम ले पाते हैं।

अखिलेश यादव खिलाड़ियों की हौसला अफजाही के लिए खेल दिवस पर उन्हें सम्मानित करते हैं। राज्य में खेल को बढ़ावा देने के मकसद से देश के ख्यातिमान और उभर रहे खिलाड़ियों से अकसर मिलते रहते हैं। वे खिलाड़ियों से राज्य की प्रतिभाओं को सींचने का अनुरोध भी करते हैं। कई नामचीन खिलाड़ी उत्तर प्रदेश में खिलाड़ियों की नई पौध को पालने-पोसने में लगे भी हैं। टेनिस खिलाड़ी सानिया मिर्जा जब मुख्यमंत्री से मिली तो उनसे प्रदेश की टेनिस प्रतिभाओं को कोच करने का अनुरोध किया। वैसे भी उत्तर प्रदेश में टेनिस को लोकप्रिय बनाने के मकसद से लखनऊ और नोएडा में टेनिस अकादमी की स्थापना भी की जा रही है। खेल के विकास के लिए अखिलेश सरकार हर संभव आधारभूत संरचना तैयार करने में जुटी है। साथ ही प्रतिभावान खिलाड़ी को हरसंभव मदद भी दी जाती है। एवरेस्ट के शिखर पर पहुँच कर इतिहास बनाने वाली उत्तर प्रदेश की पर्वतारोही अरुणिमा को अखिलेश यादव ने राज्य सरकार की तरफ से 20 लाख रुपए की सम्मान निधि दी। समाजवादी पार्टी की तरफ से भी उन्हें पाँच लाख रुपए की सम्मान राशि दी गई। ऐसे ढेरो उदाहरण भरे पड़े हैं, जब अखिलेश यादव ने खिलाड़ियों की मदद की है। अखिलेश यादव न सिर्फ क्रिकेट, फुटबॉल जैसे खेलों को बढ़ावा देते हैं, बल्कि गाँव गिराव के खेलों कबड्डी और कुश्ती की भी मदद करते हैं। उन्हीं की कोशिशों का नतीजा है कि उत्तर प्रदेश में कुश्ती और कबड्डी के कई नामचीन खिलाड़ी निकल रहे हैं। वे चाहते हैं कि बच्चों में खेल के संस्कार बचपन से ही डाले जाएँ, ताकि आगे चलकर वे होनहार खिलाड़ी बन सकें। उत्तर प्रदेश के तीनों स्पोर्ट्स कॉलेजों में छात्रों से रहने खाने से लेकर उनके प्रशिक्षण सब की व्यवस्था मुफ्त में है।

भारत का राष्ट्रीय खेल हॉकी अखिलेश यादव के दिल से जुड़ा है। हम पहले भी बता चुके हैं कि स्कूल में वे हॉकी टीम में हुआ करते थे। वे हॉकी को पुराने दिनों की तरह ऊँचाई पर ले जाना चाहते हैं। वे चाहते हैं हॉकी के जादूगर ध्यानचंद का प्रदेश फिर से पुरानी चमक के साथ हॉकी में देश का नाम ऊँचा करे। उन्होंने हॉकी के इंटरनेशनल स्तर के ग्राउंड तो बनवाए ही, साथ ही इन ग्राउंड्स में फ्लड लाइट भी लगवाए। वे चाहते हैं कि ज्यादा-से-ज्यादा इंटरनेशनल मैच उत्तर प्रदेश में हों, ताकि प्रदेश का युवा खेल में कॅरियर बनाने को लेकर खुद से आगे आए। अखिलेश यादव की कोशिशों पर अब कामयाबी का रंग चढ़ने लगा है। 2016 के सितंबर महीने में जूनियर हॉकी विश्व कप का आयोजन इसी कामयाबी के रंग की सुनहरी इबारत है।

अखिलेश यादव लखनऊ के गोमतीनगर में क्रिकेट का मक्का कहे जाने वाले

लॉर्ड्स जैसा ग्राउंड बनवा रहे हैं। उन्होंने अफसरों को लंदन भी भेजा, ताकि वे वहाँ लॉर्ड्स का मैदान देखकर आ सकें। इंटरनेशनल क्रिकेट स्टेडियम के साथ लखनऊ में एक इंटरनेशनल फुटबॉल स्टेडियम भी होगा। इसकी दर्शक क्षमता बीस हजार होगी। अखिलेश यादव यह मानते हैं कि उत्तर प्रदेश में प्रतिभा की कमी नहीं हैं, बस जरुरत उन्हें मौका और सुविधा देने की है। वे चाहते हैं कि उत्तर प्रदेश देश के लिए ज्यादा-से-ज्यादा खिलाड़ी दे। वे सिर्फ उत्तर प्रदेश के बड़े शहरों या महानगरों में ही खेलों की आधारभूत संरचना का विकास नहीं कर रहे हैं, बल्कि बस्ती और अमरोहा जैसे छोटे शहरों में भी उन्होंने स्टेडियम बनाने और पहले से मौजूद स्टेडियम को सुधारने की दिशा में अहम कदम उठाए हैं। वे ग्रामीण इलाकों में भी खेलों की आधारभूत संरचना को मजबूत देखना चाहते हैं और चाहते हैं कि ग्रामीण इलाकों में भी स्टेडियम बने। गाजियाबाद के पास बसे हापुड़ से इसकी शुरुआत भी हो चुकी है।

अखिलेश यादव के खेल प्रेम का एक वाकया मुझे याद है। उन दिनों वे युवा संगठनों के प्रभारी थे। हम सभी उनकी अगुवाई में एक कार्यक्रम में हिस्सा लेने लखनऊ के के.के.सी. कॉलेज गए थे। कार्यक्रम के बाद हम कॉलेज के ग्राउंड की तरफ गए। वहाँ स्टूडेंट बॉस्केट बॉल खेल रहे थे। बॉस्केट बॉल देखकर अखिलेश यादव का खिलाड़ी मन भी जाग गया। कुरते-पायजामे में ही वे ग्राउंड पर उतर गए। कोर्ट पर उनकी चपलता देखकर ज्यादातर कार्यकर्ता और स्टूडेंट चकित रह गए। पहली ही बार में अखिलेश यादव ने बॉल को बॉस्केट में डाल दिया। उनका खेल प्रेम उत्तर प्रदेश के खिलाड़ियों की प्रेरणा और हौसले की वजह है। खिलाड़ियों को पता है कि उनकी आवाज सुनने के लिए सूबे की कुरसी पर एक खिलाड़ी बैठा है। इसी हौसले, विश्वास, प्रेरणा के दम पर उत्तर प्रदेश के प्रतिभावान खिलाड़ी देश में प्रदेश का और विदेश में देश का नाम रोशन कर रहे हैं।

□□□